진보의 환상

이 도서의 국립중앙도서관 출판예정도서목록(CIP)은 서지정보유통지원시스템 홈페이지(http://seoji.nl.go.kr)와 국가자료종합목록 구축시스템(http://kolis-net.nl.go.kr)에서 이용하실 수 있습니다.
(CIP제어번호 : CIP2020020859)

진보의 환상

조르주 소렐(George Sorel) 지음 / 정헌주 옮김

간디서원

지은이
조르주 소렐(George Sorel, 1847~1922)
프랑스 사회주의 운동가이자 무정부주의 사상가
1847년 프랑스 셰르부르 출생. 에콜 폴리테크니크를 졸업하고 25년간 정부의 토목기사로 근무. 1895년부터 문필생활을 시작하며 여러 저작에서 노동운동의 이론적 근거를 구축하여 프랑스의 대표적 사회주의자로 발돋움하며 혁명적 생디칼리즘의 이론적 기초를 세움. 1910년경부터 프랑스 노동운동이 의회주의로 기울어지자 이에 실망하여 파시즘 옹호자로 변신, 만년에 러시아혁명에 자극을 받아 다시 사회주의로 돌아옴. 마르크스, 프루동, 베르그송, 니체 등을 융합한 복합적인 사상가. 주요 저서로『폭력론』(1908),『레닌의 변명』(1919),『실용주의의 효용』(1921) 등이 있음.

옮긴이
정헌주
고려대학교 사회학과를 졸업하고 박사학위를 받음. 고려대학교 노동문제연구소 연구교수를 역임하고 동 대학에서 강의를 하고 있음.『정보사회의 빛과 그늘』,『현대사회와 소비문화』(이상 공저),『지구시대』(마틴 앨브로우),『사회조직』(호튼 쿨리),『갈등론』(게오르크 짐멜),『엘리트 순환론』(빌프레도 파레토) 등 다수의 저역서가 있음.

진보의 환상

초판 인쇄일 | 2020년 6월 30일
초판 발행일 | 2020년 7월 10일
저　자 | 소렐(Georges, Sorel)
옮긴이 | 정헌주
펴낸이 | 김강욱
펴낸곳 | 간디서원
주　소 | (06996) 서울시 동작구 동작대로길 33길 56(사당동)
전　화 | 02) 3477-7008
팩　스 | 02) 3477-7066
등　록 | 제382-2010-000006호
E-mail | gandhib@naver.com
ISBN | 978-89-97533-343(03300)

* 잘못된 책은 바꾸어 드립니다.

일러두기

* 이 책은 Georges Sorel, *Les Illusions du progrès*(1908)의 영역본 *The Illusions of Progress*(trans. John and Charlotte Stanley, Berkeley: University of California Press, 1969)를 기초로 하여 번역한 것이다.
* 인명, 지명 등 각종 고유명사는 원음에 근거하여 표기하였다(단 관행적으로 사용하고 있는 외래어는 그대로 사용하였다).
* 독자들의 이해를 돕기 위해 인명, 지명, 사건 등에 대해 옮긴이가 첨가한 주석은 주로 위키백과, 다음백과, 네이버지식백과, 철학사전, 인명사전 등을 참조하여 정리한 것임을 밝혀둔다.
* 본문에 있는 대괄호 [ ]는 독자들의 이해를 위해 옮긴이가 첨가한 것이다. 소괄호 ( )는 원문에 있는 내용이다.

옮긴이 서문

프랑스 철학자 조르주 외젠 소렐(Georges Eugène Sorel, 1847~1922)은 대개 혁명적 생디칼리슴 창안자 또는 아나키스트로 분류되곤 하지만 그의 사상체계는 어느 한두 가지 이념으로 위치 지울 수 있는 사상가가 아니다. 그가 창안한 혁명적 생디칼리슴은 사회주의, 반자본주의, 국가주의, 민족주의에다가 마르크스주의적 요소와 레닌주의 요소까지 아우르는 복잡한 사상체계이다. 실제로 소렐은 극좌적 무정부주의에서 극우적 파시즘에 이르는 양 극단의 사상체계를 오가는 그야말로 분류하기 어려운 복합적인 사상체계를 소지한 인물이다. 소렐의 이러한 복합적인 사상체계는 단순히 그의 사상편력 때문도 아니고 상황에 따라 권력을 위해 여기저기 이동하는 세칭 정치철새 성향 때문도 아니다. 순간순간 급변하는 역사적 사건은 하나의 이념으로서는 해결할 수 없는 그의 고뇌에 찬 결단의 산물이다. 소렐의 복잡한 사상체계는 마르크스이론에다가 프루동, 베르그송, 니체 등 서로 상반되는 사상가들의 영향을 받은 탓이다. 심지어 그의 사상 편력은 극좌에서 극우에 이르는 광범한 스펙트럼으로 이어져 모호하다 못해 모순된 사상체계를 이루고 있어 양 극단에서 인정과 배척을 공유하는 카멜레온 사상가이자 실천가이다.

이러한 복합적인 사상체계와 사상편력은 그가 살던 시대와 맥락을 같이한다. 알다시피 프랑스는 혁명 전야부터 2차 대전 직후까지 격랑의 세월을 겪었다. 소렐은 그 격랑의 시대 정중간인 1847년에 태어나서 1922년에 생을 마감했다. 소렐이 태어나고 바로 다음 해 2월 혁명이 일어나 루이 필리프를 몰아내고 두 번째 공화정이 들어섰다. 그러나 불과 3년 만에 나폴레옹 3세 루이 보나파르트가 쿠데타로 공화국을 폐지하고 제2제국을 선포했다. 1870년 프러시아와의 전쟁에서 패배하여 제국이 몰락하고 다음 해 민주정부인 제3공화국이 수립되었다. 제3공화국은 2차 대전 때 아돌프 히틀러의 나치 독일에 의해 프랑스 점령되는 1940년까지 약 70년 동안 존속하였다.

70년 동안 존속한 제3공화국은 프랑스 혁명사에서 가장 안정된 민주정부로 평가받고 있지만, 그 시대는 노동운동과 사회주의운동이 가장 활발하던 시기이다. 과격한 급진주의부터 온건한 진보주의는 물론이고 그 반대편의 보수주의에다가 사상적으로는 낭만주의, 허무주의 등에 이르기까지 온갖 사상이 난무하고 각 사상 내에서도 방법론상의 이견이 충돌하던 시기이다. 바로 이런 시기에 소렐은 생애를 보낸 것이다.

몰락한 포도주 상인 집안에서 태어난 소렐은 파리 명문 공과대학 에콜 폴리테크니크(École Polytechnique)에서 수학했고 졸업 후에 토목기사로 일을 하다가 45세가 되던 1892년에 은퇴했다. 이때까지만 해도 소렐은 평범한 직장인이었다. 은퇴한 소렐은 문필가로서 생활을 하며 여러 사상가들과 접촉하기 시작했다. 그의 사상편력의 출발점인 것이다.

처음에 그는 당시 공화파가 장악하던 제3공화정의 지지자였다. 그러나 1891년 파나마운하 개발이권을 둘러싸고 정부가 거대 자본과 결탁하자 이에 공화주의에 실망하여 사회주의에 눈을 돌린다. 쥘 게드(Jules Guesde), 폴 라파르그(Paul Lafargue) 등 저명한 사회주의자들과 교류를 하며 사회주의 사상가로 발돋움한다. 특히 마르크스주의 혁명론을 지향하는 게드파와 밀접한 관계를 맺으며 당대 프랑스 최고의 마르크스 사상가로서 입지를 굳혔다.

그러다가 독일 사민당의 한 분파인 베른슈타인(Ferdinand Bernstein)이 개량

옮긴이 서문 **7**

주의(reformism)를 주장하며 마르크스주의 내 수정주의가 등장하자 소렐은 정통 마르크스주의를 지향하는 게드파와 결별하고 개량주의적 사회주의를 옹호하는 장 조레스(Jean Jaurès) 편으로 기울게 된다. 이를 두고 한편에서는 당시 프랑스 정계를 뒤흔든 드레퓌스 사건이 크게 작용한 것으로 보고 있다. 드레퓌스의 무죄를 주장하는 친 드레퓌스파와 유죄를 주장하는 반드레퓌스 간의 뜨거운 논쟁이 벌어질 때 프랑스노동당의 우유부단한 태도를 보인 반면 드레퓌스 옹호에 앞장선 조레스의 행동에 감명을 받았다. 한편 이때 부르주아정부 내각에 사회주의자 밀랑(A. Millerand)이 입각하여 사회주의 진영에 파문을 일으켰을 때 소렐은 이를 적극 지지했다.

하지만 1902년 총선에서 친 드레퓌스파가 압승하여 급진 부르주아정부가 들어서서 부패와 권력다툼을 일삼자 소렐은 의회사회주의에 등을 돌리고 급진 좌파로 선회하게 된다. 소렐은 당시 프롤레타리아 사회주의를 표방하던 프랑스 노동총동맹(CGT: Confederation Generale du Travail)의 혁명적 생디칼리슴(syndicalisme)의 사상적 대변자로서 활동하였다. 이때가 소렐의 독특한 사상체계가 확립되었다. 소렐의 대표적인 저작 『진보의 환상』, 『폭력에 대한 성찰』 등이 출간된 것도 이 시기이다. 소렐을 혁명적 생디칼리슴, 아나키즘 사상가로 부르는 것도 이에 연유한다.

그러나 여기서 끝나는 것이 아니라 곧이어 소렐은 노동운동과 결별하고 우파, 그것도 극우로 돌아선다. 그 이유는 명확하지 않다. 당시 1차 대전을 앞두고 제2인터내셔널 내에서 계급투쟁과 민족전쟁을 둘러싸고 논쟁을 벌이다가 전쟁이 발발하자 결국 많은 사회주의자들이 민족전쟁에 가담한 때와 같은 시기의 일이다. 그는 사회주의와 결별하는 데 그치지 않고 극우 왕정주의자들과 접촉을 하며 이를 옹호하는 글을 쓰기도 했다. 혁명적 생디칼리슴과 민족주의의 결합을 추구한 소렐의 노력은 대중동원 정치와 결부되어 파시즘의 사상적 기반으로 작용했다. 실제로 프랑스 파시스트당의 창립자인 조르주 발루아

(Georges Valois)는 소렐을 정신적 시조로 간주하고 이탈리아 무솔리니 역시 '파시즘의 가장 중요한 정신적인 아버지'라 불렀다.

소렐의 사상적 전향은 여기서 끝나지 않았다. 전쟁이 보여준 참상은 소렐에게 극우 민족주의가 더 이상 대안이 될 수 없었다. 마침 전쟁이 한창이던 1917년에 일어난 러시아혁명은 소렐에게 무기력하고 파괴를 일삼는 사회에서 벗어나는 하나의 희망이었다. 30년에 걸친 긴 사상 여정을 겪고 다시 혁명적 생디칼리슴으로 되돌아왔다. 이러한 소렐의 사상 편력은 유럽 정치사상계에 상당한 영향을 미쳤지만 그에 대한 평가는 다소 인색했다.

『진보의 환상(*Les Illusions du progrès*)』(1908)은 소렐이 급진과 부르주아 정부가 들어선 시기에 장 조레스가 이끄는 의회사회주의와 결별하고 급진 사회주의로 변신하던 시기에 나왔다. 이 시기에 무정부주의자로서 소렐의 사상체계를 함축하고 있는 저작들이 쏟아져 나왔다. 『진보의 환상』은 소렐이 30년간 사상 편력을 거친 이유를 보여주는 주요한 단서를 함축하고 있다. 『진보의 환상』이 나오던 시기에 소렐은 노동총동맹의 혁명적 생디칼리슴을 이어받아 총파업을 변혁의 도구로 보았다. 어찌 보면 마르크스보다 한발 더 나아간 것이다. 같은 해 『폭력론(*Réflexions sur la violence*: 1908)』(우리나라에서는 『폭력에 대한 성찰』로 번역되어 있다)이 출간된 것도 같은 맥락에서다. 이 두 책이 나온 직후 소렐은 곧바로 파시즘에 이어 레닌주의로 이어지는 좌충우돌 행보를 한다. 이러한 사상 여정에서 공통점은 진보이다. 아나키즘, 생디칼리슴, 파시즘, 레닌주의로 이어지는 소렐 사상의 여정은 마르크스, 프루동, 베르그송, 니체의 사상을 혼합하여 하나씩 실험한 결과이다. 소렐은 진보의 방향을 두고 여러 가지 길을 택했지만 그때마다 만족하지 못한 것 같다.

그런 점에서 『진보의 환상』은 진보에 대한 소렐의 열망에서 나온 것으로 볼 수 있다. 소렐은 이 책에서 진보의 기원에서 시작하여 20세기 초 볼셰비키에 이르는 긴 역사의 굴곡을 다룬 역사책이기도 하다. 그러나 하지만 소렐은 사건이나 사상의 전개를 통해 진보를 보여주고자 한 것은 아니다. 여기에는 문학, 과학, 사상, 사건뿐 아니라 살롱문화, 정치꾼의 협잡 같은 것들이 어우러져 있다. 소렐의 복합적인 사상체계와 사상편력을 이해하지 않으면 쉽게 따라갈 수 없는 난해함이 없는 것은 아니다. 그런 만큼 이 책을 번역하는 옮긴이도 사실 처음 접하는 인물이나 사건, 들어보긴 했으나 어렴풋하게 알고 있던 것들이 제법 많았다. 독자들이 쉽게 이해할 수 있도록 생소한 인물이나 사건은 인터넷 사전을 뒤지고 거기에다가 일일이 해설 주를 달아놓으려고 노력했다. 하지만 저자만큼의 지적 범위가 넓지 않은 탓에 모두 담아내기에는 역부족이었다. 미진한 부분이 있더라도 독자들의 깊은 혜량을 바란다.

  이 책을 읽다 보면 난해하고 생소한 부분에 부딪혀 지루한 측면이 있겠으나 이를 극복하면 독자들의 인식의 지평이 한껏 넓어질 뿐만 아니라 진보에 대한 단편적이고 협소한 인식을 넘어서는 계기가 될 것이다.

  언제나 그렇듯이 항상 양서를 고집하고 난해한 고전의 번역 출간을 흔쾌히 받아주고, 읽어내려가기 쉽지 않은 문장을 꼼꼼히 검토하고 편집해 주신 간디서원 편집진에게 감사의 말을 전한다.

안암동 연구실에서
정헌주

서문

나는 '진보의 환상'을 서술하면서, 관념의 역사를 연구하는 사람들이 이상(理想)에 기초한 지식에 의해 도달할 수 있는 가장 기본적인 근원을 탐구하고자 할 때 이들에게 마르크스가 던진 충고를 따르려고 노력했다.

전문 역사가들은 마르크스의 역사 방법론에 크게 관심을 갖지 않았다. 이러한 무관심은 대체로 공중의 취향에서 비롯되는데, 공중의 후견이 그들의 명성과 학문적 명예와 재산을 보장해 주기 때문이다. 공중은 학구적인 사람보다 더 '개화되어 있어서' 평소의 평정을 뒤엎으려는 시도가 아니면 아무런 흥미를 가지지 않는다. 또한 공중은 독서를 하고 정신 수양을 즐기지만 그러한 노력은 어떤 긴장도 유발하지 않는다. 또 그들은 저자들에게 정확한 구분법, 쉽게 응용되는 원리, 또는 적어도 겉으로 보기에 명확한 저술을 제공해줄 것을 요구한다. 이러한 데카르트식 성질이 아주 천박한 역사물에서만 나타나는 것은 그들에게는 별로 중요하지 않다. 독서 공중은 바로 이러한 데카르트식 성질 때문에 천박함에만 만족하기 때문이다.

역사를 조금이라도 깊이 탐구하여 분석하면, 사물은 난해한 복잡성으로 이루어졌다는 것을 알게 된다. 또 지식인은 해결할 수 없는 모순을 만들어내지 않고는 사물을 분석하거나 설명할 수 없다는 것을 알게 된다. 철학이 허풍이나 거짓말, 공상 등의 유혹을 피하고 싶어 한다면, 실재를 철학이 존중하는 모호한 상태로 그대로 두는 것이 낫다. 마르크스주의 방법이 가진 큰 장점 중 하나는 이러한 근본적인 신비함을 존중한다는 점이다. 역사에 대한 피상적인 접근은 이러한 신비함을 명료하게 밝혀준다.

불행하게도 마르크스주의 방법은 올바르게 이해하지 못한 채로 자주 언급되고 있다. 지금까지 마르크스주의 방법은 난해한 표현으로 정의되어 왔다. 그것이 실제로 적용되는 사례는 단 몇 개뿐이다. 10년 전에 안토니오 라브리올라[1]는 마르크스주의 이념을 이탈리아 대학문화에 소개하려고 각고의 노력을 했다. 그러고는 자신이 옹호하는 원리들에 기초한 역사 연구서들을 출간하겠다고 선언했다. 그는 "수영에 대한 정의를 통해서 해안에서 수영을 가르치는 강사를 모방하고" 싶지 않다고 말했다.[2] 그는 약속을 이행하지 못한 채 숨을 거두었다.

마르크스 해석가들은 마르크스가 1859년에 쓴 『정치경제학 비판(Critique of Political Economy)』 서문에서 스승의 이론을 보여주는 고전적 표현을 발견했다고 생각했다. 내가 보기에 그때 그들은 잘못된 길을 들어선 것 같다. 이 유명한 저서의 목표는 특정 역사 시대를 연구하는 규칙을 제시하려는 것이 아니었다. 그 저작은 문명의 지속성을 다루었다. 거기에는 '계급'이라는 단어는 전혀 언급되지 않았다. 그 서문에서 경제학의 역할을 묘사하는 문구는 매우 모호하고, 특히 상징적이며, 결과적으로 해석하기가 아주 곤란하다. 그러므로 이 서문에서 자유(liberties)를 많이 언급한 것에 놀랄 필요는 없다. 많은 사람들이 그것을 진지하게 연구하지 않은 채 인용하고 있다.

이탈리아사회당 대표이면서 자칭 철학자이자 학자라고 주장하는 엔리코 페

---

[1] 안토니오 라브리올라(Antonio Labriola, 1843~1904)는 이탈리아의 마르크스주의 철학자로 마르크스주의에 입각한 역사철학을 가르쳤으며, 이탈리아 최초의 정통 마르크스주의로서 이탈리아 철학계를 주도하였다. –옮긴이

[2] Antonio Labriola, *Essais sur la conception materialiste de l'bistoire*(Essays on the Materialist Conception of History), rst ed., p. 272.

리[3]는 마르크스가 자신의 경제결정론(economic determinism)을 가지고 '비록 실증적이고 과학적이긴 하나 일면적이고 불완전한 두 개의 설명을 완성했다고 말한다. 반면에 몽테스키외(Montesquieu), 버클,[4] 메치니코프[5]는 환경결정론(environmental determinism)을 제시했고, 민속학자는 인류결정론(anthropological determinism)을 제시했다. 여기서 페리는 새로운 학설을 공식화한다. "경제적 조건은 일정한 자연환경 속에서 활동하는 민족이 가진 활력과 성향의 결과이며, 인간생활의 모든 도덕적, 법적, 정치적 표현을 결정하는 기초이다. 그것은 개인적이면서 동시에 사회적이다."[6] 몰상식과 엉뚱함과 오해가 뒤죽박죽 어우러져 있는 이 훌륭한 잡동사니가 이탈리아 정치인들이 '실증과학'(positive science)이라 일컫는 과학의 주요 저작을 대표한다.[7] 그 저자는 마르크스주의에 대한 자신의 설명에 너무 만족한 나머지 몇 년 후에는 오로지 자신의 힘으로 이러한 놀라운 사실을 발견했다는 것을 자랑하고 싶은 충동을 느끼기까지 했다. 한편, 아직 알려지지 않은 서한들에서 엥겔스(Engels)는 역사유물론에 대해 수년 동안

---

3 엔리코 페리(Enrico Ferri, 1856~1929)는 형법학자이자 범죄인류학파의 일원으로서 사회적 책임론을 제창하고, 1921년 이탈리아 형법 초안을 기초하는 데 기여하였다.―옮긴이

4 버클(Henry Thomas Buckle, 1821~1862)은 영국의 역사학자로 콩트의 견해와 같이 지적 진보가 역사 발전의 주요한 원인으로 간주하고, 지리적 유물론 입장을 견지하여 민족의 역사 발전은 자연 환경의 영향에 의한 것이라고 주장하였다.―옮긴이

5 메치니코프(Élie Mechikoff, 1845~1916)는 러시아의 동물학자 겸 병리학자로 세포의 식작용(食作用)을 발견하여 '식작용설'이라는 면역학설을 주장하였다. 매독 등을 연구하여 1908년 생리의학상을 수상하였다.―옮긴이

6 Enrico Ferri, *Socialisme et science positive*(Socialism and Positive Science), p. 52.

7 개인의 생활이 여기서 개진하고 있는 원인들에 의해, 적어도 개인에게는 존재하지 않는 원인들에 의해 결정된다고 말하는 것은 다소 터무니없는 이야기이다. 마르크스는 이따금 경제를 이데올로기가 의지하는 기초라고 말하는데, 이때 그는 토대와 기초(*Basis and Grundlage*)라는 용어를 사용한다. 이 용어는 기초가 활동적이라는 관념을 실질적으로 배제한다.

이루어진 것보다 훨씬 폭넓은 해석을 제시했다.⁸

나는 엔리코 페리와 안토니오 라브리올라를 서로 비교할 생각은 없다. 그러나 내가 보기에는 라브리올라가 마르크스로부터 역사가들의 지침이 될 만한 규칙을 이끌어내는 데 성공한 것 같지는 않다. 라브리올라는 단지 1859년 서문의 일부 구절과 여타 저작들에서 추출한 일부 착상들을 결합하여 마르크스주의 개념들의 일반적 의미를 포착해냈을 뿐이었다. 라브리올라는『역사유물론에 관한 단상(Essays on the Materialist Conception of History)』을 펴냈는데 그 당시에 어느 누구도 마르크스의 다양한 테제들을 결합할 때 매우 조심스럽게 접근해야 한다는 것을 간파하지 못했다. 그에 따르면, 마르크스는 다양한 측면에서 역사를 고찰했기 때문에 마르크스 역사체계는 여러 가지가 존재한다. 자신이 나타나는 특정 체계 내에 위치할 때만 가치를 가지는 진술들을 결합하는 것보다 마르크스주의를 잘 드러내는 방법은 없다.

나는 앞으로『공산당선언(Communist Manifesto)』을 텍스트로 삼을 것이다. 이 저작이 우리 연구에 가장 잘 적용된다고 생각하기 때문이다. "인간의 관념, 구체적 관찰, 추상적 개념—한마디로 인간의 의식—은 인간의 물질적 존재, 사회적 관계, 사회적 현존재 등의 조건들의 변화와 함께 변화한다는 것을 이해하는 데 깊은 통찰이 요구되는가?" 물질적 활동이 변화할 때 지적 활동이 변화하지 않는다면 어떻게 관념의 역사를 증명하겠는가? 모든 시대의 지배 이념은 지배계급의 이념이었다.⁹

부르주아계급이 지배계급이 되면서 진보 이론은 하나의 신조로 받아들여졌

---

8 Enrico Ferri, *Evolution economique et evolution sociale*(Social and Economic Development), p. 27. 1900년 1월 19일 파리에서 한 강의.

9 *Communist Manifesto*, p. 51. 이것을 아무리 멋있게 번역하더라도 독일어 표현을 상기할 필요가 있다. 헤겔학파에서 유래하는 독일어 표현들의 기술적(technical) 의미는 쉽게 번역할 수가 없다.

고, 그리하여 그것은 부르주아 이론으로 간주되었다. 그 결과 마르크스주의 역사는 어떻게 이 학설이 부르주아지의 형성, 발전, 승리의 조건에 의존하는지를 찾아내야만 했다. 이러한 거대한 사회적 모험 전체를 검토할 때만 진보 개념이 역사철학에서 차지하는 위치를 진정하게 이해할 수가 있다.

그 사회계급의 역사에 대한 이러한 해석은 오늘날 거의 보편적으로 통용되는 해석과는 크게 대조된다. 우리 사회는 매우 다양하고 또 직업, 부의 수준, 가족 전통에 따라 사람들의 사고방식이 엄청나게 차이가 난다는 데는 이미 모든 사람들이 동의하고 있다. 이러한 사실은 많은 관찰자들이 아주 상세하게 보여준 바 있다. 그렇지만 프루동[10]은 마르크스주의 계급 개념[11]을 받아들이지 않고서 다음과 같이 말할 수 있었다. 거대한 근대국가는 "인류 발전의 모든 단계를 대표한다." 원시시대에는 "대다수가 빈곤하고 무지하여 비참한 생활을 하고 범죄가 끊이지 않는다." 두 번째 문명단계에서는 "노동자, 장인, 상인으로 구성된 중간계급"이 존재하며, 가장 선진적인 단계에서는 "관료, 공무원, 교사, 작가, 예

---

[10] 프루동(Pierre-Joseph Proudhon, 1809~1865)은 프랑스의 무정부주의 사상가이자 사회주의자이다. 자본가의 사적 소유를 부정하며 노동자가 생산수단을 소유하여 소생산자 개인의 자유의사에 기초를 둔 협동조합조직을 만들고, 이들 조직을 지역적으로 연합시켜 지방분권조직인 연합사회를 건설할 것을 주장하였다. 모든 권력은 필연적으로 지배와 피지배의 관계를 수반하기 때문에 악이며, 소유는 모든 권력=착취=지배로 통하는 수단이라고 하여 부정하였다. 다만 힘 대신 정의를 중시하여 자본가의 양심과 인도주의에 호소해야 한다고 강조하였다. 그의 무정부주의 사상은 제2제정기의 노동조합운동과 제1인터내셔널, 파리코뮌에 큰 영향을 끼쳤다. -옮긴이

[11] 이러한 사실 때문에 프루동의 해석은 몇 가지 심각한 난관에 봉착한다. 독자는 마르크스의 계급 이론이 어느 순간에나 나타나기를 기대하고 있어서 실망하게 된다. 프루동은 자신의 도덕적 편견 때문에 마르크스의 경로를 따르지 못한 것으로 생각된다. 그는 부부 간의 충실을 가장 중요한 윤리 요소로 여겼다. 그는 일반적으로 말하는 부부 간의 충실이 계급 조건과 무관하다고 보았다. 그는 무엇보다도 위대한 도덕주의자였기에 이러한 독립성으로부터 모든 이데올로기는 정신의 형성물이며 그 위에 계급의 존재는 이차적인 영향만을 행사한다고 결론 내릴 수밖에 없었다.

술가 등으로 구성된 엘리트가 사회를 대표한다." 그러나 그는 현 세계에 존재하는 모순들을 강력하게 지적하고 있음에도 일반의지 개념을 포기하지 않았다. 그는 이렇게 말한다. "다양한 이해관계들, 반(半)야만적 본능, 상습적 습관들, 고상한 열망을 요청하라. 이 얼마나 친밀한 사고들인가. 모든 견해들을 여러 집단의 자연적 진보에 맞춰 분류하라. 그러면 당신은 일반 공식을 예측하게 된다. 서로 상반되는 용어들이 포함하고 있는 이 공식은 전반적 경향을 표현하고 사회계약과 법률을 포함하고 구성한다."

내가 보기에는 프루동은 일반의지를 완벽하고 명확하게 설정한 탓에 민주주의는 계급투쟁 이론에 지속적으로 반대한다는 신조를 불합리한 것으로 본 것 같다. 현실적으로 그가 요청하는 종합은 심히 불가능하다. 역사가는 일반적인 경향을 그 구성요소로부터 연역하는 것이 아니라 역사과정에서 드러난 결과를 가지고 구축한다. 프루동은 위에서 인용한 글을 쓴 직후에 다음과 같이 말한 것을 보면 이러한 일반적인 경향이 나타난다는 데 동의한 것 같아 보인다. "문명은 갈등, 혁명, 전쟁의 탈을 쓰고 진화한다. 그런데 입법가나 정치가는 그것을 모르고 있다."[12] 실제로 종합은 이성에 기초한 사고 영역 밖에서 이루어졌다.

사회운동은 수없이 많은 협상을 전제로 한다. 우리 시대 사람들은 중대한 행동을 실행할 수 있는 집단이 당사자들에게 많은 신중한 계산, 타협, 중재를 부과하는 것을 인정한다. 역사가는 이러한 움직임을 일일이 따라갈 수가 없다. 더욱이 철학자나 정치가는 그 결과가 드러나기 전에는 그 움직임을 발견할 수가 없다.

역사가가 알려고 가장 애쓰는 것 그리고 가장 쉽게 알고 있는 것은 승자의 이데올로기이다. 그것은 방금 언급한 모든 역사적 모험에 좌우된다. 그것은 지배계급의 본능, 습관, 열망에 서로 다른 방식으로 좌우된다. 또한 그것은 다른 사

---

12 Pierre-Joseph Proudhon, *Philosophie du progres*(Philosophy of Progress), p. 99.

회계급의 사회적 조건에도 다방면으로 결부되어 있다. 현재 우세한 이데올로기 그리고 그것을 결합하는 모든 결합점 사이에 있는 각종 연계를 완벽하게 정의할 수는 없다. 그러므로 역사결정론은 허황된 것이며 유치한 행동일 따름이다.

민주주의는 마르크스주의 이념을 두려워 한다. 민주주의는 항상 통일(unity)을 추구하기 때문이다. 민주주의는 국가를 찬양하는 구체제를 물려받았기에 역사가의 역할은 지배계급의 이념을 가지고 정부 행동을 설명하는 데 한정되어야 한다고 생각한다.

한편 민주주의는 일원적 이론(unitary theory)을 완성했다고도 말할 수 있다. 과거 시대에는 군주제가 완벽하게 작동하는 곳에서는 지배 군주의 권리에 반하는 어떤 이견도 제기하지 못했다. 오늘날에는 시민은 자신이 요구하는 모든 것을 행할 의지를 가졌다고 천명한다. 그리하여 정부의 행동은 각자가 참여하는 일반의지를 반영한다고 여긴다. 이러한 일반의지가 가능하게 된 것은 사람들의 사고가 완전하게 계몽된 사람들—전통적인 편견이 없고 이성의 목소리를 준수할 정도로 사욕이 없는 사람들—의 정신 속에 순수한 상태로 존재하는 특정한 이념들에 의해 수면 아래로 가라앉았기 때문이다. 어느 한 사람이 독차지하는 것이 아니라 모든 사람이 공유하는 이러한 이념들 앞에서는 인간 행동의 실제 대의들은 감춰진다. 이러한 대의들은 사회계급 속에서 파악할 수 있다. 사회계급을 고려하지 않고 지배 이념을 논하는 것은 추상적 인간의 관념을 논하는 것만큼이나 공상적이다. 조세프 드 메스트르[13]는 그런 추상적인 사람을 만난 적이 없다고 천명했다. 그런데도 혁명 주동자들은 그런 추상적인 사람들에게 자신들의 법을 만들어줄 것을 요청했다. 그런데 이러한 추상적 인간은 완전히 꾸며낸 가공의 인물이 아니다. 그런 인물은 자연법이론이 제3신분을 대신하기 위

---

[13] 조제프 드 메스트르(Joseph Marie de Maistre, 1753~1821)는 19세기 초 프랑스의 소설가·철학자·정치가로 프랑스 전통주의를 대표하는 사상가이다. 프랑스혁명에 반대하며 절대왕정과 교황의 지상권을 주장하였다.—옮긴이

해 고안한 것이다. 역사 비판이 실제 인물을 재가공하듯이 자연법은 실제 이념을 재가공한다. 즉 자연법은 사회계급을 다시 고찰해야 한다.

민주주의는 많은 지식인들로 하여금 사물을 있는 그대로 보지 못하게 방해함으로써 성공적으로 정신을 혼돈상태로 몰고 가고 있다. 그 이유는 사태를 흐리게 하는 재주를 가진 호교론자들(apologists)[14]이 민주주의를 떠받치고 있기 때문이다. 이들은 교활한 언어, 번지르르한 아첨, 과학적 열변을 곳곳에 늘어놓고 있다. 민주주의시대는 인류를 이념이 지배하는 것이 아니라 인상적인 단어들의 마력, 이성이 아닌 구호, 관찰에 기초한 이론이 아닌 아무런 기원도 갖지 않는 도그마가 지배한다.

이러한 허황된 도그마들 중 하나(즉 진보 이념)를 분석하는 경우 모든 기만으로부터 우리를 지켜줄 수 있는 방법을 따르는 것이 좋다. 이러한 분석은 계급관계의 역사를 탐구하는 것에 기초한다. 나는 부르주아 이데올로기를 고찰한 몇 가지 결과를 정식화하여 실례를 무릅쓰고 공중 앞에 제시했는데, 나는 이러한 작업이 보람이 있다는 것을 느꼈다. 그 과정에서 나는 여러 차례 게으름을 피웠다. 나는 근대 이념의 기원과 의미와 가치를 명확하게 밝힐 기회가 왔을 때마다 요점을 벗어날 필요가 있다고 생각했다. 그러한 탈선이 마르크스주의 방법을 새롭고 깊이 있게 적용하는 데 지식인이 호기심을 가지고 접근하는 것보다 더 많은 영감을 주었기 때문에 그러한 탈선에 대해 용서해 주리라고 믿는다. 나는 더 큰 진실을 위한 목표를 향해 나아갈 수 있는 방법을 단순히 기록만 하는 것이 아니라 그 방법을 실제로 보여줄 작정이다.

진보에 관한 이 연구들은 『사회주의운동(*Mouvement socialiste*)』(August-De-

---

[14] 호교론(護敎論)은 변증론이라고도 한다. 특히 2세기에 기독교가 합리적이고 도덕적이라고 역설한 신학자들의 주장으로 기독교를 옹호, 변명하는 것을 목적으로 하였다. 기독교 교리가 이성적임을 입증하려는 점에서는 형식상 합리적이지만 내용상으로는 비합리적이어서 일종의 궤변으로 간주된다.-옮긴이

cember, 1906)에 처음으로 발표했다. 여러 대학들이 칭송하는 위인을 내가 별로 존경하지 않은 데 대해 많은 독자들은 불쾌하게 생각할 수도 있을 것이다. 만약 경솔한 대중을 즐겁게 해 줄 요량이었다면, 나는 원고를 재검토하고 또 몇 군데는 완전히 다시 쓰면서 논조를 바꾸었을 것이다. 그렇게 하지 않고 나는 원래 채택했던 논조를 그대로 살려두었다. 이는 무절제한 언어로 더 이상 주목을 끌지 못하는 마르크스의 거친 논쟁술을 모방하기 위한 것이 아니라 부르주아 계급이 주입시키려고 추구한 모든 환상 중에서 (부르주아지가 우리에게 강요한) 광신적 숭배(cult)—이것은 전혀 칭송할 가치가 없는 평범한 성인(聖人)들이 따르는 것이다—가 가장 불합리하다는 것을 보여주기 위해서다.

프랑스 민주주의를 공식적으로 대표하는 작가들 가운데 오귀스트 콩트[15]를 칭송하는 사람은 몇 안 된다. 그들이 콩트를 칭송하는 이유는 다른 무엇보다도 그가 자신이 창안한 **신물신주의**(neofetishist) 종교를 통해 프랑스에 대한 존중을 회복하고자 한 인물이라는 점에 있다. 지금은 기도, 성찬식, 실증주의 설교가 큰 영향을 미친다고 여기는 순진한 사람은 얼마 없지만, 아직도 많은 사람들은 민주주의가 영웅으로 치켜세운 저명한 인물을 숭배하려고 노력하고 있다. 만약 다수가 인류를 대표한다는 이러한 사람들의 광신적 숭배를 받아들인다면 그들은 그 광신적 숭배를 전파하는 전문 직업을 만드는 연설가들도 존경하게 될 것이다. 그 결과 새로운 성인들과 그 사제들 사이의 간격도 좁혀질 것이다. 민주주의자들이 큰 근심을 가지고 18세기의 영광을 추켜세울 때 그들이 추구하는 것은 그 자신들의 이익이다. 고로 역사적 진실을 재수립하는 것은 양심

---

[15] 오귀스트 콩트(Isidore Marie Auguste Comte, 1798~1857)는 프랑스의 철학자로 사회학의 창시자이며 실증주의의 시조이다. 프랑스 혁명기에 태어난 콩트는 초기에는 공상적 사회주의자 생시몽 밑에서 수학하였으나 입장 차이로 결별하였다. 콩트는 다양한 사회적, 역사적 문제에 대해서 추상적 사변을 배제하고 과학적, 수학적 방법으로 설명하려는 시도를 하였다. 그의 대표 저작 『실증철학강의(*Cours de philosophie positive*)』(전 6권)에서 모든 절대성을 배척하고 과학적이며 실증적인 상대주의 입장을 표명하였다.—옮긴이

의 문제인 동시에 실천의 문제이다.

1908년 1월

2판 서문

2판에서는 논의를 더욱 상세하게 전개했다. 일부 사람들이 어렵다고 느끼는 부분을 완벽하게 명확히 하려고 노력했는데 이런 노력이 성공하기를 바란다. 위대함과 몰락 개념에 대해서는 우리 시대 사람들이 지나치게 무관심한 것 같아서 그 부분에 대해서는 부록으로 추가했다.

1910년 7월

차례

옮긴이 서문 / 6
서문 / 11
2판 서문 / 21

제1장 최초의 진보 이데올로기들

1 고대작가와 근대작가의 논쟁 / 종교와 문학의 좋은 모델 / 부알로에 반대하는 상류층 / 훌륭한 언어 기술자의 승리 … 29
2 17세기 말의 도덕 / 퐁트넬 철학 / 자연관의 정치적 기원 / 파스칼 대 피상적 합리주의 / 데카르트 사상과 상류층 … 42
3 인간 교육학 / 대중화 전도사 / 콩도르세의 대중교육은 귀족주의 모델에 기초한다: 교육의 결과와 그 환상 … 57

제2장 부르주아계급의 최종 승리

1 왕립 관료제 창설 / 관료계급의 성장 / 좋은 행정의 중요성 / 평정의 필요성 / 고등법원의 재정 장악 … 73
2 관료계급 이데올로기의 성격 / 이론가들의 엄청난 자유 / 실천영역의 3대 주요 측면 … 84
3 계약이론 / 루소 저작의 모호함 / 추상적 이론의 성공 이유 / 계약 개념의 기원과 로

크의 체계 / 구성원들의 합의 / 일반의지 / 사회계약의 모순된 해석들 … 94
4 중농주의자들 / 행정 이념 / 중농주의의 재산 및 토대 이론 / 대혁명 후 중농주의 사법제도의 성공 … 105
5 문필가들 / 귀족계급이 부여한 문필가들의 영향력 / 귀족정치체제에서 문필가들의 진정한 역할 / 비판적 태도의 부재 … 115

제3장 18세기 과학

1 호기심 대상으로서 과학 / 백과전서 / 행정가의 필수 지식 / 거대한 희망을 고무하는 발견들 … 131
2 형이상학의 사회문제 적용 / 콩도르세의 환상 / 오류의 원인 / 허위 과학의 영속 가능성 … 145

제4장 대담한 제3신분

1 실천 문제에 대한 루소의 신중한 태도 / 튀르고의 대담성 / 이데올로그들에게 확신을 가져다준 미국혁명 … 159
2 자연으로의 복귀 / 계몽의 중요성 / 교육 영향력의 변화 … 167
3 야만인에 관한 문헌 / 교부 샤를르부아의 묘사들 / 현존 질서에 대한 무관심 … 177
4 경제 진보 / 새로운 행정 편견 / 물질적 진보와 혁명의 탄력성 … 183

제5장 진보 이론들

1 튀르고의 담론 / 보쉬에와의 불화: 부르주아적 편견 / 생활환경 속의 예기치 않은 진보의 발전 / 중세 시대의 물질적 진보 … 193

2 스탈 부인의 새로운 질서 옹호 / 새로운 문학 비평 원리 / 상이한 문명들의 융합 / 기독교 / 폭력 … 202

3 민족독립 전쟁 종식과 함께 탄생한 진화이론 / 법과 사법적 양심의 역사적 형성 / 진화와 진보의 대립 … 209

4 토크빌과 평등을 향한 필연적 행진 / 프루동과 마르크스의 반론 / 필연성 개념 폐기하는 프루동 ; 도덕적 진보 … 218

5 민주주의 문헌에 나타난 진보 개념 / 라콩브 이론: 그 순진한 환상; 민주주의가 보여주고자 한 것은 무엇인가 … 228

6 생산의 자연적 진보와 기술적 진보 / 기계 발달 / 현 시대의 이데올로기 … 236

제6장 위대함과 몰락

1 그리스 철학의 주기적 발전 / 명백한 퇴보의 법칙 / 원시공산주의와 사회주의강령의 중요성 … 245

2 법의 퇴보 / 형법제도 / 이혼 / 상행위 및 유동자본의 영향력 … 251

3 역사의 독특한 사건들 / 로마법의 근거 / 르네상스와 프랑스혁명 / 혁명에 관한 일반

견해들 … 258
4 천재와 범인(凡人) / 예술과 오락 / 교육기술과 정치기술의 쇠퇴 / 종교: 범인(凡人)의 근대적 역할/ 철학 … 265
5 민주주의에 관한 결론 … 277

제7장 사회주의를 향한 전진

1 자본주의의 세 유형 / 고리대금업 / 상업 / 공업의 우위성 / 동시성이냐 연속성이냐 / 마르크스의 헤겔주의 편향 … 283
2 제조업 / 곤충 역할로 전락한 노동자 / 마르크스의 자유로운 협업 / 직업교육 … 292
3 카우츠키의 자본주의 단계론 / 루시에의 트러스트 및 카르텔 개념 / 미국인의 고립 성향 / 트러스트의 환상 / 트러스트와 사회주의 … 298
4 마르크스의 예견이 적용되는 조건들 / 사회민주주의의 비효율성 / 프루동의 해체 개념 / 볼셰비키 이념의 영향과 사회주의 부활 … 307

제1장

최초의 진보 이데올로기들

1 고대작가와 근대작가의 논쟁 / 종교와 문학의 좋은 모델 / 부알로에 반대하는 상류층 / 훌륭한 언어 기술자의 승리

역사가들은 진보 이론의 기원을 17세기 말에 대소동을 일으킨 고대 작가와 근대 작가 간의 논쟁으로 거슬러 올라가서 찾고자 했다. 지금은 예술이 진보한다는 것을 인정하지 않기 때문에 그 같은 문학의 갈등에서 진보 이론의 기원을 찾는 것은 매우 이상하게 보일 수도 있다.

페로[1] 같은 인물에서 나쁜 취향을 표현하는 것보다 이상한 일은 없을 것이다. 그는 당대 사람들을 고대시대나 르네상스시대의 위인보다 훨씬 높이 평가했다. 이를테면, 그는 라파엘로(Raphael)보다 르브룅[2]을 더 선호했다. 얼핏 보면 그는 문화 관리 공무원이 하는 어리석은 역할을 하고 있다고 생각할 수도 있다. 사실 1687년에 '학술원'(Academie)에서 발표한 그의 첫 논문은 '루이 대제의 세기'(*The Century of Louis the Great*)로 불리었다. 브륀티에르[3]는 이 논문에 대해 다음과 같이 아주 올바르게 언급했다. "부알로[4]는 군주를 칭송할 때는 평소

---

1 페로(Charles Perrault, 1628~1703)는 17세기 프랑스를 대표하는 동화작가이자 비평가로 주요 작품으로 『신데렐라』, 『푸른 수염』, 『빨간 모자』, 『장화 신은 고양이』, 『엄지동자』 등이 있다. -옮긴이
2 르브룅(Lebrun Charles, 1619~1690)은 17세기 프랑스의 화가로 루이 14세 때 왕실 화가였다. -옮긴이
3 브륀티에르(F. Bruntiere, 1849~1906)는 프랑스의 문학비평가이다. 비평은 주관적 이해관계에 기초하는 것이 아니라 공식적 기준에 의하여 객관적으로 작품을 비평해야 한다고 주장하며, 객관적 기초 위에 비평의 과학을 세우려고 노력하며 장르의 진화를 주장하였다. -옮긴이
4 부알로(Nicolas Boileau Despréaux, 1636~1711)는 프랑스의 풍자시인이다. 고전주의 최성기의 대표적 비평가로서 그리스 라틴 작가 호라티우스의 전통을 고수하면서 고전주의 이

와 다른 문체를 사용했으며, 독립심이 부족하여 아첨을 할 때는 (아마도 고대 작가들로부터 영감을 받아) 보다 확실한 취향을 가지고 진부한 표현을 삼가게 했는데 우리는 이 점을 인정할 수밖에 없다."[5]

그런데 퐁트넬[6]이 끼어들면서 논쟁이 곧바로 더 일반적인 측면으로 확대되었다. 페로는 세 편의 산문(1688, 1692, 1697)에서 운문 형식으로 자신의 사상을 발표했는데 거기서 고대 작가보다 근대 작가를 더 선호하는 이유를 밝혔다. 이 문제를 철저하게 이해하려면 17세기 사람들은 자기 시대의 위인들을 전혀 경건한 마음으로 칭송하지 않았다는 점에 유의해야 한다. 우리가 당대의 원형을 대표한다고 그토록 애호하는 보쉬에[7]도 당시 왕으로부터 진정한 가치를 전혀 평가

론을 완성하였다. 그의 『풍자시집(*Satires*)』(1666)은 17세기 프랑스의 풍조인 가식적 꾸밈을 공격하여 비평가로서 활약하며 자연 속 인간의 진실성을 묘사할 것을 주장하였다. – 옮긴이

[5] Ferdinand Brunetiere, *Evolution des genres dans l'histoire de la litterature*(Development of Genres in the History of Literature"), 3d ed., p. 116. 여기서는 브륀티에르의 저작을 폭넓게 활용할 것인데, 그의 저작이 고전 세기의 지식을 가장 정확하게 안내해 줄 것이다. 일부 사람들은 내가 성직자를 옹호하는 호전적인 증언을 확신 있게 받아들였다고 비난했다. 그러나 나는 브륀티에르가 1894년까지는 교회를 옹호하지 않았다고 지적했다. 빅토르 지로드(Victor Giraud)에 따르면, "그는 쇼펜하우어(Schopenhauer), 다윈(Darwin), 콩트(Comte)의 영향을 받아 엄격한 실증주의 도덕이 이제부터는 그 자체로 충분할 것이라고 확고하게 믿었다. 심지어 실증주의 도덕이 쇠락한 종교나 한물간 종교를 이용할 수도 있다"(*ibid*., pp. 26~27). 나는 브륀티에르가 바티칸을 방문하기 전에 완성한 저작만 이용했다.

[6] 퐁트넬(Bernard Le Bouyer de Fontenelle, 1657~1757)은 프랑스의 과학 사상가이자 변호사이다. 후일 문필가로 전향하였다. 당시의 가장 진보된 자연과학의 여러 성과를 체계화, 대중화한 계몽주의의 선구자로 높이 평가된다. 신화나 종교에 의해서 왜곡된 역사의 실체를 폭로하여 합리주의적 비평을 가하였다. 역사의 진보를 인정하고 고전주의의 거장 부알로와의 논쟁에서 근대주의의 비평가로서 뛰어난 능력을 보여주었다. – 옮긴이

[7] 보쉬에(Jacques-Bénigne Bossuet, 1627~1704)는 프랑스의 가톨릭 신학자·설교자로 교황권에 맞서 프랑스 교회의 권리를 변호한 왕권신수설의 주요 이론가이다. 성당 참사회원

받지 못했다. 그의 청중들은 (플레시에[Flechier]와 달리) 그가 쓰는 언어는 인상적이지 못하고, 수사도 세련되지 못하며, 꾸밈도 불충분하다고 생각했다. 또는 그는 (부르달루[8]와 달리) 스캔들을 퍼뜨려서 귀족사회가 추구하는 초상화에 의해 호기심을 불러내는 법을 충분히 알지 못했다고 생각했다.[9]

만약 부알로가 최상층 사회의 저작에 미친 영향에만 한정한다면 그를 보편적으로 존경받는 거장이라 할 수도 있다. 라퐁텐,[10] 몰리에르,[11] 라신[12]은 브륀티에르 다음으로 그에게 크게 빚졌다.[13] 그러나 한 세기를 그 시대보다 오래 산 인물들로만 판단해서는 안 되는데, 그 인물들은 그 시대의 주요 흐름과는 종종 모순되기 때문이다. 그런데 그들은 그 같은 모순 때문에 불멸의 인물이 되었다. 우리는 부알로 시대 사람들은 그에 의해서 샤플랭[14]의 멍에에서 벗어난 것을 기

으로서 훌륭한 설교로 대중적인 인기를 얻었고, 정치 관련 저서로 절대주의 이론가로서의 명성을 얻었다. 평생 가톨릭교를 설교하고, 프로테스탄트와 격렬한 논쟁을 벌이고 가톨릭을 옹호하였다.-옮긴이

8 부르달루(Louis Bourdaloue, 1632~1704)는 프랑스의 설교가로 1648년 예수회에 입회하여 1670년경에 루이 14세 궁정에서 행한 대림절과 사순절 강론집으로 설교가로서의 명성을 떨쳤다.-옮긴이

9 Ferdinand Brunetiere, *Etudes critiques sur l'histoire de la litterature franfaise*(Manual of the History of French Literature, trans. R. Devechet), 6th ser., pp. 205~206.

10 라퐁텐(Jean de La Fontaine, 1621~1695)은 17세기 프랑스의 시인이자 대표적 우화작가로 우리에게 잘 알려진 이솝우화 작가이다. 그는 수십 권의 우화집을 펴냈으며, 대표작인 12권으로 이루어진 『우화시집(*Fables*)』에는 약 240편의 우화시가 들어 있다.-옮긴이

11 몰리에르(Moliere, 1622~1673)는 프랑스의 희극작가 겸 배우로 17세기 프랑스가 낳은 가장 위대한 작가로서 명성을 남겼다.-옮긴이

12 라신(Jean Baptiste Racine, 1639~1699)은 프랑스 고전주의의 대표적 극작가로 『베레니스』, 『이피제니』 등 삼일치의 법칙을 지킨 정념비극의 걸작을 남겼다.-옮긴이

13 *ibid*., pp. 164~165.

14 장 샤플랭(Jean Chapelain, 1595~1674): 프랑스 시인이자 문학평론가. 당시 고대 그리스의 권위자들에게 의존하여 공리공론을 일삼던 다른 비평가들에 대항하여 문학 비평에 경험론을 적용함으로써 문단에서 주목을 받았고 나중에 아카데미 프랑세즈를 창설하는 데

뻔했다고 생각하기 쉽다. "부알로의 『풍자시(Satires)』는 1665년에야 모습을 드러냈는데 이 『풍자시』가 나오기 전까지는 사람들은 하품을 하면서 『숫처녀(La Pucelle)』를 읽었다. 그런데 사람들은 하품 나오는 것을 감춰야 했고, 게다가 하품을 하면서도 그 저작이야말로 완벽하고 아름답다고 말하고 다녔다."[15] 샤플랭은 오랫동안 프랑스문학의 명백한 거장으로 간주되었는데 그가 몇몇 벼락부자들로부터 비난을 받는 것을 보고 많은 교양 있는 사람들은 당황해했다. 그들은 비평가들과 일전을 치를 호기를 기다렸다. 실제로 브륀티에르는 부알로가 "살롱과 문학클럽의 사상"과는 배치되는 부르주아 사상을 대변하고 있다는 중요한 사실을 간파했다.[16] 게다가 부알로는 샤플랭 친구들의 성채인 '학술원'에 어려움 없이 가입했다.[17]

프랑스인의 취향은 여전히 부알로의 원리에 충실히 따르고 있었다. 그와 마찬가지로 우리도 무엇보다 분별, 명료함, 자연언어를 높이 평가한다. 우리는 과도한 상상력을 꺼리고, 억지로 꾸며낸 세련미와 대중 언어 사이의 중도적인 입장을 취하는 스타일을 높이 평가한다. 외국인들은 이러한 문학을 높이 평가하는 것을 보고 감명을 받아 오랫동안 프랑스의 규칙에 따라 자신들의 특수한 재능을 훈련시키려고 노력해 왔다.[18]

부알로가 고대 작가들을 불러내는 데 그토록 집착한 이유를 정확히 설명하려면 르플레[19]의 방법에서 그 기원을 찾아야 한다. 그는 우리 시대의 사회 개혁

기여했다. 그러나 12편에 이르는 그의 서사시 〈성처녀〉(聖處女)〉(1656)는 부알로의 혹평을 받고 성공하지 못하였다. -옮긴이

15 Brunetiere, *Evolution des genres*, p. 79.

16 *ibid.*, p. 92.

17 H. Rigault, *Histoire de la querelle des anciens et des modernes*(History of the Dispute Between the Ancients and Moderns), p. 151.

18 Brunetiere, *Etudes critiques*, 6th ser., pp. 189~190.

19 르플레(Pierre-Guillaume-Frédéric Le Play, 1806~1882)는 프랑스의 사회학자이자 사회개

가들을 개화시키려면 과학을 창조하라고 조언해주었다.

르플레는 정부의 원리 같은 모든 추상적 논의들 극도로 경멸했다. 그는 어떤 민족이 번영하게 되는지 그리고 어떤 원리가 역사 과정에서 각 민족의 위대함을 보증하는지를 탐구하고자 했다. 그는 프랑스인이 가족, 노동조직, 정치위계를 형성하는 '탁월한 모델들'을 조국에 도입하기를 원했다(실제로 프랑스인들은 이 모델을 발견하는 데 성공했다). 우리의 정신은 연역법보다는 유추에 의해 구성된다. 우리는 체계 개념을 학문적으로 명확하게 정의한 연후에만 어떤 원리를 명확하게 이해할 수 있다. 우리는 항상 최근 어떤 이유에서든 세계적으로 위세가 높아진 외국의 문물들을 우리나라[프랑스]에 도입하면 큰 이익을 얻을 수 있다고 생각하는 경향이 있다. 그리하여 우리는 영국과 미국에서 그리고 근래에는 독일에서 많은 제도들을 받아들여 왔다.

르네상스시대와 종교개혁시대 사람들은 이미 이런 방법을 통해서 발전해 왔다. 그들이 고대문학에 아주 친숙해진 것은 고대문학이 경험에 기초한 지식을 소지하고 있다고 믿었기 때문이다. 르네상스시대 사람들은 그리스 관습을 연구했고, 종교개혁시대 사람들은 그것을 사도(apostolic)시대[20] 관습에 적용했다. 그들은 복고풍을 일으켜 그 시대 사람들에게 그 관습을 따르도록 요구했다. 롱사르[21]는 헬레니즘 정신을 부활하는 것은 칼뱅(Calvin)이 성 바울(St. Paul)의 제자가 되는 것만큼 어렵다고 생각했다.[22] 이 두 시도의 실패는 어떤 것도 그 원리

    량 운동가로, 현실의 상태를 과학적으로 파악하기 위하여 최초로 모노그래프 조사법을 사회문제에 적용하여 엥겔을 비롯해 후세의 가계조사에 큰 영향을 주었다. -옮긴이

20 그리스도교 초창기의 한 시기를 가리키는 말로 성령강림절(오순절)에서 시작되어 예수의 직제자(直弟子)인 사도들이 살아서 활동하던 시대. 원시 그리스도교 시대의 최초의 한 시기로 30~33년 또 33~100년경까지를 이른다. -옮긴이

21 롱사르(Pierre de Ronsard, 1524~1585)는 16세기 프랑스의 대표 시인으로 고전극시의 길을 열었다. 중세 서정시와 근대의 상징시를 잇는 가교 역할을 하였고, 시 형식의 개혁을 실천하였다. 대표적인 시로 「엘렌의 소네트」가 있다. -옮긴이

에 반대하지 못한다는 것을 증명했는데, 사람들은 그 실패가 개혁가들의 과도한 열망에서 비롯된 것이 아니냐고 물었다. 모델은 아무리 훌륭해도 모델일 따름이다. 그것은 세심하게 다루어야 한다.

  얀센주의자들(Jansenists)[23]은 그 창시자가 놀랄 정도로 대단한 인기를 얻었는데, 이에 대해서는 위에서 고찰한 내용을 보면 쉽게 설명할 수 있다. 얀센주의자들은 성 아우구스티누스(St. Augustine) 시대(기원전 4~5세기경-옮긴이)만큼 멀리 되돌아가, 암흑시대(중세시대를 말함-옮긴이) 학자들과 조신(朝臣) 결의론자들[24]이 엄밀하게 판단하여 도입한 우둔함과 불순함을 모두 척결할 수 있을 것이라고 믿었다. 성 아우구스티누스는 전적으로 고전 전통에 의해 양육된 탓에 초기 그리스도 제자들보다 더욱 쉽게 감화를 받을 수 있었다. 파스칼(Pascal)이 쓴 『시골 친구들에게 보내는 편지(*Provinciales*)』(1656~1657)의 대성공은 대중이 아우구스티누스의 지시를 받아들였음을 증명한다. 브륀티에르에 따르면, 라퐁텐과 몰리에르는 유일하게 이러한 영향에서 완전히 벗어난 유명 작가들이다. 이러한 영향은 예수회 수사 부르달루에서 현저하게 나타나는데, 포르루아얄(Port-Royal)[25]은 그의 많은 설교에 서명을 하였다.[26]

---

22 Brunetiere, *Etudes critiques*, 4th ser., 3d ed., p. 170.
23 얀센주의: 네덜란드의 주교이자 신학자인 얀센(Cornelius Jansen, 1585~1638)의 이름에서 유래한 가톨릭 분파. 얀센은 예수회가 신자 확보를 위해 현세적인 교육운동과 선교사업에 주력하자 종교적 엄격주의를 주장하며 인간의 원죄를 강조하고, 운명예정설을 역설하였다. 이후 종교 논쟁이 가열되어 얀센 반대파와 지지자들 사이의 공방이 이어지고 얀센 반대파들에 의해 경멸적인 의미가 담긴 '얀센주의'라는 용어가 탄생하게 되었다.-옮긴이
24 결의론(決疑論: casuistry): 윤리와 종이론 일반원리를 특정한 구체적인 인간행위의 갈등적 상황에 적용하여 그 해결을 모색하는 방법. 윤리학이 선(善)의 개념과 선악판단의 기준에 관한 보편적 이론을 추구하는 데 비하여, 결의론은 구체적인 도덕적 문제의 해결을 온갖 상황적 조건과 더불어 해결하려 하였다.-옮긴이
25 13세기에 세워진 여자수도원으로 17세기 프랑스의 문예활동과 얀센주의의 중심지. 18세기에 폐쇄됨.-옮긴이

도덕 개혁은 성공한 것으로 보이는데 왜 지적 문예 개혁은 성공하지 못했는가? 두 개혁 모두 스페인과 이탈리아의 호전적인 침투와 연관이 있다. 프랑스 작가들은 예의 바른 신사 마랭(Marin)과 공고라(Gongora)를 매우 칭송했는데, 마랭은 매력적인 대화에 뛰어나서 『아도니스(*Adonis*)』의 저자 샤플랭은 유명한 서문에서 그를 찬양한 바 있으며, 공고라의 이름은 과장 및 현란함과 동의어가 되었다."[27] 부알로는 앞서 언급한 모델에 현혹된 그 시대 사람들에게 자연스러움과 분별력을 심어주고 싶어 했다. 그는 그 시대 사람들에게 고대 문학에서 나타난 '탁월한 모델'을 제시해 주었다. 부알로는 롱사르의 구상을 채택했으며, 그를 유명한 '개혁가들'과 동일한 인물로 생각하면서 동시에 그를 가혹하게 평가했다.[28] 그렇지만 그는 포르루아얄이 칼뱅을 부활시킨 것과 똑같이 선행자들의 저작을 부활시켰지만 자신은 선행자들과는 전혀 다른 일을 하고 있다고 생각했다. 그 결과 그는 프랑스인에게 걸맞은 개혁을 이루어냈다.

17세기에 고대 작가들과 근대 작가들 사이에서 논쟁이 일어났을 때 유명 작가들은 모두 부알로 편에 섰는데, 페로는 부알로가 묵살시킨 나쁜 작가

---

26 Brunetiere, *Etudes critiques*, pp. 164~165. 생트 뵈브(Charles Augustin Sainte Beuve, 1804~1869: 프랑스의 비평가·시인·작가로 몽테뉴의 전통을 이은 모랄리스트이다. 독자적인 역사적·심리적 방법을 가지고 근대 비평을 확립했다-옮긴이)에 따르면, 부르달루는 실제로 '포르루아얄이 부흥한 참회의 격언들'을 상당히 사용했으며, 그의 설교는 얀센주의 지지자들을 충분히 만족시켜 주었다(*PortRoyal*, II, 155~156); 다른 곳에서 그는 소수의 특권계급에 관한 설교에 대해 말하면서 다음과 같이 기술하였다. "생시랑(M. de Saint-Cyran, 1581~1643: 프랑스의 신학자로 교회개혁의 필요성을 강조하며, 포르루아얄 운동에 깊이 관여하였으며 정치적, 신앙적 이유로 리슐리에에 의해 체포, 감금되기도 하였다. 후일 장세니스트의 탄생과 발전에 결정적인 영향을 미쳤다-옮긴이)은 명백하게 놀란 생 뱅상 드폴(St. Vincent de Paul, 1581~1660: 프랑스의 로마 가톨릭 사제로 1600년에 사제 서품을 받았다. 여러 신학교를 설립하여 사제를 양성하였으며, 1737년 교황 클레멘스 12세에 의해 시성(諡聖)되었다-옮긴이)에게 성찬식의 효과에 대해 정확히 말하고 있었다"(p. 190).

27 Brunetiere, *Evolution des genres*, p. 88.

28 Brunetiere, *Evolution des genres*, pp. 45~46, 104.

들―샤플랭, 코탱(Cotin), 생 타망[29]―을 열성적으로 방어했다. 부알로의 미학은 평범한 작가들을 방해했는데, 이들은 자신들이 받아들일 수 있는 최대한도로 자유분방한 문체를 사용했다.[30] 근대 작가의 열성팬 가운데는 놀랍게도 벨[31]만큼 학식 있는 사람도 있었다. 그러나 벨은 문체가 밋밋하고, 이전 세기의 허물을 그대로 안고 있으며, 자신이 읽은 저작의 문학적 가치에 무관심했다는 점을 잊어서는 안 된다.[32] 그가 루이 14세[33]가 장려한 심미적 정책에 적대적 태도를 취했다고 보는 것은 잘못된 일이다.[34]

상류층 사람들은 근대 사상이 모든 사고의 기초를 형성한다는 이유로 이를 후원했다. "이 세련된 재판관은 심각한 것이라면 모두 본능적으로 두려워한다. 그들에게 예술은 오락의 일종일 따름이다."[35] 여성들은 거의 모두가 페로 편에 섰다. 부알로가 열 번째 풍자시를 쓰게 된 것은 아마도 악성 유머가 자신에 대

---

29 생 타망(Saint-Amant, 1594~1661)은 프랑스에서 출생하여 17세기에 활동한 바로크 시의 대표적인 시인으로 진지한 주제를 익살스럽게 다루는 풍자시의 일종인 익살시(burlesque poems) 양식을 처음으로 선보였다. 그의 시는 일생 동안 호의적인 평가를 받았으나 후일 부알로로부터 조롱을 받으면서 2세기가 넘도록 주목받지 못하였지만 오늘날 다시 당대 대표적인 시인으로 평가를 받고 있다.―옮긴이

30 Brunetiere, *Etudes critiques*, 5th ser., p. 190.

31 벨(Pierre Bayle, 1647~1706)은 프랑스 철학자 겸 비평가로 프랑스혁명을 사상적으로 준비한 프랑스 초기 계몽사상가의 한 사람이다. 합리주의 철학을 주장하여 볼테르 등 백과전서파에 영향을 끼쳤다.―옮긴이

32 *ibid.*, pp. 121~132. 벨이 문학의 천박함이 당대 사람들을 얼마나 불쾌하게 했는지를 이해하지 못한 것은 매우 신기한 일이다.

33 루이 14세(재위 1643~1715)는 왕권신수설을 신봉해 스스로 신의 대리자로 자청하며 절대 권력을 행사하여 중앙집권체제를 완성하였다. 문예부흥을 후원하여 프랑스를 유럽 예술의 중심지로 만들었으며, 여러 차례의 전쟁으로 영토를 확장하는 등 프랑스의 최전성기의 왕으로 태양왕이라 불릴 정도로 16~18세기 유럽의 절대왕정 시대를 상징한다.―옮긴이

34 H. Rigault, *Histoire de la querelle*, p. 233.

35 Brunetiere, *Evolution des genres*, p. 127.

한 여성들의 반대를 불러일으켰기 때문이다. 한편, 부알로 반대자들은 이 관대한 재판관들에게 열광적으로 욕설을 퍼부었다. 브륀티에르에 따르면, 여성들은 우리 문학이 진지한 삶의 문제를 진솔하게 다루는 것을 방해하여 문학에 악영향을 끼쳤다.[36]

이러한 불멸의 증명서가 널리 배포되자 페로는 자기 지지자들을 확보하는 데 신경쓰지 않을 수 없었다. 그의 문학적 견해를 보여주는 예를 하나 들어보자.[37]

> 미래 세대들은 우리 문학을 어떻게 소중히 간직할까.
> 호협한 사라쟁(Sarrazins), 부드러운 부아튀르(Voitures),
> 순진한 몰리에르, 로트루(Rotrous), 트리스탕(Tristans),
> 그 밖에 우리 시대를 즐겁게 해주는 수많은 문학들!

페로 주변에 엄청난 문학 잡지들이 있고 또 문학적 취향을 가진 사람들이 엄청나게 많이 있는 것은 놀랄 것이 못 된다. 『주르날 드 트레부(Journal de Trevoux)』는 당대 경향에 관한 귀중한 정보를 제공해준다. 예수회는 페로에게 상냥하게 대할 이유가 없었다. 소르본대학 교수인 그의 형은 아르노[38]를 후원했다. 부알로는 영향력이 막강한 예수회 수사(修士)들의 환심을 얻으려고 각고의 노력을 했지만, 자신의 대의를 위해 그들을 이길 수 없었다.[39] 그런데 인도주의를

---

36 ibid., p. 128. 그중에는 세비녜(Sevigne) 부인, 퐁트브로(Fontevrault) 여수도원장, 콩티(Conti) 여왕이 있었다(H. Rigault, Histoire de la querelle, pp. 242~243, 248, 259).

37 H. Rigault, op. cit., p. 146.

38 아르노(Antoine Arnauld, 1612~1694)는 프랑스 얀센주의 신학자이다. 26세에 얀센주의 중심부인 포르루아얄 수도원과 긴밀한 관계를 맺고 예수회를 반박하며 얀센주의 옹호를 주도하였다. 이로써 도미니코회와 파스칼의 지지를 받았으나, 1656년 소르본 당국의 제재를 받고 사제직이 박탈되었다. 1669년 루이 14세 때 복권되어 소르본 박사의 영예를 받았고 민중의 영웅으로 추앙받았다. – 옮긴이

표방하는 사람들은 고대 문학을 좋아할 거라고 생각할 수 있지만, 예수회 수사들은 프랑스에서 일정한 지위를 차지하려고 언제나 항상 평범한 사람들 편에 섰다. 왜냐하면 그렇게 해야 대다수 사람들이 자기편에 있다고 확신했기 때문이다. 그렇게 하여 그들은 얀센주의자들에 맞서 도덕적 평범함을 지켜냈다. 실제로 예수회는 종교 영역에 평범함을 보급시켰다는 이유로 종종 비난을 받았다. 높은 교육을 받은 그들이 문하생들에게는 평범함을 발전시키는 결과를 가져온 것이다. 학위증 공장으로 유명해진 예수회 학교는 과학적 평범함을 추구했다. 17세기에 예수회 학교는 부알로에 맞서 문학적 평범함을 지키고자 했다.

그 결과 부알로의 패배가 완결되었다. "그는 자기 주위에서 문학적 치장의 부활을 볼 수 없었지만, (후에 살롱으로 모습이 바뀐) 동인 모임에서 퐁트넬과 라모트(Lamotte)는 발자크(Balzacs)와 부아튀르의 전통으로 되돌아왔다. 몇 년 후에 랑베르(Lambert) 후작 부인 그리고 그 뒤에 탕생(Tencin) 부인이 영향력을 발휘하면서 새로운 일이 일어났다. 18세기 처음 몇 년은 17세기 처음 몇 년이 소생한 듯했다."[40] 퐁트넬, 탕생 부인, 트뤼블레(Trublet) 수도원장은 라모트를 프랑스의 뛰어난 천재로 평가했다. 라모트의 철학적-과학적 시 중에서 퐁트넬이 칭송한 시 하나를 들어보자.[41]

> 이 공허함 속에 있는 내용물들
> 이 상상의 몸체 안에
> 홍수같이 흘러넘치는 물
> 위장하여 숨어 있는 물질이네.

---

39 H. Rigault, *Histoire de la querelle*, pp. 229, 231.
40 Brunetiere, *Evolution des genres*, pp. 109~110.
41 H. Rigault, *Histoire de la querelle*, pp. 161, 336.

부알로의 복수는 완성했지만, 그 복수는 우리 시대에만 국한되었다. 더욱이 그는 낭만주의자들의 격렬한 공격을 받은데다가 심지어 자신의 희생자 일부를 되살리려고 전력을 기울인 탓에 여러 가지로 애로를 겪었다. 이와 달리 프루동은 부알로의 '논리적 완결성'에 매료되어 목이 마르도록 그를 칭찬했다.[42] 내가 보기에 우리 시대에 부알로를 옹호하는 것은 그 사상의 내용 때문이 아니라 문학 스타일 때문인 것 같다.

근대 혁명은 두 작가 집단 간의 간격을 더욱 벌여놓았다. 한쪽은 '훌륭한 문학 장인'이 된 것에 자부심을 느꼈다. 그 구성원들은 오랜 견습 기간을 거쳐 자신만의 스타일을 훌륭하게 완성했다. 다른 한쪽은 그 시대의 기호에 맞는 작품을 지속적으로 대량생산해 왔다. 브륀티에르는 어느 저자의 스타일을 "재능을 발휘하여 글쓰기 기교를 통제하는 유형"이라고 정의하고, 다음과 같이 부연한다. "위대한 문학혁명은 모두 언어혁명이다. 프랑스의 문학 역사를 면밀히 살펴보면 모든 혁신은 무엇보다도 언어를 통해서 일어났다; 롱사르, 말레르브,[43] 부알로, 루소(Rousseau), 샤토브리앙,[44] 빅토르 위고(Victor Hugo)."[45] 현대 언어는

---

[42] Pierre-Joseph Proudhon, *De la Justice dans la Revolution et dans l'Eglise*(On Justice in the Revolution and in the Church), III, 390. 프루동이 이르기를 "새로운 세대는 낭만주의 외피를 벗겨내는 것만큼" 부알로의 영광을 재현한다(IV, 125).

[43] 말레르브(François de Malherbe, 1555~1628)는 프랑스의 서정시인으로 복잡한 프랑스어를 순화·정리하고, 이성을 존중하고 보편적인 내용을 명쾌히 표현하도록 주장하여 고전주의 시대의 선구자로 간주되고 있다.-옮긴이

[44] 샤토브리앙(François Rènè de Chateaubriand, 1768~1848)은 귀족 출신의 프랑스 작가이자 정치가로 프랑스혁명 초기에 왕당파 가입을 거부하여 1791년 미국으로 떠났으나 루이 16세가 도주한 소식을 듣고 귀국하여 왕당파 군대에 들어갔다가 부상을 입어 제대하였다. 그는 처음엔 계몽 철학을 신봉하였으나 이후 가톨릭으로 복귀하였다. 루소, 밀턴의 영향을 받아 가톨릭 전통주의자로서 화려하고 섬세한 정열을 가진 문체로 낭만주의 문학을 창시하였다.-옮긴이

[45] Brunetiere, *Etudes critiques*, 2d ser., 5th ed., p. 269. 그에 따르면, 회화에도 동일한 추론을 사용할 수 있으며, "예술사에서 위대한 혁명은 예술 소재의 혁명"이다. 특히 그는

특수한 이미지를 불러내기 위해 모호한 표현을 포기한 탓에 훨씬 더 다루기가 어려워졌다.

오늘날 우리 시대 스타일의 거장들은 부알로의 진정한 계승자들인데, 정작 부알로는 오랫동안 멸시를 받아왔다. 브륀티에르는 이렇게 말한다. "이 부르주아에게는 그의 예술에 대한 예술가, 뛰어난 기술자, 명민한 이론가가 있다.… 누구라도 시의 형식의 가치를 느꼈다면, 그것은 부알로의 시였다.… 이것은 부알로가 늘 부아튀르에게 고백한 놀라운 존경심을 설명해준다. 그는 『익살의 풍자(Satire sur l'Equivoque)』에서 부아튀르의 익살이 무미건조하다고 공언하려고 자신이 죽을 때까지 기다렸다. 그러면서 그는 부아튀르가 적어도 자신의 작품을 세심하게 꾸며놓은 것에 감사했다."[46]

부지런하게 글을 쓰는 사람은 자기 글을 한정된 공중에게 발표한다. 그렇지 않은 작가들은 카바레와 신문에 글을 발표한다. 현재는 이 두 종류의 독특한 공중과 두 유형의 문학이 각각 존재하여 서로 수렴되기가 힘든 상태이다. 우리 선조들은 현재로서는 이해하기 어렵지만 베랑제[47]를 엄청나게 존경했다. 그는 파르니(Parny)와 카바레의 가수 중간에 있었다. 요즘에는 그런 중간 위치는 문학적 관행에 조금도 어울리지 않는다.[48] 요즘에는 누군가 그의 시에 심취한 시

"라파엘로가 일생 동안 그림을 그리면서 바꾼 것은 오로지 기법뿐"이라고 생각한다.

[46] Brunetiere, *Evolution des genres*, pp. 105~108. 『익살의 풍자』는 부알로가 죽은 뒤에야 출간된 것으로 알려져 있다.

[47] 베랑제(Pierre Jean de Beranger, 1780~1857)는 프랑스의 서정 시인이자 풍자시인이다.-옮긴이

[48] "스타일과 시적 용법에서 보면 그[베랑제]는 그저 볼테르와 파르니의 문하생에 불과하다. 지나친 문장과 모호한 운문을 제외하면 어느 누구도 그의 개성을 찾아볼 수 없다. 그의 익살과 농담은 대체로 두 개의 의심스런 원천에서 나온 것이다.… 베랑제는 전혀 순박하지 않고 진지하며, 종종 긴장하고 부드럽지만, 경솔하지는 않았다(Proudhon, *De la Justice*, IV, 171). 르낭(Renan)에 따르면, 베랑제의 시는 남학생의 과장을 매우 자주 표현하고 '속류문화 언저리'에 있었다"[*Questions contemporaines*(Contemporary Questions), pp. 465,

인이 되거나 『엘도라도(l'Eldorado)』를 위해 저속한 후렴구를 늘어놓는 사람이 되기를 바란다. 18세기의 베랑제 대가들은 평범한 문장가들이었기에 그를 잊는 것처럼 사람들에게 잊혀지고 있다.

    이러한 전환은 근대 사상에 상당한 영향을 미쳤다. 볼테르[49]가 기독교를 반박하며 쓴 소책자는 영향력이 약해졌다. 백과전서파(Encyclopedists)[50]에서 오메 씨(Monsieur Homais)와 『등불(Lanterne)』의 편집자로 약간 내려오는 동안 종교 문제를 집중적으로 다룬 문학은 진지하다 못해 엄격해졌다. 르낭[51]의 초기 작품들이 대성공을 하게 된 것은 현재의 우리 사고에 맞춰 그 주제에 적합한 진지한 어조를 발견했기 때문이다.[52] 볼테르의 정신은 부르주아계급이 자신의 이익을 위해 교회를 맹목적으로 따라야 한다고 믿었던 시절에 사라졌다고 생각하는 경향이 있는데, 이러한 설명은 이데올로기적이며 매우 피상적이다. 볼테르의 정

473].

49 볼테르(Voltaire, 1694~1778)는 프랑스의 철학자, 역사가, 문학자이며, 17세기 고전주의의 계승자로 계몽주의 운동의 선구자로서 평가를 받고 있다. 예수회 학교에서 공부하였으나, 1717년 오를레앙공의 섭정을 비방하는 시를 썼다는 이유로 투옥되었다. 국외망명을 조건으로 석방되어 1726년 영국으로 갔다가 1729년에 귀국하였고, 디드로, 루소 등과 함께 백과전서파에 중요한 역할을 하였다.―옮긴이

50 백과전서파: 18세기 중후반 프랑스에서 『백과전서(Encyclopédie)』(1751~1781 간행)의 집필과 간행에 참여한 계몽사상가의 집단. 『백과전서』는 프랑스혁명 발발 전인 구체제하에서 디드로, 달랑베르 등의 감수로 이루어진 과학·기술·학술 등 당시의 학문과 기술을 집대성한 대규모 저작. 『백과전서』는 근대적인 지식과 사고방법으로 당시 사람들을 계몽하고 권위에 대하여 비판적인 태도를 취하여 후일 프랑스혁명의 사상적 배경이 되었다.―옮긴이

51 르낭(Ernest Renan, 1823~1892)은 철학자, 문헌학자, 종교사학자이며 19세기 후반의 실증주의의 지도자이다. 그리스도를 한 인간으로 보고 그 사상을 역사적 환경 속에 자리 잡게 한 『예수전』(1863), 이 명작을 포함하는 『그리스도교 기원사』(1863~1883), 진보의 신념을 노래한 『과학의 미래』(1890) 등에서 실증적 방법과 과학주의의 날카로운 표현을 시도하였다.―옮긴이

52 혹자는 르낭이 루소에서 별로 영감을 받지 않은 데 의아해한다. 그는 기독교를 당대 사람들과는 다른 방식으로 말을 하고 매우 세련된 문체를 사용했다.

신은 문학혁명이 볼테르의 방법을 우스꽝스럽게 만들면서 사라졌다. 스타일이 사고에 미치는 영향을 보여주는 데는 이만큼 탁월한 예를 찾아보기 힘들다.

2 17세기 말의 도덕 / 퐁트넬 철학 / 자연관의 정치적 기원 / 파스칼 대 피상적 합리주의 / 데카르트 사상과 상류층

17세기에 고대 작가와 근대 작가 사이에 일어난 논전은 예술의 영역을 무한하게 뛰어넘는 결과를 낳았다. 프랑스 사회는 자신의 새로운 존재 조건을 자랑스럽게 여기고 역사가들이 찬사를 보내는 매우 유명한 시대에 도달했다고 또는 심지어 넘어섰다고 생각하여 더 이상 다른 나라들에서는 모델을 찾을 필요가 없다고 생각했다. 그때부터 프랑스 사회가 모든 문명인들에게 모델을 제공했으며, 오직 프랑스인의 취향만이 지적 작품의 가치를 결정했다. 프랑스 사회는 어느 누구로부터도 비판을 받지 않았고 자기 문명의 과실에 취해 있었다.

17세기 말이 되면서 보쉬에와 페늘롱[53]이 주요한 논쟁적인 저작들의 출판을 금지하자 예전에 온 나라에 깊은 감명을 준 종교문제에 모든 사람이 무관심해졌다. 마실롱(Massillon)은 오로지 도덕성만 설교했다.[54] 사람들은 종종 얀센주의에 대한 박해와 정적주의의 무익한 불화가 종교 이념을 쇠퇴시켰다고 생각했

---

53 페늘롱(François de Salignac de la Mothe Fénelon, 1615~1715)은 프랑스의 대주교로 신학자이자 저술가이다. 1676년 사제서품을 받고 가톨릭 개종 여성을 가르치는 누벨가톨릭대학의 학장으로 임명되었고, 루이 14세가 칼뱅교도 박해를 강화하자 대화를 통해 가톨릭 교리를 합리적으로 제시하려고 노력하였다. 정치와 교육에 관한 자유주의적 시각과 신비적 기도의 본질에 관한 논쟁에 개입하여 국가 및 교회의 공격을 받았다. 그의 교육관과 문학작품은 프랑스 문화에 지속적인 영향을 끼쳤다.-옮긴이

54 Brunetiere, *Etudes critiques*, 5th ser., pp. 162~163. 브륀티에르는 이러한 도덕을 완전히 평범한 도덕이라고 부른다.

다.⁵⁵ 이것은 만족스러운 설명이 되지 못한다.

17세기 마지막 15년 동안은 삶이 매우 즐거웠다. 그 전에는 얀센주의가 기독교 운명의 문제점을 제기하고, 편안한 종교를 설파한 도학자들과 맞서 싸우며, 금욕 원리를 정당화하는 방법을 제시했다.⁵⁶ 그런데 사람들은 새로운 시대가 가져다주는 복리로부터 이득을 얻기를 원했으며, 그 이후로 얀센주의자는 매우 성가신 존재가 되었다. 사회가 향상되자 수많은 얀센주의 옹호자들이 사라졌고, 포르루아얄은 적들의 공포에 휩싸였다. 그래서 나는 도덕 수준의 저하가 얀센주의에 대한 박해 탓이 아니라 오히려 얀센주의에 대한 박해가 도덕 수준을 저하시킨 원인이라고 생각한다. 그런데 몇몇 가문들은 예전의 방식을 고수하고 낡은 도덕을 유지했다. 이들은 점점 고립되었으며 한편으로는 도도하게 행동했다. 일부 가문들은 종종 지속적으로 격렬하게 저항했다.

당시에는 모든 사람이 여성의 도덕적 해이에 격분했고, 좋은 사회가 되면서 여성이 해방되고 도락에 빠진 것에 충격을 받았다. "배우 바롱(Baron)의 여성 파트너로 주목을 끈 『포스(Force)』의 여주인공은 방돔(Vendomes)과는 물론 콘티(Conti)의 왕비들과도 친숙해졌다."⁵⁷ 1696년 11월 19일자 편지에서 뒤보스⁵⁸가 벨에게 말하기를 "여자들은 하인들과 달리 자녀를 갖기를 원하기보다는 '키가

---

55 *ibid.*, pp. 217~224.

56 한마디로 얀센주의의 도덕 개혁은 그 신학의 결과가 아니라 오히려 그 신학이 얀센주의의 도덕 개혁의 결과였다. 내가 보기에 이것은 르낭의 견해이다[Saint Paul, p. 486; *Nouvelles budes d'bistoire religieuse*(New Studies in Religious History), pp. 472~473]. 어떤 이는 이러한 역발상의 중요성을 역사유물론의 관점에서 이해하기도 한다.

57 Brunetiere, *Etudes critiques*, 5th ser., p. 210. 그렇지만 왕은 그녀에게 1702년에서 1713년까지 수녀로 살도록 강요했다.

58 뒤보스(Jean-Baptiste Dubos, 1670~1742)는 프랑스의 역사가, 미학자, 외교관으로 예술을 규칙의 형상화로 보는 견해에 반대하고 감정의 역할을 강조했으며 기후의 영향 등 환경에 대한 예술의 관계를 말하고 예술 상대주의를 한 걸음 진전시켰다.-옮긴이

훤칠하고 잘 생긴 젊은 남자'를 원했으며, 하녀가 아니라 시종을 원한다.⁵⁹

부알로는 여성을 공격할 용기를 가졌지만, 그의 풍자시는 엄청난 스캔들을 유발했다. 벨기에서 옛 관념에 빠져 있던 아르노는 부알로의 시가 가진 통렬함에 찬사를 보냈지만, 그의 친구들은 그러한 찬사가 매우 나쁜 인상을 낳게 된다고 경고했다.⁶⁰ 나는 보쉬에가 부알로에 반대하는 판단을 내렸을 거라고 생각하는데 이는 보쉬에가 좋은 사회의 여론에 도전하는 위험을 느꼈기 때문이다. 알다시피 보쉬에는 위인들의 도덕에 관대하다는 이유로 몇 차례 고발당한 적이 있다. 브륀티에르에 따르면, 이러한 관대한 태도는 보쉬에가 '사회 주변에 머물러 있었고' 파스칼처럼 사회 안에 살고 있지 않은 탓이다. "사회 안에서도 법정에서도 보쉬에는 항상 타인이 그에게 보라고 하는 것 또는 타인이 그에게 보게 하는 것만 보았다."⁶¹

아주 주목할 만한 사실은 벨이 기독교로부터 비관주의 인간관을 지켜냈다는 것이다. 그 때문에 브륀티에르는 탈기독교화 과정에서 종교적 도덕성을 유지했다고 할 수 있다. 벨에 따르면, 인간은 본능에 저항해야 한다. 본능은 인간을 수치스럽게 하기 때문이다. 페늘롱과 함께 인간본성은 선하다는 관념이 문학 속으로 들어갔다.⁶² 그러한 관념은 낙관주의 인간관이 지배하던 시대의 가장 심오한 경향에 아주 잘 맞아떨어진다. 17세기 말에 이르면서 죄악의 두려움, 순결의 존중, 염세주의 모두 동시에 자취를 감추었다. 이리하여 기독교가 무대에서 사라졌다.⁶³

---

59 *ibid*., pp. 210~211. 뒤보스는 10여 년 동안 도덕 변화가 지속되었다고 지적하였다. 브랜디 소비는 네 배가 늘어났고, 도박 열풍이 심해졌다.

60 H. Rigault, *Histoire de la querelle*, pp. 259~260.

61 Brunetiere, *Etudes critiques*, 6th ser., pp. 202~203. 보쉬에는 "교회 교육에서 일생 동안 소심함과 미숙함뿐 아니라 서투름까지 터득했다."

62 Brunetiere, *Etudes critiques*, 5th ser., pp. 157~158, 180~181.

63 이 세 개념의 역할에 관해서는 다음 나의 글을 보라. *Le Systeme historique de Renan*

이 사회는 철학 없이는 어떤 일도 할 수가 없다. 이 사회는 이전 세대로부터 추론의 관습, 특히 모든 문제에 법률적 추론을 적용하는 관습을 물려받았기 때문이다. 그리하여 은총, 예정설, 성찬식에 관한 논의들이 반세기 동안 프랑스 역사를 지배했다. 그 같은 사회에서는 자신의 행동을 정당화하지 않고서는 행복해질 수가 없다. 그런 사회는 낡은 금언들을 따르지 않을 권리를 가졌었다는 것을 증명해야 했다. 만약 그 사회가 이러한 증명을 할 수 없다면, 그 사회는 미래를 위한 모든 자원을 막 써버리듯이 부모 유산을 탕진하며 즐기는 아들에 비교할 수 없는 것일까? 그리하여 그들은 결과를 두려워하지 않고 마냥 즐기는 것이 모든 권리임을 엄숙하게 입증하는[64] 호교론자들을 발견하고는 매우 기뻐했다. 이것이 진보 교의의 기원이다. 퐁트넬은 영광스럽게도 그 같은 철학의 가능성을 그 시대 사람들에게 설파했다.

루이 14세 치하의 생활상태가 이전의 군주 때보다 상류계급에게 더 온화해졌다는 사실에 대해 아무도 논박할 꿈도 꾸지 못했다. 이제부터 사람들은 다음과 같은 질문을 던질 권리를 가지게 되었다. 생활을 향상시키는 추동력이 (물리적 세계에서 발견되는 힘처럼 일련의 자연적 사건의 연쇄에 의해) 사회의 새로운 성격에서 비롯된다고 상정할 수 있을까? 만약 이러한 추동력이 지속적으로 작동하면, (물질세계에서 중력에 의해 중량의 속도가 가속되듯이) 사회세계도 가속 추진력을 가질 것인가? 만약 그러하다면, 새로운 세대들의 운명은 우리 세대보다 자동적으로 더 나아질 텐데 왜 새로운 세대의 운명에 대해 염려하는가? 브륀티에르는

(The Historical System of Renan), Paris: Marcel Riviere, 1906, pp. 57~61.

[64] 변명의 필요성은 경기후퇴의 징후가 페로가 『평행선(*Paralleles*)』을 쓴 것과 동일한 시기에 감지되면서 훨씬 명백해졌는데 이 점을 알아두는 것이 여러 모로 유익하다. 토지가격의 하락세는 루이 14세 집권기 이후에도 지속되었다[D'Avenel, *Histoire economique de la propribe, des salaires, des denrees, et de taus/ es prix en general depuis/ 'an 1200 jusqu'en l'an 1800*(Economic History of Property, Salaries, Commodities, and All General Prices from 1200 to 1800), I, 387~388].

자연법칙의 안정성 개념이 진보 이론의 한 요소라고 올바르게 간파했다.[65] 그렇지만 우리는 이 개념이 물리학에서 비롯된 것인지 아니면 오로지 역사적 근거에 의해서 설명해야 하는지를 결정해야 한다. 나는 두 번째 가설이 진리에 더 가까운 것 같다고 본다.

퐁트넬은 자연법칙의 안정성 개념을 대중화했는데, 그 시대 사람들은 왕의 권위가 눈에 보일 만큼 명확하게 기회를 향상시켜 줄 수 있다는 것을 보고 감명을 받았다. 그들은 모든 사회운동을 사회가 왕의 권위로부터 부여받은 추진력과 연관시키려 했다. 그래서 그들은 왕정제도를 이미 획득된 향상을 매일 새롭게 개량하는 항구적인 힘으로 간주하게 되었다. 그 결과 향상의 가속 개념은 명확하고 필연적이라고 볼 수밖에 없었다. 갈릴레오는 중량의 가속 법칙을 정치적 옹호의 결과로 발생한 것으로 생각했다. 그가 살던 시대에 군주의 권력은 당시 사람들이 항구적인 힘으로 여길 만큼 절대적이었다.[66]

브륀티에르에 따르면, 진보 개념은 (지식과 관련된) 데카르트의 두 가지 중요한 테제에 깊이 의존한다. 지식은 응용과 분리될 수 없으며, 항상 향상된다.[67] 그 같은 전제들로부터 무한한 진보를 곧바로 추론해야 할 것 같지만, 실제로 그러한 전제들에서 근대 작가들이 그것들에 부여할 수 있는 과학적 영역을 찾는 것은 잘못된 것이라고 생각한다. 17세기에는 그러한 전제들이 진정한 과학보다는 정치 이데올로기에서 비롯되었다. 그러므로 그 전제들의 역사적 중요성을 측정하려면 정치적 현상을 관찰하는 데서 출발해야 한다.

---

[65] Brunetiere, *Etudes critiques*, 5th ser., pp. 139~240.

[66] 가속 개념이 정치학에서 물리학으로 넘어간 후 즉시 방향 변경이 가능해졌고, 이로써 물체의 가속 하락 이론이 진보 개념을 세련화하는 데 기여하게 되었다. 진화(evolution) 가설에서 이와 유사한 현상을 관찰할 수 있다. 이 가설은 역사철학에서 나타나지만 생물학을 거쳐서 입증되기 전까지는 역사가들에게 명확하게 영향을 미치지 못했다.

[67] Brunetiere, *Etudes critiques*, 4th ser., p. 122.

데카르트 시대[68]부터 중앙집권 권력과 정식 행정기구를 갖춘 새로운 정부 모델이 수립되어 계획을 정확하게 집행하게 되었고, 그리하여 이론과 실천의 결합이 실현되었다. 게다가 왕의 권력은 무한한 것처럼 보였다. 르네상스 이래로 군주 권력의 의지로 인해 엄청난 변화가 일어나자(특히 종교와 관련하여 큰 변화가 일어났다), 왕의 권력을 넘어설 수 있는 것은 아무것도 없다고 여겼다. 군주는 신성한 권리의 완결성을 확고히 하는 데는 과학을 빼놓을 수가 없었다. 군주가 권력의 세력 확장을 필요로 하는 만큼 과학도 성장했다. 1685년 낭트 칙령[69]이 폐지된 후 이러한 사정은 데카르트 시대보다 훨씬 강화되었다. 이 대사건 후 2년 동안 고대 작가와 근대 작가 사이에 분규가 폭발했는데, 이는 군주의 전능함을 명확하게 보여주는 계기가 되었다.

사람들은 브륀티에르가 이런 식으로 대중화에 영향을 미쳤다고 하는데 나는 이에 전혀 동의하지 않는다. 그에 따르면, 17세기 말의 사람들은 그토록 많은 사실을 알고 있는 데 감탄했다. 브륀티에르는 그들은 선조들처럼 도덕심에 관심을 기울이는 대신에 종교보다 과학을 더 좋아했고,[70] 퐁트넬의 견해를 받아들이려고 보쉬에의 견해를 버렸다고 생각했다. 이와 대조적으로 나는 과학의 속류화가 새로운 철학의 형성에 (직접적이지는 않지만) 지대한 영향을 미쳤다고 생각한다. 대중화에 대한 선호는 무엇보다도 살롱의 사고와 데카르트 사상을 밀접하게 연계시키는 데 기여했다. 그 결과 고대 작가와 근대 작가 간의 문학 논쟁이 처음에는 아무도 예상하지 못한 범위로 전개되었다. 그 논쟁은 철학사의

---

68 데카르트(1596~1650) 시대는 르네상스 시대(15~16세기) 이후 근대철학과 근대과학이 싹트는 17세기를 말한다.-옮긴이

69 1598년 프랑스의 앙리 4세가 낭트에서 발표한 칙령. 프랑스 개신교도인 위그노 교도에게 일정한 지역 안에서 신앙 자유를 누릴 수 있게 하고 가톨릭교도와 동등한 정치적 권리를 갖도록 인정한 칙령으로 이로써 위그노교도와 가톨릭과의 전쟁이 종결되었고 1685년에 루이 14세가 폐기하였다.-옮긴이

70 Brunetiere, *Etudes critiques*, 5th ser., p. 225.

이정표가 되었다. 퐁트넬은 근대 작가 문학의 열성팬이자 능숙한 대중문학 보급자인 동시에 데카르트 사상에 심취하여 여러 사상의 발전에 강한 영향을 미쳤다. 그런데 이것은 정작 자신의 평범함과는 매우 모순되었다.

이 문제를 철저하게 이해하려면 일단 데카르트 사상을 살펴보고 그것을 살롱의 철학으로 만든 이유를 찾아야 한다. 어떤 계급이 일정한 공식 속에서 자신의 계급 성향을 표현하기 위해 어떤 이데올로기를 채택하는 대표적인 사례를 들어보자. 역사유물론 관점에서 그 같은 이론을 연구하는 진정한 철학자에게는 이데올로기를 채택하는 것보다 더 중요한 일은 거의 없다. 어떤 체계의 창조자는 자기 주위의 모든 것을 자유자재로 해석하는 예술가처럼 행동한다. 이 체계가 현재의 사상과 충분한 수의 연계고리를 가진다면, 그 체계는 지속되어 나중의 세대에게 우호적인 이론이 되고, 나중의 세대는 그 속에서 그 시대 사람들이 누리던 것과는 전혀 다른 교의를 발견하게 된다. 역사를 명확하게 판단하려면 이러한 이데올로기 채택에 의지해야 한다. 이러한 판단은 최초의 추종자들이 그 이론의 다양한 부분들에 부여한 가치 질서를 종종 뒤엎는다. 그러한 판단은 최초의 추종자들이 부차적이라고 여기던 가치를 전면에 부각시킨다.

데카르트의 치세는 다소 늦게 시작되었는데, 이를 두고 브륀티에르는 이렇게 말하기까지 한다. "데카르트가 17세기에 미친 영향은 여러 발명품의 하나, 즉 빅토르 쿠쟁[71]이 프랑스 문학사에 널리 퍼트린 여러 오류들 중 하나이다."[72] 저명한 신학자들조차도 데카르트 철학이 어떤 영향을 미칠지 오랫동안 알아채지 못했다. 그들은 의심이 많은 사람들(이들은 자유사상가로 불리었다)은 현학자

---

[71] 빅토르 쿠쟁(Victor Cousin, 1792~1867)은 프랑스의 철학자, 교육개혁가, 역사가로서 데카르트, 스코틀랜드학파, 독일의 관념론(특히 헤겔) 등 여러 학설을 상호 모순 없이 종합, 통일을 지향하는 절충주의자이다. 그 결과 그의 철학체계 안에는 감각론, 관념론, 회의주의, 신비주의 등의 여러 요소를 포함되어 있다.-옮긴이

[72] Brunetiere, *Etudes critiques*, 5th ser., p. 46.

들이 신의 존재와 영혼의 불멸을 증명할 때 이용하는 논쟁을 수용하지 않는다고 보았다. 그들은 데카르트의 설명이 크게 성공할 거라고 생각했다. 보쉬에는 1687년 5월 21일 말브랑슈[73]의 한 제자에게 보낸 편지와 1689년 5월 18일 위에[74]에게 보낸 편지에서 이러한 견해를 표명했다.[75] 근본 원리가 수용되었을 때도 신학자들은 종교는 아무런 어려움을 겪지 않았다고 생각했다.

파스칼은 아마도 데카르트 사상에 대항하기 위해 『팡세(Pensees)』를 쓴 것 같다.[76] 그는 직업 신학자가 아니어서 확실한 학문적 증거를 내놓지는 못했지만 데카르트 이론들에 대해 자신이 소르본대학의 이론들을 평가한 이상으로 평가하지 않았다. 오히려 파스칼은 신이 어디에나 항상 존재한다는 것을 요구하는 종교적 경험의 입장을 취했으며, 그는 데카르트 사상은 단지 부재하는 신을 믿은 것으로 이해했다. 보쉬에는 무신론을 충분히 물리칠 수 있다고 생각한 반면 파스칼을 그렇지 못했다. 보쉬에는 모든 사람을 자신처럼 판단했으며, 성찬식에 파묻혀 사는 성직자와 그렇지 않은 평신도 사이에 엄청난 차이가 존재한다

---

[73] 말브랑슈(Nicolas de Malebranche, 1638~1715)는 프랑스의 철학자이자 수도사이다. 데카르트의 철학에 심취하여 신앙의 진리와 이성적 진리의 조화에 관심을 두고 이를 위해 아우구스티누스의 신학과 데카르트의 철학을 교묘히 융합하였고, 데카르트적 이원론의 난제를 해결하기 위해 기회원인론을 제창하였다. 일체의 현상의 진정한 원인을 하느님에게서만 인정하는 기회원인론의 원리는 인식론적으로는 '만물을 하느님에게서 본다'는 명제로 요약된다고 주장하며 본체론을 제창하였다. 이와 관련하여 아르노와 25년간에 걸쳐 논쟁을 벌였다. -옮긴이

[74] 위에(Pierre-Daniel Huet: 1630~1721)는 프랑스의 학자, 과학자. 주교로서 예수회에서 수학을 공부한 그는 천문학, 해부학, 수학 분야 저술 외에도 인간 이성의 오류 가능성을 논한 많은 철학책을 저술하며 데카르트 철학을 신랄하게 공격하여 회의주의를 주창하였다. -옮긴이

[75] Sainte-Beuve, *Port-Royal*, V, 367. Brunetiere, *ibid*., p. 47. 두 번째 편지에서 보쉬에는 데카르트가 많은 점에서 교회 교부들을 따른 것으로 생각한 것 같다. 브륀티에르는 이러한 판단이 꽤 정확하다고 믿고 있다(p. 49).

[76] Brunetiere, *Etudes critiques*, 4th ser., pp. 144~149.

는 것을 간과하지 못했다.

매일 종교적 경험을 겪는 경건한 성직자는 그러한 경험 밖에서 살고 있는 세속적인 사람들을 유약하다고 생각하는 경향이 있다. 파스칼은 16세기 방식을 아직도 상당 부분 간직하고 있는 사람들을 위해 글을 썼다. 그런데 이 새로운 이교도들은 난폭하고, 오만하고, 변덕스럽지만 기독교로 개종할 가능성이 완전히 차단된 것은 아니었다. 왜냐하면 그들은 기적을 독특한 가능성으로 간주하기 때문이다. 지금은 기적은 신이 세상에서 겪는 세속적 경험이다. 기적은 파스칼의 상상력을 강하게 매료시켰지만, 데카르트 철학에는 그럴 여지가 없었다. 데카르트 철학은 모든 것을 보편 수학에 복속시켰다.

데카르트는 기적의 경험이 불가능하다고 생각하는 사람들에게 용기를 주었다. 자주 인용되는 파스칼의 문장을 보자. "나는 데카르트를 용서할 수 없다. 그는 신을 자신의 철학 전체 바깥에 두려 했지만,[77] 그는 세상을 움직이게 하기 위해 신이 자기 손가락을 부러뜨리는 것을 막을 수가 없었다. 그 후로 그는 더 이상 신과 함께할 수 있는 것이 없어졌다"[브룅슈빅 판(Brunschvicg edition) 77편].

생트-뵈브는 18세기 철학이 파스칼에 대항하여 싸운 것은 신으로부터 인간을 벗어나게 하기 위한 것이라고 보았다. 생트-뵈브에 따르면, 자연의 과학을 창안하여 파스칼을 가장 철저하게 공격한 인물은 뷔프(Buff)였다.[78] 디드로[79]는

---

[77] 철학은 물리학을 의미한다; 영국에서는 여전히 이렇게 이해한다.

[78] Sainte-Beuve, *Port-Royal*, III, 414.

[79] 디드로(Denis Diderot, 1713~1784)는 프랑스 문학자이자 철학자로 18세기 프랑스의 대표적 계몽주의 사상가이다. 달랑베르와 함께 세계 최초의 백과전서를 편집한 백과전서파의 핵심 인물이며, 신학과 광신을 비판하여 이신론(理神論)에 달했으나 이후 무신론의 경향을 보여 투옥되기도 하였다. 중세적 편견의 타파·종교 비판·교회 및 전제 정치에 반대하는 다수의 저서를 저술하여 18세기의 사상운동에 큰 영향을 주었으며, 프랑스 대혁명의 사상적 뒷받침이 되었다. -옮긴이

신을 완전히 쓸모없게 만들기 위해 자연사를 열정적으로 연구했다.[80] 그러므로 데카르트는 백과전서파가 신을 보잘것없는 존재로 축소할 수 있는 길을 마련해준 데 감사하지만, 파스칼에 대해서는 의혹의 눈으로 바라본다. 콩도르세[81]는 위대한 천재를 우스꽝스럽게 보이게 하는 탁월한 재주를 발휘하여 줄곧 칭찬 세례를 받았다. 생트-뵈브가 말하기를 "파스칼은 칙칙한 미신의 희생자로 묘사되었다. 파스칼의 생기 넘치고 부드러운 신앙심은 괴팍함을 강조한 탓에 가려졌다. 콩도르세의 논평에 의해 부적(符籍)에 대한 논쟁은 되풀이되었다."[82]

오늘날 파스칼을 칭송하는 사람들은 파스칼을 올바르게 이해하고 있다고 생각한다. 이를테면, 브륀티에르는 파스칼이 이성의 영향력을 축소하려 했다고 주장한다.[83] 그러나 이성의 과학적 사용과 통상적으로 합리주의(rationalism)라 불리는 것을 혼동해서는 안 된다. 파스칼은 후자를 잘못 이용하는 관행을 무자비하게 공격했는데, 이는 그가 기독교도였기 때문만이 아니다. 그의 심성에 비추어 볼 때 잘못된 수학적 추론을 도덕적 문제에 적용하는 것을 인정할 수 없었다. "나는 추상 과학을 연구하는 데 많은 시간을 보냈는데, 그 과학이 진정한 의사소통을 결여하고 있다는 것을 알게 되면서 그것에 반대하게 되었다. 나는 인간을 연구하기 시작하면서 추상 과학이 인간에 어울리지 않고 또 내가 이 과학에 무지한 다른 사람들보다 인간적인 행동에서 멀어지고 있다는 것을 알게 되었다"(144편). 파스칼은 수학적 과학은 지식의 전체 영역에서 매우 제한된 영

---

80 J. Reinach, *Diderot*, p. 170.
81 콩도르세(Marquis de Condorcet, 1743~1794)는 프랑스의 철학자·수학자·정치가로 16세 때부터 적분·해석 등의 수학적 업적을 쌓았으며, 26세에는 과학학술원 회원이 되어 18세기 사상가들의 후계자로 지목되었다. 입법의회·국민공회의 의원으로도 선출되어 문교조직계획과 헌법안 등을 제출했으나 거절되었고, 지롱드당 후원자라는 이유로 자코뱅당에 체포되어 옥중에서 음독자살하였다. -옮긴이
82 Sainte-Beuve, *op. cit.*, p. 412.
83 Brunetiere, *Etudes critiques*, 5th ser., 147.

역을 차지하며, 또 도덕 연구에서 수학적 추론을 모방하게 되면 무한한 오류에 노출된다고 이해했다.

파스칼의 고도로 엄격한 사고는 데카르트 추종자들이 전체 세계를 설명하기 위해 사용한 터무니없는 때로는 사기적인 절차들에 의해 공격을 받았다. 그는 『철학의 원리(*Principes de la philosophie*)』를 피코 드 라 미란돌라[84]의 테제에 빗대어서 아주 경멸조로 말한다. [알 수 있는 모든 것으로부터(de omni re scibili: 72절)] 그는 "데카르트는 쓸모없고 미심쩍다"고 비꼰다(78편). 게다가 그는 이렇게 말한다. "일반적으로 '그것은 형식과 운동에 의해 생겨난다'고 말해야 한다. 그것은 참이기 때문이다. 그러나 어떤 형식이냐 어떤 운동이냐를 말하는 것, 또 기계의 여러 부품들을 결합하는 것은 우스꽝스러운 일이다. 그것은 쓸모없고, 불확실하고, 힘만 들기 때문이다. 만약 그것이 참이라면, 모든 철학은 단 한 시간도 고생할 가치가 있다고 생각하지 않는다"(79편).

파스칼은 사교계 살롱에 자주 출입하는 사람들의 호기심이나 만족시켜 주는 허위 물리학을 공격했다. 나중에 뉴턴은 같은 지적을 한다. 그는 기하학자들에게 중력을 설명하는 가설을 만들지 말 것을 요청한다. 우리는 이러한 개혁이 많은 반발을 불러일으켰다는 것을 알고 있다. 오늘날에도 일부 '개화된' 사람들은 천체 역학의 '원인 법칙'에 대한 우리의 무지를 개탄해마지 않는다. 파스칼은 그 시대 사람들에게 말할 만큼 충분한 지식을 갖추지 못했다. 당신의 모든 가짜 철학이 헛되고 단 한 시간도 고생할 가치가 없다는 것은 내가 [허위] 과학 없이 모든 천문학 문제를 해결했다는 데서 증명하고 있다.[85] 그는 하나의 천재로

---

84 피코 델라 미란돌라(Giovanni Picodella Mirandola, 1463~1494)는 이탈리아의 철학자이자 인문주의자로 유태교, 고대 철학, 그리스도교 신학에 정통하고, 신플라톤주의 사상가로서 큰 영향을 끼쳤다.-옮긴이

85 뉴턴은 적어도 두 번 정도는 데카르트 사상이 과학과는 거리가 멀다고 천명했다. 그렇지만 감히 그는 그러한 원인들에 대한 고찰이 가져다준 중요성을 전적으로 부정하지는 못했다. 우리는 이에 대한 증거를 보일[Robert Boyle, 1627~1691: 아일랜드 태생의 영국의 물리

서 저항하는 것 말고는 자기 주위에 모든 것이 있다고 믿는 환상에 반대할 수 없었다. 그는 오직 자신만을 위해 글을 쓰면서 자신이 정교하고 현란한 데카르트 사유체계에 고무된 열광을 보고 있다는 생각에 모든 나쁜 유머를 표현하는 것을 자제할 수가 없었다.

만약 파스칼이 자신의 저작을 완성했더라면 어떤 결론에 도달했을지 알기는 어렵다. 그가 의미하는 바는 종종 불명확하여 평론가들은 파스칼 자신의 의견과는 다른 의견들인데도 파스칼의 것으로 해석하게 되었다. 나는 그 유명한 233편의 구절에서 어떤 큰 신비함도 발견하지 못했는데, 이 구절이 종종 이성에 대한 거부로 간주되고 있다. 파스칼은 자유사상가들은 신앙에 도달하는 법을 알지 못한다고 주장하며 다음과 같이 말했다. "신도들이 하는 방식을 따르라. 그들은 성수를 마시고, 미사를 드리는 등 자신들이 믿는 대로 모든 것을 행하는 것으로 시작한다. 이렇게 하면 당신은 자연스럽게 믿음을 가지게 되고 넋을 잃게 될 것이다[vous abetira]." 파스칼은 신앙심의 실행과 문학의 실행을 대비한다. 여기서 그는 이러한 대비를 강조하기 위해 의도적으로 경멸적인 표현[abetir]을 사용한 것 같은데, 자유사상가들은 신앙심을 의심할 때 항상 그런 표현을 사용하곤 했다. 자유사상가들은 파스칼에게 이렇게 응답한다. "그런데 그것이 바로 내가 두려워하는 바다." 파스칼이 말한다. "그런데 왜?" "당신은 무엇을 버려야 하나? 그러나 이 방법이 신앙심으로 이어진다는 것을 보여주려면

학자 겸 화학자로 근대과학의 선구자임과 동시에 화학의 아버지라고 불린다. '일정한 온도에서 기체의 부피는 압력에 반비례한다'는 보일의 법칙으로 잘 알려져 있다. 연금술사나 생기론자(生氣論者)의 관념적 경향에 반대하고 실험 방법의 의의를 강조하였다.–옮긴이과 벤틀리(Bentley)에게 보낸 편지에서 찾는다(Stallo, *La matiere et la physique moderne*["Matter and Modern Physics"], pp. 31, 34, 35). 그의 후계자들은 탁월한 도구를 제공하여 더 이상 어떤 장점도 볼 수 없게 만들었다. 코트(Cotes)는 최초로 그 같은 급진적 선언문을 작성했고, 오일러(Euler)는 1760년 10월 18일 독일 왕비에게 보낸 서한에서 이러한 지나친 단순화에 계속 대항하고 있다.

열정을 누그러뜨려야 한다. 이 열정이 당신에게 최대 장애물이다." 그러므로 문제는 자유사상가를 우둔하게 만드는 것이 아니라 그를 냉정하게 하는 것이다. 실제로 초기 저작에서 파스칼은 다음과 같이 지적한다. "자유사상가는 자신에게 주어진 선택의 이점을 자유롭게 평가할 수 있었다면 종교에 우호적인 결정을 했을 텐데, 열정 때문에 나쁜 습관에 빠지게 되었다. 그 절 말미에서 그는 빈한한 기독교인의 생활에 대해 이야기하는데, 여기서 나는 '넋을 잃은 생각'[abetissement]과 동의어를 보게 된다. "당신은 불결한 쾌락, 즐거움, 영광을 받아들이지 않을 것이다." 문제는 이러한 경건한 생활습관이 파스칼이 기대한 결과를 낳을 수 있는지를 어떻게 아느냐 하는 것이다. 무신앙을 자랑스럽게 생각하는 사람들이 살아가는 사회에서는 어쩌면 이것이 정말로 유익할 수도 있다. 파스칼이 관심을 가진 것은 무엇보다도 변화하는 사람들의 결사체였다. 어쨌든 그는 자유사상가들에게 이성을 손상시킬 의도로 충고한 것은 아니었다.

218편에서 나는 파스칼이 행성운동 이론을 부활하기 위해 당대 사람들의 저작을 등한시했다는 흔적을 조금도 발견할 수 없었다. 그가 말하기를 "우리가 코페르니쿠스의 판단을 철저하게 받아들이지 않는 것은 좋은데, 그러나 이것은…! 모든 생명체에게 중요한 것은 영혼이 소멸하는지 불멸인지를 아는 것이다." 파스칼이 보기에 상류층 사람들은 자신들의 능력을 뛰어넘는 천문학 문제를 상세하게 설명하는 데 보내는 시간보다 죽음 너머의 운명을 성찰하는 데 더 많은 시간을 보내고 있다.

전반적으로 보면, 파스칼은 데카르트 사상의 피상적인 특성에 의해 상처를 받은 것이 분명한 것 같다. 데카르트 사상은 진정한 과학적 연구보다는 일상적 대화에 훨씬 더 잘 어울렸다.

그렇다면 왜 그같은 '과학적' 대화가 필요했던가? 위에서 말했듯이 17세기 사람들은 원인을 분석하는 경향이 있었기 때문이다. 데카르트 과학은 수학적 기법과 다를 바가 없어서 풍부한 교육을 받은 상류층 사람들은 전문직업인과 대화를 할 수가 없었다. 데카르트는 알려진 자연적 사실에 대해서든 사람들이 그에게 내놓은 새로운 실험이든 충분히 설명하는 데 능통했다. 데카르트식 추론에 친숙한 지식인은 어떤 문제에 대해서든 해답을 찾을 수 있었다. 이렇게 해서 그는 살롱 단골손님들에게 훌륭한 철학을 제공하게 되었다.

내가 보기에 데카르트 물리학은 결의론자의 궤변과 매우 닮았다. 둘 다 인간과 실재 사이에 있는 정교한 메커니즘이 정신의 적절한 작동을 방해한다. 교묘하고 진짜 같은 키메라[86]가 발명된 것이다. 진정한 이성을 파괴하여 상류사회 합리주의자들의 경박함을 배양하게 된 것이다.

데카르트가 방법론적 회의(methodical doubt)라는 유명한 규칙을 제정하자 귀족주의 사유양식에 철학이 도입되었다. 브륀티에르는 귀족 출신 작가들은 전통을 전혀 중시하지 않는다고 지적했다.[87] 데카르트 사상과 지식인들이 애호하는 회의주의 간의 이러한 유사성이 새로운 철학이 성공하게 된 주요한 원인의 하나로 보인다.

실험 방법에 생소한 사람들은 그 실험 결과가 자신들이 상식으로 받아들이는 다른 원리들과 성공적으로 연계될 경우에만 그것에 충분히 만족한다. 그들은 그 같은 과정에 상당한 속임수가 들어있다는 것을 알아채지 못한다. 테느(Taine)[88]는 데카르트 정신의 특징을 이야기할 때 말브랑슈[89]의 다음 구절을 인

---

[86] 키메라(Chimaera): 그리스로마 신화의 티폰과 에키드나 사이에 태어난 괴물. 머리가 셋이 있는 동물로 양, 사자, 뱀의 모습을 전부 가지고 있으면서 입으로는 타오르는 불과 함께 난폭한 기운을 내뿜는다.-옮긴이

[87] Brunetiere, *Evolution des genres*, p. 172.

[88] 테느(Hippolyte Taine, 1828~1893)는 프랑스 철학자, 심리학자, 역사학자로 문학, 역사의 심리학적·철학적 연구에서 예술 철학으로 나아가고, 실증주의적 미학을 확립하였다. 특히 작가, 예술가의 재능은 지리, 토지, 기후 또는 종족, 시대, 환경 세 요소에 지배된다는 이론을 확립하였다.-옮긴이

[89] 말브랑슈(Nicolas De Malebranche, 1638~1715)는 프랑스의 로마 가톨릭 사제이자 신학자로 데카르트 학파의 주요철학자로서 데카르트 철학을 성 아우구스티누스의 사상 및 신

용한다. "진리에 도달하려면 각자가 자신에게서 발견한 명백한 생각에 충분히 주의를 기울이면 된다."[90]

지식인들은 데카르트 사상을 마주쳤을 때 이를 받아들이지 않을 수 없었다. 실제로 데카르트 철학은 상류층 사람들이 침착하게 확신을 가지고 연구하지 않은 사실에 대해 말할 때 항상 내세울 수밖에 없었던 구실을 정당화한다. 그들은 모두 '타고나면서 계몽되었기' 때문이다.

『팡세』가 출간된 지 대략 30년이 지난 후 보쉬에는 이 말많은 합리주의(데카르트 사상) 종교의 위험성을 발견했다. "명확하게 이해하는 것만 받아들여야 한다(이것은 일정한 한도에서는 매우 맞는 말이다)는 구실 하에서는 다음과 같이 자유롭게 말할 수 있다. '나는 이것은 이해하고 저것은 이해하지 못한다.' … 교부 말브랑슈가 아첨꾼의 말만 들으려 하거나 사람들이 신학의 존재를 지각하지 못하여 미사여구만 숭배한다면… 어떤 사상이라도 전통에 개의치 않고 대담하게 제시된다. 나는 이러한 질병의 치료법을 알지 못한다."[91]

이 편지는 어느 주교가 신학을 보잘것없는 주제로 다룬 사람들의 무례함을 보고 졸도한 사실을 보여주고 있다는 점에서 매우 중요하다. 이 사람들은 이성보다는 언어의 미에 더 관심을 가졌고, 문제에 깊숙이 파고들기보다는 상식으로 판단하기를 좋아했다. 이 편지는 대중화에 대한 저항이다. 데카르트 사상과 결부된 모든 것은 동일한 성질을 나타내는데, 이 점은 파스칼도 인정했다. 문학은 아무런 쓸모없고 확실하지도 않은 것을 만들어낸다. 데카르트 철학이 가진 가치는 우아한 해설에 있다.

보쉬에가 사용하는 용어들을 보면 데카르트 철학이 완전히 새로운 상황과

플라톤 철학과 종합하여 가톨릭 철학에서 가장 중요한 문제인 물심(物心)의 이원성과 섭리와 자유의 이원성 문제를 이른바 '기회원인론'적 입장에서 해결하고자 했다.-옮긴이

90 Hypolite Taine, *Ancien Regime*, p. 262; cf. p. 242.
91 1687년 5월 21일자 서한, Sainte-Beuve, *Port-Royal*, V, 368.

관련이 있음을 알 수 있다. 그 저자는 데카르트 철학의 이름으로 교회에 대항하는 대전투가 준비되었다고 본다. 실제로 당시에 퐁트넬은 세상의 다원성에 관한 유명한 저작을 막 출간했다. 이로써 데카르트의 진정한 치세가 시작되었다.

  이러한 사실들을 면밀하게 살펴보면 데카르트 철학의 근본이념이 당대의 정신상태와 완전히 일치한다는 것을 인정하게 된다. 데카르트 사상은 철저하게 낙관주의적이다.[92] 그것은 자유롭게 즐기기를 열망하고 얀센주의의 엄격함에 염증을 느낀 사회를 크게 만족시켜 준다. 게다가 데카르트 도덕이란 것은 없다.[93] 왜냐하면, 데카르트는 윤리를 기존 관행을 존중하는 예의로 축소했기 때문이다. 도덕은 매우 관대해졌으며 매우 편리해졌다. 데카르트는 삶의 의미에 몰두하지 않았다.[94] 한때 예수회 학생이었던 그는 죄악에 대해 별로 신경 쓰지 않았고, 그의 제자들은 르낭처럼 죄악을 억누를 수 있었다.[95] 생트-뵈브에 따르면, 데카르트는 신앙을 "에피쿠로스의 신들처럼 사상의 중간 영역의 일종으로" 격하시켰다.[96] 이 말은 기독교이론의 굴레로부터 벗어나고 싶어 하는 사람들에게 어울리는 말이다.

3 인간 교육학 / 대중화 전도사 / 콩도르세의 대중교육은 귀족주의 모델에 기초한다: 교육의 결과와 그 환상

이후부터 프랑스철학은 매우 전형적인 합리주의 특성을 띠게 되었고, 파리 지

---

[92] Brunetiere, *Etudes critiques*, 4th ser., p. 129.

[93] *ibid.*, p. 125.

[94] *ibid.*, p. 131.

[95] Renan, *Feuilles detachees*("Isolated Pages"), p. 370.

[96] Saime-Beuve, *Port-Royal*, III, 422.

식인 사회가 이를 순순히 받아들이게 만들었다. 다음 세기에 이르러 데카르트 물리학은 폐기되었고 심지어 우스꽝스러운 것으로 여겨지기까지 했지만, 데카르트 사상은 늘 프랑스 철학의 원형으로 남아 있었다. 데카르트 물리학은 추론 능력을 자랑하고 자신의 경솔함을 정당화하는 방법을 찾기를 열망하는 기민한 귀족층의 성향에 완전히 부합했기 때문이다.[97]

진보 이론은 근대 민주주의에 이르러서도 지속되는 대전환 속에서 언제나 필수적인 요소가 될 것이다. 진보 이론은 내일의 난국을 걱정하지 않고 오늘의 좋은 결과를 향유할 수 있게 해주기 때문이다. 진보 이론는 예전의 태만한 귀족사회를 즐겁게 해주었다. 또한 진보 교의는 민주주의에 의해 권력이 향상된 정치인들을 항상 즐겁게 해줄 것이다. 이들은 언제든지 몰락될 위협을 안고 있어서 국가로부터 거둬들인 모든 이익을 동료들과 나누어 가지기를 희망한다.

오늘날에는 퐁트넬 시절처럼 지배계층은 모든 사물 속에 있는 특성을 탐구하지도 않고 모든 사물에 관한 견해들을 설명할 수 있는 '완전한 과학'을 요구한다. 계층에서 과학이라 불리는 것은 실제로는 데카르트 전통 속에서 자연을 발명하는 하나의 방식이다. 그것은 진정한 과학이 제시한 문제들을 면밀히 조사하지 않으며, 단조로운 실재 위에 세워져 있다.[98] 예전에 신학 이야기가 귀족

---

[97] 테느는 18세기 사람들은 "베이컨의 추종자가 되어 본질적인 이념을 거부하라고 공허하게 주장하고 있음을 발견했다." "그들은 데카르트 추종자와는 출발점이 다른데도 동일한 길을 걸으며, 데카르트 추종자들처럼 그 안에 잠깐 발을 디딘 후 경험을 버린다"(*Ancien Regime*, pp. 262~263).

[98] 이 문제와 관련하여 르낭은 몇 가지 중요한 지적을 한다. "만약 신문과 상류층 사람들에 의해 고양된 과학적 협잡꾼이 교수협회와 연구소, 콜라주 드 프랑스(*College de France*)를 침공했다면, 우리는 우리 시대의 바빌론 단계에 도달했을 것이다. 프랑스에는 과학에 의존하는 폭약 제조, 포병, 각종 공업같이 상류층 신사들의 변덕에는 일정한 욕구들이 있다. 이러한 욕구들 모두가 진정한 과학을 유지시킬 것이다. 바빌론에서는 애호가들이 사라졌다"(*Histoire du peuple d'Israel*["History of the People of Israel"], III, 179~180). 17세기와 18세기에는 과학적 공업이 존재하지 않았다.

을 즐겁게 한 것처럼 오늘날에는 스펜서[99]나 헤켈[100]의 우주론 가설이 문학자들을 즐겁게 한다. 근대 이야기가 가져다주는 즐거움은 상당하다. 그런 이야기를 읽는 독자들은 모든 우주론 문제를 해결하고 그런 후에 모든 일상적인 어려움을 해결할 수 있다고 생각한다. '개화된 사람들'은 어리석게도 이러한 정신상태에서 해법이 나온다고 확신한다. 이러한 정신상태는 근대 국가에 그토록 과도하게 애착을 갖게 되는 이데올로기적 기초의 하나로 지속된다.

데카르트 시대에는 모든 것을 완전하고 명확하게 분석할 수 있다고 생각했는데, 오늘날에도 그런 생각이 그 시대만큼 강하게 남아 있다. 만약 누군가 합리주의의 환상에 대한 저항을 획책하고 있다면 그는 즉시 민주주의에 대한 적으로 고발당할 것이다. 진보를 위해 일하는 자부심을 가진 사람들은 베르그송(Bergson)의 훈계를 개탄하고 그 훈계를 근대 사상에 맞서는 최대의 위험으로 지목한다는 말을 종종 들었다.[101]

세련된 데카르트 지식인에게는 물론이고 우리의 민주주의자들에게도 진보는 기술적 방법이 축적된 것도 아니고 심지어 과학적 지식이 축적된 것도 아니다. 진보는 편견에서 벗어나고 자신을 확신하며 미래를 믿으며 생활향상 수단을 소지한 모든 사람들의 행복을 보증해주는 철학을 창조한 사람들의 장식물이다. 인류 역사는 어떻게 야만 생활에서 귀족 생활로 이행하는지를 보여주는 가

---

99 허버트 스펜서(Herbert Spencer: 1820~1903)는 영국의 철학자이자 고전 사회학자로 36년간에 걸쳐 쓴 『종합철학체계』는 철학, 과학, 종교의 융합을 시도한 대작이다. 여기서 그는 성운(星雲) 생성에서부터 인간사회의 도덕원리 전개에 이르기까지 모든 것이 진화(evolution) 원리에 따른다는 것을 논리적으로 서술하며 사회진화론을 주창하였다.―옮긴이

100 에른스트 헤켈(Ernst Haeckel, 1834~1919)은 독일의 유명한 생물학자이자 박물학자 겸 철학자, 의사, 교수, 화가로 천여 종에 학명을 붙이는 등 계통학, 분류학, 생태학, 원생생물 연구에 많은 업적을 남겼으며 생태학이라는 용어를 처음으로 사용하였다. 또한 다윈의 진화론을 독일에 확산시키는 데 기여하였고, 반복발생설을 주창하였다.―옮긴이

101 파스칼과 베르그송 사이에는 이것 말고도 비교할 점이 많이 있다.

르침의 일종이다. 1750년에 튀르고[102]는 이렇게 말한다. "인류의 기원부터 살펴본 철학자의 눈에 인류는 사람처럼 **어린 시절과 점진적 성장기**를 가진 거대한 실체로 보인다."[103] 콩도르세는 튀르고의 미완의 저작을 되살려 이러한 사고의 훈련 속으로 깊숙이 들어갔다. 그는 인류 교육의 역사를 우리에게 설명해주려고 노력한다.

이러한 관점에서 볼 때 가장 큰 문제는 올바른 추론법을 어떻게 가르칠 수 있는가 하는 것이다. 여기서 논리학의 중요성이 크게 부각된다. 콩도르세는 로크(Locke)를 인간 정신의 위대한 후원자로 제시한다. "마침내 로크는 철학을 안내하는 길을 찾아냈다." 그가 제시한 "방법은 이내 모든 철학자들의 방법이 되었고, 그 철학자들은 로크의 방법을 도덕, 정치학, 경제학에 적용하여 자연과학만큼 발전시키는 데 성공했다."[104] 혁명에 의해 인류를 재생하려는 콩도르세의 기획은 우리의 '모호하고 불명확한' 언어를 완성하려는 것이었다. 그는 만약 사람들이 불완전한 교육을 받았더라면 그들은 정확한 언어를 필요로 했을 것이라고 생각했다.[105] 그래서 그는 당시 상류사회에서 사용하던 빈약한 언어 모델에

---

102 튀르고(Anne Robert Jacques Turgot, 1727~1781)는 프랑스의 정치가·경제학자이다. 고등법원의 평의관·검사장 등을 역임하며, 볼테르 및 백과전서파와 교류하여 『백과전서』에 두 개의 항목을 집필하였다. 리모지의 지사가 되어 조세 개혁·도로 교량의 신설 및 개보수, 교육 시설의 개선·직업 자유 제도 등을 확립하였다. 루이 16세 때 재정 총감에 임명되어 길드 폐지·곡물 자유거래·관세 폐지 등 자유주의 개혁을 실시했으나, 귀족·성직자 및 왕비 마리 앙투아네트의 책동으로 파면되었다. 파면과 함께 그가 행한 여러 개혁은 중단되었으나 그 사상은 후계자에 의해 계승되었다. 경제학자로서도 아담 스미스에 앞서 체계적인 저작을 남겼다. - 옮긴이

103 Turgot(Daire Collection), II, 598.

104 Marquis Jean-Antoine-Nicolas Caritat de Condorcet, *Tableau historique des progres de l'esprit humain*("Outlines of an Historical View of the Progress of the Human Mind"), 9th epoch.

105 *ibid.*, 10th epoch.

기초하여 대중언어를 개량하고자 했다. 또한 그는 보편적인 과학적 언어를 만들어서 "진실의 지식을 쉽게 하고 오류를 거의 없애려" 했다.[106]

상류층 사람들에게 지식을 소화할 수 있게 하고 또 모든 것을 유쾌한 대화 소재로 전환하고자 하는 사람들에게는 이러한 생각들이 매우 당연하게 보였다. 콩도르세는 이러한 세속화를 18세기의 가장 명예로운 산물 중 하나로 보았다. 많은 사람들을 매료시킨 그의 문장의 길이와 근엄한 음조는 그가 철학을 전파하는 데 중요한 영향을 미쳤음을 보여주었다. "유럽에서는 진리를 철저하게 밝혀내기보다는 전파하는 데 더 관심을 가진 사람들이 하나의 계층을 형성했다. 그들은 인간 지식의 한계를 확장하기보다는 통속적인 오류를 타파하는 것을 자랑스럽게 여겼는데 이러한 행위는 인류의 진보에 위험하지도 않고 유익하지도 않는 간접적인 방식이다. 영국에서는 콜린스[107]와 볼링(Boling)이, 프랑스에서는 벨, 퐁트넬, 볼테르, 몽테스키외 그리고 이들이 세운 여러 학파들이 모두 진리 편에서 싸웠다.… 이들은 때로는 재치 넘치고 때로는 비애감에 호소하는 등 온갖 문장 스타일을 사용하고,… 종교, 행정, 관습, 법 등 억압, 핍박, 야만을 낳는 모든 것을 공격하며… 마침내 '이성, 관용, 박애!'를 구호로 채택했다."[108]

---

106 *ibid.*, 10th epoch. 테느는 프랑스어가 간소해지고 있어서 사물을 명확하게 표현하는 데 적합해졌다고 생각했다(*Ancien Regime*, p. 247). 이처럼 프랑스어가 간소화되면서 유럽 상류계급의 보편언어가 되었고, 이러한 추상적 언어가 가진 이러한 보편성 때문에 콩도르세는 그것을 국제적인 과학적 언어로 쉽게 만들 수 있을 것으로 생각했던 것 같다. 한 언어가 공통의 사물에 덜 가까울 때 다양한 사람들이 쉽게 받아들일 수 있는 것은 분명한 사실이다. 테느의 견해와는 반대로 나는 18세기에 프랑스어는 명료성을 결여했다고 생각한다. 특수한 용어, 즉 이미지를 불러일으킬 수 있는 용어만이 독자들과 우리 자신을 현혹시키지 않고 우리의 생각을 정확하게 표현할 수 있다.

107 콜린스(John Anthony Collins, 1675~1729)는 영국의 철학자이자 자유주의사상가인 존 로크의 제자로 자유 사색의 권리를 주장하고, 성경의 비평에 관해서도 교회의 간섭을 배척했으며, 세계는 창조되지만 그 후에는 신의 지배에서 벗어나 자체의 법칙에 따라 움직인다고 주장하여 이신론(理神論)의 대표자가 되었다.-옮긴이

문학에서 저널리즘으로, 과학에서 살롱의 합리주의 그리고 논쟁하는 사회로, 독창적인 연구에서 연설로 넘어간 경로를 이보다 열정적인 용어로 전달하는 것은 아마 불가능하다.

콩도르세는 자신이 정치적으로 중요한 인물이 되었을 때 인민이 계몽의 진보에 참여할 때가 왔다고 판단했다. 그의 대중교육 이념은 상당히 중요한데, 그것을 연구하면 18세기 진보 개념의 성격을 정확하게 파악할 수 있기 때문이다. 우리는 그 이념을 사회에 적용해야 한다. 즉 그것을 복잡하고 살아 있는 실재로 이해해야 한다. 그러므로 여기서 콩도르세의 제안을 간략하게 분석할 필요가 있다.

콩도르세는 만약 구체제 살롱의 단골들의 추론방식과 동일한 방식으로 추론한다면 세상은 분명 행복해질 거라고 생각했다. 오늘날의 전문가들은 그가 고안한 중등교육 계획이 성공하리라고 생각하지 않았다. 콩페르(Compayre)는 콩도르세의 구상을 높이 평가하면서도 그가 국민공회(Convention)[109]를 너무 가까이 따르는 바람에 방향을 잃었다고 생각한다. 중앙학교(écoles centrales)가 실패한 것은 "서투르게 설립했기" 때문이다. 그곳의 교육 내용은 너무 방대했고, 교과목은 과장되었으며, 학생들은 알 수 있는 모든 것을 토론하기 위해 자습을 해야 했다.[110] 콩페르는 콩도르세의 제안을 매우 잘못 이해한 것 같다.

---

108 Condorcet, *Tableau historique*, 9th epoch. 뷔퐁(Georger Louis Leclerc Buffon, 1707~1788: 프랑스의 박물학자이자 철학자로 백과전서파의 일원으로 동물학, 식물학, 지학을 연구하여 파리 왕립 식물원장을 역임하였다. 그가 펴낸 『박물지(*Histoire Naturelle*)』(1749~1788) 생물의 진화, 지구의 변화를 과학적인 방법으로 증명하여 창조론을 신봉하던 신학자들로부터 맹렬한 공격을 받기도 하였다-옮긴이)에 대한 콩도르세의 앙심을 주목하라. 여기서 그는 뷔퐁에 대해 거론하지 않는다.

109 국민공회: 1792년 8월 10일 파리 시민의 봉기로 왕권이 정지된 후 개설된 입법 기관으로 입법의회에 이어 설립된 헌법제정의회. 1792년 9월 21일부터 1795년 10월 26일까지 존속하였다.-옮긴이

110 Condorcet, *Rapport et projet de decret sur l'organisation generate de l'instruction*

콩도르세는 농부, 제조업자, 기술자, 기하학자, 학자를 양성하려 한 것이 아니라 '개화된 사람들'을 양성하려 했다.[111] 그는 어느 보고서에서 학문적 주제를 선택할 때 18세기 철학에 영감을 받았다고 밝혔다. 그는 '권위와 관습의 모든 낡은 사슬에서 벗어나기를' 바랐다. 이 철학은 "현재의 세대를 개화시켜 미래 세대가 인류의 진보에 필요한 보다 높은 이성을 예지하고, 준비하고, 진전시켜 나간다."[112]

그는 18세기 철학에 영감을 받고 개화된 사람들을 양성했다. 그는 지식을 대중화하여 젊은 공화주의자들을 소멸해가는 구체제에 기초한 사회에서 영예로운 위치에 올려놓고자 했다. 그는 민주주의가 소멸해가는 귀족사회를 본받고자 했다. 그는 새로운 주인을 그 선조들과 같은 사회 수준에 올려놓고자 했다. 이러한 결과를 얻으려면 모든 종류의 지식을 섭렵할 필요가 있다. '중앙학교'를 구상한 것도 이런 이유에서다. 콩도르세는 고전 언어를 경멸했다. 그리스어와 라틴어는 구체제의 살롱에서 선각자들에게 봉사하지 않았듯이 민주주의사회에서도 선진적인 사람들에게 봉사하지 않는다.[113] 여기서도 고전 작가와 근대 작가가 싸우는 소리의 마지막 여운이 들린다. 콩도르세 세계에서는 근대 작가가 승리하고 우리의 개혁가는 과거로부터 그의 구상을 받아들인다.

콩도르세는 새로운 학교에서는 종래의 대학과는 달리 종합 일람표를 사용하

---

publique("Report and Proposal on the General Organization of Public Education"), 콩페르의 서문 포함(p. xviii).

111 *ibid.*, p. 25.
112 *ibid.*, p. 29.
113 콩도르세의 추론은 만족스럽지 못하다. 실제로 이러한 종류의 문제들 배후에 있는 진정한 동기들을 강조하는 경우는 매우 드물다. 그가 주장하기를 '고대 작가들'은 오류로 가득 차 있고, 웅변술은 총회 참석자들에게는 뛰어날지 몰라도 의회체제에서 살고 있는 사람들에게는 위험한 요소이다. 의회 대표들은 사적 감정에 따라서는 안 되고 (자기 임무를 저버리지 않는다면) 오로지 이성만을 따라야 한다(Condorcet, *Rapport*, pp. 27~28).

여 훨씬 만족스러운 결과를 쉽게 얻을 수 있다고 생각했다.[114] 이와 관련하여 그는 다음 같이 말한다. "이 일람표는 아주 기초적인 교육밖에 받지 못한 사람들도 쉽게 터득할 수 있어 그들은 그것의 도움을 받아 일상생활에 유용한 세부적인 지식을 필요로 할 때마다 맘대로 찾을 수 있다. 또한 그들은 동일한 장치를 이용하여 모든 방면에서 기초 교육을 받을 수가 있다. 이 기초 교육은 진리의 체계적인 질서에 기초하는 동시에 일련의 관찰이나 사실에 기초한다."[115] 실제로 학생들은 그 같은 방법을 통해 백과사전에 쉽게 접할 수가 있다. 학생들이 자유자재로 '알 수 있는 모든 것'을 반복하면 신문기사를 작성할 수도 있고 부족한 지식으로도 의회 연설문을 작성할 수 있다.

이로써 우리는 통속화의 극치에 이르게 된다. 또한 콩도르세의 방법은 저능아가 시험을 준비할 때 사용하는 방법이다. 이 얼마나 멋진 민주주의 이상인가!

그는 공교육을 통해 자신이 도달하기를 원하는 목표에 대해 말한다. 이에 대해 간략하게 설명할 필요가 있다. "우리는 가계경제, 업무 관리, 숙련 및 재능의 자유로운 개발, 법적 권리의 지식 및 행사, 법적 권리 이행 의무에 관한 지식, 자신의 행동 그리고 자신의 이해에 따른 타인의 행동에 대한 판단 능력 등 각자가 알아야 할 모든 것을 모든 사람에게 가르칠 수 있다. 어느 누구든 인간 본성을 명예롭게 하는 숭고한 또는 우아한 정서를 꺼리는 사람은 없다."

여기서 잠시 우리의 사고를 접어두고, 테느를 놀라게 한 18세기가 인류에게 보여준 균일성에 대해 살펴보자. "당시 공중은 그저 잘 훈련된 꼭두각시로 여겨졌고 작가가 공중에게 연설할 때 부는 나팔로 간주되었다. 그리스인, 로마인,

---

114 뒤퐁 드 느무르(Dupont de Nemours)는 다음과 같은 일람표를 만들었다. *Abrege des principes de l'economie politique*("Sketch of the Principles of Political Economy"); (*Les Physiocrates*[Daire Collection], pp. 367~385). 이 사례는 콩도르세가 그토록 순진하게 찬양한 절차로부터 무엇을 배울 수 있는지를 제시하지 않는다.

115 Condorcet, *Tableau historique*, 10th epoch.

중세 기사, 투르크인, 아랍인, 조로아스터교도, 페루 사람, 비잔틴 사람은 그저 장황한 연설을 들어주는 관객일 따름이다. 공중은 자신들에게 열변을 토하는 농민, 노동자, 흑인, 브라질 사람, 파르시(Parsee) 교도,[116] 말라바르(Malabar) 해안[117] 사람들 모두 성공하게 한다."[118] 문학을 위한 청중처럼 "오로지 살롱과 지식인들만 있는 것 같았다."[119] 그것은 아주 작은 마을에 있는 죠프랭(Geoffrin) 부인의 살롱에서 하듯이 "인간 본성을 명예롭게 하는 숭고한 또는 우아한 정서"를 표현하는 방식을 통속화하는 문제였다. 그리하여 세계는 경솔한 문학대중의 갈채를 받으려고 만들어놓은 모범적인 소설과 비극 작품에 따라 변화한다.

그러면 기초교육의 장점에 대해 계속해서 기술해 보자. "우리는 우리의 업무관리나 권리 행사를 맡긴 사람들에 맹목적으로 의존해서는 안 된다. 우리는 그것들을 선택하고 감독하는 위치에 있어야 한다." 그러나 현재의 경험을 보면 지식의 속류화는 사람들이 자신들의 대리인을 선택하고 감독하는 것을 방해하며, 민주주의 물결이 진전할수록 이러한 감독이 덜 효율적이 되는 것은 역설이 아니다.

신문은 스타일, 문학 평판, 의약품의 상업적 가치를 꾸며내는 것과 똑같이 정치적 여론도 꾸며낸다. 민주주의는 그 자체가 부각되기 전에 존재한 특정한 방법들을 체계화한 것이지 새로 발명한 것은 아니다. 18세기 이데올로기 유산은 민주주의의 모든 측면에서 나타나듯이 여기서도 나타난다. 현재의 언론과 옛 살롱 세계 사이에 유사성을 발견할 수 없는 것은 우리가 현대 신문의 포괄성

---

116 인도에서 페르시아의 예언자 자라투스트라를 추종하는 사람.-옮긴이

117 인도 남서지역에 있는 해안으로 지리상의 발견 시대에 유럽인이 후추와 향료를 얻기 위해 이 지역의 캘리컷, 코친 등의 항구와 거래하였다.-옮긴이

118 Taine, *Ancien Regime*, pp. 258~259.

119 *ibid*., p. 261.

에 충격을 받았기 때문이고 또 과거를 지나치게 전설을 통해서 바라보기 때문이다. 기본적으로 능력면에서는 우리의 위대한 근대 언론인과 백과전서파 사이에 큰 차이가 없다. 불행하게도 관습면에서는 그들은 놀랄 정도로 서로 닮았다. 현재의 언론과 살롱 모두가 피상적인 추론, 고귀한 감상 표출, 과학 찬양에 만족하고 있다.[120] 근대 언론의 의견이라고 해서 철학적 살롱이 만들어낸 의견보다 질이 더 나아야 한다고 생각할 이유는 없다.

프롤레타리아에게는 교육이 유익하지 않다는 주장이 적잖이 제기되고 있는데, 이는 교육이 부르주아계급이 귀족층으로부터 물려받은 추론의 방법에 대중의 참여를 목표로 삼고 있기 때문이다. 나는 우리 시대의 유명 교육자들이 나의 의견에 동의한다고 생각하는데 그들이 여러 가지 낡은 구상으로 기초교육을 망가뜨리는 것이 바로 그 이유라 생각한다. 콩도르세는 교육이 마법적 성질을 가졌다는 모든 환상을 폐기하고자 했다. 그는 이렇게 말한다. 사람들은 "미신의 두려움이나 환상적인 희망으로 삶을 괴롭히는 대중의 그릇된 생각에 더 이상 속아서는 안 된다. 사람들은 오직 이성의 힘만이 편견에 맞서 자신을 지켜주고 또 부자가 되게 하고, 병을 치유해주고, 생명을 구제해 준다는 감언이설로 재산, 건강, 의견 자유, 양심에 덫을 설치한 사기꾼의 유혹을 물리쳐야 한다."

이 마지막 단어들에서 콩도르세는 카글리오스트로(Cagliostro), 메스메르(Mesmer) 그리고 18세기에 대성공을 거둔 계몽주의자들을 분명하게 암시하고 있다. 아직까지는 사람들이 그 같은 사기꾼들을 잘 알지 못해서 큰 영향을 받지 않았다. 사람들이 교육을 받는다고 이런 어리석은 행동들에서 안전하게 지켜줄지는 매우 의심스럽다. 우리 시대의 진정한 학자들은 심령술사의 꼭두각시였는

---

120 디드로를 제대로 평가하려면 그를 몽테스키외나 뷔퐁, 루소와 비교해서는 안 되고, 근대 논고들을 종합하는 위대한 인물들과 비교해야 한다. 브륀티에르에 따르면 "그는 온갖 주제를 침착하게 그리고 안내 규칙이나 선택, 순서, 기준 없이 빠른 속도로 닥치는 대로 썼다"(*Evolution des genres*, p. 153).

데, 그럼에도 우리는 크룩스[121]와 리셰[122]가 과학적 방법을 알고 있다는 사실을 부인할 수 없다! 대중언론은 능숙하게 신비주의를 세속화했는데 그 결과가 어떠할지는 어느 누구도 예측할 수 없다.[123] 브누아 말롱(Benoit Malon)은 이러한 부절제에 능숙했다는 사실을 잊어서는 안 된다. 그는 그런 부절제를 '완전무결한 사회주의'와 결합시켰는데 이러한 결합으로 사회주의는 많은 것을 잃지 않게 된다.[124] 새로운 치료법 발명가들은 모두 대고객을 편리하게 부르주아계급에서 찾는데, 이는 가장 불합리한 신념은 과학의 외관을 취할 경우에만 신임을 얻을 수 있음을 보여준다.

가톨릭 입장에서는 콩도르세가 누구보다도 나은 예언자로 여긴 것 같다. 실제로 그의 책 마지막 절 처음 몇 줄은 가톨릭교에 대해 언급하고 있다. 초등학

---

[121] 크룩스(William Crookes, 1832~1919)는 영국의 화학자 겸 물리학자로 자택에 연구소를 설치하여 각종 실험을 실시하였다. 화학 분석, 특히 방사성 물질의 스펙트럼 분석에 업적을 남겼다. 1861년 탈륨을 발견했고, 1875년 라디오 메터를 발명하여, 기체 분자의 운동을 확인하였다. 이 방전 연구는 뢴트겐의 X선 발견에 큰 역할을 하였다. 1875년 로열 상, 1888년 데이비 상, 1904년에 코프레 상을 수상하였다. —옮긴이

[122] 리셰(Charles Robert Richet, 1850~1935)는 프랑스의 생리학자로 신경·호흡·근육 등의 생리와 간의 기능, 혈청요법 등에 관한 연구를 했다. 세균을 주사하면 면역이 생기는 것을 확인하고 처음으로 혈청요법을 시작했다. 과민성 현상에 관한 연구로 노벨 생리·의학상을 수상하였다. —옮긴이

[123] 1910년 3월 22일자 『프티 파리지앵(*Petit Parisien*)』에는 다음과 같은 기사가 실렸다. "이들 문제에서 우리는 중요한 몇 가지 사실을 발견하게 된다고 생각하는 것은 엉뚱한 일이 아니다."

[124] 여기서 1896년에 가브리엘 드빌(Gabriel Deville)이 '위대한 인물'이라고 완벽하게 정당하게 평가한 사실을 상기할 만하다. "그는 갖가지 현학적인 용어와 금지된 단어들을 만들어냈다(이것들은 아무리 운이 좋아도 10년에 겨우 한 번 나올까말까 한다). 그는 항상 새롭고 자부심 넘치는 만족감을 가지고 수차례 아메리카를 방문했으며, 온 세상에 탁월한 라틴어를 보급했다. 그 결과 사회주의는 프리메이슨(Freemason, 중세의 숙련 석공 길드에서 시작되어 18세기 초 영국에서 사해동포주의 및 인도주의적 목적으로 조직되어 발전된 비밀결사 단체—옮긴이)과 심령술사들로 결합되었다"(*Principes socialistes*["Socialist Principles"], p. xxv).

교의 발달이 교회에 매우 위험하다는 데는 일반적으로 동의하고 있다. 25년 전에 르낭은 이렇게 썼다. "대중교육과 민주적 교육의 발달에 따라 불가피하게 민중합리주의가 나타나게 되는데 그 결과 교회가 황폐화하고 순수한 민간 혼례식과 장례식이 급증하게 될 것이다."[125]

제3공화국[126]의 교육정책은 교회와 민주주의 의원들 사이의 갈등을 일상화하는 결과를 낳았다. 교회는 그간 자체의 교육 체계의 대의를 지켜왔는데, 평신도 교육에 의해 그 중요성이 위협을 받게 되었다. 교회는 공화주의자들이 논쟁의 여지가 없다고 여기는 법률을 폐기해야 한다고 맹렬하게 홍보활동을 전개했다. 교회는 한 번의 패배에 좌절하지 않고 여전히 최종적으로 승리할 것을 기대하고 있다. 이로써 교권주의는 여전히 민주주의 적이 되고 있으며, 민주주의의 적은 교회로부터 충실한 신자들을 빼내려고 노력하고 있다. 공화주의자들은 '하느님의 적'으로 매도당했으며, 그 결과 학문적 경쟁이 신앙에 대항하는 전투로 돌변했다. 회의주의는 반기독교 선전을 통해서 대중교육을 성공적으로 지켜냈고 그 결과 공화당 강령의 본질적 요소가 되었다.

이러한 선전이 끊임없이 출몰하는 프티부르주아계급으로부터 교회를 지켜주는 역할을 하자 교회는 그러한 선전을 다방면으로 장려했다. 프티부르주아계급은 교육받은 기독교도들이 자녀에게 전달하면 불쾌하다고 여기는 것들을 사람들에게 가르치는 것이 좋다고 생각했다. 하느님의 섭리는 야만인의 지능 수준으로 저하되었고, 야만인들의 자연관은 물신주의자의 자연관이나 다름없었으며, 하느님의 기적은 약장사에게나 어울리는 허풍으로 더럽혀졌다. 책과 신

---

125 Renan, *Marc-Aurele*("Marcus Aurelius"), p. 641.
126 나폴레옹 3세(제2제정)가 물러나고 1871년 3월에 수립된 노동자 자치정권인 파리 코뮌이 정부군에 의해 해산되면서 수립된 공화정. 이때 선거로 공화파가 집권하며 티에르가 대통령으로 선출되었다. 제3공화국은 1875년부터 2차 대전 때 독일에 의해 점령될 때까지 약 70년간 존속하였으나 계속되는 정치적 혼란을 겪는 불안이 지속되었다. -옮긴이

문은 잡지 『십자가(*La Croix*)』와 『순례자(*Le Pelerin*)』 독자들이 사람들을 비웃는다는 것을 보여주는데 기초교육은 이러한 책과 신문을 사람들 수중에 들어가게 했다. 교회 언론은 자칭 하느님의 친구들이라는 작가들의 우둔함, 나쁜 신앙, 어리석은 무지를 쉽게 폭로하는 방식을 그 적들에게 무분별하게 제공했다.

과학적 지식의 대중화는 기독교 신학을 때때로 과도하게 중세 자연관과 결부시키는 바람에 기독교를 심각한 난관에 부딪치게 했다. 교회는 자체의 교육 질서를 지키기 위해 싸움을 일으킨 프랑스에서 특히 곤란한 상황에 처하게 되었다. 고상한 문화를 소지한 부르주아지계급은 복음과 순례자를 등치할 필요가 없었기 때문에 평민보다 교회에 훨씬 덜 적대적이었다.[127] 이 집단과 사이가 가까운 성직자들은 빈곤층 사이에서 정치운동을 전개하면서 자신들이 끊임없이 출몰하는 프티부르주아계급의 적이라고 선언하는 것을 경계한다.

---

[127] 가톨릭교도 식자층들은 17세기 문학작품에서 자신들이 발견할 수 있는 신학만 알고 있으며, 그들은 근대 작가에게는 이 철학이 전혀 어울리지 않는다고 본다.

제2장

부르주아계급의 최종 승리

1 왕립 관료제 창설 / 관료계급의 성장 / 좋은 행정의 중요성 / 평정의 필요성 / 고등법원의 재정 장악

18세기의 이념을 철저하게 이해하려면 프랑스에서 부르주아 과두제가 점차 자리를 잡게 된 사실에서 출발해야 한다. 부르주아 과두제는 군주제가 자신의 이익을 위해 만들었지만 결국에는 자신을 파멸로 이끌었다.

매우 통찰력 있는 역사철학자라 자주 일컬어지는 쿠르노(Cournot)[1]는 부르봉 왕조가 자신의 절대권력을 위축시킨 모든 것을 제거하는 어리석은 행동을 하는 것을 보여주었다!

"군주의 위엄이 무너지자 다른 모든 진정한 정치제도들도 치명타를 입었고, 오로지 어떤 정부도 이용할 수 있는 행정기구만 남게 되었다. 루이 14세는 군주제를 신성화하려 하고 유럽식 군주제보다는 아시아식 군주제를 본뜨려 한 탓에 군주제는 진정한 존경의 대상이 되지 못하고 그 순간부터 멸시의 상징이 되었다.[2] 그는 어쩌면 모든 시대에 적용되는 관료군주제를 프랑스에 설립하고자

---

[1] 쿠르노(Antoine Augustin Cournot, 1801~1877)는 프랑스의 경제학자·수학자·철학자이다. 리옹대학 수학 교수, 시학관, 디종 아카데미(Dijon Accademy) 교장을 역임하였다. 자연에 관한 조예가 깊고, 철학자로서는 개연성 해석에서 라플라스에 대항하는 이론을 수립했으며, 경제학자로서는 1870년대가 되어서야 발라 및 제번즈에 의해 비로소 인정받았다. 수리경제학 창시자 중 한 사람으로 높이 평가되고 있으며 함수의 연속 개념을 경제학에 도입하여 후일 마샬에게 큰 영향을 주었다. -옮긴이

[2] 토크빌은 프랑스 백성이 역대 왕들에게 강제로가 아니라 스스로 순종하게 된 특수한 성격을 고찰하여 흥미로운 저작을 저술했는데 나는 이 글을 쓰면서 쿠르노가 그 저작을 염두에 둔 것으로 생각한다(L'Ancien Regime et la Revolution, p. 176[모든 참고는 이 판을 따를 것이며, 이후부터는 L'Ancien Regime라고 표기하고, 쪽 번호는 다음 제목으로 출간된 아래의 미국판을 따른다. "The Old Regime and The French Revolution," New York: Anchor Books,

했는데, 사실은 단지 자신의 의지를 실행할 기구를 만들 의향이었다. 그는 군주제를 강화할 목적이었는데 실제로는 군주 자리를 잃어버렸다. 이런 점에서 루이 14세의 치세는 프랑스혁명의 씨앗을 배태했다고 할 수 있다."[3]

우리의 민주주의자들은 쿠르노가 개탄한 것을 칭송하면서도 그와는 다른 식으로 추론한다. 그들이 프랑스역사에서 본 것은 자신들 계급이 지배하기 위해 오랫동안 준비해온 한 가지 사실뿐이다. 그들은 오늘날 불쾌하게 여기는 각종 제도들이 너무 오랫동안 지속되는 것을 보며 분개한다. 그들은 과거를 부르주아 체제 옹호자들의 입장에서 판단한다. 그 결과 그들은 이전의 정치가들이 부르주아계급의 미래의 이해관계에 우호적이었느냐 비우호적이었느냐에 따라 칭찬하거나 또는 비난한다. 군주나 성직자가 순간의 이익에 눈이 멀어 왕정의 미래와 타협할수록 부르주아계급의 눈에는 더 큰 이익이 보인다.

그래서 리슐리외[4]는 우리 시대 작가들의 열광적인 찬양을 계속해서 받아들인다. "위대한 평등주의자이자 민주주의의 선구자인 그는 왕과 백성 사이의 관계를 차단하는 중간 세력을 완전히 몰아냈다." 그의 계획은 우리 시대의 뛰어난 속류 현학자인 가브리엘 아노토[5]의 말로 집약된다.[6]

1955.–Trans.).

3 Cournot, *Considerations sur la marcbe des idees et des evenements dans les temps modernes*("Considerations on the Advance of Ideas and Events in Modern Times"), I, 414.

4 리슐리외(Armand Jean du Plessis Duc de Richelieu, 1585~1642)는 프랑스의 추기경이자 정치가로서 1614년 삼부회(三部會)에 성직자 대표로 선출되고, 궁중 사제를 거쳐(1615) 루이 13세의 고문관이 되었다(1616). 이후 추기경(1622), 수석 고문관에 이어 사실상의 재상이 되었다(1624). 그는 개신교인 위그노파의 정치적 세력을 약화하고 귀족의 전횡을 억압하여 중앙 집권체제를 확립하였다. 재정·군제·법제를 개혁하고 상공업 장려, 식민지 개척에도 주력하는 등 사실상 최고 권력자의 위치에 있었다.–옮긴이

5 아노토(Gabriel Hanotaux, 1853~1944)는 프랑스의 정치가, 외교관, 역사가로 식민지 팽창기에 프랑스 외무장관을 지냈으며(1894~1998) 서아프리카·마다가스카르·튀니지를 점령했고 알제리를 침략했으며 수단에서 영국과 대적하였다. 1920~23년에는 국제연맹의 프

관료군주제 창시자들은 봉건제 프랑스에 그 체계를 심었는데 그들은 그것이 어떤 결과를 가져올지 전혀 생각하지 않았다. 여기에는 "우리는 우리가 무엇을 시작하는지 전혀 모른다"[7]는 르낭의 말이 잘 어울린다. "절대 권력을 구축하고자 했던 초기의 왕들은 교회제도를 모방하는 길밖에 없다고 생각했다. 그들에게는 경험이 인정한 절대주의가 눈에 들어왔다. 이들은 지위나 혈통보다는 업적을 중시하여 교육체계를 완비했다. 또 그들은 혈통을 가리지 않고 유능한 인재를 궁정에 초빙했으며, 사법제도와 재판소의 위엄을 복원했다. 그들은 당시 귀족계급에만 부여하던 최고 지위를 법조인과 성직자에게도 부여했다. 영국의 헨리 7세,[8] 프랑스의 루이 11세,[9] 스페인의 페르디난드가 이를 가장 능숙하게 행

랑스 대표로 활동하였다. 『16~17세기 프랑스사 연구』(1886), 『리슐리외 추기경의 역사』(1893~1947, 6권), 『프랑스 현대사』(1871~1900, 4권) 등 많은 역사서를 남겼다.-옮긴이

[6] G. Hanotaux, *Histoire du cardinal Richelieu*, II, 483. 그 저자는 개신교도들에 격렬하게 반대하여, 그들을 민주주의운동의 위대한 선구자의 영광에 바칠 수밖에 없었다. 브륀티에르는 몽테스키외가 리슐리외와 루부아(Marquis de Louvois, 1639~1691: 루이 14세 때의 최고군사책임자로 프랑스 육군을 창설하였다. 철혈 군국주의자로서 플랑드르전쟁, 네덜란드전쟁에서 참모를 맡았고 '낭트칙령 폐지'에 의한 신교도의 박해에도 중요한 역할을 했으며 대외문제에도 관여했다-옮긴이)를 비판한 것은 귀족주의에 대한 그의 편견 탓이라고 설명한다(*Etudes critiques*, 4th ser., p. 246). 마블리[Gabriel Bonnet de Mably, 1709~1785: 프랑스의 역사가이자 철학자로 프로이센 주재 외교관을 지냈으며(1743) 사직 후 저술에 전념하여 로크, 콩디야크, 루소 등의 자연법의 영향을 받고, 자연에 귀의하라고 역설하였다. 경제적 평등사상을 주창하여 사유재산제를 공격하는 등 푸리에, 생시몽, 오웬과 함께 공상적 사회주의의 선구자이다-옮긴이]도 귀족주의 이념에 영향을 받았다고 말할 수 있을까? 그런데 마블리는 다음과 같이 썼다. "리슐리외는 위대한 왕국의 일들을 지휘하는 위치에 있는 사람들에서 어떤 바람직한 미덕도 심지어 어떤 지능도 발견하지 못했다"[*Observations sur l'histoire de France*(Observations on French History), VIII, chap. 6].

[7] Renan, *Histoire du peuple d'Israel*, IV, 147.

[8] 헨리 7세(재위 1485~1509년)는 튜더 왕가 출신으로는 첫 번째 잉글랜드 왕국의 국왕으로 랭커스터가(家)와 요크가 사이의 장미전쟁을 종식시켜 왕권을 강화하고 수출 증대에 힘썼다.-옮긴이

한 군주였다. 베이컨은 이들을 마법사(magi)라 불렀는데 이 셋 중에서 페르디난드가 가장 명민했다. 마키아벨리(Machavelli)에 따르면, 그는 이 '새 유파 군주'의 살아 있는 원형이며, 그 시대를 구제하는 데 꼭 필요한 인물이라고 평가했다."[10]

왕실 정책이 모든 곳에서 동일한 결과를 낳은 것은 아니었다. 프랑스에서는 그 결과가 상례를 완전히 벗어났다. 그곳에서는 권력이 더욱 체계화되면서 공무원 수가 늘어나 행정계급의 핵심을 형성하게 되었다.

동방의 군주들이 하인을 고위 관료로 발탁하여 막강한 권력을 가지게 함으로써 노예제가 무너지지 않게 한 것처럼 교회도 하층계급에서 고위 성직자를 선발하여 가톨릭국가의 사회구조가 무너지지 않게 했다. 그리하여 소수의 개인은 운이 좋은 환경 속에서 혜택을 받긴 했으나 이들은 여전히 고립된 상태에 있어서 계급구조는 조금도 변화하지 않았다.

교회는 교황 그레고리 7세 때부터 세속 성직자에게 금욕주의 정신을 불어넣어 의식을 일관되게 향상시키는 것을 중심 목표로 삼아왔는데 이 점을 유의할 필요가 있다. 그리하여 교회는 자기 주위에 있는 여러 사회집단을 예속시켜 그들을 필요한 만큼 사용하여 힘이 분산되는 것을 방지했다. 프랑스의 왕실 정책은 그 반대 경향을 띠었으며, 오히려 이러한 확산을 장려했다. 관직이 세습재산처럼 양도할 수 있는 특권으로 발전하지 않은 경우에도, 관직은 주로 국영사업에서 경력을 쌓은 자녀를 가지거나 현직 관료 중에서 보호자인 계층에 국한되었다. 달리 말해, 왕립 관료제는 공무원 문벌과 파벌을 양산했다. 이들은 수가 늘어나면서 집단 유대가 더욱 강화되었다. 오늘날 이러한 현상은 신규직원을

---

9 루이 11세(재위 1461~1483)는 프랑스 발루아왕조의 왕으로 제후의 세력을 약화하고 중앙집권체제를 확립하여 백년전쟁 이후 부르고뉴에 대해 종주권을 행사하였고 프로방스를 물려받는 등 프랑스를 통일하여 강력한 국가로 성장시켰다. ─옮긴이

10 Gervinus, *Introduction a l'bistoire du XIXe siecle* ("Introduction to the History of the Nineteenth Century"), pp. 26~27.

사원 가족에서 충원하는 철도회사에서도 나타난다.[11]

왕실의 권위가 완전하게 확립되고 관료들의 평온한 상태가 보장되면 전체 조직은 정치체제가 일정한 수의 가문들로 권력이 분할되었을 때처럼 안정된다. 국가에 공무원을 배출한 가문들은 '관료로서 일할 권리'를 가졌다. 그들은 자신들이 국가에 필수적인 존재라 여겼으며 자신들이 획득한 사고 양식을 자신들의 역할과 결부시켰다. 그러한 체계를 설립한 자들은 자신들이야말로 봉건제 전통과는 독립적인 그리고 (자신들을 천한 신분에서 구제해준) 왕에 당연히 순종하고 헌신하는 유능한 공무원 위계를 창조했다고 생각했다. 그들은 귀족계급과 특권층 시민 편에서 자신들의 절대권력의 장애물을 제거하고자 했다. 그런데 구세력보다는 새로운 세력이 점차 성장하자 그들에게 더욱 심한 방해가 되었다. 왕실 관료들은 독립 계급으로서 부와 명예와 권력을 거의 자동적으로 차지했다. 이들은 단순히 종복의 처지에 있으면서도 군주에게 자신의 의지를 부과하는 위치에 있기에 왕실 권력은 매번 이들의 저항으로 방해를 받았다. 루이 15세[12]의 선언문은 선왕의 선언문들만큼 오만했는데, 실제로 그의 행동은 그 선언문의 오만함만큼 결연하지 못했다. 한 예로 1776년 왕실 포고문에서 루이 15세는 고등법원 의원들에게 다음과 같이 말했다. "행정장관은 백성을 정의롭게 하는 왕실의 진정한 의무로부터 짐을 벗어나게 할 책임을 맡고 있는 짐의 관료이다. 내 시중을 들고 항상 내 눈에 맞게 행정장관을 추천해주는 것이 경들의 직무이다. "충고, 정의, 이성의 정신 같은 독특한 성질은 오직 짐에게만 있다. 궁정의 존재와 권위는 오직 짐에게서만 나온다. 오직 짐의 이름으로만 행사하는 궁

---

[11] P. Leroy-Beaulieu in the *Debats*("Debates") of November 28, 1905.
[12] 루이 15세(재위 1715~1774)는 5세에 왕위에 올라 59년 동안 프랑스를 통치하였다. 제위 기간 동안 폴란드(1733~1738), 오스트리아(1740~1748) 왕위 계승 전쟁에 휩싸였고, 영국에 맞선 7년 전쟁(1756~1763)에서는 패배하여 인도, 아메리카대륙 식민지 영토를 상실하였다. 많은 전비 지출로 재정난을 초래하여 절대주의 부르봉 왕조의 해체를 가져오는 계기가 되었다.-옮긴이

정의 이러한 모든 권위는 항상 짐에게만 구현된다. 입법권은 짐에게만 있으며, 그것은 독립적이며 분할 불가능한 것이다. … 짐의 백성은 짐과 함께하고, 일부 사람들이 감히 국민의 권리와 이익을 군주와 분리된 것으로 보는데 그것은 반드시 짐의 권리와 이익과 일치하며 짐의 수중에만 있다." 귀족권력에 대한 이보다 더 완전한 이론은 발견할 수 없다. 이 선언문을 보다 엄정하게 지키게 하려고 정부는 왕실 연설문을 모든 고등법원에 보냈다.[13] 그런데 다음해 모든 것이 잊혀지고, 이 모든 소동의 기원인 브르타뉴(Brittany)[14] 사태에서 고등법원이 최종 승리를 거두었다.

부르주아 과두제의 핵심인 이 사법재판소가 거대하고 역설적인 힘을 가지게 된 이유를 이해하는 것은 그리 어려운 일이 아니다.

A. 구체제의 행정은 사법절차를 국가활동의 다양한 영역으로 침투시킬 필요성을 그 기반으로 삼았는데 그러한 필요성은 모든 사람이 느끼고 있었다.

대영주들의 변덕 그리고 논쟁을 즐기는 성직자들의 폭정에 대항하기 위해 종래의 권력의 남용을 시정하고 행정에 개입하는 임무를 자처하는 세력이 부상했

---

[13] Rocquain, *L'Esprit rev olutionnaire avant la Revolution*("The Revolutionary Mind Before the Revolution"), p. 257. 1759년에 군주의 절대권력을 보여주는 매우 유사한 증거가 이미 존재했다(p. 217). 토크빌 백작의 견해에 따르면, "고등법원은 왕의 입에서 나온 단어 중에서 1776년의 단어만큼 강한 단어를 보지 못했다." "군주가 완강하게 버텼더라면 미래 혁명들의 맹아가 된 고등법원의 완강한 반대가 절대권력에 의해 좌절되었을 것이다"(*Histoire pbilosopbique du regne de Louis XV*["Philosophical History of the Reign of Louis XV"], II, 445~446). 『미국 민주주의(*Democratie en Amerique*)』의 저자인 토크빌 백작은 프랑스 왕정복고시대의 행정장관이자 상원의원이었다. 당시에는 그런 직책을 가진 사람에게 지사 직을 맡기지 않았다! 그 백작의 견해는 상당한 무게를 가진 것으로 보인다.

[14] 브르타뉴: 프랑스 서부의 반도 지역. 대부분이 나지막한 구릉지대로 농업·목축업이 성하며 사과 생산이 이름 높았다. 켈트계의 브르통인이 살면서 공국을 세웠으나 1532년 프랑스에 통합되었다. –옮긴이

다. 왕실 관료들의 위세는 특히 일반이익과 관련된 비교적 개화되고 공평한 사법체계를 대표한다는 사실을 바탕으로 발생했다. 그런데 사실적으로 말하면 이러한 상황에서 큰 혼란이 일어났다. 그 체계의 근본 요소인 행정권력과 사법권력이 지속적으로 혼합되면서 근대적 감수성을 크게 자극한 것이다. 요즘에는 공무원들은 그 선임자들이 재판관으로서 획득한 권위를 더 이상 가지지 않는다.

정치적 법률이 없는 나라에서는 모든 것이 행정 서비스의 일관성에 의존한다. 즉 공무원의 독립성이야말로 시민이 가진 유일한 보증서이다. 오늘날에는 이러한 독립성이 상당히 축소되고 또 우리가 의회체제의 '혜택을 누리고는' 있지만 공무원의 상대적 독립성이 여전히 국민생활에서 매우 중요하게 작용한다. 행정부의 고위 관료와 파리 고등법원 의원에 대항하여 정부가 취한 각종 조치들이 엄청난 혼란을 야기한 사실을 우리는 익히 알고 있다. 루이 15세를 위협하는 것은 아주 쉬웠지만, 그는 그 같은 조치들이 야기한 불만이 프랑스의 평온을 뒤흔들었다는 말을 들었을 때 분명 그 사실을 잘못 알고 있었던 것은 아니었다.

내가 보기에는 이와 관련한 매우 특이한 사실에 대한 설명은 종종 충분하지 않은 것 같다. 즉 구체제의 마지막 날까지도 우리가 보기에 다소 불합리한 전통을 따르고 있었다.[15] 예를 들어 슈아죌[16]은 리슐리외와 루이 14세의 원칙을 폐기

---

15 튀르고는 정부와 국민에게 그들의 진정한 이익에 상응하는 목표를 훨씬 뛰어넘도록 강요하는 일종의 관성을 보고 매우 놀랐다. 예를 들어 그는 루이 14세에 대한 유럽의 증오가 우리의 적들에게는 거의 치명적이었고 앤 여왕(재위 1702~1714, 스튜어트왕가 최후의 영국 여왕으로 스코틀랜드와 잉글랜드의 합병으로 그레이트브리튼 왕국이 성립되었다-옮긴이)은 평화를 구축하면서 프랑스보다 나머지 유럽을 훨씬 더 잘 구제했다고 생각한다. 그런데 그는 "그 여왕의 백성들은 그녀를 유약하고 배신했다고 나무랐다"는 것을 목도한다(Turgot, II, 673).

16 슈아죌(Étienne-François de Choiseul, 1719~1785)은 프랑스 외교관 겸 정치가로 외무장관 시절에 7년 전쟁에서 스페인과 동맹을 체결하였으며, 육해군장관으로 식민지전쟁에서 패배하여 1763년 영국과 파리조약을 체결하였다.-옮긴이

하고 프랑스와 오스트리아의 연합을 시도했다는 이유로 많은 적을 얻었다. 궁정 내의 반(反)오스트리아 감정 때문에 마리 앙투아네트는 증오의 대상이 되었다. 마찬가지로 국가 장관급 관료들은 더 이상 신도가 아니었는데도 17세기의 원칙을 유지하기 위해 개신교도와 얀센주의자들을 박해할 필요가 있다고 생각했다. 또 하나 예로, 토크빌에 따르면 혁명 바로 전날에도 전제군주는 귀족세력이 프롱드(Fronde)의 난[17]을 재개한다는 생각에 전율을 느꼈다고 한다. 이와 같이 모든 사람들이 시대에 뒤떨어진 해묵은 사회적 상황과 관련지어 생각했다.[18] 이로써 왜 전제군주가 자신에게 많은 서비스를 제공해준 그리고 특정 세력을 진압하도록 도와준 행정구조를 뒤흔드는 것을 두려워했는지 쉽게 이해할 수 있다.

B. 18세기 사람들은 무엇보다도 평온함을 좋아했고, 루이 15세도 이 점에서는 예외가 아니었다. 오늘날에도 상류계층은 평온함에 모든 것을 바치는 것을 볼 수 있다. 그들은 오로지 단 며칠만 휴식을 보장해주는 데 관심이 있다. 루이 15세는 모포(René-Augustin de Maupeou, 1714~1792: 루이 15세 당시 프랑스총재-옮긴이) 시절에만 소요에 맞설 충분한 힘을 가졌다. 격렬한 저항이 일어난 지 2년 후에, 권리가 축소되었고, 종래의 사법제도를 폐지한 1771년의 쿠데타는 잊혀졌다. 이러한 분쟁들은 다른 분쟁들이 즐거운 삶에 가져다준 고난에는 미치지는 못했다.[19] 예전에 가장 먼저 고초를 겪은 것은 왕이었다.

---

17 프롱드의 난(1648~1653): 프랑스의 부르봉 왕권에 대해 귀족세력이 최후로 반항하여 일으킨 내란. -옮긴이

18 Alexis de Tocqueville, *L'Ancien Regime*[p. 143 in the American edition of 1955, Anchor Books].

19 Rocquain, *L'Esprit Revolutionnaire*, p. 309. 루소는 1753년 이탈리아 오페라 소개로 분쟁이 촉발되자 의회와 성직자 사이의 갈등이 세간의 관심을 돌려놓았다고 주장했다. 그가 쓴 「프랑스 음악에 관한 서한(*Lettre sur la musique franytrise*)」의 출판은 엄청난 정치

1753년에 최고재판소(Grand Chambre)가 폐지되고 그것을 대신하는 대체 재판소가 창설되었지만, 행정장관은 왕에 복종하거나 왕의 명령을 집행하기를 거부했다. "군주는 사방의 반대세력에 의해 세력이 약화되자 고등법원과 가까워질 필요가 있었다."[20] 국왕은 손자가 출생하자 이를 행정장관들을 소집하는 구실로 삼고는, 그때까지 궁정이 보살펴주던 주교를 물리치는 과감한 조치를 취했는데, 이는 실제로는 종교문제가 갈등을 야기했기 때문이다. 1756년에 국왕은 이전의 정책을 복원했다. 그러자 새로운 난관에 부딪히게 되었고 의회 의원들의 사직이 뒤따랐다. 이듬해 다미앙(Damien)을 암살하려는 시도가 있었고, 잠시 동안 각종 불화가 잊혀졌다. 그러다가 1759년에 불화가 재개되었다. 전쟁의 고난으로 정부는 조심스레 행동했다. 예수회 수사들은 화해의 제물이 되었다(1761년 1762년의 칙령, 1764년의 포고문). 이미 말했듯이 1766년의 의회 회기는 아무런 영속적인 결과도 낳지 않았다.

이러한 분규들이 일어나는 동안 집권세력은 더욱 오만해졌고 그럴수록 그들의 신망은 약화되었다. 의회 회기 동안에 거행된 국왕 즉위 행사는 그때까지 엄청난 존경을 요구하던 당당한 행정장관들에게 심한 굴욕감을 심어주었다. 국왕은 학교선생이 어린이들에게 잔소리하며 꾸짖듯이 이들을 다루었다. 굴욕감이 심할수록 즉위식 후에 통상적으로 일어나는 격렬한 저항에 공중이 보내는 환호 소리는 더욱 커졌다. 토크빌은 "유약한 정부가 유지할 수 없는 위력을 자랑하는 것은 위험한 일"이라고 말한다.[21] 국민이 존경하는 이들에게 또 그들이 겪게 될 시련으로부터 보다 위대한 재능을 가지고 출현하는 이들에게 굴욕감

적 사건이었다. "이 글이 혁명을 방해했다고 해석하는 것은 믿을 수 없는 일이다"(Confessions, VIII). 루소의 통상적인 과장법과는 달리 여기서는 그 시대의 분위기를 정확하게 관찰할 수 있다.

20 Count de Tocqueville, *Histoire philosophique*, II, 121~123.
21 Count de Tocqueville, *Histoire philosophique*, II, 446.

을 주는 것은 훨씬 더 위험한 일이다.

혹자는 당시에는 법률 조항은 부르주아 과두세력이 일으킨 사소한 저항 앞에서 정부가 멈춰서야 하는 것이 프랑스 법률의 기본 규약이라고 말하기도 하는데, 이는 그렇게 하는 것이 공통된 관행이었기 때문이다.

C. 의회에 고위 직책을 가진 가문들은 부유한 탓에 자존심이 위태로워졌을 때 상당한 손실을 견뎌낼 수 있었다. 의회에서 제명을 당하면 난처하고 곤란해졌지만 명예를 위해 참았다. 일단의 행정장관들은 수차례 사임 위협을 받았고 실제로 사임하기도 했다. 이러한 조치들은 더 이상 쉽게 이해할 수 있는 일은 아니다. 확실히 혹자는 이러한 법률가들의 많은 약점과 심지어 특정한 비겁한 행동을 지적하기도 하지만—절대적 독립은 예외적으로만 존재할 수 있다—통상적으로 각종 이데올로기는 비범하고 놀라운 행적에서 나오지 일상적인 행적에서 나오지 않는다.

의회가 반대한 것은 대부분 재정 정책과 관련된 것이었다. 근대 저자들은 어떤 지령이 이러한 반대를 정당화했는지 종종 의문을 제기하는데, 내가 보기에는 납세자의 이익을 지키는 데는 어느 누구도 제3신분 사람들보다 더 나은 위치에 있지 않았다. 그런 반대를 정당화하는 데는 명시적인 지령이 필요 없었다. 경제적 직함이 그러한 반대를 정당화하기에 충분했다. 그런데도 행정장관들의 이익이 때때로 국민 전체의 이익에 반할 때가 있었다. 이러한 일은 특히 루이 16세 치하에서 분명하게 나타났는데 이때 튀르고는 중농주의자들의 구상을 적용하여 생산 증대를 위한 개혁을 추진했다. 그러나 당시 사법부에 대한 통제는 불충분했다. 사법부는 도시 과두세력의 이익을 대변하고 있어서 그들의 특권이 축소되는 것을 원하지 않았다.

튀르고는 루이 16세에게 루이 15세가 철폐한 고등법원을 복원하지 말라고 충고했는데 그와 마샬 드 뮈(Marshall de Muy)만 내각에 그 뜻을 전달했다. 튀르고는 선출직 의회 설립을 제안하고, 각 지방에 세금 분배를 논의했으며, 대규모 공익사업에 착수하고, 지방당국의 예산으로 감당하기 힘든 재단이나 일반이익 사업에 보조금을 지급할 것을 제안했다.

튀르고는 다양한 선출직 의회들은 부르주아 과두세력을 아주 제한적으로 대표하기를 원했다. 왕립의회는 지방의회에 파견한 대의원으로 구성하여 설립하고, 지방의회는 기초의회에 파견한 대의원으로 설립하며, 이들은 마을위원회가 지명하도록 한다. 지방의회는 소수의 인원으로만 구성하고, 농촌지방의회는 토지 순수입 600파운드를 가진 가장들로만 구성하고, 도시지방의회는 적어도 15,000파운드 상당의 토지를 소유한 사람들로 구성하기로 한다.[22] 최소 금액의 배수에 따라 투표용지 수를 배당하고, 최소 금액 이하의 사람들은 그룹을 지어 그 그룹의 권리에 비례하여 대의원 명부에 참여할 수 있었다. 1865년 6월 21일에 튀르고가 구상한 것과 매우 유사한 이익대표제가 설립되어 농업증진을 위한 연합체가 구성되었다. 지방 도시에서 지방의회로 파견된 대의원은 자신이 속한 코뮌의 중요성에 비례하여 투표권을 가진다. 신분의 역사적 특징은 더 이상 고려하지 않는다. 귀족은 세금배분에서 배제하여 그와 관련된 사안에 관여하지 않게 한다. 튀르고에 따르면, "행정은 자기 자신과 자기 재산에만 관심을 가지는 것이 제1원리이다."[23]

이러한 통치기관은 분명 공업연합체를 본뜬 것이다. 이 모든 것은 개화된 정치가들이 개발한 구상의 진정한 축소판이다. 그들은 생산 부르주아계급이 국가를 지배하기를 원한다.

---

[22] 그 차이는 경제학에 기초했다. 주택은 생산력이 아니다. 주택 소유자는 '도회지 사람'이지 농촌 자산가 같은 진정한 '시민'이 아니다. 도시가족은 사회에 이해관계를 가지지 않는다. 튀르고는 파리 사람 중에 자신이 정한 최소금액을 소유한 사람은 100명이 넘지 않는다고 추정했다(Turgot, II, 528~530). 제2장 말미에서 튀르고는 자신이 말하는 '시민'(citizen)이 어떤 의미를 가지는지 더 정확하게 제시한다.

[23] Turgot, II, 527.

2 관료계급 이데올로기의 성격 / 이론가들의 엄청난 자유 / 실천영역의 3대 주요 측면

18세기 이데올로기는 왕실 보좌진 계급의 생활상황에 가장 잘 어울리는 이데올로기이다. 그런데 내 견해는 테느와는 완전히 다르다. 그는 "막강한 권력을 가진 군주를 등에 업고 무위도식하는 귀족 생활을 18세기 이데올로기의 기초로 본다. 그들은 유복한 가정에서 태어나 하는 일 없이 대화에만 의존하며 진지하고 세련된 정신적 쾌락을 즐기며 여가시간을 보낸다."[24] 테느는 프랑스 귀족을 영국 귀족과 대비한다. 영국 귀족은 중요한 사안을 관리하는 데 깊이 관여하며 이론가들에 속지 않고 처신한다. 프랑스 귀족은 현실로부터 멀어져서 "철학자들의 걸음 속으로 쾌활하고 대담하게 걸어들어 간다."[25] 테느는 18세기의 대담한 이론들이 영국에서 수입된 사실에 크게 놀랐으며, 또 그 이론들이 그 발상지 나라에서 확고하게 뿌리내리지 못하고 대신에 아름다운 언어의 나라 프랑스에서 만개한 것에 또 한번 크게 놀랐다.[26]

'사무원 계급'은 '주인 계급'의 모델을 그대로 본뜨기만 하여 자체의 이데올로기를 구축하지 못했다. 사무원 계급은 자기 일에 신경쓰기보다는 오히려 남의 일에 신경을 더 쓴다. 이 계급의 이데올로기는 자신들의 문제에 관해 법률가나 역사가, 과학자들이 내놓은 의견을 따르는 경향이 있다. 이러한 활동을 활성화하려면 모든 일을 학문적 분석에 맡겨야 한다. 문제는 모든 의견을 만드는 프랑스에서 발전한 관행이 어떻게 추상적 구상, 일반 이론, 철학적 이론에 따르게 하느냐이다. 이 같은 추론의 방법은 스스로 자기 일을 떠맡아 하고 결과적으로 자신의 개인적 경험을 통해 지각한 특수한 조건에 맞춰 행동하는 사람들에게

---

24 Taine, *Ancien Regime*, p. 241.
25 *ibid.*, pp. 363~365.
26 *ibid.*, pp. 330~331.

는 맞지 않는다.

이러한 현상은 섬너 메인[27]에게 깊은 인상을 남겼다. 영국 법률에는 다른 어느 나라 법률보다도 일상적 언어가 많이 들어가 있다.[28] 프랑스 의원들은 전문 법률가의 도움을 받지 않고 스스로 법률을 작성하기 때문에 아주 통속적인 어법이 많이 들어가 있다. 이 때문에 동일한 언어로 말할 수 없는 재판소와 의회 사이에 수없이 많은 오해가 빚어지고 있다.[29]

프랑스 문학에 오랫동안 부과된 특수한 조건을 감안하면 몽테스키외가 『법의 정신(Spirit of the Laws)』에서 [채택한] 표현 양식을 쉽게 이해할 수 있다. 테느에 따르면, "그는 예언가처럼 불가해하게 그리고 격언을 섞어서 말을 했다. 그는 언제나 프랑스나 자기 시대의 문제를 다루었고, 마치 뜨거운 석탄 위를 걷는 듯했다."[30] 이는 몽테스키외가 위험을 무릅쓰고 더 대담해지려고 그런 것이 아니라 이러한 추상적 스타일이 자신의 성격과 공중에게 더 가치 있다고 보았기 때문인 것 같다. 벵자맹 콩스탕[31]과 토크빌 같은 작가들이 그의 스타일을 모방했는데, 이들은 19세기에 두려워하는 것이 없었지만 자신들이 일상적인 사안들로부터 멀리 떨어져 있어야 한다고 생각했다.[32]

---

27 섬너 메인(Sir Henry James Sumner Maine, 1822~1888)은 영국의 법학자로 법제사 및 비교법 연구로 독일의 역사 법학에 진화론 사상을 가미해서 영국 역사 법학을 수립하였다. 법의 발전을 사회의 발전과 연관시켜 해석하고, '신분에서 계약으로' 법률이 진화한다는 법칙을 제창하였다. -옮긴이

28 Sir Henry Sumner Maine, *Etudes sur l'histoire du droit*("Studies in the History of Law"), p. 386. 그 결과 영국 법률은 지루할 정도로 문장이 길고, 대륙 법률은 철학적 언어가 가진 정확성을 결여했다.

29 프랑스 의회의 언어는 통상적인 표현과 오용된 법률 용어가 뒤섞여 있다.

30 Taine, *Ancien Regime*, p. 278.

31 벵자맹 콩스탕(Benjamin Constant, 1767~1830)은 프랑스의 작가이자 정치가로 스탈 부인과 함께 반(反)나폴레옹운동에 참가하였으며, 작품으로 심리소설 『아돌프』 등이 있다. -옮긴이

공무원은 상관이 노여워할까봐 항상 두려워한다. 그래서 공무원은 상관을 위해 준비해둔 영역을 침해하지 않는 것처럼 보이기 위해 현실과 거리가 먼 사안을 다루는 경향이 있다. 우리가 알기로 교회는 교회와 관련된 문제에 직접 관계가 있지 않은 학술적, 수사적, 시적 주제들에 일반적으로 매우 관대하다. 부아시에(G. Boissier)는 16세기 교수들은 기독교가 200년 동안 국교가 된 것을 모르고 있는 듯이 학생들에게 순수하게 이단적인 주제를 가르쳐 왔다고 지적했다.[33] 현재의 가톨릭교도들은 교황청이 왜 르네상스시대에 인문주의자들을 보호했는지를 잘 설명하지 못하는데,[34] 그 이유는 로마 궁정의 총신들이 종종 비신도들이었기 때문이다. 하지만 16세기 사람들은 오직 문학만 본 반면, 근대 작가들은 종종 고귀한 철학 이론을 본다.

군주제는 대체로 교회의 행로를 따랐다. 관료들은 자연법에 기초하여 이론을 구성하고, 공화제 미덕을 열렬히 찬양하며, 그 시대 사람들에게 모든 전통제도들을 폐기하고 유토피아 도시에서 살아가도록 권했는데 이것은 놀랄 일이 못된다. 대담한 사회주의 선언으로 간주되는 서적들은 현실에서 멀어질수록 덜 해로운 것으로 나타났다. 소금세 악용을 비판하는 것은 위험할 수도 있지만, 그것은 공산주의를 찬양하기 위한 것이 아니었다.

의회는 종교문제에 실천적 성격을 개입시켰다는 이유로 『에밀(Emile)』[35]을 비

---

32 라불레(Eduard Laboulaye, 프랑스의 역사학자로 남북전쟁 후에 자유의 여신상 건립을 제의하였다-옮긴이)는 자신이 펴낸 『몽테스키외(Montesquieu)』(III, xix-xx)에서 이에 대해 이렇게 지적한다: 만약 이것이 문학적 훈련의 문제가 아니었다면, 왜 19권(Book XIX) 27장에서 영국 이름을 언급하지 않았는지를 이해하기 어려울 것이다. 이것이 라불레를 놀라게 했다.

33 G. Boissier, *Le Fin du paganisme*("The End of Paganism"), I, 216.

34 Baudrillart, *L'Eglise catholique, la Renaissance, le protestantisme*("The Catholic Church, the Renaissance, and Protestantism"), pp. 67~102.

35 『에밀』(1762)은 루소가 저술한 교육학 서적으로 교육을 주제로 하지만 루소의 인간론·종교론을 표출하는 저작이며, 루소의 자연주의사상이 표현되어 있다. 교육서이지만 문학적으로 높이 평가를 받고 있다. 이 저작에는 구체제를 비판하는 내용이 들어 있어 간행 직후

난하긴 했어도 『사회계약론(Social Contract)』에 들어있는 추상적 이론들은 의회의 심각성을 조금도 불러일으키지 않았다. 제네바의 과두세력은 『사회계약론』을 유권자 대중이 저항하도록 선동하는 풍자로 간주했다.[36] 이런 이유로 제네바 행정장관들은 『에밀』과 함께 이 책을 태워버렸다.

18세기 주교들은 개혁가들의 무례함을 수시로 비난하긴 했어도, 실제로 억압하기보다는 겉으로만 억압하는 척했다.[37] 행정당국은 책을 금지하는 듯했으나 사실상 판매를 허용했다. 『백과사전(Encyclopedia)』은 발매가 금지되었지만 후에 파리에서 인쇄되었다. 행정당국은 1765년에 발간된 열 권만 큰 소란을 피우지 말고 배포할 것을 요구했다. 반사회적 선언문 작성자들은 감시 행정장관들 사이에 보호자가 있다는 것을 알아챘다. 1750년부터 1763년까지 말셰르브[38]는 '혁명의 선구자들'의 운명을 지켜보며 그들에게 경솔하게 행동을 하지 말라고 내려진 각종 조치들에 유연하게 대처했다.[39]

근대 역사가들은 철학자의 적인 프르롱(Freron)이 말셰르브보다 훨씬 덜 다뤄진 것에 크게 놀랐다. 말셰르브는 백과전서파 후원자인 프르롱에게 자신의 저작을 검열하는 일을 맡겼다. 1754년에 말셰르브는 그의 신문이 프랑스학술원에서 달랑베르[40]의 환영회 연설을 비판했다는 이유로 발매를 금지했다. 그는

교회와 정부로부터 불온서적으로 지목되었다.-옮긴이

36 *Correspondance inedite de Condorcet et de Turgot* ("Unpublished Correspondence of Condorcet and Turgot"), ed. Ch. Henry, p. 146.

37 유력 인사들이 개인적 이유로 작가들을 불평할 때 종종 발매금지가 심해지곤 했다.

38 말셰르브(Chrétien Guillaume de Lamoignon de Malesherbes, 1721~1794)는 프랑스의 정치가로 계몽주의에 경도하여 철학자 및 문학자와 교제하고 『백과전서』 간행에 주력하였다. 루이 15세에게 새로운 세제(稅制) 건의로 추방되었으나, 루이 16세 때 복귀하여 내무부장관(1775~1776), 국무부장관(1787~1788)을 지냈다. 혁명과 함께 해외에 망명(1790)했으나 귀국 후 루이 16세를 옹호하여 체포, 처형되었다.-옮긴이

39 Brunetiere's *Etudes critiques*, 2d ser에 실린 말셰르브가 운영하는 출판업에 관해 다룬 장(章) 전체를 보라.

프르롱을 험담하는 것은 허용했지만, 그가 자신의 반대세력에게 응답할 때 그들을 지명하는 것은 금했다.[41] 말셰르브의 행동은 그의 관점에서 볼 때, 즉 18세기 철학을 상류층의 여흥을 위한 단순한 수사학적 실험으로 볼 때 쉽게 설명된다.

이러한 독특한 저술 양식은 대혁명 전야 때까지 지속되었다. 1780년에 선보인 『두 인도의 역사철학(Histoire Philosophique des deux Indes)』 2판 출간으로 레날[42]은 박해를 받았는데, 이 일은 네케르[43]가 몰락한 후에 일어났다. 레날은 불명예 퇴진한 장관과 지방의회에 관한 연구보고서를 공동집필한 혐의를 받았다.[44] 대혁명기에 레날은 비혁명적 정서를 표명한 탓에 그는 디드로가 이 저작에

---

40 달랑베르(Jean Le Rond D'Alembert, 1717~1783)는 프랑스의 수학자, 물리학자, 철학자로서 프랑스 계몽시대 최대의 학자이자 활동가로 수학계와 물리학계를 대표하여 해석 역학의 기초를 세워 세계적인 명성을 떨쳤다. 철학자로서는 디드로와 함께 『백과전서』 편찬에 참여했고, 불가지론적인 실증주의의 입장을 취해 실증주의의 선구자 역할을 하였다. —옮긴이

41 프르롱은 상류사회 성원이 아니었기 때문에 관용을 베풀 권리가 없었다. 그는 "어느 화가에게 그가 그린 그림의 풍경이 타버린 설탕으로 그린 그림처럼 보인다고 말했다는" 이유로 뱅센[Vincennes: 파리의 동쪽 교외주거지로 요새 같은 성으로 구성되어 있다. 필리프 6세 때 착공하여 샤를 5세(1364~1380 재위) 때 완공되었으며, 베르사유 궁전이 건립될 때까지 왕궁으로 이용되었다. 루이 13세의 재위기간에는 국사범 감옥으로 이용되었다. 프랑스혁명기에는 디드로, 미라보 등 유명 인사들이 투옥, 옥사하였다. —옮긴이]에 억류되었다. 그림(Grimm)은 이러한 공식적인 가혹한 처벌을 진심으로 승인했다(Brunetiere, *Etudes critiques*, 2d ser., p. 304).

42 레날(Guillaume Thomas François Raynal, 1713~1796)은 프랑스의 역사가·철학자로 예수회 회원이 되었으나 자유사상으로 인해 추방되었다. 디드로 등의 협력으로 4권의 『두 인도의 역사철학』(1770)에서 중상주의를 비난, 식민제도를 비판하고, 나아가 가톨릭교회 타도를 주창하였으나 의회의 명령으로 소각되었다. —옮긴이

43 네케르(Jacques Necker, 1732~1804)는 프랑스의 정치가이자 은행가로 루이 16세 때 튀르고 후임으로 재무총감에 취임하였다. 1781년 프랑스에서 최초의 재정보고서를 간행하여 재정수지를 국민에 알려 궁정의 비난을 받아 사임하였다. 1788년 다시 총감에 취임하여 삼부회를 소집, 이를 계기로 프랑스혁명이 발발하였다. —옮긴이

삽입한 연설문을 진지하게 받아들일 수 없었다. 이를테면, 왕이 헌법을 위반하면 사형에 처한다는 실론 법에서는 이러한 어리석은 표현이 나타난다. "법이란 것은 머리를 무자비하게 잘라내고 그것이 수평면 위로 떠오르면 다시 내리치는 칼날에 불과하다."

대혁명기 동안에 이러한 문학은 그 의미가 변화했다. 단순한 역설에 불과한 것이 진지하게 받아들여지고, 동화 이야기가 실제 의미를 지니게 되었으며,[45] 종래의 사회에서 형성된 이론과 실천의 구분이 폐기되었다. 이 계급에서 저 계급으로 문학이 전달되고, 귀족층에서 서민으로 내려갔다. 일반적으로 말하자면, 보통사람들은 문학적 간계를 이해하지 못했다. 그들은 "성직자들의 창자로 왕의 최후를 위한 밧줄을" 만든다는 이야기를 듣고, 디드로가 인간의 행복을 위해 성직자들을 몰아내고 통치자들 목을 매달 필요가 있다는 것을 계몽된 사람들에게 확신시키려 했다는 것을 곧이곧대로 믿었다.

우리는 의회제도가 통치하는 나라에 살고 있다. 때문에 당 강령으로 삼을 의도도 없고 실현가능성도 없는 제안들을 만드는 것은 대단한 일처럼 보인다. 우리 선조들이 즐기던 추상적 문학의 의미를 이해하려면 상상력을 넓혀야 한다. 그렇다고 선조들의 관행이 완전히 사라졌다는 것은 아니다. 왜냐하면, 구 귀족층의 허황함을 모방하고싶어 하는 부유한 부르주아계층이 조레스[46]의 혁명적 열변을 진지하게 받아들이더라도, 의회사회주의는 부유층에서 많은 지지자들을 충원하려 하지 않기 때문이다. 교리를 둘러싼 논쟁이 격화되자 이 같은 추상

---

44 Rocquain, *L'Esprit Revolutionnaire*, p. 389.

45 다음을 참조하라. Andre Lichtenberger, *Le Socialisme et la Revolution française*("Socialism and the French Revolution"), p. 221.

46 조레스(Jean Leon, 1859~1914)는 프랑스의 사회주의 정치가이자 저술가로 여러 분파로 분열된 프랑스 사회주의 세력을 제2인터내셔널 프랑스 지부인 프랑스사회당으로 통합하여 안정된 사회주의운동을 전개하였다. 1차 세계대전 때 평화주의를 주장하다가 독일제국을 이롭게 한다는 이유로 한 극단 청년에게 암살당하였다. —옮긴이

개념들이 봇물처럼 쏟아져 나왔고, 이어서 실천적 해법을 제시하는 데 몰두하게 되었다. 실증주의자들은 여기에 자신들이 제시한 유명한 3단계 법칙을 적용하는 데 성공했다.[47] 실증주의자들에게 최고의 학문은 사회학이다. 대혁명 전에 프랑스인들은 오로지 이 사회학에 기초하여 추론했다. 그러므로 실증주의시대는 신학 및 형이상학 시대 후에 도달했다고 할 수 있다. 이러한 진화는 심오한 고찰 없이도 간단하게 설명할 수 있다. 군주제가 부패하여 제3신분이 용기를 내어 개혁이 가능하다고 생각했을 때 그들은 더 이상 학술논문을 쓰는 데만 머물러 있지 않았다.

바쇼몽(Bachaumont) 계승자들이 말하기를 백과전서파는 형이상학을 완성하여, 신학이 감싸놓은 엷은 막을 걷어내 광신과 미신을 타파했다. 경제학자들은 인간의 행복을 위해 도덕과 실천에 몰두했다. 또한 "고난과 억압의 시대는 '애국자들'을 낳았고, 이들은 정부의 법률과 헌법을 되살려 백성과 군주의 상호의무를 명확히 설정하고, 훌륭한 행정 원리들을 수립했다."[48] 모푸의 개혁이 이 마지막 변화를 일으킨 원인이 되었다. 그래서 정부는 사실상 불신임되었고, 정치적 격변이 임박해졌다. 몇 년 후 튀르고 내각이 형성되어 훨씬 더 큰 희망을 가져다주었으며, 당시의 철학이 사회과학을 형성시킨 것처럼 대중이 사회과학을 이해할 수 있는 문헌이 나타났다. 1775년에 『시민 교리문답서(*Catéchisme du*

---

[47] 오귀스트 콩트의 이 '법칙'은 인간은 3단계 역사발전을 거친다고 기술한다. (1) 주관주의, 즉 물신주의로 특징지워지는 원시 단계, (2) 추상적, 비판적, 형이상학적 단계, (3) 실증주의 및 과학의 유기적 단계. 다음을 보라. Roger Solteau, *French Political Thought in the Nineteenth Century*(New York: Nelson, 1959), p. 211. 다음 글도 보라. Frank E. Manuel, *The Prophets of Paris*(New York: Harper Books, 1965), pp. 277~278.

[48] Rocquain, *L'Esprit revolutionnaire*, p. 298. 18세기의 설명들은 정정할 필요가 있다. 이 때문에 나는 로캥(Rocquain)에서 많은 것을 빌려왔는데, 그는 이미 그 일을 아주 능숙하게 해냈다. 그래서 이 방법이 회고록에 직접 의지하는 것보다 더 정확하다는 것을 알게 되었다. 독자들은 나의 저작보다 학술원 연구원들의 선집에 더 많은 확신을 가질 것이라고 생각했다.

Citoyen)』가 발간되어 몽테스키외의 학설과 루소의 학설을 대중화함으로써, 이 학설들은 "복잡한 형이상학 속에 가라앉았다."[49] 이로부터 이데올로기의 발달이 프랑스 군주제의 결과였다는 것을 알 수 있다.

이제 우리가 관심을 가진 계급 이데올로기에 대해 상세하게 살펴보자. 우리가 살펴볼 것은 계급 이데올로기의 몇 가지 근원이다.

첫 번째 요인은 제3신분의 존재조건에 의존한다. 제3신분은 처음에는 지식인 과두세력을 제공해주는 저수지이며, 군주제를 보필하는 조력자였으나 후일 군주제를 몰아낸다. 제3신분은 부를 생산하는 상인 및 제조업자의 경제와 밀접하게 연관되어 있었다. 이들 계층의 이념 덕택으로 상인길드조합, 봉건체제, 전제행정 등에 반대하는 이론들이 상당히 중요하게 되었다. 이 시기에는 영국에서 유입된 많은 이념들이 큰 성공을 거두게 된 것은 그 이념들이 상업적 생산 이념들과 연계되었기 때문이다. 이러한 이념들은 특히 자유(liberty) 원리를 전파하는 데 기여했다.

제3신분 이데올로기의 두 번째 원천은 부르주아 과두세력에게 맡겨진 행정 및 사법 기능과 관련된다. 여기서는 자유주의 경향들은 많이 나타나지 않는다. 오히려 국가권력이 강화, 확대되었고, 귀족세력의 위세가 감퇴하면서 부르주아 과두세력은 국가권력을 더욱 자신의 속성으로 간주했다. 국가권력이 커질수록 국가 공무원의 중요성도 더욱 커졌다.

세 번째 원천은 부르주아계급이 귀족세력을 모방하고자 하는 욕구에 의해 생겨난다. 제3신분은 부와 권력에만 만족하지 않고, 지위(status)를 요구했다. 테느는 이러한 현상을 보고 18세기 이데올로기가 귀족층의 관습에서 유래되었다고 믿었다. 그는 귀족의 사고방식 자체가 아니라 귀족적 세련미를 따르고 싶어 하는 부르주아 계급의 사고방식을 고려할 필요는 없다고 생각했다. 이러한 문

---

[49] Rocquain, *ibid.*, p. 332.

제의식 사이에는 확실히 뉘앙스 이상의 차이가 있었다.

테느가 18세기 이념들을 형성시킨 조건들을 보다 신중하게 연구했더라면, 자신이 역설적이라고 묘사한 상황이 나타나지 않았을 것이다. "인도주의와 급진주의 구호에 고취된 귀족층, 궁정에 적대적인 조신들, 특권을 손상시키는 특권층들… 그 시대는 이 같은 기이한 광경들로 가득 차 있다.… 고위 또는 하위 특권층들이 모이는 각종 모임과 공공장소에 가면 불평분자나 개혁가들만 마주치게 된다."[50] 사실 이 시대의 귀족은 더 이상 자체의 이데올로기를 가지고 있지 않다. 그들이 나누는 대화 주제는 제3신분에서 빌려온 것이고, 각종 사회개혁 프로젝트들을 보고 즐거워했으며, 그런 사회개혁을 우유와 꿀로 이루어진 신기한 나라에서 여행하는 것처럼 여겼다.

테느는 두 개의 신조어에서 깊은 감명을 받고 그것으로부터 해결책을 얻었다. 예전에는 **에너지**라는 단어가 어색하게 들렸는데 "요즘에는 잠시 유행하는 것 같더니 어느 듯 모든 곳에서 나타나고 있다." 이 단어의 기원이 보통사람들의 언어에서 유래되었다는 것은 아무런 문제가 되지 않는다. 루소가 창안한 '시민'(citizen)이라는 끔찍한 단어가 일상 언어 속으로 들어왔고, 여성들은 그 단어를 최신 유행어처럼 사용했다.[51] 루소는 자신의 저작들에 '제네바 시민'이라고 서명을 하면서 프랑스 독자들에게 자신이 제네바 상류층에 속하기 때문에 고위 관직을 차지할 자격이 있다는 것을 보여주고 싶어 했는데,[52] 실제로 그는 자기

---

50 Taine, *Ancien Regime*, pp. 388~389.

51 Taine, *Ancien Regime*, p. 386. '에너지'라는 단어는 1779년 서한에서, '시민'이라는 단어는 1762년 서한에서 발견된다.

52 제네바에는 5개의 계급이 있었다: 선출 자격이 있는 유권자인 '시민', 선출 자격이 없는 '부르주아계급'(이들의 자녀는 제네바에서 태어나 시민이 되었다), '거주민', '원주민', '서민층'. 제네바의회는 인구 2만 명 중에서 시민과 부르주아계급이 1,500명을 넘어선 적이 없었다. 루소는 모든 제네바 사람들 권리의 평등을 요구한 것이 아니라 귀족 정서를 표명했다는 지적도 있다(J. Vuy, *Origine des idees politiques de Rousseau*["The Origin of Rousseau's

나라에서 귀족과 동등한 위치에 있었다. 그는 대부분의 제네바 시민들처럼 일개 장인이었으며, 장인의 뛰어난 위엄을 열렬하게 찬양했다. 그러므로 '시민'이라는 단어는 "노동을 통해서 나라를 이롭게 하는 생산적 일을 하기에 모든 사람으로부터 존중을 받을 권리를 가진 사람"으로 번역해야 한다.

이와 관련해서는 지방자치에 관한 튀르고의 논문을 언급할 필요가 있다. 튀르고는 "완전한 시민을 자유 차지농"이라 부른다. "이들에게는 도시의 최고 자유를 부여할 수 있다. 아니 부여해야 한다. 완전한 시민은 가족을 충분히 부양할 수 있는 수입을 얻을 수 있는 부동산을 소유하고 있다. 그렇게 해야 한 가정의 가장이 될 수 있다. 그가 바로 로마 시대에 '가장(家長)'이라 불렸던 계층이다. 그는 고정식 난로와 집을 가지고 있다. 그는 토지를 경작하며, 가계를 유지한다." 좀 더 나아가서 튀르고는 토지소유자인 '시민 가족'(citizen family)에 대해 말한다.[53] 이와 같이 '시민'이라는 단어는 제3신분의 생활조건에 상응하는 경제적 의미를 갖는다.

이러한 이데올로기들의 첫 번째 범주에서는 사회를 사회계약에 기초한다고 보는 이론들이 발견된다. 이 이론들은 지난 시대에는 지대한 영향을 미쳤지만 오늘날에는 이해하기 어려운 부분이 나타나고 있다. 지금까지 많은 문제들이 모호한 상태로 있는데 이 문제들을 탐색할 기회를 가지기 위해 오랫동안 휴식을 취할 필요가 있다.

Political Ideas"], pp. 145~146).

53 Turgot, II, 513, 528.

3 계약이론 / 루소 저작의 모호함 / 추상적 이론의 성공 이유 / 계약 개념의 기원과 로크의 체계 / 구성원들의 합의 / 일반의지 / 사회계약의 모순된 해석들

우리 선조들은 아주 단순하게 여겼던 이론들이 왜 우리 시대에는 이해하기 어려운지에 대해서는 많은 명확한 이유들이 있다. 오늘날 원시사회에 관한 연구들이 많이 이루어지고 있는데, 그 사회들이 사회계약에 기초하고 있다고 가정하는 이론은 전혀 발견되지 않고 있다.[54] 그와 반대로 그 연구들은 원시사회에서는 마법이 모든 방면에서 주요한 역할을 하고, 마법에의 예속이 자유로운 합의의 정신에서 벗어날 수 없다는 사실을 보여주고 있다. 중세시대에 관한 연구들은 우리 시대의 이념, 관습, 제도들이 고대의 교회 정부에 크게 의존하고 있음을 보여주었다. 사회계약 개념은 이러한 전통을 전혀 설명하지 못한다. 오늘날에는 경제가 우리를 (출생한 사실 때문에 구성원이 된 것뿐인데) 국가라는 틀에 매우 협소하게 묶어 놓고 있다고 느낀다. 그래서 중농주의자들은 누군가 약간의 토지를 획득하면 "자유롭고 자발적으로 주권을 가진 사회를 형성하게 된다"고 생각하는데 요즘에는 이러한 생각을 다소 우스꽝스럽게 여긴다.[55]

그렇지만 18세기 여러 이념들의 경로를 살펴보아도 몽테스키외 시대 사람들이 사회를 루소가 그랬던 것처럼 단순한 것으로 잘못 축소했는지 이해하기 어렵다. 그들의 태도를 이렇게 설명할 수도 있다: 우리는 『법의 정신』을 제대로 이해하지 못하여,[56] 아직 탄생하지도 않은 역사학교에서 생겨나는 자세로 그것을

---

[54] Henry Sumner Maine, *Essais sur le gouvernement populaire*("Essays on Popular Government"), pp. 225~226.

[55] Mercier de la Riviere, "Ordre naturel des societes politiques"("Natural order of Political Societies"), in *Les Physiocrates*(Daire Collection), p. 453.

[56] 브륀티에르는 『법의 정신』은 읽으면 읽을수록 그 진정한 의도를 더욱 분별하지 못한다고 말한다(*Etudes critiques*, 4th ser., p. 254).

읽는다.[57] 그러나 여기에는 더 중요한 사실이 있다. 18세기 사람들은 직접 프로이센 군주를 마주했고, 프리드리히 2세[58]를 철학자이자 군주의 이상형으로 보았다. 18세기 사람들은 시칠리아 정복자를 찬양함으로써 현실 정치의 조건을 이해할 준비를 갖추었다. 푸리에[59]가 나중에 말했듯이 계약이론 찬양자들은 연속적인 개혁을 허용하는 모든 가설을 외면하고 완전한 분리 방법에 의해 추진하기를 원하지는 않았는지 이따금 의문이 든다. 그러나 이러한 정신상태는 꽤 나중에 형성되었으며, 테느는 루소가 모든 역사 고찰들을 무시한 적이 없다는 사실을 발견한다.[60]

이러한 역설을 이해하려면, 사회계약 이론이 로크의 위대한 명성의 후원을 받고 프랑스에 들여온 사실을 염두에 두어야 한다. 수입된 이데올로기는 그것을 채택한 나라에서 자생적으로 출현한 이데올로기를 방해하기도 한다. 루소는 자신이 쓴 모호한 걸작 속에서 그것을 문학적으로 압축하여 명확하게 제시했다.[61] 마르크스주의 가치이론은 하나의 학설에 힘을 불어넣어 모호함의 중요성을 보여준다. 개화된 사람들은 유명한 작가들이 세련된 언어로 제시한 추론을

---

57 사람들은 라불레가 생각한 것처럼 몽테스키외가 실제로 법의 역사와 비교정부 과학을 창안했는지 의문을 제기한다(Montesquieu, *L'Esprit des lois*, p. ix).

58 프리드리히 2세(Friedrich II, 재위 1740~1786)는 제3대 프로이센 국왕으로 뛰어난 군사적 재능과 합리적인 국가경영을 발휘해 프로이센을 당시 유럽 최강의 군사대국으로 성장시킨 전형적인 계몽전제군주이며, 후세에 프리드리히 대왕(Friedrich the Great)이라 불리고 있다.-옮긴이

59 푸리에(Charles Fourier, 1772~1837)는 프랑스의 공상적 사회주의자이다. 생시몽, 오웬과 함께 3대 공상적 사회주의자의 한 사람으로, 프랑스혁명 후 성립된 시민사회가 노동자를 부자유스럽고 불합리하다고 판단하여 팔랑주(phalange)라는 상업이 존재하지 않는 자유로운 생산자의 협동사회를 제안하였다. 그가 구상한 팔랑주는 현실과 동떨어진 이상사회로 후일 마르크스로부터 공상적 사회주의라고 비판을 받았다.-옮긴이

60 Taine, *Ancien Regime*, p. 306.

61 바쇼몽이 저술한 책은 "과학적 모호함으로 점철되어 있어서 일반 독자들이 이해하기 어렵다"(Rocquain, *L'Esprit revolutionnaire*, p. 235).

자신들이 이해하지 못한다는 사실을 인정하려 하지 않는다.

『사회계약론』이 가진 모호함은 비일관성에서 비롯하는데, 이 때문에 루소는 나중에 비난을 받게 되었는데도 루소는 이를 전혀 알아채지 못한 것 같다. 그러한 비일관성은 매우 중요함에도 크게 주목받지 못했다. 『사회계약론』은 "공동체 내 구성원이 총체적으로 권리가 소외되어 있다는 것을 근본 원리로 삼고 있다." 이러한 구상은 봉건제의 공동체를 연상케 한다. 이러한 소외는 도시의 '집합적 영역'(collective domain)[62]에 순종하는 것을 의미한다. 거기서는 사회가 구성원들의 모든 자산을 수취한다. 자유로운 자산 소유자들은 온갖 위험에 노출되어 강력한 세력의 가신으로 변모한다. "군주의 권리는 실질적인 동시에 사적인 것이 된다. 군주는 권리의 소유자들을 더욱 자신에게 의존하게 하여, 그들에게 충성심을 심어준다. 고대 군주들은 이러한 장점을 별로 중시하지 않았는데, 그들은 스스로를 페르시아인들, 스키타이인들, 마케도니아인들 등의 왕이라고 부름으로써 자신을 한 나라의 주인이 아니라 여러 나라 사람들의 지도자로 간주했다. 오늘날 명민한 통치자들은 자신을 프랑스 왕, 스페인 왕, 영국 왕 등으로 부른다. 이렇게 함으로써 그들은 한 나라를 통치하고 그 나라 주민들을 확실하게 장악한다."[63] 중농주의자들은 봉건체제를 재정구조로 축소하려고 엄청나게 노력한 데 반해,[64] 루소는 그 체제를 강화했고, 최대한 모호한 표현을 사용하여 자신의 테제를 수용하도록 만들었다. 자코뱅파는 『사회계약론』으로부터 기괴한 결론을 이끌어냈는데 이에 대해 루소는 전율을 느꼈다.

우리 선조들은 경험을 통해서 물리학을 자유자재로 다루는 데 익숙해져서 『사회계약론』의 체계가 현실과 무관하다는 점에 대해 전혀 신경 쓰지 않았다.

---

62 종래 지방자치제도의 봉건적 성격에 대해서는 다음을 참조하라. Luchaire, *Les Communes françaises*("The French Communes"), p. 10.

63 *Contrat social*("Social Contract"), I, p. 6, 9.

64 그들 눈에 왕은 순수입의 일부에 대한 권리를 가진 '후견인'에 지나지 않았다.

그들은 자연의 진정한 원리들을 추론하려면 관찰이 제공한 데이터에 너무 집착해서는 안 된다고 생각했다. 지식의 목적은 경험을 넘어서 진리를 발견하는 것으로 여겼다. 루소가 『인간 불평등의 기원(Discourse on the Origins of Inequality Among Men)』에서 다음과 같은 글을 썼을 때 그 시대 사람들이 전혀 놀라지 않은 것은 바로 이런 이유에서이다. "사실들(facts)은 자연법에 아무런 영향을 미치지 않으므로 모든 사실들은 제쳐두기로 하자. 이 주제에 관한 연구는 역사적 진실로 간주해서는 안 되고 그저 가설적 및 조건부 주장으로 간주해야 한다. 이러한 연구는 중농주의자들이 세계의 형성에 대해 항상 추구하는 연구처럼 사물의 진정한 기원을 보여주기보다는 사물의 성격을 조명하는 데 더 적합하다."

우리 선조들은 각종 원리들은 공식화하는 데 기여하는 최초의 가설들을 명료화하는 데 모든 것을 바치곤 했다. 이것이 원자론이 성공한 주요 이유 중 하나이다. 물리학처럼 사회도 단순화할 수 있으며, 오로지 교환을 위해 시장에 나오는 사람들과 완전히 자유롭게 행동하고 싶어 하는 사람들만 고찰하기 위해 민족 전통과 법률 및 생산조직을 무시한다면 원자론적 명료함에 도달할 수 있다. 이런 식으로 상법을 이상화하면 남는 것은 사회적 원자들(sicial atoms)이다. 18세기 사람들은 상업을 중시하면서도 상업의 추상화에 의해 도달하는 자연법이 현행법보다 우위에 있어야 한다고 생각했다.(현행법은 역사적 영향의 흔적으로 가득 차 있다)

지금 우리는 사회계약 이데올로기의 기원에 대해 논의하고 있다.

공업도시의 노동자와 프티부르주아계급은 모든 시민단체를 자신들의 쾌락이나 안전 또는 직업 목적을 위해 결성한 결사체로 이해하곤 한다. 이러한 결사체는 상당히 유동적이며 역사적 조건에 크게 좌우되었다. 지난 시대의 장인은 유랑 습관을 가졌다. 루소는 이 점을 예리하게 간파했으나 『사회계약론』을 해석할 때 그 사실을 충분히 설명하지 않았다. "모든 인간 조건 중에서 우연과 다른 사람들로부터 가장 독립적인 상태가 장인의 상태이다. 장인은 오직 자기 일에만 전념한다. 농장노동자가 노예에 비해 자유로운만큼 장인은 농장노동자에 비해 자유롭다. 노예는 자기 밭에 의지하고, 그가 수확한 것은 다른 사람의 뜻대로 처분하기 때문이다. 적군이나 왕 또는 강력한 이웃이 법률 소송으로 그의 밭을 뺏을 수도 있다. 그는 이 밭 사방에서 온갖 괴롭힘을 당할 수도 있다. 그러나 누군가가 장인을 괴롭히려 할 때마다 그는 곧바로 행낭에 연장을 꽉 채워서 여기저기 돌아다닌다."[65] 그 같은 사람이 바로 사회적 원자 또는 추상적 시민이며, 이들은 수많은 이론의 주제가 되고 있다.

개신교 중에서 아직 국교(國敎)로 확립되지 않은 종파[66]의 이론들은 여러 의지들의 일시적 합의에 의해 두 번째 유형의 사회를 형성한다. 이 종파들은 교회보다는 수도회를 훨씬 더 닮았다. 이 종파들은 국가 안에 작은 국가를 결성하고자 했다. 최초의 아메리카 식민지들은 여러 협약에 의해 수립되었다. 1620년 11월 11일 메이플라워호에 올라탄 41명의 가장들은 다수의 의지에 그리고 자신들이 선출한 행정장관에게 자신들을 맡겼다. 그들이 개척한 식민지들은 수도원과 너무나 흡사하여 오랫동안 자신들의 신앙과 다른 사람을 몰아냈다. 영국 청교도들은 이미 협약을 통해 정부를 설립할 생각을 가졌다. 1647년에 수평파(Levelers)[67]는 모든 시민들이 서명한 선언문을 군사위원회에 제출했다.[68]

---

65 Rousseau, *Emile*, III. 튀르고는 읍내에서 자기 일을 하는 농촌노동자의 방랑 습관을 강조한다. 그들은 "어느 장소에도 얽매여 있지 않다"(Turgot, II, 511).

66 이들 종파의 많은 구성원들은 동시에 장인들의 세계에 속한다(이에 대해서는 앞에서 논의한 바 있다).

67 영국 청교도혁명(1642~1649)과 공화국(Commonwealth: 대영제국의 크롬웰 정권, 1649~1660) 시기에 공화주의·민주주의운동을 추진한 집단. 수평파 운동은 1645~1646년 런던 일대에서 시작되어 주권의 하원 이양, 성인 남자의 보통선거권, 의석의 재분배, 정부 권한의 지방분산 등을 주장했다. 수평파 운동은 병사들에게도 큰 영향을 주어 병사들의 반란을 촉발하기도 했으나 군대 개입으로 1649년에 진압되어 막을 내렸다.—옮긴이

68 Jellinek, *La Declaration des-droits de l'homme et du citoyen*("The Declaration of the Rights of Man, and of the Citizen"), pp. 64~66.

주식을 발행하는 민간회사는 협약의 기반을 완성하는 세 번째 유형의 집단이다. 여기서는 구성원이 증권거래소에서 주식을 팔고 싶을 때 마음대로 처분할 수 있어서 여러 의지들이 일시적인 협정을 맺게 된다. 매사추세츠 주 식민지는 1629년 3월 4일의 헌장을 통해 상업회사 형태로 설립되었다. 몇 년 후에 행정 소재지가 아메리카로 이전하면서 이 헌장은 그 식민지의 법이 되었다. 이로써 사적 협약이 국가의 기반이 된 것이다.

로크는 『시민정부론(Second Treatise on Civil Government)』 제7장과 제8장에서 이러한 관행들에 대해 충분히 설명하고 있다. 신변 안전, 특히 자기 재산을 지키려면 당연히 자유롭고, 평등하고, 사회로부터 독립적이어야 한다. 이제부터는 실정법, 재판관, 공권력이 사회질서를 유지하기 때문에 우위성 획득이 중요하게 된다. 협약 당사자들은 자신의 이익을 지키기 위해, 행동할 권리, 특히 처벌을 단념한다. 사회는 안전의 책임을 떠맡고 있어서 자연상태의 과실을 치유하는 일 이상의 일을 해서는 안 된다. 그리하여 정부 의지는 오직 평화와 안전, 명백한 공공선을 지켜주는 기능만 가지게 된다. 사회 규약은 이를 받아들이지 않는 사람에게, 즉 자연상태에 있고 싶어 하는 사람에게 해를 끼쳐서는 안 된다.

로크의 학설은 거의 완전히 중농주의자들의 학설로 이전되었다. 그들은 정치 사회는 지주들의 연합이며, 정부는 "모든 것을 돌보는 후견 기관은 각자 자기 업무에 몰두해야 한다"고 강조했다.[69] 이와 달리 몽테스키외는 『법의 정신』에서 이것을 역사 분석의 결론으로 받아들이지 않지만, 제3신분 중 뛰어난 인물들은 이것을 모든 진전된 입법 원리로 보고 싶어 했다고 주장한다.[70]

---

[69] Dupont de Nemours, "Origine et progres d'une science nouvelle"("Origin and Progress of a New Science"), *Les Physiocrates*, p. 347.

[70] 테느에 따르면, "몽테스키외는 존경을 받으면서도 고립되어 있었으며, 그는 명성만큼 별 영향을 끼치지는 못했는데"(*Ancien Regime*, p. 378), 몽테스키외의 고립에 대해서는 지금

오늘날에는 몽테스키외를 크게 믿는 경향이 있는데, 이는 그가 사회의 기원을 깊게 고찰해서가 아니라[71] 그 시대 사람들이 당시에 이루어진 개혁을 정당화하는 데 그런 고찰이 필요했기 때문이다. 부르주아계급은 자신들의 재산권이 이전의 군주들이나 봉건 잔재가 부여한 특권에 의해 주어졌다는 것을 이해하지 못했으며, 그것을 민법과 무관한 것으로 간주했다. 몇 년 후에 그들이 구체제를 청산하게 된 것은 이러한 계약 정신에 의한 것으로, 이러한 청산은 오랜 기간 준비된 것이었다.

루소는 여기저기 순회하는 장인으로서의 기억 때문에 사회를 중농주의자들보다 훨씬 더 추상적인 것으로 간주했다. 루소는 중농주의자들과 달리 생산력만 중시하지 않았다. 그는 경제적 필요성의 지배를 받지 않는 사람들도 고려했다. 그리하여 그는 시민종교(civil religion)의 신앙 고백을 거부하는 사람들을 사회가 추방하는 것은 전적으로 온당하다고 생각했다. 이러한 추방은 유랑 습관을 가진 장인에게 전혀 가혹한 조치가 아니며, 루소는 시민들 사이의 합의를 촉진하기 위해서는 그런 추방이 필요하다고 보았다.[72]

이러한 합의(agreement) 문제는 모든 사회계약이론에게는 가장 넘어서기 힘든 장애물이다.[73] 루소는 스위스의 옛 관습을 매우 칭송한 탓에 이러한 장애물에 크게 신경 쓰지 않았다. 그는 모국에서 이웃들 사이에서 또는 공공재와 관련된 직업 내에서 쉽게 합의에 도달하는 예를 빈번히 발견했다. 폴 뷔로(Paul Bureau)는 노르웨이에 관한 책을 저술했는데 이 저작을 살펴보면 루소의 사고 방식을 가장 잘 이해할 수 있다. 이 프랑스 학자가 연구한 피오르드 지역은 아

까지 잘못 설명되어 온 것 같다.

[71] Brunetiere, *Etudes critiques*, 4th ser., p. 263.
[72] 쉬케(Chuquet)는 루소가 제네바 교회 칙령에 영감을 받았다고 생각했는데, 이 칙령은 예배에 참여하지 않는 사람들은 추방하는 벌을 내렸다(*J. J. Rousseau*, pp. 145~146). 루소가 예배에 당국이 개입하는 것을 허용하지 않는다는 점에 주목하라.
[73] 이것은 텐느가 그토록 몰두한 것이다(*Ancien Regime*, pp. 306~318).

주 퇴화된 상태 그대로 있고, 루소가 그토록 좋아하던 스위스의 옛 지방과 매우 흡사했다.

노르웨이에서는 집단을 형성하는 데 별로 힘들이지 않았고, 합당하다고 생각되면 규율을 흔쾌히 받아들인다. "여러 사람이 배에 함께 탈 때 또는 일이나 유흥을 위한 기획에 같이 참여하면 곧바로 지도자를 선출하고 규칙을 제정한다. 이때 사람들은 규칙이나 법규를 스스로 제정해야 했다. 그렇게 하지 않으면 그들은 그것을 받아들이지 않는다."[74] "노르웨이 청년들은 외부에서 강요하는 모든 규율에는 매우 반항적이며, 자신이 해야 할 일의 이유와 의미를 철저하게 이해할 때만 그리고 유사한 훈령을 스스로 반복할 수 있을 때만 규약이나 법규를 따른다."[75]

더욱이 루소는 사람들은 시민사회로 들어가면 완전히 변형된다고 생각한다. "의무가 계속해서 신체를 자극하고, 법률이 계속해서 식욕을 자극하여 그때까지 자신만 생각하던 사람이⋯자신의 열정보다 이성을 고려하도록 강요받고 있음을 느끼게 된다."[76] 정치이론가들이 매일 그렇게 하듯이, 루소는 사물을 현실에서 일어나는 것과 완전히 반대로 제시한다. 사회계약의 숭고함이 인간 본성을 변화시키지는 않지만, 계약이론은 개인이 빈틈없이 성찰하는 존재임을 전제로 한다. 이것은 시민들의 주요 행동을 주도면밀한 상인의 행동에 견주고 있다는 점에서 완전히 논리적이다.

루소의 학설이 유달리 역설적으로 보이는 것은 일반의지를 무오류로 상정하는 가설 때문이다. 테느는 이것이 전제정치로 이어지기 쉽다고 지적하고,[77] 섬너

---

[74] Paul Bureau, *Le Paysan des fjords de Norvege* ("The Peasant of the Norwegian Fiords"), p. 84.

[75] *ibid*., pp. 228~229.

[76] *Contrat social*, I, 8.

[77] Taine, *Ancien Regime*, pp. 319~327.

메인은 루소의 도시가 (구체제의 일부 이론가들이 프랑스 역대 왕들을 위해 창안한) 절대주의를 민주주의 형태로 재생산한다고 생각한다. 이런 점에서 보면 루소가 근대시대에 물려준 주요한 유산은 전능한 민주주의국가 개념이다.[78]

『사회계약론』의 모호함 때문에 그 시대 사람들은 무시무시한 결과를 낳는 공법 개념을 쉽게 받아들이게 되었다.

이 학설의 근원은 다음과 같은 점에서 나타난다. 개신교도들은 성령으로부터 영감을 받았기 때문에 아주 오랫동안 자신들의 결정에 어떤 의심도 품을 수 없다고 믿었다. 르네상스 이래로 고전 시대 사람들과 법을 지나치게 찬양하는 경향이 있어 왔다. 그래서 고대 공화국들은 전성기 때 주민집회에서 이성적으로 행동했다는 점을 쉽게 인정했다.[79]

18세기에는 보편적 합의를 인류가 논박할 수 없는 증거로 받아들이는 데에 대해 어느 누구도 심각한 의문을 제기하지 않았다. 정상적인 기상 상태를 측정

---

[78] Henry Sumner Maine, *Essais sur le gouvernement po pulaire*, pp. 225~227. 보쉬에는 자신이 쓴 "성서 구절에서 나오는 정치"[*Politique tiree des propres paroles de l'Ecriture Sainte*(Politics derived from the Words of Scripture)]에서 보면 이러한 절대주의 학설들과는 거리가 멀다.

[79] 비코(Giovanni Battista, 1668~1744: 이탈리아의 역사 철학자로 발전적 역사관을 제창하였다-옮긴이)의 중요한 구절을 인용하는 것이 유익하다고 생각한다[여기서 인용한 구절은 미슐레(Jules Michelet, 1798~1874: 프랑스의 역사가로 지리적 환경의 영향을 중시하고 프랑스 혁명기에 민중의 입장에서 반동적 세력에 저항하였다-옮긴이)가 번역한 것이다]. "아테네 시민들은 입법 행동에 의해 통일을 이루는 것이 모든 사람에게 공통으로 이익이 된다고 생각했는데, 이러한 광경을 보고 소크라테스는 귀납법에 의해 이상적인 또는 추상적인 보편적 유형을 형성하는 데 도움을 받았다. 그들은 각자의 균일성을 모아서 특수한 유형의 균일성을 형성한다는 정신을 가지고 있었다. 거기서 플라톤은 이 특수한 유형의 균일성이 각 개인에게 이익을 줌으로써 개인들의 정신이 공동의 통일이라는 냉철한 이념으로 재통일되는 것을 목도했다… 이렇게 하여 아리스토텔레스가 법을 진정으로 신성하게 정의(定意)할 수 있는 길을 터주었다 — '열정으로부터 자유로운 의지'"[Michelet, *Oeuvres choisies de Vico*(Vico's Selected Works), pp. 601~602].

하는 수단을 창안하기 위해서는 종종 제한된 시간 동안만 관측해야 한다는 것은 누구나 알고 있다. 어떤 문제에 대한 인류의 견해를 알기 위해 모든 사람의 의견을 들을 필요는 없다.[80] 다만 한 가지 유의할 점은 의견을 구하는 사람들은 여러 파벌들이 자신들에게 전달한 방침을 반복하지 않도록 조심해야 한다는 것이다. 이 때문에 루소는 다음과 같이 설파했다. "만약 충분한 식견을 가진 사람들이 협의를 할 때 시민들이 서로 아무런 의사소통을 하지 않는다면, 일반의지는 항상 수많은 작은 차이들에서 나오게 되며, 따라서 그런 협의는 항상 효과를 거두게 된다."[81]

『사회계약론』이 선보였을 때 아무도 그것을 적용하는 데 어려움이 있을 것이라고 생각하지 않았다. 오늘날 사람들은 그 책을 적용하는 것이 상당히 어려울 것이라고 생각하여 더 이상 학술적 가치를 가졌다고 간주하지 않는다. 1762년에 독자들은 무엇보다도 현 체제가 멸망 선고를 받는 것을 보고 싶어 했다. 20년 동안 프랑스에서는 엄청난 소요가 일어났고, 수차례 혁명이 임박한 것으로 믿었다. 그러나 소요는 항상 소수의 이론가들 집단에만 한정되었다. 이 소요는 『법의 정신』으로부터 법적 절차를 존중할 필요성만 주장했는데,[82] 이것마저도 모든 것이 전횡적으로 이루어지는 시기에는 중대한 저항으로 간주되었다. 『사

---

80 이러한 사고는 『비망록(Comnonitorium)』(5세기 초 프랑스 수도사가 정통 기독교와 이단 기독교를 구분하기 위해 저술한 책-옮긴이)에 나타난다. 이 책은 종종 개신교도와 가톨릭교도 사이에 논쟁을 촉발했기 때문에 루소도 이 책에 대해 분명 알고 있었다. 뱅상 드 르랭(Vincent de Lerins)에 따르면, 교회의 보편적 견해를 알기 위해서는 교회가 에페소스 공의회(Council of Ephesus, 431년 소아시아 서해안의 에페소스에서 개최된 종교회의. 새로운 종파 네스토리우스교의 등장으로 그리스도의 품격을 둘러싼 논란이 신학문제의 초점이 되어 테오도시우스 2세가 소집한 3차 공의회. 회의 결과 네스토리우스는 파문당하고 그의 교구는 폐쇄되었다-옮긴이)에서 행한 대로 행동하고 기독교세계의 서로 다른 종파 신학자 열 명의 견해를 살펴보는 것으로 충분하다.

81 *Contrat social*, II, 3.

82 Rocquain, *L'Esprit revolutionnaire*, p. 124.

회계약론』이 인기를 얻게 된 것은 이성의 역할을 일반의지로 올려놓았기 때문이다. 모두가 모든 살롱은 『사회계약론』이 일반의지의 비밀을 간직하고 있다고 생각했다.[83]

루소의 학설은 독자층이 늘어나자 그 의미가 변모했다. 루소의 교의는 자치 장인 사회의 가설에 기초했는데 자치 장인들이 여론 형성에 중요한 역할을 해 달라는 요청을 받자 일반 사람들은 그의 교의를 그대로 받아들였다. 18세기 역사를 논의할 때 사람들은 동일한 테제가 그것을 지지하는 사람들의 입장에 따라 서로 다른 세 가지 함의를 가진다는 것을 충분히 고려하지 않았다.

계약 학설은 원래 제3신분의 주요 이해관계와 일치하는 것이었는데 상류 부르주아계급은 그것을 토지 소유의 열망에 부합하는 경제적 목적을 법률로 제정하는 데 적합한 학술적인 방법으로 받아들였다. 계약 학설이 고급 문학 영역으로 파고들자 재치 있고 여흥을 즐기는 담대한 재담가들은 그것을 하급 귀족의 살롱에서 왕정의 어리석음을 날카롭게 비난하는 급진적 혁신 도구로 이용했다. 그런데 루소의 저작이 민중의 손으로 넘어가면서 직접행동의 강령으로 왜곡되었다.

『사회계약론』에서 우리는 서로 모순되는 결론을 이끌어 낼 수 있다. 시에예스[84]는 제3신분에게 중대한 역할을 요구하며 『사회계약론』을 본떴다.[85] 제헌국민의회(Constituent Assembly)[86]는 『사회계약론』의 원리를 받아들였다. "샤토브리앙

---

[83] 섬너 메인에 따르면, 『사회계약론』은 정부는 끊임없이 변화하는 의지에 종속되어야 한다는 주장을 견지하는 데 기여했다(Essays, p. 224).

[84] 시에예스(Emmanuel-Joseph Sieyès, 1748~1836)은 프랑스혁명 지도자로서 성직자 출신이나 이론가로 활약하였다. 삼부회에 제3신분의 대표로 선출되었으며 프랑스혁명 전야에 「제3신분이란 무엇이냐」라는 논문을 발표하여 유명해졌으며, 혁명 당시 중심인물로 활약하였다. 혁명 후 국민의회 성립을 주도하였다. -옮긴이

[85] Sumner Maine, *Essays*, p. 228.

[86] 프랑스혁명 직전에 전국 삼부회로부터 이탈한 제3신분이 중심이 되어 형성한 의회로 헌

은 루소가 다른 누구보다도 테러리스트를 비난했다고 주장했다. 랄리(Lally)는 루소가 대혁명이 일어난 지 두 달 후에 슬픔에 빠져 죽을 것이라고 말했다. 뷔조(François-Nicolas-Léonard Buzot, 1760~1794: 국민의회 의원-옮긴이)는 루소가 지롱드당원들과 운명을 같이할 것이라고 말했다… 뒤엠(Duhem)은 루소는 귀족이어서 단두대에 올려졌을지도 모른다고 말했다." 그러나 한편 자코뱅당원들은 일반의지를 품고 있었기 때문에 『사회계약론』에서 자신들이 일으킨 모든 격변을 정당화한다는 대목을 발견했다. 그들은 루소의 말을 되풀이했다. "정부는 인민의 작품이자 자산이다. 의원들은 인민의 종복일 따름이다.… 그러나 인민에 의해 그들은 도당을 형성했다. 자코뱅 당원들은 루소 교의의 이름으로 제헌의회를 찬탈 혐의로 고발했다. 그들은 제헌의회를 얕보고 국민주권을 조롱했다."[87] 자코뱅 도당은 『사회계약론』을 크게 성공시킨 살롱처럼 다음과 같이 추론했다. "본 도당은 예전의 살롱처럼 진정한 '일반의지'를 표현한다. 일반의지는 항상 완전무결하다."

정치원리에 관한 학문적 공식들은 모두 동일한 운명을 맞이하게 된다. 그 공식들은 지식인을 즐겁게 한 후 그조차 존재를 의심하지 않는 집단에게 정당화를 부여하는 것으로 마감한다.

4 중농주의자들 / 행정 이념 / 중농주의의 재산 및 토대 이론 / 대혁명 후 중농주의 사법제도의 성공

18세기 중엽에는 경제학 관련 저술들이 등장했는데, 테느는 이 저술들을 정치학 문헌과 혼동하는 우를 범했다. 중농주의자들은 계몽철학자보다는 명성이

법 제정까지 해산하지 않을 것을 결의하였다.-옮긴이

[87] Chuquet, *J. J. Rousseau*, pp. 148~151.

낳았는데, 이는 부분적으로는 실천적인 문제에 더 많은 관심을 가진 탓이었다. 그들이 큰 영향력을 가졌는지는 의심스럽지만, 그들은 내가 위에서 말한 것 중 두 번째 조류를 대표하는 것은 분명하다. 그들로부터 우리는 국사(國事)에 밀접하게 관여하고 있는 부르주아계급이 통치 권력을 어떻게 이해했는지를 배운다. 뒤퐁 드 느무르는 1815년 세[88]에게 보낸 편지에서 다음과 같이 말한다. "나는 대혁명기 때 케네[89]의 전통을 보존하기 위해 아베유(Abeille), 모를레(Morellet)와 함께 고립되어 있었다. 제헌국민의회에서 그 학파의 이론들을 조롱할 기회를 놓치지 않았으며, 만사에도 불구하고 제헌국민회의는 종종 그 이론에 따라 결정을 내리는 것으로 마무리했다."[90] 이러한 고찰은 이들 저자의 역할을 이해하는 데 도움을 준다는 점에서 매우 중요하다. 이러한 고찰은 당시 가장 널리 받아들여지고 또 가장 많이 고려되고 있는 행정관료계급의 의견을 너무나 잘 표현하고 있어서 대혁명기에 이루어진 각종 개혁들이 종종 그들이 추론한 증거에서 나왔다고 믿을 수밖에 없을 정도가 되었다. 실제로 당시의 개혁들은 중농주의이론을 단순한 이데올로기 부속품으로 이름 붙인 거대한 운동의 정점(頂點)이었다.

콩도르세의 견해에 따르면, "그들의 학설을 곧이곧대로 받아들이는 사람은 극소수이다. 사람들은 그들의 논지가 가진 일반성과 그들의 원리가 가진 경직

---

[88] 세(Jean-Baptiste Say, 1767~1832)는 프랑스의 경제학자이자 실업가로 자유주의적 관점을 정식화하였으며, 경쟁, 자유 무역의 활성화와 규제 철폐를 주장하였다. "공급이 수요를 창출한다"는 이른바 세의 법칙으로 잘 알려져 있다. -옮긴이

[89] 케네(François Quesnay, 1694~1774)는 프랑스의 경제학자이자 의사로 "농업을 국부의 원천"으로 보며 농업을 중시하는 중농주의학파의 대표적인 인물이다. 케네는 또한 아담 스미스와 자유방임주의를 주장하였다. 주요 저작으로 『경제표(Tableau économique)』가 있다. -옮긴이

[90] *Les Physiocrates*, p. 410. 토크빌은 혁명의 실체는 이들의 원리에서 발견된다고 말한다 (*L'Ancien Regime*, p. 158).

성을 두려워했다. 그들은 난해하고 독단적인 언어를 즐겨 사용했고, 상업적 자유를 위해 정치적 자유를 저버렸으며, 충분하게 세련되지 않은 체계를 절대적이고 오만하게 제시함으로써 스스로 자신들의 대의를 손상시켰다." 그들이 성공하게 된 것은 아마도 재정행정과 관세제도에 비난을 퍼부은 탓이었다.[91]

위의 내용은 그들의 경쟁 상대가 내세운 의견이지만 대체로 맞는 말이다. 백과전서파들은 중농주의자들을 몹시 싫어했다. 그림(Grimm)은 중농주의자들은 "종교를 애호하는 경향이 있고, 철학적 정신과는 정반대로 단조롭다고" 비난했다.[92] 독서 대중이 중농주의자들을 벗어나고 있을 즈음에 당시 인기를 끌던 열변가들은 미라보[93] 저작이 대성공을 할까봐 두려워했다. 그리하여 그들은 중농주의학파의 자유무역 열성 지지자들을 비겁하게 속이기 위해 갈리아니[94]의 곡물무역 담화를 열심히 전파했다. 모를레는 진지한 논조로 나폴리의 익살꾼에게 답변하는 글을 썼는데, 디드로는 그 글의 출판을 막으려고 온갖 노력을 다했다. 그는 이 책을 검열하는 직책을 맡게 되었다. 브륀티에르가 말하기를 "모를레의 비난 글이 출간되었더라도, 인쇄가 되지 못하게 경찰이 검열하는 것은 전혀 구실이 되지는 않는다."[95]

---

91 Condorcet, *Tableau historique*, 9th epoch.

92 Brunetiere, *Etudes critiques*, 2d ser., p. 243.

93 미라보(Victor Riquetti Marquis de Mirabeau, 1715~1789)는 프랑스의 경제학자로 케네의 제자로서 케네와 함께 쓴 『인간의 벗 혹은 인구론』(전 3부, 1756)의 출판으로 명성이 높아졌으며 중농주의의 정치론과 조세론을 처음으로 체계화하였다. 절대왕정을 비판한 필화사건으로 케네와 함께 절필을 강요받기도 하였으며, 프랑스혁명 발발 전날 세상을 떠났다. 참고로 독자들의 혼동을 피하기 위해 덧붙이자면 통상적으로 알려진 혁명 당시에 유명한 정치가 미라보 백작은 그의 아들이다. -옮긴이

94 갈리아니(Ferdinando Galiani, 1728~1787)는 이탈리아의 경제학자로서 한계효용론의 선구자로 저서 『화폐론(Della moneta)』(1750)으로 주목을 받고, 중농주의자의 자유무역론을 비판하였다. -옮긴이

95 Brunetiere, *Etudes critiques*, 2d ser., pp. 247~248. 디드로의 이 보고서는 그 당시 계몽

네케르는 계몽철학자들에게 아부함으로써 명성을 얻게 되자,[96] 자신이 중농주의의 적수임을 천명하지 않을 수 없었다. 결국 그는 튀르고의 적들을 옹호했다는 이유로 고발당했다. 그가 쓴 곡물법에 관한 책은 갈리아니의 저작과 마찬가지로 칭송을 받았다. 튀르고는 비록 초기에는 조프랭의 살롱에 자주 드나들긴 했으나 계몽철학자의 이념은 받아들이지 않았다.[97]

명성을 얻었다가 망가뜨리는 법을 잘 알고 있던 살롱과 백과전서파의 술책에도 불구하고 중농주의자들은 고매함을 유지하고 있었는데, 이는 그들의 이념이 여론의 흐름에 아주 잘 부합했기 때문이다.

콩도르세는 그들이 정치적 자유에 대한 관심이 결여되어 있다는 이유로 비난을 퍼부었는데 여기에는 충분한 근거가 있다. 그들의 무관심은 놀랄 일이 아니다. 그들의 학설은 프랑스 군주제의 전통에 기초하고 있기 때문이다. 그렇기에 그들이 권력의 분할과 균형을 비웃는 것은 당연하다.[98] 그래서 르트론[99]은 프랑스는 각종 개혁이 정당의 방해를 받지 않았다는 점에서 영국보다 상황이 나았다고 보았다.[100]

중농주의자들은 때때로 나폴레옹의 말을 이용하곤 한다. 중농주의자들은 국

철학자들의 문헌과 마찬가지로 위선으로 가득 차 있다.

96 Rocquain, *L'Esprit revolutionnaire*, p. 358.

97 Turgot, I, xxxi, xcix-cxi. 네케르와 쿠르(Court)를 중간에서 조정한 인물은 군인이자 시인인 프제 후작(Marquis de Pezay)으로, 그는 제네바 금융업자 아들이자 모르파(Jean Frédéric Phélipeaux Comte de Maurepas, 1701~1781: 프랑스의 정치가로 루이 15세 때 해상(海相)이 되었으나 퐁파두르와의 불화로 궁정에서 추방되었다. 루이 16세의 즉위와 함께 재상에 임명되고, 튀르고의 개혁을 반대하여 실각하고 네케르를 파면하였다-옮긴이)의 절친한 친구이다.

98 Alexis de Tocqueville, *L'Ancien Regime*, p. 159.

99 르 트론(Guillaume François Le Trosne, 1728~1780)은 프랑스의 중농주의자로서 케네의 정통파의 한 사람. 『사회의 질서에 대하여』(1777)라는 중농주의 학설의 체계적 해설서로서 유명하다.-옮긴이

100 *ibid.*, p. 162.

가는 법에 의해 시민에 종속되어 있으면서 실제로는 시민이 주인인 비인격적 권력이라고 말한다. 국가는 "전체의 창조물이자 대표자이며 각인의 권리를 전체의 의지 아래에 놓이게 한다." 중농주의자들은 토크빌처럼 '민주적 전제정치'(a democratic despotism)를 꿈꾼다. 선출된 통치자는 의회의 압력에 개의치 않고 모든 것을 행하며 아무런 표현 수단을 갖지 않은 공적 이성에 의해서만 통제를 받는다.[101]

튀르고는 루이 16세에게 선출된 기구의 창설을 제안하며 순수한 행정기능을 수행하는 데만 제한하도록 했다. 토크빌은 그 시대의 법령이나 정신의 중요성을 인정하지 않는 사람은 없다고 지적한다. 그러나 그는 이러한 체제는 온 나라가 정치에 염증을 느낀 대혁명 후에 실현되었다고 덧붙인다.[102] 요컨대 중농주의자들은 제국의 선구자였지만, 구체제가 종식되는 순간 온 나라가 자유를 갈구하고 있었다는 것을 인식하지 못하는 오류를 범했다.[103]

중농주의자들은 계몽 권력을 절대적으로 확신한 탓에 계몽 권력이 사법 평등을 실현하고 교육을 확대하며 공평한 규칙에 따라 통치할 것이라고 생각했다. 케네에 따르면, "국민이 개화되면 전제정치는 불가능하다." 케네 학파는 "자연 정의와 자연 질서에 관한 지속적인 일반 공교육"을 전제정치에 효과적으로 대항하는 수단으로 보았다.[104] 이것은 부르주아계급이 사회주의를 실행하기를 바라는 공상가들의 환상과 매우 흡사하다. 또한 근대 유토피아에서는 인도주의적 부르주아계급이 프롤레타리아계급의 보증인이 된다고 생각하는 것처럼 교육받고 박식한 행정이 납세자의 보증인이 될 것이라고 생각했다. "그들은 약간

---

[101] ibid., pp. 163~164.
[102] ibid., pp. 144~145.
[103] 토크빌은 중농주의자들까지 포함한 모든 사람이 자유 이념에 사로잡혔다고 생각했다(ibid., p. 167). 이것은 정부와 의회 간 투쟁의 결과였다.
[104] 자연 정의와 자연 질서는 중농주의자들의 근본이념이다.

의 문학적 일탈의 도움으로 모든 정치적 보증인을 제거하려 했다."[105] 또한 그들이 진짜 엉뚱한 생각을 가지고 진지하게 노동을 조직화할 수 있다고 정말로 믿었는지 우리의 공식 사회주의자들에게 묻고 싶다.

중농주의자들은 루소와는 달리 개신교도 장인들 공화국을 모델로 삼지 않았다. 자주 인용되는 토크빌의 문장만큼 중농주의자들의 학설과 그들의 견해를 잘 보여주는 것도 없다. "그들은 자신들의 이상에 부합하는 것을 주위에서 찾지 못하고 아시아에서 찾았다. 그들 중 어느 누구도 그의 저술에서 중국을 대단하게 칭찬한 사람이 없다고 말하는데 그것은 과장이 아니다. 그들의 책을 읽노라면, 중국에 대해 별로 알려진 것이 없기에 중국에 대해 판타지 동화처럼 이야기하고 있음을 확실하게 알 수 있다. 분별없고 야만적인 정부가… 그들 눈에는 모든 나라가 본뜰 완벽한 모델로 보였다.…절대적이지만 공평무사한 통치자가 공리주의 기법을 치하하며 일 년에 한 번 밭에서 손수 일하는 모습에 그들은 도취되었다. 그곳에서는 어떤 직책에 오르더라도 과거시험을 통과해야 했으며, 그 나라에서는 종교가 곧 철학이었고, 귀족은 문인이었다."[106]

중농주의자들의 사법 이념은 우리 제도의 역사에 매우 중요한 영향을 미쳤다. 18세기에 모든 프랑스 사람들은 학파를 불문하고 일치하여 재산을 사회적 창조물이라고 인정했다. 이러한 원리에서 보면 몽테스키외, 미라보, 트롱셰(François-Denis Tronchet, 1726~1806: 프랑스혁명 당시 법학자이자 정치인-옮긴이), 네커르, 말레 뒤 팡[107]은 로베스피에르[108]나 루소와 별반 다르지 않다.[109]

---

[105] Alexis de Tocqueville, *L'Ancien Regime*, p. 160.

[106] Alexis de Tocqueville, *L'Ancien Regime*, pp. 163~164.

[107] 말레 뒤 팡(Jacques Mallet´du Pan, 1749~1800)은 프랑스의 저널리스트로 정치적 저널리즘의 선구자로서 프랑스혁명 때 군주제를 지지하고, 루이 16세의 밀령을 받아 독일 제후와 연락하였으며, 총재정부 때 나폴레옹 1세를 공격하고 영국으로 망명하였다.-옮긴이

[108] 로베스피에르(Maximilien François Marie Isidore de Robespierre, 1758~1794)는 프랑스 루이 16세와 프랑스 대혁명기의 정치인, 철학자, 법률가, 혁명가, 작가로 루이 16세와 마리 앙

중농주의자들은 '재산은 모든 법률의 근원'이라는 로크의 학설을 받아들였다. 튀르고는 토대(foundations)에 관한 글에서 다음과 같이 썼다. "시민은 권리를 가지며, 그 권리는 사회의 정 중앙에 바쳐진다. 시민은 사회와 독립적으로 존재하며, 사회에 필수적인 요소이다. 시민은 모든 권리와 함께 재산과 자유를 보장해주는 법의 보호를 받을 때만 사회 속으로 들어간다."[110]

많은 근대 법학자들의 견해와는 달리 중농주의자들은 도덕적 존재를 진정한 소유자로 간주하지 않았다. 오늘날에는 사법 범주가 하나 밖에 없다고 보는데 그들은 두 개의 경제 범주를 보았으며, 법은 경제학을 따라야 한다고 생각했다. 토크빌은 자신이 권한 부여에 관한 그들의 견해로부터 모든 민사(民事)에 관한 결론을 이끌어낼 수 있다고 생각하는 명백한 오류를 범했다. 토크빌에 따르면, "그들은 계약에 대해 별 관심을 가지지 않았다. 그들은 사적 권리는 전혀 고려하지 않았다. 그들은 사적 권리에 대해 생각하지 않고 오직 일반 효용만 고려한다." 그는 그 같은 혁명적 개념을 온순하고 조용한 강직한 사람들, 정직한 주지사, 유능한 행정가들이 쉽게 받아들이는 것을 보고 놀란다.[111] 정직한 행정장관

투아네트에 반대하는 운동을 벌였다. 1789년 3부회 의원이 되어 제한선거 철폐, 봉건제 폐지, 영주와 귀족의 토지반환 운동 등을 주관하였다. 자코뱅 당의 창당에 참여하여 1793년 공안위원회를 공포정치를 실행했으나 1794년 테르미도르 반동 때 축출되어 처형당했다.-옮긴이

109 Andre Lichtenberger, *Le Socialisrne et la Revolution franraise*, pp. 182, 185~188. 『에밀』제V권에서 루소는 재산 이론을 제시했는데, 나중에 이것이 라살(Ferdinand Johann Gottlieb Lassalle, 1825~1864: 독일의 사회주의자 및 혁명사상가로 독일 사회민주당의 전신인 독일노동자협회의 창설자로서 독일 사회주의 운동의 창시자로서 칭송을 받았다-옮긴이)의 학설에 영향을 주었다. 통치자는 한 사람 또 몇몇 사적 개인의 재산을 건드릴 권리는 없지만, [마치 리쿠르고스(Lykurgos, 고대 그리스시대 스파르타의 입법자로 스파르타의 다양한 제도를 설치한 것으로 알려져 있지만 실제로는 전설적인 인물-옮긴이) 시대 스파르타에서 그랬던 것처럼] 모든 개인의 재산을 합법적으로 장악할 수는 있다. 한편 살롱의 빚을 청산한 것은 불법 조치였다.

110 Turgot, II, 308.

의 직책을 맡은 케네 제자들은 민법을 신성시하여 독재 정치로부터 그것을 지킬 능력을 갖췄지만, 그들은 권한 부여를 행정법의 영역에 속하는 것으로 간주했다. 그들은 권한을 부여받고 관리를 맡긴 기구의 결함을 보고 충격을 받았다. 유능한 행정가로서 그들은 모든 자원을 공적 용도로 효율적으로 사용하는 능력을 발휘했다. 그래서 그들은 권한 부여로 인해 과도한 지출이 발생하고 또 오랜 행정 남용 유지에 관심 있는 사람들이 권한 부여를 지킴에 따라 더 이상 권한 부여를 존중할 필요가 없다고 생각했다.[112]

튀르고는 정부가 "종래에 부여된 권한을 자유자재로 이용하고 기금을 새로운 용도로 사용하거나 심지어 모조리 압류하는" 무소불위의 권리를 가졌다고 생각했다. "공익이야말로 최상위 법이며, (무지하고 생각이 좁은 개인이 자손들이 변덕스러운 의지를 펼치지 못하게 구속하는 권리를 가졌듯이) 최초의 기여자의 의도를 맹목적으로 존중하여 그것을 약화시켜서는 안 된다.… 또한 그것은 (특정 집단이 국가의 비호하에 특권을 가졌을 때처럼) 특정 집단의 특권을 침해한다는 우려에 의해 약화되어서는 안 된다. 특정 집단은 스스로의 힘으로 또는 저절로 존재하지 않는다. 집단은 사회를 위해 형성되었고, 유용성이 소멸되면 소멸될 수밖에 없다."[113] 여기서 행정가의 언어는 경제학자의 생각과 완벽하게 조화를 이루며, 경제학자에게 토지는 죽은 자를 위해서가 아니라 산 자를 위해 관리해야 한다. 만약 튀르고의 생각처럼 공적 필요가 공적 기금에 의해서보다는 예산 자원에 의해 더 잘 충족된다면, 공적 기금은 불필요하게 된다.

구체제에서는 행정 절차가 종종 매우 까다로웠다. 그래서 행정에 약간이라도 관여하는 사람이라면 왕정복고 시절의 프랑스에서 등장한 전통을 전혀 존중하

---

[111] Alexis de Tocqueville, *L'Ancien Regime*, p. 159.

[112] Turgot, II, 304.

[113] Turgot, II, 308~309. 교회가 권한 부여에 관심을 가질 경우 국가는 교회의 뜻에 맞추어서 행동해야 한다.

지 않은 것에 놀라지 않는다.… 토크빌에 따르면, "경제학자들은 과거를 무한하게 비웃는다. 역사적으로 어떤 제도가 아무리 오래 되고 기반이 잘 갖춰졌더라도 사람들을 불편하게 하거나 계획의 균형을 흩트려 놓으면 사람들은 폐기되기를 바란다."[114]

프랑스혁명은 곧바로 구체제를 청산하면서도 그때 관행을 매우 자주 모방했다. 그러나 이러한 모방은 이내 공포로 가득 찼다. 왜냐하면 공포정치[115] 시절 때 정부가 벌여놓은 어마어마한 과업이 준비가 전혀 되지 않은 소수의 수중으로 권력이 넘어갔기 때문이다. 구체제 때의 가장 위험한 사업들이 지나칠 정도로 막대하게 추진되었다. 이를테면 기아와의 전쟁은 필수적이었다. 상품 가격은 고정되었고, 대도시를 먹여 살리기 위한 물자 징발이 지속되었으며, 열광적인 여론에 의해 암상인이라고 비난을 받은 사람들은 사방으로 쫓겨다녔다. 군대를 유지하기 위해 온 나라를 지휘관이 모든 자원을 맘대로 사용할 수 있는 점령된 요새를 다루듯 했다. 내전으로 나라 상황이 혼란스러워지자 폭도들의 재산을 몰수했다. 이러한 상황으로 인해 사법권은 거의 총체적으로 마비되다시피하고, 행정은 경찰 행동으로 변질되었다. 이러한 일은 위탁받은 전횡적인 권력을 완화하기 위해 법률을 강제한다는 것을 감지하지 못하는 사람들에게 권한이 위임될 때마다 항상 벌어졌다.[116] 금융관련법은 자주 경찰의 감독을 받았다. 부유층은 공화국을 무너뜨리기 위해 자기 재산을 유용한다는 혐의를 강하게 받았다. 그리하여 그들은 적으로 간주되었다.[117]

---

114 Alexis de Tocqueville, *L'Ancien Regime*, p. 159.

115 프랑스혁명 직후 1793년부터 1794년 7월까지 로베스피에르를 중심으로 한 급진파 자코뱅파가 권력을 장악하며 개혁을 명분으로 왕정 세력을 비롯한 반혁명 세력을 처형하고 모든 반대를 억압하던 시기. 이 시기 동안 17,000명 이상이 처형되고, 많은 인사들이 망명길을 떠났다.-옮긴이

116 행정법은 이러한 전횡적인 권력이 완화될 때 탄생하는데, 전통이 강력하지 않을 때는 매우 유약한 상태로 탄생한다.

평온이 되돌아오기 시작하자 모든 사람들은 그 같은 전횡적인 조치의 복귀를 막아줄 보증인의 필요를 느꼈다. 이 시기에 국부(國富)를 획득한 자들은 재산 불가침을 주장하는 다른 모든 자산가들보다 훨씬 더 많은 욕심을 가졌다. 모든 사람들은 우리 역사의 경로에서 그들이 취한 이익이 얼마나 중요했는지를 알고 있다. 혁명의 효력이 불확실하다고 생각되는한 부르봉가의 복귀는 불가능했다.[118] 이로써 공포정치 후에 중농주의자들의 학설이 어떻게 해서 지금까지 가지지 못했던 권위를 누리게 되었는지를 이해할 수가 있다. 재산을 정의한 인권선언 5항과 특히 의무에 관한 선언을 보면 혁명력[119] 3년의 헌법은 중농주의자들의 이념에서 영감을 받은 것 같다. 인권선언 8항은 모든 노동과 사회질서는 재산 유지에 의존한다고 규정하고 있으며, 9항은 각 시민에게 조국, 자유, 평등, 재산을 지킬 의무를 부과하고 있다.

이것은 참으로 중농주의자들의 승리였다. 그 승리는 오래 지속되었는데, 중농주의자들이 자신의 미래를 예측하지 못한 것은 역사적 상황 탓이다.

---

117 Andre Lichtenberger, *Le Socialisme et la Revolution*, pp. 255, 258~262.

118 법률학은 혁명의 효력의 약화를 두려워한 나머지 재산의 혁명에다가 종교적인 성질을 갖다 붙였다.

119 프랑스혁명을 계기로 1793년부터 약 12년간 사용한 달력. 국민공회는 구체제 청산과 함께 기존의 그레고리력을 폐지하고 보다 과학적인 달력을 도입했다. 그레고리력으로 1792년 9월 22일을 첫날로 잡고, 10진법을 도입하여 1년은 12개월이며 달은 10일 단위로 나눈 30일로 이루어졌다. 남은 5일(윤년인 경우는 6일)은 마지막 달에 묶고. 달 이름은 그레고리력의 성인 이름이 아닌 자연의 이름으로 구성되었다. 순서는 다음과 같다. 방데미에르(포도의 달)·브뤼메르(안개의 달)·프리메르(서리의 달)·니보즈(눈의 달)·플뤼비오즈(비의 달)·방토즈(바람의 달)·제르미날(싹의 달)·플로레알(꽃의 달)·프레리알(초원의 달)·메시도르(보리의 달)·테르미도르(열의 달)·프뤽티도르(열매의 달), 1806년 1월 1일 나폴레옹 체제(제2제정)가 시작되면서 다시 그레고리력으로 대체되었다. -옮긴이

5 문필가들 / 귀족계급이 부여한 문필가들의 영향력 / 귀족정치체제에서 문필가들의 진정한 역할 / 비판적 태도의 부재

역사가들은 18세기에 문인들이 행한 역설적인 역할에 대해 확신 있게 설명하지 못했는데, 그 이유는 그들이 문인들과 각 계급들과의 관계를 설명하지 않고 사회를 하나의 전체로 보고 고찰했기 때문이다. 우리의 과제는 문인들의 지식이 부르주아계급에게 조언을 하기에 적합하지 않았는데도 제3신분이 그들의 말에 귀를 기울이게 된 이유를 밝히는 것이다. 우선 내가 18세기 제3의 이데올로기 조류라 지칭한 것에 대해 살펴보기로 하자. 이 조류는 귀족의 방식을 모방하는 데 의지한다. 새로운 지배계급 성원들은 자신들이 고위귀족과 왕족의 응석을 받으며 자랐다고 생각하는 사람들에 절대적으로 의지했다. 그들은 이들이 특권 대우를 받게 된 원인에 대해 전혀 문제 삼지 않았는데, 그러한 원인들이 그들을 놀라게 하고 매혹하였으며 현혹시켰다.

당시에는 외국의 여론이 우리[프랑스] 역사에 중요한 역할을 했다. 볼테르는 베를린으로 떠날 당시에 몽테스키외나 퐁트넬에 비해 훨씬 덜 알려졌다. 1749년 볼테르가 파리에 도착했을 때 그림은 볼테르가 독일보다 프랑스에서 덜 칭송받는 것을 보고 매우 놀랐다.[120] 볼테르는 "모국에서 거절당한 영광과 인기를 얻으려고 포츠담으로" 갔다.[121] 그의 전략은 유효했다. 프로이센 궁궐에서 불운을 겪긴 했지만 귀국을 하자 그의 명성은 매우 높아졌다.

디드로가 스파리틴(Spartine)에게 보낸 아주 독특한 글에서 외국인들의 이러한 역할을 보여주는 모범적인 사례가 나타나는데, 스파르틴은 팔리소(Palissot: 디드로의 반대파 인물—옮긴이)가 한 역할에 대해 디드로와 예전에 상의한 적이 있다. 거기서 디드로는 이렇게 적고 있다. "만약 유럽 모든 지역에서 존경을 받고

---

[120] Brunetiere, *Etudes critiques*, 2d ser., p. 176.
[121] *ibid.*, 4th ser., p. 322.

있고, 여행객들의 방문을 의무로 여기며, 모국으로 되돌아왔을 때 알아보는 것을 영광으로 생각하는 동료 시민들을 향해 허락을 받고 두 번이나 공공연한 모욕을 가했다는 말을 듣지 않게 할 수 있다면, 나는 당신이 현명하게 행동했을 것이라고 믿는다."[122] 프랑스 상류사회 사람들은 자신들의 위인에 대한 외국인의 판단에 매우 민감했으며, 부르주아계급은 이러한 판단을 거의 미신처럼 존중했다. 이러한 상황은 사라질 것 같지 않아 보인다. 민주주의체제는 제3신분의 전통을 그대로 존속시켜, 문인들은 자신들이 원할 때마다 그 전통에서 견실하게 독재를 행사할 수 있었다. 드레퓌스사건[123] 후에 몽소 카르테(Monceau Quarter)같이 세련된 상류층 여성 예능인이 소수의 관객에 의해 사회주의 예언가로 변신한 일이 있었다. 아나톨 프랑스[124]는 처음에는 이러한 변신을 보고 상당히 놀랐지만, 결국에는 돈 많은 멋진 신사숙녀와 익살스러운 이야기를 나누고는 자신이 사회문제를 해결하지 못한 것은 아닌지 의문을 가진다. 지난 몇 년 동안 부르주아계급이 원했던 대로 지적 수준이 높은 노동자를 공립 대학으로 진학시키는 바람이 불었다면, 사회주의는 민주주의 바퀴 속으로 빠져 들어갔을 것이다.

민주주의는 계급감정을 소멸하고 모든 시민을 사회 속에 합체시켜 모든 지적

---

122 *ibid.*, 2d ser., p. 164.

123 드레퓌스사건: 1894년 프랑스 육군 군법회의에서 알프레드 드레퓌스 대위가 독일에게 기밀을 넘겼다는 이유로 반역죄를 씌워 종신형을 선고하면서 이를 둘러싼 진위 공방으로 일어난 사건을 말한다. 결국 군부가 진범에게 무죄를 선고하면서 반드레퓌스파와 드레퓌스 지지파로 갈라져 파문이 일어난다. 결국 1906년 최고 재판소에서 드레퓌스는 무죄를 선고받고 소령으로 군에 복귀하는 것으로 종결되었다.-옮긴이

124 아나톨 프랑스(Anatole France, 1844~1924)는 프랑스의 소설가 겸 평론가로서 그의 작품은 지적 회의주의를 바탕으로 인간의 불완전함과 광신을 주로 풍자하였다. 19세기 말 프랑스 사회와 유럽을 뒤흔든 드레퓌스사건 때에는 에밀 졸라, 앙리 푸앵카레 등과 함께 드레퓌스의 무죄를 주장했고 1차 대전 후에는 평화주의를 강조하였다. 1896년 아카데미 프랑세즈 회원에 선출되었고 1921년 노벨문학상을 받았다.-옮긴이

개인을 태어났을 때보다 높은 사회적 위치로 향상시키는 것을 목표로 삼는다. 활력 있는 노동자들이 중간계급처럼 되려고 노력하며 그들의 충고를 기꺼이 받아들이고 그들의 이념을 존중할 때 민주주의 목표가 성취된다. 그렇게 된다면 민주주의구조가 불안정해질 까닭이 전혀 없다. 소수 사람의 야망이 난국을 초래할 경우에만 민주주의구조가 흔들리게 된다. 오늘날처럼 원칙적으로 사회주의는 위협이 되지 않는다. 그러므로 민주주의 지식인들이 문인들의 위세를 지켜주려고 애쓰는 것은 바람직한 일이다. 그들은 이러한 위세를 유지하고 장려하기 위해 대중교육을 추구한다. 이와 같이 그들은 노동자에게 노동자로서의 삶을 위해 알아야 하는 것을 가르치기보다는 부르주아계급을 즐겁게 하려고 집필한 책에서만 발견되는 것에서 활발하게 호기심을 끌어내려고 노력한다.

이러한 가르침이 성공하려면 노동자들이 현재의 열등한 처지를 겸허하게 받아들여야 하고 또 지난날의 왕궁에 대해 지방 평민들이 찬양한 것에 만족하는 문인들의 처지를 고려해야 한다. 왕궁을 찬양하는 무리의 지위와 명성을 얻는 자의 지위 사이에는 당연히 엄청난 거리가 있다. 세련되고 귀족적인 작가들 중에서 많은 이들이 대중교육의 장점을 열렬히 찬양하고 있을 때, 우리가 칭찬할 것은 그들이 '비천한 사람들에게 사랑을 베푸는' 것이 아니라 그들이 유권자 대중을 창출하는 기술을 발휘하는 탁월한 통찰력이다. 수년간 공립대학들에서는 드레퓌스사건 관련 서적을 읽도록 대대적으로 선전했는데, 이러한 선전이 불미스럽게 전개되지 않았더라면 그 효과는 더욱 오래 지속되었을 것이다.

달랑베르는 몽테스키외의 『추도사(Eloge)』에서 이렇게 말한다. "공중의 일부가 자신이 『법의 정신』에 대해 생각하고 말해야 하는 바를 듣도록 다른 공중의 일부에게 지시를 한다." 라불레는 달랑베르가 자기 친구 계몽철학자들에게 지나치게 잘난 체하며 말을 하고, 또 18세기의 박식한 프랑스인들은 그 계몽철학자에 의지하지 않고서도 몽테스키외를 잘 읽을 수 있다고 생각한다.[125] 민주주의에서는 '가르치는 교회'(Ecclesia docens)와 '가르침을 받는 교회'(Ecclesia dicens)를 근본적으로 구분한다. 한편, 민주주의가 계급의식을 억압하려 한다면, 그것은 여전히 '문화의 위계'를 유지하고 (필요하다면) 그것을 완성할 의도를 가지고 있는 것이다.

그러면 18세기에 문인들의 위치와 귀족과의 관계에 대해 살펴보자. 이 문제는 매우 중요하다. 왜냐하면, 18세기 문학에 대한 해석에 따라 그 해법이 달라지기 때문이다.

궁전에는 능숙한 웅변가를 구비해 놓는 오래된 전통이 있었다. 이들은 훌륭한 대화를 즐겼고 자신을 보호해주는 군주를 빛나게 해주는 능력을 갖추었다. 또한 이 달변가들은 부유한 명사(名士)들을 필요로 하는 부유층의 장식물이었다. 18세기에도 이러한 전통이 사라지지 않았으며, 모든 대규모 가문은 특출한 인물을 풍부하게 제공해주는 작은 궁전을 갖추었다.

"그들은 매일 저녁에 모여서 식사를 하고 대화를 하며, 이야기를 나누려고 장신구로 꾸미고 살롱에 가서 여흥을 즐긴다. 상류층 사람들이 모여서 저녁식사를 하는 가문 가운데 대저택을 가지지 않은 철학자는 없었고, 나중에는 경제학자나 과학자도 그런 저택을 가졌다.… 그들은 통로를 따라 이 살롱에서 저 살롱으로, 이 저택에서 저 저택으로 옮겨 다닌다."[126] 테느는 그 시대의 철학을 "일

---

125 Montesquieu, *L'Esprit des lois*(Laboulaye edition), III, xxv.
126 Taine, *Ancien Regime*, p. 333. 관습은 마르몽텔(Jean-Francois Marmontel, 1723~1799: 프랑스 작가로 볼테르의 뒤를 이어 『백과전서』 문학관계 항목을 집필하였다. 비극, 희극, 오페라, 코믹의 극본 등 많은 작품이 있다. 1763년에 아카데미회원이 되었다-옮긴이)의 불미스러운 기생 생활을 여전히 공인해주었지만, 이류 작가들은 오늘날에도 품위 없는 삶을 살아가야 했다. 브뤼티에르는 달랑베르에 관해 끔찍한 문장을 썼다. "내가 레피나스(Lespinasse)가 그의 기베르(Guibert)나 그의 모라(Mora)에 반해 그에게 거처를 내주고 일부는 프로이센 왕이 일부는 조프랭 부인이 처음부터 끝까지 돌봐주었다고 말할 때 내가 말하고 있는 인물은 사실 달랑베르이다(*ibid*., p. 217). 마르몽텔은 가진 재산의 대부분이 '강건한 리무진(Limousin) 소'(가축으로 기르는 소의 품종. 원산지는 프랑스이며, 현재는 주로 북아메리카 지역에서 고기를 얻기 위해 사육하고 있다. 몸색깔은 금적색이며, 몸통이 길고 뿔이 난다-옮긴이)인데, 마

종의 고급 오페라"로 여겼다. "그 안에서 분별 있는 사람들을 즐겁게 해주는 갖가지 훌륭한 아이디어들이 때로는 진지한 의상을 입고 때로는 코믹한 가면을 쓰고 행렬을 지어 전진하며 서로 충돌한다.…"[127] "교양이 넘치는 걸출한 외국인들이 차례로 홀바흐[128] 남작에게 다가왔다.… [모를레가 해주는] 자유롭고 활기 있고 해박한 대화가 여기저기서 들려온다.… 정치 영역과 종교 영역에서는 있을 수 있는 모든 대담한 아이디어들이 쏟아지고 찬반 토론이 벌어졌다. 가끔 한 사람이 단상을 차지하고는 조용하게 자기 이론을 제안했다. 또 어떤 때는 훌륭한 논쟁이 전개되어 나머지 사람들은 묵묵히 듣기만 했다.[129] 유창하게 말을 하는 사람을 찾아다니며 대화를 나누며 일생을 보내는 귀족을 어떻게 방해할 수 있을까? 그렇게 하면 매일 저녁 극장에 가서 자유롭게 연기를 하는 귀족 부인이 유명한 배우와 가수를 집으로 불러들이는 것을 방해하는 것이나 다름없다."[130]

귀족이 공인된 문인들과 우호적인 관계를 유지했다는 사실이 중요한데 여기에는 또 다른 이유가 있다. 인쇄술이 발명된 이래로 풍자 작가들은 계속해서 엄청난 두려움의 대상이 되었다. 라르퐁(l'Arfon)은 테러에서 영감을 받고 그것을 뻔뻔스럽게 이용했는데 이는 공공연한 사실이다. 어느 편지에서 그는 깃털 펜과 몇 장의 흰 종이 덕분에 세상을 비웃을 수 있게 되었다고 자랑한다. 더 나아가 그는 책상에 흘린 땀으로 부자가 되었다고도 한다.

르몽텔에 관해서는 다음을 참조하라. Brunetiere, *Etudes critiques*, 6th ser., p. 254.

127 Taine, *Ancien Regime*, p. 333.

128 홀바흐(Paul Heinrich Dietrich von Holbach, 1723~1789)는 독일 태생의 계몽시대 대표적 사상가. 유물론자이자 무신론자로 실학주의의 영향을 받아 체육 교육을 중시하고, 주입식 방법을 배제하는 유희적 학습법을 취하였다. 그의 교육법은 이후 독일 학교수업에 영향을 주었다.-옮긴이

129 *ibid.*, pp. 367~368.

130 *ibid.*, p. 369. 18세기 살롱을 명확하게 이해하려면 반세기 전의 유력 잡지들의 역할을 살펴보아야 한다.

18세기 계몽철학자들은 사람들을 비방하는 기술에서는 노련한 대가였다. 그들은 어떤 인물에 대해 상상력을 발휘하는 기회를 가졌을 때, 그들의 저작은 다른 사람들의 진지한 저술들보다 항상 훨씬 우수하다고 판명했다. 이러한 사실은 볼테르에서 명확하게 나타났다. 이 작가들은 아무것도 존중하지 않았으며, 아주 침착한 사람들조차도 이들을 두려워했다. 말셰르브가 「계명 학술원」의 한 회원에게 디드로의 『세대주(*Pere de famille*)』에 관한 의견을 묻자 그 회원은 그의 통신원에게 신중하라고 요청한다. 왜냐하면 그는 "자신들만이 모든 인간 이성을 소유하고 있다고 생각하는 사람들 그리고 그가 신학자들만큼이나 두려워하는 사람들과 함께 오해할 이유를 가지고 싶어 하지" 않았기 때문이다.[131]

철학자를 지지하거나 그에게 아첨하는 외국의 통치자들은 그저 자신의 지능만 믿고 행동하지는 않는다.[132] 프리드리히는 볼테르를 가장 통제해야 할 극도로 위험한 인물로 간주했지만, 당시 그의 의견을 통제한 통치자는 누구보다도 예카테리나 여제[133]였다. 예카테리나 여제는 남편이 암살된 후 프랑스 대사에게 볼테르를 아느냐고 묻고 볼테르를 불러서 그 사건에 대해 설명할 수 있느냐고 물었다.[134] 볼테르는 잠시 머뭇거리는 듯하더니 슈아쥘 부인(Mme de Choiseul)

---

[131] Brunetiere, *Etudes critiques*, 2d ser., p. 192.

[132] 라불레가 말하기를 "프리드리히 대왕은 볼테르와 그의 친구들이 가진 모든 장점을 끌어내어 그들과 함께 코미디를 연출했다." 그는 "여론을 통제한 사람들과 공모하여 격렬하게 공격을 시도할" 수 있었다(Montesquieu, *L'Esprit des lois*, p. xliv). 그는 한걸음 더 나아가 이렇게 말한다. "1767년에 여론을 억제하는 데 프리드리히 못지않게 능숙한 예카테리나는 자신이 문명 및 새로운 이념의 전도사임을 유럽에 보여주었다는 망상에 빠졌다"(p. 1).

[133] 예카테리나 여제(1729~1796)는 러시아의 여황제로 남편 표트르 3세를 폐위시키고 제위에 올랐다. 법치주의의 원칙을 도입하고 귀족들과 협력체제를 강화하였으며 영토를 크게 확대하고 농노제를 확장하여 18세기 러시아를 전성기로 이끌었다.―옮긴이

[134] Desnoiresterres, *Voltaire et Jean-Jacques Rousseau*(Voltaire and Jean Jacques Rousseau), p. 371.

과 드팡 부인(Mme du Deffand)을 분개시킬 정도로 곧바로 '북방의 세미라미스'[135] 칭송자 대열에 적극 협력했다. 월폴(Walpole)은 드팡 부인에게 이렇게 썼다. "어떻게 살인자에게 보상을 하나? 고용한 시인을 계속 고용해서 그렇게 할까 돈을 목적으로 하는 역사가에게 급료를 지급해서 그렇게 할까? 고향에서 천 마일 떨어져 있는 돌팔이 철학자를 매수해서 그렇게 할까? 그렇게 하는 것은 시저(Caesar) 찬양가를 부르고 그의 억압에 침묵하는 비열한 영혼이다."[136]

그러나 위의 고찰에만 한정하면 18세기 문학의 이념을 매우 불완전하게 알게 된다. 중세 시대의 궁정 어릿광대의 역할도 고려해야 한다. 18세기 살롱에는 갈리아니 같은 진짜 어릿광대가 있었는데, "그는 특수한 재능을 지닌 영리한 난쟁이였으며, 익살꾼의 풍미와 버릇을 가진 플라톤이나 마키아벨리 같은 인물이었다. 그는 끊이지 않는 이야깃거리를 가졌으며, 누가 보아도 탄복할 익살꾼이자 아무것도 믿지 않고 아무런 종교도 가지지 않은 완벽한 무신론자였다. 그는 소파에 앉아서 손과 다리를 걸치고 머리 장식을 하고는 코믹한 논거로 신학자나 철학자가 하듯이 추론하고 증명한다. 그 정도가 얼간이 수준만큼은 아니지만 적어도 종(從) 수준 정도는 되었다. 그것을 목격한 사람들은 그 어릿광대의 이야기를 세상에서 가장 탁월하다고 일컬었다. 그것은 가장 멋진 광경이었다.[137]

---

[135] 세미라미스(Semiramis)는 고대 오리엔트의 전설적인 여왕이다. 북방의 세미라미스는 예카테리나 여제를 칭하는 듯하다.-옮긴이

[136] Desnoiresterres, *op. cit.*, p. 380. 우리가 종종 브륀티에르가 옳았다고 생각하도록 유혹을 받을 때는 그가 루소는 그 시기의 모든 유명한 작가들에게 용기를 불어넣어준 유일한 인물이라고 말할 때뿐이다. 그는 "사실 그 작가들은 이러한 용기를 저버리고 실제로는 범죄를 저질렀다" 말을 덧붙인다(*ibid.*, p. 222). 튀르고는 엘베시우스(Claude Adrien Helvétius, 1715~1771: 프랑스 계몽기의 유물론 철학자로 로크의 경험론과 콩디야크의 감각론의 영향을 받고, 전투적인 무신론적 유물론에 이르렀다. 봉건적 경제 관계의 모순을 지적하고 구체제를 비판하여 분서(焚書) 형을 받았으며, 19세기 공상적 사회주의에 영향을 주었다-옮긴이)가 예카테리나와 프리드리히를 그토록 찬양하는 것을 보고 분개했다[*Correspondance inedite de Condorcet et de Turgot*(Unpublished Correspondence of Condorcet and Turgot), p. 147].

가장 앞서나가는 사람들은 자신들이 항상 상류사회에서 어리석은 역할을 하고 있다는 것을 알아채지 못한다. 우리는 프리드리히 대제와 볼테르의 관계에 대한 이야기를 이해할 수 없는데, 이는 우리의 관습과 18세기 사람들의 관심이 매우 다르기 때문이다. 볼테르와 모페르튀이[138]가 논쟁을 하는 동안 프리드리히 대제가 그 대문호를 보증하는 서약에 서명을 했는데 오늘날에는 엄청나게 건방진 행동으로 보인다. 확실히 프리드리히는 유명한 문인과 하인 사이에 엄청난 차이가 있다고 보았다.[139]

그들이 화해를 한 지 한참 지나서 슈발리에 드 라 바르(Chevalier de la Barre)의 위력이 야기한 열광에 대해 그 자유사상 군주가 쓴 글의 어조를 보면 기묘한 점이 있다. "철학은 그 같은 행동을 조장해서도 안 되고, 선택의 여지가 없는 판결을 내린 재판관에 대해 불손하게 비판해서도 안 된다." 볼테르가 종교적 열광의 재발에 의해 위협을 받는다고 생각한 작가들을 클레브(Cleves)에 모이게 하는 계획을 세웠을 때 왕은 그에게 아이러니한 충고를 하나 했다. "그들의 행동이 온순하고 평온하다면 그들을 모두 순순히 받아들일 것이다."[140]

볼테르는 한물간 세대에 속했고 또 위인에 대한 존중으로 추앙을 받았다고 반박할 수도 있다. 이것을 두고 그 시대 사람들은 때때로 부끄럽게 여기는 소심

---

137 Taine, *Ancien Regime*, p. 369.
138 모페르튀이(Pierre Louis Moreau de Maupertuis, 1698~1759)는 프랑스의 수학자 겸 천문학자로 뉴턴의 만유인력법칙을 프랑스에 가장 먼저 소개하고, 이를 지구역학에 적용하였다. 최소작용의 원리를 발견하여, 역학의 이론적 기초를 구축하였다.-옮긴이
139 "나는 그녀를 저택에 재워주는 친절을 베푸는 자가 있다면 그가 프랑스 정부 장관이든 다른 통치자든 유명한 문인이든 누구한테도 반대하는 글을 쓰지 않고 그들을 존경할 것이라고 V. M.에게 약속한다. 나는 S. M.의 글을 함부로 대하지 않을 것이며, S. M.의 출납 공무원이 되는 영예를 가지며 고결한 사람들과 함께 살아가는 문인처럼 예의바르게 행동할 것이다." 볼테르와 프리드리히에 관한 드누아르스테르(Desnoiresterres)의 저작은 철저하게 해학적으로 묘사하고 있기 때문에 그의 저작 전체를 읽어야 한다.
140 Desnoiresterres, *Voltaire et Jean-Jacques Rousseau*, pp. 502~505.

한 행동이라고 설명하기도 한다. 그러면 디드로는 어떠한가! 디드로는 오늘날 부르주아계급이 민주주의 '명예의 전당'에 올려놓을 만큼 새로운 체계의 문인의 원형이다. 조셉 레나슈(Joseph Reinach)는 아주 고결한 표현으로 그를 칭송한다. 디드로는 예카테리나 여제와 자신의 사이가 아주 친하게 보이는 것은 (어릿광대의 재치를 날카롭게 하기 위해) 전통이 어릿광대와 위대한 인물이 친하게 지내는 것을 허용했기 때문이라고 확신했다.

테느는 살롱에서의 디드로의 위상을 인정했지만, 그를 그 시대 부르주아계급의 이상적인 선구자로 칭송하는 것은 자제했다.[141] 테느는 디드로의 초상화를 매우 호의적으로 그렸으며, 디드로의 풍취 속에서 희미하게 보이는 환경을 다음 같이 변호한다. "그는 초심자, 즉 사회에 갑자기 나타난 인물이다. 그에게서 평민, 유력한 사상가, 지칠 줄 모르는 노동자, 위대한 예술가를 엿볼 수 있으며,[142] 상류층은 그를 만찬회로 끌어들인다. 거기서 그는 대화를 주도하고, 유흥을 즐기며, 접촉과 내기로 혼자서도 여러 손님들을 모두 합한 것보다 유창하게 말을 한다."[143] 만약 테느가 18세기 작가에 대한 존경심 때문에 제약을 받지 않았다면, 그는 디드로가 문학 광대처럼 상류사회의 후원을 받았다고 말했을 것이다.

그 시기에는 부알로가 이전 시기에 설정해 놓은 양식(良識), 언어 순화, 실용적인 지혜의 규칙의 규율을 더 이상 평가할 수 없었다. 디드로를 다시 원형으로 삼아야 한다. 테느는 이렇게 말한다. "그[디드로]는 홀바흐가 그랬던 것보다 더

---

141 어쩌면 테느야말로 어느 누구보다도 부르주아전통을 더 많이 대표한다. 이는 그의 설명이 가진 특수한 가치 때문이다. 그는 백과전서파만큼이나 많이 우직하게 과학을 칭송하고, '도덕해방론 소설가', 즉 디드로는 물론 스탕달(Stendhal)을 특히 애호한다.

142 "브륀티에르는 디드로의 저작에서 "혼돈이 너무 자주 심오하게 나타나고", 또 "때때로 냉소주의로 확대되는 독립의 공기 아래서" 부르주아계급이나 속물적 인간의 온갖 편견을 가진다고 생각한다(*Evolution des genres*, p. 153).

143 Taine, *Ancien Regime*, p. 349.

맹렬하고 소란스러운 엄격한 논리와 역설로 반사회적, 반종교적 교의의 심연 속으로 내려갔을 뿐만 아니라 더 나아가 세기의 암흑 속으로 빠져 들어갔다. 그는 자신의 대표적인 소설에서 마침내 이중의 뜻을 가진 표현이나 외설 장면을 개발한다. 그의 작품의 투박함은 영리함에 의해 줄어들거나 우아함에 의해 완화되지 않는다. 그 소설은 교묘하지도 신랄하지도 않다. 그는 크레비용[144]이 젊은이를 묘사하듯이 악당을 매력적으로 묘사하는 법을 알지 못한다."[145]

레나슈는 자기 영웅의 도덕 법규를 보고 매우 당혹해 한다. 그것은 "아무런 구속을 받지 않고 자연 상태로 복귀하고", "자주 원시적 수간(獸姦)의 수렁으로 빠져든다." 레나슈는 그 법규에서 "근친상간, 매춘, 난잡한 성행위"를 발견하고는 크게 뉘우친다. 백과전서파 칭송자들은 디드로가 모든 것을 자연법칙 밖으로 밀어내고 자연법칙에서 "개인의 보존과 종의 번식" 단 두 가지 목표만 인정한다고 애처롭게 진술한다.[146] 이로써 다윈주의를 열렬히 받아들인 부르주아 자유사상가들과 디드로를 비교할 수 있다. 왜냐하면, 그들은 유인원 기원에 관한 [다윈의] 가설에서 자신들의 기본 욕구를 정당화하는 수단을 발견했다고 생각했기 때문이다.

---

144 크레비용(Prosper Jolyot de Crebillon, 1674~1762)은 프랑스의 극작가로 당시 침체 상태에 있던 비극에 활기를 불어넣기 위해 비극에 공포와 스릴을 소재로 하여 주목을 받았다. 한 때는 볼테르의 경쟁자로 여겨질 만큼 재주와 독창성을 보였다. 대표작으로는 『라다만토스와 제노비아』(1711), 『피로스』(1726) 등이 있다. -옮긴이

145 Taine, *Ancien Regime*, p. 349. 여기서 졸라(Émile Zola, 1840~1902: 프랑스 소설가로 '자연주의'를 대표하는 작가이며, 드레퓌스 사건 당시 드레퓌스의 무죄를 주장하는 '나는 고발한다'를 기고하여 사건의 진실을 알리고자 노력한 것으로 유명하다-옮긴이)를 생각하지 않을 수 없는데, 그 역시 우아함과 영리함을 결여했다. 저 위대한 잡동사니 행상인은 "최초로 성적 본능을 진정으로 소설에 자리매김시켰다"고 자랑했다. "그를 믿기 위해 인류가 성(性)에 크게 집착하게 되었다"[Guyau, *L'Art du point de vue sociologique*(A Sociological View of Art), p. 158].

146 J. Reinach, *Diderot*, pp. 174~175.

이제 18세기 사람들 심리의 본질을 살펴보자.[147] 이처럼 [18세기 사람들이] 호색문학을 자랑스럽게 여기는 것은 도덕법규와도 관련이 있지만 지적 생산과도 관련이 있다. 이는 18세기 사람들의 성찰이 상상력을 제대로 통제하지 못했음을 입증한다. 그리하여 역사가들이 18세기 계몽사상가들의 사고 속으로 파고들어 가려고 애쓰는 것은 분명 시간 낭비이다. 계몽철학자들은 할 일 없이 환담을 나누고, 풍자나 아첨을 파는 행상꾼일 뿐이며, 무엇보다도 타락한 귀족의 비위를 맞추는 어릿광대일 뿐이다. 브륀티에르가 디드로를 두고 한 말은 거의 모든 계몽철학자들에게도 해당된다.[148] "그가 어떤 생각을 했는지는 알기 어렵지만, 만약 내가 내 생각대로 그가 자신이 무슨 생각을 했는지를 알지 못했다고 말한다면 당신은 그 이유에 대해 납득할 수 있을 것이다."[149]

중간계급은 계몽사상가들의 저작을 읽을 때 귀족계급과는 다른 정신으로 읽는다. 중간계급은 그토록 인상적인 사회적 연계망을 가진 사람들이 저술한 저작을 진지하게 받아들였다. 여론이 기존의 관습을 벗어날수록 중간계급은 전통의 사슬에서 벗어나 대담하고 심오한 사상가들의 천재성을 더욱 칭송했다. 중간계급은 독서에 의해 개화된다고 확신하게 되었고, 그럴수록 더욱 대담하게 그와 유사한 시도를 했다. 플로베르[150]는 오메 씨를 부르주아의 원형이라고 여기는데, 그가 가진 무지막지한 우둔함은 문인들이 프랑스 부르주아계급에게 미친 영향의 논리적 결과이다. 식자층들은 거의 한 세기 동안 서로 엉뚱한 말을 했는데, 이들은 매우 귀족적인 환경에서 태어나서 하늘에서 떨어진 것으로 보이

---

147 얼마 전에 나는 성관계에 관한 관념을 검토하면서 인간 영혼의 비밀에 침투하는 이 같은 방식에 주의를 환기시킨 적이 있다.

148 루소는 예외인데, 그는 18세기 여타 계몽사상가들과는 다르다.

149 Brunetiere, *Evolution des genres*, p. 154.

150 플로베르(Gustave Flaubert, 1821~1880)는 프랑스 작가로 프랑스 사실주의 문학의 창시자로 여겨지며, 당대 부르주아 계층의 생활을 사실주의적으로 묘사한 『보바리 부인』으로 유명하다. 이 소설은 사회 풍속을 해쳤다는 이유로 법정에 고발되기도 했다. -옮긴이

는 저작들의 의미를 이해하지 못한 결과이다.

선조들은 비판 능력을 결여했는데 이는 놀랄 일이 아니다. 방금 살펴본 문인들에서는 그런 점을 발견할 수 없다. 귀족들은 자신들을 불쾌하게 하는 사람들을 비웃거나 비방하고 올가미를 씌우는 일에만 몰두하여 그들에게서는 비판 능력을 찾아볼 수가 없다. 여러 경험이 보여주듯이 자기 자신의 생활조건을 고려하지 않는 사회계급은 늘 비판 능력이 결여되어 있다. 그런 까닭에 부르주아계급은 비판 능력이 결여되어 있다. 고대 및 중세 작가들의 역사가 이러한 명제를 탁월하게 보여주며, 19세기의 경험은 또 다른 측면에서 그 같은 증거를 제시한다.

르낭이 오귀스탱 티에리[151]에 관해 쓴 작품에서 아주 잘 간파했듯이, 자신들 계급이 치른 투쟁을 이해하기 위해 교훈적인 사례를 찾으려 하는 사람들이 과거를 되돌아보는 그날부터 역사는 전적으로 다른 측면을 띠게 되었다. "인간사(人間事)의 궁극적 중요성은 현재를 이해하는 능력에 의해서만 파악되고, 현재는 그 속에서 차지하는 몫에 비례해서만 비밀을 간직한다.… [중세 역사의 원문들을 해석하려면] 세속적 생활을 경험할 필요가 있다. 이러한 세속적 생활은 수도원 생활에서도 얻을 수 없고 기록관의 침착한 로사에서도 얻을 수 없다. 20대 청년은 열정에 빠져 있고 정치에 친숙해지면서 통찰력을 얻게 되며, 처음에는 위대한 거장들[베네딕토회 수사(修士)들의] 저작에서 결함과 오류를 찾는 데 주의를 집중하기도 한다."[152]

이 때문에 나와 동료들은 노동자계급에게 부르주아 과학이나 철학의 바퀴 속으로 빠져들어서는 안 된다고 끊임없이 촉구하고 있다. 부르주아계급이 대혁

---

151 오귀스탱 티에리(Jacques Nicolas Augustin Thierry, 1795~1856)는 프랑스 역사가로 생시몽의 비서를 지냈으며(1814~1817). 자유주의적 부르주아의 입장을 견지하였고 근대 사학에 실증적 연구방법을 확립하는 데 기여하였다.-옮긴이

152 Renan, *Essais de morale et de critique*(Critical and Moral Essays), pp. 117~118.

명 후에 그랬던 것처럼 프롤레타리아계급이 세상을 차지하는 그날 일대 변화가 일어날 것이다. 의회체제는 위대한 근대 부르주아계급 역사가들에게 그들의 사명감이 무엇인지 보여주었다. "왕정복고가 자유주의라고 명명한 일단의 이념들은 역사의 영혼[오귀스탱 티에리의 영혼]이었다."[153] 즉 "혁명적 흥분이 분출한 후에 거의 곧바로 진지한 연구들의 황금시대가 뒤따른 것이다."[154] 이는 르낭이 말하듯이,[155] 나폴레옹전쟁의 종식이 예기치 않은 많은 교훈을 남긴 사실 탓이기도 하지만, 1820년 전후[나폴레옹 1세가 폐위되고(1814) 부르봉 왕가에 의한 왕정복고시대(1814~1848)-옮긴이]로 부르주아계급이 독자적으로 사고할 능력을 가지게 된 사실 탓이기도 하다.

누누이 말했듯이, 부르주아계급이 의회체제를 가지고 있듯이 프롤레타리아계급은 자체의 제도를 가진다. 노동자계급이 지적 해방을 성취하여 부르주아계급의 몰상식에 대한 모든 존경을 벗어나게 하는 것은 생디칼리슴(syndicalist)[156] 운동이다.

---

[153] ibid., pp. 115~116.
[154] ibid., p. 124.
[155] ibid., p. 116.
[156] 19~20세기 초 일어난 노동조합주의의 하나로 생디카를 유일한 노동자 조직이라고 생각하고 의회의 역할을 부정하며 노동조합을 혁명의 주체로 하여 총파업을 통해 노동조합이 생산의 관리권을 장악하여 착취 없는 자유로운 사회를 이룩할 수 있다고 주장하였다.-옮긴이

제3장

18세기 과학

1 호기심 대상으로서 과학 / 백과전서 / 행정가의 필수 지식 / 거대한 희망을 고무하는 발견들

진보 이론은 정복 계급이 미래에 대해 충분하게 확신을 하고 권력을 잡을 준비를 완벽하게 갖췄다고 믿으며, 원대한 개혁을 위한 계획을 세워놓았을 때 자연스럽게 출현한다. 그렇더라도 진보 이론이 가진 과학적 의미를 정확하게 설명하지 못한다면 그 정복계급의 이념을 충분히 이해할 수 없다.

오늘날 과학은 하나의 엄격한 분과학문이며, 그 안에서 실험자는 각자 자신의 전체 삶을 힘들게 가꾸기 위해 협소한 영역을 선택한다. 자신의 분과학문에 진정하게 능숙해지려면 오랜 훈련을 거쳐야 하고, 최신의 발전에 뒤처지지 말아야 하며, 또한 특수한 탐구 방법에 능통해야만 한다. 과학적 작업을 독립 영역으로 분할하는 것은 너무나 자연스러운 일이고 유익하게 보여서 아무도 그러한 사회구조를 반박하려 하지 않는다. 우리 선조들은 이러한 전문화는 농장노동자에나 어울릴 법한 판에 박힌 일이고, 정신을 타락시키며, 인간의 고귀한 운명을 능욕하는 것쯤으로 여겼다. "18세기 문학 정신을 간직하고 있는 사람들은 대부분 기하학을 이해한다고 자랑했다. 과학자들도 문학에 잠시 손을 댔다고 자랑했다."[1]

---

[1] Cournot, *Considerations sur la marche des idees et des evenements dans les temps modernes*(Considerations on the Advance of Ideas and Events in Modern Times), II, 54~55. 그런데 클레로(Alexis Claude Clairaut, 1713~1765: 프랑스의 수학자 겸 물리학자로 13세 때 파리 아카데미에 수학 논문을 제출하였고, 18세 때 해석적 곡선론에 관한 저작을 발표해 학술원 회원이 되었다. 지구의 유체역학적 고찰 등 천체역학과 측지학 연구에 큰 업적을 남겼으며, 수학에서도 미분방정식의 연구 등에서 선구적 업적을 남겨 그가 저술한 대수학·기하학 교과서는 프랑스에서 널리 사용되었다-옮긴이)는 달랑베르가 "여러 서한에서 자신을 구분하려 한" 것을 참지 못

퐁트넬은 스스로를 철학적 공식에 적합한 인물이라고 생각했다. 그는 과학과 연계하여 좋은 결과를 낸 것을 자랑스럽게 여겼다. 브륀티에르는 퐁트넬이 대단한 발견을 한 것으로 잘못 생각했다.[2] 그리하여 그는 실증주의자들에게 그런 어리석은 생각을 남기게 되었다. 어떤 것을 과학과 억지로 연계하는 것은 결코 근대적 탐구의 최상의 목표가 아니다. 그렇게 하는 것은 오히려 프랑스사회의 옛 관행을 표현한 것이다. 그것은 무엇보다도 살롱의 방식을 따른다. 18세기 사람들의 가장 큰 관심은 상류사회에서 개화된 사람들과 마주쳤을 때 대화를 할 수 있느냐 하는 것이었다. 민주적 부르주아계급은 과학과 연계하는 것에 계속 매료되었는데 이는 이 계급이 자체의 이념을 별로 가지지 않고, 구체제를 자신들 이념에 자양분을 공급하는 원천으로 삼고자 했기 때문이다. 우리 선조들이 과학에 관심을 가진 데는 여러 가지 이유가 있는데 그중 으뜸가는 것이 상층계급의 탐구정신이다.

A. 17세기 말이 되면서 당시까지 전혀 알지 못했던 일련의 주제들에 대한 열기가 온 세상에서 감지되었다. 이전 세대의 정직한 사람(17세기의 이상형)은 시야가 다소 한정되었다. 이제는 모든 것에 대한 통찰력이 요구되었다.[3] 1675년에 출간된 르메리(Lemery)의 『화학강의』는 판을 거듭해서 출간되었고 여러 나라 언어로 번역되었다. 숙녀들은 뒤 베르네(du Verney)의 해부학 수업을 높이 평가했다. 이 과학자는 메인 공작부인에게 로네 양을 추천하는 추천서에서 그녀는 "인간 신체를 가장 잘 아는 프랑스의 딸"이라고 적었다.[4] 그리하여 토마스 디아푸아뤼(Thomas Diafoirus)는 약혼녀를 어색하지 않게 해부수업에 초대할 수 있

했다[Diderot, *Oeuvres completes*(Complete Works), VI, 474].
2 Brunetiere, *Etudes critiques*, 5th ser., pp. 239, 242.
3 Brunetiere, *Etudes critiques*, 5th ser., p. 236.
4 Brunetiere, *ibid.*, 5th ser., pp. 232, 235.

었다.⁵

튀르고는 호기심을 진보를 추동하는 가장 큰 원동력으로 생각했다.⁶ 이러한 견해는 그 시대 과학자들의 견해와 완전히 일치하는데, 그 시대 과학자들은 항상 새로운 지식을 추구하고, 과학적 특수성이라는 좁은 영역 안에 머물지 않았다. "명성을 추구하면서도 문학적 재능을 가지지 않은 세상 사람들처럼 뷔퐁은 수학 연습에 대한 열망에서 시작했다. 그런 다음 물리학이 부자가 되는 최선의 방법이라고 생각하고 물리학 실험을 했다. 마침내 그는 왕의 정원 관리인 지위가 자신에게 가장 적합하다는 것을 발견했고 그와 동시에 유명한 박물학자이자 작가가 되었다. 이러한 이중 역할을 하는 동안 그는 대중에게 가장 유명한 동시에 가장 인상적인 인물이 되었다." 쿠르노는 18세기 사람들은 뷔퐁을 모범으로 삼았다고 지적한다. 뷔퐁은 처음에는 기하학에 집중했고, 그런 다음 화학과 물리학의 여러 논거를 발견했으며, 최종적으로 자연사에 관심을 기울였다.⁷

디드로는 1765년에 그림에게 보낸 서한에서 클레로에 관해 논평을 하면서 이같은 다양한 호기심에 대해 다음과 같이 기술한다. "형이상학자들과 시인들은 전성기를 맞이했다. 시스템 물리학자들이 그 뒤를 이었다.⁸ 시스템 물리학은 실험물리학의 장을 열어주었고, 실험물리학은 기하학의 장을 열어주었으며,⁹ 기하학은 자연사와 화학의 장을 열어주었다. 이로써 자연사와 화학이 유행하게 되었고, 국사(國事), 상업, 정치 그리고 무엇보다도 농업의 열기와 함께 각광을 받았다. 농업이 과학이 될 줄 어느 누구도 짐작하지 못했다. 전 국민이 천박하게 여기던 것이 후일 유행하게 된 것이다." 클레로는 그런 추세를 따르지 않았

---

5 Moliere, *Malade imaginaire*, Act II, scene vi.

6 Turgot, II, 601.

7 Cournot, *Considerations sur la marche*, p. 55.

8 이는 퐁트넬 시대의 데카르트 추종자들을 말한다.

9 여기서 디드로는 클레로와 달랑베르를 지목한다.

다. 그 결과 그는 사람들로부터 관심을 잃었다. 예전에는 고귀한 숙녀들이 "기하학자들을 만나기를 원했지만" 요즘 "기하학자는 자신의 책에 관심을 가진 판매원이나 그 책을 펼쳐보는 독자를 찾기가 어려워졌다."[10]

실제로 과학은 살롱에서 만들어내는 일시적인 유행 같은 것이었다. 그래서 과학은 기술이 향상되는 것만큼 흥미가 떨어진다. 디드로는 『자연에 대한 해석(*Pensees sur l'interpretation de la nature*)』(1754)에서 수학은 더 이상 진전할 수 없는 지점에 도달했다고 지적한다. "앞으로 백년까지는 유럽에서 세 명의 위대한 기하학자가 나타나지 않을 것이라고 감히 확신한다."[11] 이 진술은 수학자가 이미 애호가 수준을 벗어나기 시작했음을 암시하며, 디드로는 과학적 활동이 애호가들을 매료시키지 않으면 존재할 수 없다고 생각했다.[12]

화학이 엄청난 성공을 누린 것은 그때까지 제약 기술에만 머물렀기 때문이

---

10 Diderot, *Oeuvres completes*, VI, 474~475.

11 *ibid*., II, II.

12 그는 18세기의 위대한 기하학자들의 저작, 즉 베르누이(Daniel Bernoulli, 1700~1782: 스위스의 수학자이자 이론 물리학자로 기체 운동론에 관한 선구적 연구, 열의 본성에 관한 고찰, 에너지 보존 법칙의 기초 연구 등으로 잘 알려져 있다. 운동하고 있는 유체의 압력과 유속, 임의의 수평면에 대한 높이 사이의 관계를 나타내는 유체역학의 정리(베르누이 정리)로 유명하다-옮긴이), 오일러(Leonhard Euler, 1707~1783: 스위스의 수학자 겸 물리학자로 미적분학을 발전시키고, 변분학을 창시하였으며, 대수학·정수론·기하학 등 여러 방면에 걸쳐 큰 업적을 남겼다. 수학, 천문학, 물리학 분야 외에 의학, 식물학, 화학 등 많은 분야를 광범위하게 연구하였다-옮긴이), 모페르튀이, 클레로, 퐁텐, 달랑베르, 라그랑주(Joseph Louis Lagrange, 1736~1813: 프랑스의 수학자 겸 천문학자로 독학으로 수학을 공부한 그는 오일러의 인정을 받고 달랑베르의 추천으로 오일러의 후임으로 프리드리히 대제가 초빙하여 베를린 학술원 수학부 부장이 되었다(1766~1787). 파리 이공과 대학 초대 학장을 거쳐 나폴레옹 1세 때 상원 의원이 되었다. 등주 문제·정수론·미분 방정식론·타원 함수론·불변식론 등에 관한 연구 외에 수학을 물리학에 응용하는 업적을 남겼다-옮긴이)의 저작들은 "이집트의 피라미드처럼 미래의 몇 세기 동안 존속할 것인데, 상형문자로 덮인 그 표면은 그것을 건축한 사람들의 역량과 자원이 굉장했다는 것을 일깨워준다." 물론 이런 저작들은 이해하기가 어렵다.

다. 1770년에 디드로는 루엘[13]에 대해 말하기를 비록 우리가 디드로의 빈약한 과학관에 대해 알지 못하더라도 그의 열정은 우리를 놀라게 한다. 루엘은 "시인이자 철학자, 신학자, 정치인, 음악가가 되기를 원했다." 그는 "위대한 과학자, 심오한 이론가"였지만, "그는 연금술을 믿은 탓에," "어리석고 무뚝뚝한 기계 조작자가 되었다."[14]

디드로가 생리학에 크게 매료된 것은 아직 그것이 발달하지 않았기 때문이다. 그래서 그는 기초 개념들에 만족했다. 디드로는 예카테리나 여제에게 인체 조직, 특히 (젊은 숙녀들에게 설교 목적을 위해 설명하기 위해) 생식 기관을 가질 수 있게 해달라고 애원했다. 그렇게 하면 일주일 안에 그들은 "인류 발전의 위험과 결과", 그리고 혼인 의무와 임신에 대해 충분히 알게 될 것이다. 디드로의 딸은 해부학 강의를 서너 차례 들은 후 "자신의 작은 머리를 짜내는 이 사악한 책에는 아무것도" 없다며 『캉디드(Candide, ou l'Optimisme)』(1759)[15]를 읽었다. 그 강의에서 예를 들 때 밀랍 모형을 사용하는 광경을 보고 그녀는 상상력을 충분히 진정시키고, 또 예법이 인체의 특정 부위를 완전히 덮어 가려주는 이유를 충분히 이해할 수 있게 되었다.[16]

무엇보다도 디드로는 그 시대 사람들이 예술과 공예에 능숙한 것을 인식하

---

13 루엘(Guillaume François Rouelle, 1703~1770)은 프랑스의 화학자로 용액의 중성·산성·알칼리성의 구별을 처음으로 지적하였다.―옮긴이

14 Diderot, *Oeuvres completes*, VI, 405~409. 그는 대사(大使)의 면전에서 실행한 그 유명한 바닷물 제염(製鹽) 실험을 칭송하며 말한다. 파리에는 루엘의 영향을 받은 자연사 관련 서적이 200권에 달했다. 이것은 사소한 것들이 누적된 결과이다.

15 프랑스의 작가 볼테르가 쓴 철학적 풍자 소설. 사회적 부정·불합리를 고발하는 철학적 풍자의 대표작으로 당시의 지배 계급인 로마 가톨릭교회 예수회와 종교재판소 등의 부패상을 묘사해 큰 파문을 일으켰다.―옮긴이

16 Diderot, *Oeuvres choisies*, centenary ed., pp. 326~329. 이 신기한 분석에서 디드로는 속물의 완벽한 순진무구함을 보여준다. 여기서 오늘날 세속 정신의 옹호자임을 공언하는 사람들은 자신들의 유명한 선조처럼 속물임을 지적해두는 것도 의미가 있다.

고는, 그들이 호기심이 많고 유아 같은 심성을 가졌다는 것을 증명했다. 그는 많은 사람들이 자신을 과학기술의 창조자로 여긴다고 자신이 고안한 작품을 태연하게 자랑했다. 그렇지만 과학기술은 온건하고 자연스럽게 출현했다. 그런데 과학기술은 프랑스의 군사기술자들과 군사학교 교수들이 창안한 것이다. 조셉 레나슈는 자신이 쓴 글을 보면 이러한 사실을 분명 모르고 있는 것 같다. 그는 이렇게 쓰고 있다. "철학자들은 노동자계급을 발견하려고 노력하고, 또 만약 없었다면 문명을 꿈에 불과한 것으로 만들었을 소동을 인정하고자 했으며, 그리하여 제3신분이 출현하여 자유와 권력을 가질 수 있게 하려고 노력했다. 그 혁명은 지적 혁명인 동시에 정치혁명이자 사회혁명이었다."[17] 철학자들은 그 혁명을 보고 상류층 사람을 즐겁게 해주었다.

상류층 사람들은 『백과전서(Encyclopedia)』를 매우 흥미롭게 읽었다. 조셉 레나슈는 볼테르의 일화를 대표적인 예로 드는데, 이 일화는 『백과전서』 편찬이 성공한 이유를 분명하게 보여준다. 그 일화를 통해 궁정 조신들은 폭약의 화학 성분을 배웠고, 아녀자들은 다양한 색조화장품들의 차이를 구분하는 법을 터득했다. 또한 그 일화를 통해 "퐁파두르 마담은 올바른 해석을 발견했다. 과학 사전과 예술 사전이 대중에게 성공한 것은 그것이 모든 용품을 보관하는 저장소였기 때문이다. 사람들은 백과사전을 끝까지 넘긴 다음 자신이 그 분야에서 가장 유식하다고 생각했다."[18] 디드로가 보여준 것은 상류층 여성의 내실의 과학 또는 살롱의 과학이었다. 낡은 생산방법으로 그 시대 사람들을 즐겁게 한 그를 '근대 공업의 선각자'[19]라고 부르는 것이 정당한가?

평범한 상식을 가진 쿠르노는 백과전서파의 이념을 보고 충격을 받았다. 대

---

17 J. Reinach, *Diderot*, p. 43. 그 저자의 순진한 무지는 그가 자기 영웅이 전기기술을 예견했다고 말한 구절에서 명백하게 나타난다.

18 *ibid.*, pp. 72~74.

19 *ibid.*, p. 42.

전환기에 인간 지식의 목록을 작성하는 것 자체가 그에게는 신기하게 보였다. "백과전서파의 과오를 설명하려면 이제부터는 그들과 그 후원자나 그 열성 지지자들을 과학자로 간주해서는 안 되고 철학자로 간주해야 한다. 만약 당신이 원한다면 그들을 과학의 친구가 아니라 철학옹호자로 간주해야 한다."[20] 그런데 이러한 철학은 상류층 사람들 사이의 대화로 구성된다는 사실도 명심해야 한다.

그 당시 신비주의가 대성공을 거두었다는 사실을 고려하지 않으면 18세기 정신을 완전하게 이해할 수가 없다. 『백과전서』 독자들이 이 어리석은 관행에 빠져든 것을 보면 놀라지 않을 수 없다. 그들은 모든 세속적 분야의 지식을 섭렵하고 나서 호기심을 충족하기 위해 보이지 않는 영역을 탐구했다. 결국 그들은 실험 방법을 이용하지 않았는가? 그것은 모든 사람이 추구한 것 중 하나이지 않는가? 다수의 평범한 사람들이 참가하면 신비스러운 결과를 얻게 된다.[21]

B. 상류층 사람들의 호기심은 대체로 집권 과두세력의 모든 구성원의 관심사와 완전히 일치한다. 탁월한 행정가가 되는 데는 전문가의 지식이 조금도 필요 없다. 매일 우리는 정치집회에서 대의원들이 보통사람들은 전혀 알지 못하는 전문적인 사항에 대해 결정을 내리는 모습을 본다. 그런데도 그들 중 어느 누구도 군함건조나 철도부설, 풍습 관련 법령을 제정할 때 기권할 생각을 하지 않는다. 프랑스혁명 후 꽤 오랫동안 『백과전서』와 그와 유사한 사전집들은 공무원들이 처리해야 할 제반 사항을 파악하는 데 도움을 주었다. 이러한 유형의 훈련

---

20 Cournot, *Considerations*, pp. 56~57.
21 콩도르세는 일반교육을 받은 사람들이 거대한 영토를 반복해서 관찰하면 광물학, 식물학, 동물학, 기상학이 크게 진전한다고 믿었다(*Tableau bistorique*, 9th epoch). 신비주의는 동일한 조건을 가진다. "과학은 모든 사람이 배양할 수 있다. '민주적'이라는 용어를 '대다수 사람들이 접근할 수 있다'는 의미로 사용한다면 어떤 과학도 신비주의보다 민주적이라 부를 수 없다.

은 산업시설 감독자들에게도 대체로 적절할 것이다. 사실 얼마 전까지만 해도 공장은 상인이나 회계사, 농장 노동자가 감독했다. 자본가들이 이들을 높이 평가한 것은 노동자들에게 강경한 태도를 취했기 때문이다. 반면 내가 훈련시킨 기술자들은 전혀 이러한 태도를 취하지 않았다.

강한 의지, 협업 정신, 각종 유능한 솜씨 등은 대규모 작업장 감독에게 큰 자산이었다. 1830년 무렵에 유어(Ure)는 이렇게 말했다. "영국의 방적공장 소유자는 그때까지 기계에 의지하지 않고 경영자에 의지했는데 이들은 능력이 별로 뛰어나지 못했다."[22] 르플레는 오랫동안 광산학교에서 야금술을 가르치며 교사로서 직업능력을 배우기 위해 유럽의 모든 공장을 방문했다. 거기서 그는 "기술의 진정한 요소들은 현장 감독에게는 종종 알려지지 않고 있다고" 진술한다. 또한 그는 다음과 같은 말을 덧붙인다. "시간을 효율적으로 사용하기 위해 내가 간청할 수 있는 것은 이들 경영자를 노동자학교에 배치하도록 허용하는 것뿐이다."[23] 공업학교 학생들을 경영자로 키우는 데는 오랜 시간이 걸렸다.

튀르고 전기문을 쓴 작가는 튀르고가 물리학, 화학, 수학을 연구한 것은 이것들이 "농업, 제조업, 상업과 어떤 관계가 있는지 알고 싶었기 때문이라고" 한다.[24] 이들 학문에 대한 그의 연구 결과는 매우 조잡했다. 1765년에 디드로는 쓸데없는 전문성에 제한되고 싶지 않다면 기하학에 필요한 모든 것을 배우는 데는 단 6개월이면 족하다고 생각했다. 그에 따르면, "나머지는 순전히 호기심이다."[25]

사람들은 콩도르세가 나중에 르플레가 중요하게 여긴 것과 유사한 역사 탐

---

22 Ure, *Philosophie des manufactures*(Philosophy of Industry), I, 66~67.

23 Le Play, *La Reforme sociale en France*(Social Reform in France), 5th ed., II, 20.

24 Turgot, I, xxxii. 『콩도르세와 튀르고의 미공개 서한(*Correspondance inedite de Condorcet et de Turgot*)』 편집자인 찰스 헨리(Charles Henry)는 튀르고가 보낸 서한에는 기초 지식만 나타나 있어서 수학 연구에 별 성과가 없었다고 지적한다(pp. xii~xiii).

25 Diderot, *Oeuvres completes*, VI, 475.

구의식을 가졌는지 궁금해한다. "무엇이 진정으로 인류―거의 전적으로 자기 노동을 통해 생활하는 종족집단―를 구성하는지는 (역사에 의해) 잊혀졌다. 자신을 위해서가 아니라 사회를 위해서 공무를 수행하는 사람들, 즉 가르치고 관리하고 방어하고 타인의 부담을 경감시키는 공적 업무를 수행하는 사람들 가운데서 오직 지도자만이 역사가의 지시를 따랐다." 콩도르세는 여행객들이 낯선 유형을 묘사한 것처럼 프랑스사람을 묘사하고 싶어 했다. 애석하게도 이들 여행객은 대체로 피상적이고 준비가 불충분했다.[26]

19세기 경제학자는 노동하는 소수 종족에 관한 연구논문을 활용하면 대중의 지식 속으로 파고드는 것이 가능하다고 생각했는데, 18세기 철학자들은 그런 생각을 했다고 볼할 만한 근거가 전혀 없다. 사실 르플레는 자신의 방법을 과학적으로가 아니라 직관에 의해 정당화하려고 했다. 이러한 직관은 실천과학을 아주 열정적으로 가르치고 또 노동자들과 접촉함으로써 배울 기회를 많이 가진 기술과(技術科) 교수에게 자연스럽게 나타난다.

콩도르세의 목표는 매우 단순했다. "발견의 결과를 설명하고자 하든 중요한 이론이나 새로운 법체계 또는 정치혁명을 설명하고자 하든 문제의 핵심은 그러한 것들이 사회의 대다수 사람들에게 어떤 영향을 주는가 하는 것이다. 철학의 진짜 대상을 구성하기 위해서는 이러한 동일한 원인들의 모든 중간 결과만 인류의 대다수에 영향을 미치는 최종 결과를 구성하는 수단으로 간주해야 한다. 이러한 목표에 도달할 때…사람들은 진정한 영광의 타이틀을 인정받을 수 있고 또는 자신들의 이성에 의해 이루어진 진전을 유쾌하게 누릴 수 있다. 인류의 진정한 완성을 판단할 수 있는 것은 오직 이것뿐이다. 모든 것을 이 최종 결과에 연관시키는 것은 정의와 이성에 달려있다."[27] 중농주의자들과 18세기의 모

---

[26] Condorcet, *Tableau historique*, 9th epoch.
[27] 콩도르세에 따르면, 모든 물질적 생활조건의 향상은 실제로 정치적 사건 또는 순수과학의 발견에서 비롯된다.

든 개혁가들은 국가가 나서서 국민의 대다수를 차지하는 극빈곤층의 생활상태를 향상하도록 행정 감독을 해야 한다고 생각했다.[28] 생시몽 일파(Saint-Simonian)[29]는 이러한 전통을 받아들이는 데 그쳤다. 그들이 가진 유일한 장점은 이전의 모든 이론가들이 제시한 소망을 활발하게 표현한 것이었다. 콩도르세의 연구결과는 정부가 개혁 의도를 가지도록 계몽하여 정확하고 상세한 통계가 공공행정에 도입한 각종 규칙의 결과를 실행하게 하는 것이다.[30]

C. 행정가, 과학자, 경영자들은 사람들이 백과전서파의 방법에 따라 계몽되었더라면 온 나라 경제가 급속하고 심대하게 변화했을 것이라고 생각했다. 이러한 관점에서 보면, 이 당시에는 몇 가지 사건이 대중의 생각에 상당한 영향을 미쳤다. 나는 화학에 의한 각종 발견들이 결정적인 영향을 미쳤다고 생각한다.

화학만큼 사람들을 크게 놀라게 하는 학문 분야가 없다는 점에 주목할 필요가 있다. 고대에는 광석 처리, 금속 정련, 합금 등의 과정이 미신 숭배에 의해 이루어졌다. 어느 분야도 그만큼 영업 비밀과 특수한 비법을 간직하지 않았다. 발

---

28 Turgot, I, lxxii. 그 편집자는 케네 학파가 유일하게 이 목표에 진지하게 관심을 가졌다고 말한다.

29 생시몽(Comte de Saint-Simon, 1760~1825)은 프랑스 사회학자·사상가·경제학자로 오웬·푸리에와 함께 공상적 사회주의의 대표적 인물이다. 귀족 출신으로 18세 때 미국 독립전쟁에 참전하였다가 귀국 후 프랑스 혁명을 지지하였고, 봉건 영주와 산업가의 계급투쟁의 역사를 개선하여 서로 협력하는 계획생산 제도 건설을 주장하였다. 그의 사상은 도덕적이고 공상적이었으나 이후 마르크스와 엥겔스의 사회주의 사상, 존 스튜어트 밀의 사상에 영향을 주었다. —옮긴이

30 조레스는 콩도르세의 글이 너무 과장된 용어들로 이루어져 사람들은 그 자신이 그 용어를 이해하고 있는지 궁금해 한다고 논평한다. "민주적이고 인간적인 역사는 과두제 역사보다 훨씬 난해하다. 그러나 그런 역사가 사회적 삶의 뿌리에 도달할 때…정의와 기쁨이 그 속으로 점진적으로 침투하게 될 것이다"[*Histoire socialiste, La Convention*(Socialist History, the Convention), p. 1792].

명가가 자본가에게 새로운 야금처리법을 알려줄 때 쉽게 신뢰를 얻는 것은 아직도 사람들은 여전히 화학을 연금술로 이해하고 있기 때문이다. 우리 시대 사람들에게는 탄광에서 채취한 폭발성 물질과 염료가 고귀한 과학적 발견보다 더 높은 상상력을 심어주었다.

라부아지에[31]의 실험은 18세기 말 화학에 일대 변혁을 일으켰다.[32] 그 실험은 집권 과두세력의 백과전서식 지식이 성취한 바를 인상적으로 보여주는 본보기이다. 라부아지에는 화학에 관한 위대한 논문들을 발간할 당시 징세권 보유자였다. 그의 직업 때문에 이 과학은 제약 분야에 도입되었고 그리하여 전적으로 부르주아과학이 되었다. 그러나 나는 선조들이 견고한 도자기 제조 비법을 프랑스에 소개한 것이 가장 인상적이라고 생각한다.

유럽은 아주 오랫동안 고품질 도자기 제조에서 중국을 앞서려고 무진 노력을 해왔다. 작센 지방의 어느 화학자가 우연히 도자기용 찰흙 성분을 발견했다. 프랑스는 약간 늦게 이 단계에 도달했지만, 그 과정에서 과학이 개입되었다. 다르세(Darcet)는 수차례 거듭해서 토양 실험을 했고, 그 결과를 과학학술원(1766~1768)에 발표했다. 그 결과 도자기 제조에서 과학적 방법이 도입되었는데 그것은 더 이상 행운에 의한 것이 아니었다. 상류층 사람들은 그것만큼 화학에 영예를 안겨다준 것은 없다고 생각했다.[33]

---

31 라부아지에(Antoine-Laurent Lavoisier, 1743~1794)는 프랑스의 화학자. 근대화학의 창시자로서 물이 산소와 수소로 이루어졌다는 것을 입증하는 등 화학 분야에 명성을 얻었고, 과학의 여러 분야뿐만 아니라 공공분야에서도 많은 업적을 남겼다. 일찍이 과학학술원 회원이 되었고 이어서 국립 화약 공장 감독관, 프랑스혁명 시절에는 도량형법 설정 위원을 지냈다. 그러나 과거 징세청부인 전력 때문에 1793년 프랑스 혁명공회에 체포되어 단두대에 올라 처형되었다. -옮긴이

32 콩도르세는 라부아지에가 주장한 새로운 사상의 중요성을 제대로 이해하지 못한 것 같다. 그는 과학적 전문용어를 도입한 것에 특히 감명을 받은 것 같다.

33 『미쇼 전기문(Biographie Michaud)』에 실린 「다르세(Darcet)」 편 참조.

다르세와 그 시대 여타 화학자들은 수많은 실용적인 문제들에 관심을 집중했으며,[34] 콩도르세는 그들이 산업 및 효율적 행정에 기여한 바를 극찬했다. "화학기술은 새로운 처리법과 함께 풍부해졌고, 또한 종래의 방법을 순화하고 단순화했으며, 전통이 도입한 무익한 또는 유해한 물질 그리고 비효과적 또는 불완전한 관행을 모두 제거했으며, 동시에 노동자가 끔찍한 위험에 노출되지 않도록 방지해주는 수단을 발견했다. 이와 같이 화학기술은 불행한 희생과 후회의 비용을 크게 줄여주고, 더 많은 기쁨과 보상을 가져다주었다."[35]

콩도르세 동료들이 자연사의 중요성을 크게 부각시킨 데[36] 반해 콩도르세 자신은 이 주제와 관련하여 자기 견해를 피력하는 것을 다소 자제했다. 이는 어쩌면 뷔퐁에 대한 반감 탓으로 보인다. 그렇지만 그는 "우리의 욕구를 채워주는 채소 재배, 가축 양육, 번식, 보존 기술, 가축우리 제작 및 동물 가공식품 개량 기술 등의 유용성에 관해 말하고 있다."[37] 첫 번째 판단은 분명 밀과 포도나무에 관한 니콜라스 드 소쉬르[38]의 저작들과 『백과전서』에 실린 그의 글들을 참고한

---

34 다르세는 후일 젤라틴을 발명했는데, 이것의 식품가치를 두고 많은 토론이 전개되었다.

35 Condorcet, *Tableau historique*, 9th epoch. 조레스는 콩도르세가 이 문장에서 "자기 사상은 매우 혁명적이고 그리하여 과학과 혁명을 결합하고" 있음을 보여주고 있음을 발견한다(Jaures, *Histoire so cialiste, La Convention*, p. 1792). 사람들은 '그 위대한 민주주의 지도자'가 자신이 읽고 있는 것을 이해하고 있는지 의심한다. 왜냐하면, 이 구절은 나중에는 수은을 다루는 일이 별로 위험하지 않다는 연구에 대해 거의 언급하고 있지 않기 때문이다.

36 Diderot, Oeuvres completes, III, 463. 그의 견해에서는 우리의 필요를 충족시키려면 세 가지 학문 영역, 즉 역학, 자연사, 응용화학이 필수적이다.

37 Condorcet, *Tableau historique*, 9th epoch.

38 소쉬르(Nicolas-Théodore de Saussure, 1767~1845)는 스위스의 화학자이자 식물생리학자로 물, 공기, 식물의 양분에 대해 정량 실험을 하여 식물화학의 기초를 마련하였다. 또한 식물이 토양에서 흡수하는 질소에 의존한다는 것을 증명하는 등 식물학에 많은 업적을 남겼다.-옮긴이

것 같다. 이윽고 우리는 도방통[39]이 순도 높은 양털을 생산하는 양을 기르는 실험에 대해 환상을 가지고 있는 것을 발견한다.

1776년에 도방통은 원산지 가축을 잘 보살피면 쉽게 품종을 개량할 수 있다고 천명했다. 몽바르드(Montbard)에서 그는 메리노(Merino)양[40] 혈통의 루시요네(Roussillonnais) 가축에 대해 놀라운 결과를 얻었다. 튀르고는 스페인산 양을 들여왔다. 1786년에는 랑부예(Rambouillet, 프랑스 중북부, 이블린 주 남부의 도시 -옮긴이)종 양을 들여왔다. 상류층 사람들, 행정가들, 제조업자들 모두 한결같이 이 문제에 관심을 가졌다. 이 실험의 성공은 전통에 대한 과학의 승리를 증명한다. 3년 후 맺은 바젤 조약[41]으로 스페인은 4,000마리의 암양과 1,000마리의 숫양을 방면하는 데 서약했다. 이 강제조항은 지로 드랭(Girod de l'Ain)이 지휘하는 연합에 의해 1789년이 되어서야 효력을 발휘했다. 선조들의 이념을 과장하는 습관을 가진 나폴레옹은 프랑스산 양 전체를 메리노종으로 개량하고자 했다.[42] 이것으로 프랑스가 농업을 발전시키려는 열망이 얼마나 컸는지 알 수 있다.

이어서 콩도르세는 "토양의 생산물과 동물이 제공하는 식료품의 새로운 제조 및 보존 방법"에 대해 말한다. 18세기 말에 식품에 관한 많은 연구가 이루어졌는데, 이 연구들은 비록 완전하게 성공하지는 못했지만 대단한 열기를 불러

---

39 도방통(Louis Jean Marie Daubenton, 1716~1800)은 프랑스의 박물학자로 1793년 자연 박물관을 창립하고 동물학과 관련된 많은 업적은 남겼으며, 처음으로 프랑스에 메리노 양을 수입하는 등 농업 실험에도 힘썼다.-옮긴이

40 스페인 원산 양의 일종으로 오스트레일리아·아메리카·프랑스 등에서 개량종이 생겨났다. 양모가 가늘고 탄성도 뛰어나서 가장 우량한 양모로 평가된다.-옮긴이

41 바젤 조약(Peace of Basel): 프랑스혁명 전쟁의 강화 조약 중 하나로, 1795년 프랑스가 프로이센, 스페인 왕국, 헤센 카셀 백작과 각기 체결한 강화 조약.-옮긴이

42 "Merinos," in the *Dictionnaire d'Agriculture*(Dictionary of Agriculture), by Barral and Sagnier 참조.

일으켰다. 1756년에 루브르 인쇄국은 학술원 회원 틸레(Tillet)가 쓴 보고서 "트리아농에서 행한 상한 밀의 원인에 관한 실험 개요"를 출판하여 지방 행정관들에게 배포했다.

이 시기에 밀 가공과 관련하여 일대 혁명이 일어났다. 그때까지는 가축에게 귀리를 먹인 탓에 막대한 양의 밀가루를 낭비했다. 1709년에 가뭄이 일어나자 상리스[43]에서 온 제분업자가 제분기를 통해 귀리를 재가공하여 큰 이득을 얻었다. 18세기 중반에 파리 주변에서는 비밀리에 새로운 가공법을 이용했다. 1760년과 1761년에 파리에서 '왕에게 밀'을 공급하는 임무를 맡고 있는 말리세(Malisset)가 경찰 입회하에서 여러 가지 실험을 했다. 그런데 곧 장인이 하는 모든 일에 과학이 개입하여 그 일은 빛을 잃게 되었다. 1765년에 과학학술원은 제분에 관한 논문을 쓴 드랑시(Dransy)에게 상을 주었다. 이 기술자는 코르베유(Corbeil) 공장을 세워 새로운 제분공정법이 실행했는데 이를 두고 '경제적 방법'이라 불렀다. 1778년에 파르망티에[44]는 "완벽한 제빵사 또는 제빵 및 빵 판매에 관한 완전한 보고서"를 출간하여 새로운 제분법이 가진 장점을 소개했다.[45]

우리는 18세기에 감자의 찬란한 역사에 대해 잘 알고 있다. 상류층 사람들, 개화된 행정가들, 과학자들은 잠시 자리를 비우면 이 귀중한 식품을 뺏길지도 모른다고 생각할 정도로 서로 열중하여 경쟁을 벌였다.

1761년에 튀르고는 리모주(Limoges)에서 감자의 대중화를 추구했다. 1765년에 카스트르(Castres)의 주교는 감자의 대중화를 포고문 주제로 삼았다. 에그몽(d'Egmont) 백작부인은 스웨덴 왕에게 달레카를리아(Dalecarlia: 스페인 중서부 산

---

[43] 상리스(Senlis): 프랑스 북부, 우아즈의 샹티이의 숲 동북쪽에 있는 고도시(古都市).-옮긴이

[44] 파르망티에(Parmentier)는 1786년 루이 16세 때 프랑스에 처음으로 감자를 도입하여 20가지 감자 요리를 가르친 것으로 알려진 인물이다.-옮긴이

[45] G. Bord, *Le Pacte de famine*, pp. 59~60, 67. 이 제분법이 '경제적 방법'이라 불리게 된 것은 말리세가 새로운 체계를 케네 학파의 보호 아래 두고 싶어 했기 때문이다. 그때까지만 해도 귀리는 타작한 호밀과 모호하게 연계되어 건강에 해로운 것으로 생각했다.

악지방-옮긴이)에 감자를 심으라고 촉구했다.[46] 파르망티에가 유명한 논문을 쓴 때는 1778년이었다. 그르넬(Grenelle)에서 행한 경작 실험, 루이 13세의 사적 개입, 자선활동을 동반한 미식가의 발명품 등에 대해 일일이 거론할 필요는 없다.[47]

감자는 철학적 식물이 되었고 그 후[48] 프랑스혁명기에는 애국적 식물이 되었다. 과학과 지적 권력의 연합은 더 이상 순진한 일이 아니었다.

2 형이상학의 사회문제 적용 / 콩도르세의 환상 / 오류의 원인 / 허위 과학의 영속 가능성

그 당시 과학을 성립하게 한 조건들을 살펴보면 당시 엄청나게 유행하던 그 유명한 '개연성 계산'에 관한 개념들을 이해할 수 있다. 이 개념들을 두고 존 스튜어트 밀[49]은 '수학의 수치'라 불렀으나, 19세기 중반까지 한때 큰 영향력을 발휘했다.[50] 그 문제를 면밀히 검토해야만 그 시기의 사상 속으로 깊숙이 파고들

---

46 Geoffroy, *Gustave III et la Cour de France*(Gustave III and the French Court), I, 246. Taine, *Ancien Regime*, p. 387. 그 저자는 날짜를 밝히지 않고 있다. 에그몽 백작부인은 1773년에 숨을 거두었다.

47 『미쇼 전기문』에 실린 논문 「파르망티에」에 따르면, '사부아의 케이크'는 저명한 약사가 만든 것이다. 이와 같이 과학은 요리를 완성하기까지 했다.

48 그렇지만 1847년에 마르크스가 '연주창을 낳는다고' 비난한 탓에 감자에 대한 편견은 19세기 전반기까지 지속되었다(*The Poverty of Philosophy*, p. 69). 이 문제는 모렐(Morel)이 1857년에 출간된 저작 『퇴보 보고서』(*Traite des degenerescences*[Treatise on Degeneration])에서 많은 지면을 할애하여 논의하고 있다.

49 존 스튜어트 밀(John Stuart Mill, 1806~1873)은 19세기 영국의 철학자이자 경제학자로 벤담의 양적 공리주의와 구분되는 질적 공리주의 사상을 발전시켰으며, 자유주의와 사회민주주의 정치사상의 발전에도 크게 기여하였다.-옮긴이

50 John Stuart Mill, *System of Logic*, II, 64.

수 있으므로 그 개념을 이해하는 것은 매우 중요하다.

관찰자들은 많은 현상들이 거의 규칙적으로 일어나는 것을 보고는 감명을 받고, 기회(chance)의 수학이 존재한다고 가정하게 되었다. 갈릴레오의 어느 한 친구는 세 개의 주사위를 스물일곱 번 조합하면 숫자 11이 나타나고, 스물다섯 번만 조합하면 숫자 12가 나타난다는 것을 발견했다. 기록된 사례들의 관계가 여기서는 여러 조합들의 관계와 일치한다. 뷔퐁은 주사위를 공중에 4,040번 던져서 던진 횟수의 약 절반인 2,048개 면을 발견했다.[51] 왜 하나의 숫자가 다른 숫자 대신에 나타나는지 이유는 분명하지 않다. 그러므로 그 결과가 조합 분석에서 나타난 결과와 종종 매우 가깝게 나타나는 것은 기묘한 일이다. 중요한 응용을 위한 기초가 되는 유사한 규칙성을 실제상에서 발견할 수 없다면, 그것은 기묘한 역설에 불과한 사실의 문제이다.

생명보험사는 보험 할증료를 계산할 때 사망률의 규칙성에 근거한다. 포병들은 화포에서 발사되는 발사체가 항상 일정한 상태를 유지하는 법칙(가우스[Gauss]의 법칙)이나 천문 관찰에서 나타나는 오류에도 적용되는 법칙에 따라 분포되어 있는 것을 관찰했다. 케틀레[52]는 군대 징집의 경우에도 가장 높은 수준과 평균 사이에 분포되어 있다는 것을 위와 동일한 법칙을 따른다는 것을 보여주었다. 주르네 대령은 병사들의 다양한 신체 습성의 빈도를 하나의 표로 분류하여 표시했다.[53] 그러나 이러한 우연이 하나의 질서를 따르는 경우는 순전히 예외적이라는 점을 항상 명심하고 있어야 한다. 사물의 관찰에 익숙하지 않는 사람들은 기회의 유형이 하나밖에 없다고 생각하기 쉽고, 또 많은 모호한 작은

---

51 J. Bertrand, *Calcul des probabilites*(Calculation of Probabilities), pp. vii, ix.

52 케틀레(Lambert Adolphe Jacques Quetelet, 1796~1874)는 벨기에의 통계학자·천문학자·기상학자로 1853년에 국제통계회의를 발족시켜 초대 의장이 되어 국세조사 기획의 표준화에 공헌하였다. 라플라스나 푸리에의 영향을 받아 지구물리학의 성과를 인간 사회에 적용하는 '사회물리학'을 제창하였다. -옮긴이

53 Journee, *Tir des fusils de cbasse*(On Shooting Hunting Rifles), 2d ed., pp. 377~378.

원인들이 작용할 때 개연성 계산을 적용한다고 믿기 쉽다. 상류층 사람들과 마찬가지로 수학자들은 이러한 환상에 수없이 속아 왔다.

상류층 사람들은 개연성 계산의 유용성을 보험설계사가 보험 할증료를 설정하는 방식과는 전혀 다르게 이해한다. 보험설계사는 모든 기회가 사라지는 다수의 숫자들에 기초하여 개연성을 계산한다. 다수의 고객을 가진 회사는 고객 하나하나의 운명을 확실하게 파악하여 운영한다. 그래서 보험설계사는 개연성 계산을 확실성으로 여기게 된다. 한편 상류층 사람들은 개연성 개념을 도박을 할 때만 중요하게 여긴다. 그들은 생명보험회사와 거래하는 개인에게 그가 생존기회 관련 개방형 복권에 불입한 금액에 대해서만 교환청구권을 가진다고 가르쳐주고 싶어 한다.

사적 개인들 사이의 계약을 기초로 하여 종신연금 수급률을 확정할 수 있는 근거는 없다. 대형 보험회사에서는 한결같이 할증료를 적용하는데, 이것은 명백히 편의적인 것이지 개연성 계산에 의한 것이 아니다. 왜냐하면 그러한 계약에서는 사망률 표시란에서 유리한 조건과 불리한 조건 사이의 보상금 차이를 고려할 수 없기 때문이다.

마찬가지로 두 도박꾼이 붉은색과 검은색을 두고 내기를 하는 경우에는 공정한 규칙이 없다. 공정한 규칙이란 룰렛 게임에서 상대를 이길 생각이 전혀 없을 만큼 박애주의 정신 가진 경기자가 채택하는 규칙이다. 그는 행운의 경기자 각각에게 자기 몫의 두 배를 나눠주는데, 수없이 경기를 하다보면 득실이 균형을 이루게 된다. 이 경우에는 게임의 결과를 조합 분석(combinatory analysis)[54]을 통해 예측할 수 있다.[55] 상류층 사람들은 (경기자 서로에게 경기가 단 몇 차례만 돌아가는 경우에도) 이러한 방안이 모든 게임에 적용되는 공정한 방법이라고 생각한다. 수학자들은 이러한 공정성 규칙의 착상을 도박꾼들로부터 얻었는데, 그

---

54 1부터 10 중에 N개의 표를 뽑는 경우의 수 함수.-옮긴이
55 실제로는 은행가가 이기게 되어 있어 도박꾼들은 희열과 낙담을 교대로 거친다.

것이 어떤 근거가 있는지는 검증하지 않았다.

우연의 현상을 주제로 채택하는 데는 두 개의 견해가 있는데, 이 둘 사이에는 커다란 차이가 있다. 이러한 차이는 18세기에 일어난 접종 관련 논의에서 가장 두드러지게 나타났다—이때 우연의 현상은 은행업자 입장에서 보느냐 개인의 입장에서 보느냐에 따라 달라진다. 다니엘 베르누이는 이러한 [접종] 실험은 다소 위험한 점이 있긴 하나 그것을 대중화하면 평균 기대수명이 연장되므로 앞으로 장려될 것이라는 점을 증명하고자 했다. 달랑베르는 다음과 같은 실례를 들어 그 같은 주장에 의문을 제기했다. 평균 수명을 20년까지 연장하는 수술에서 다섯 명 중 한 명을 죽는다면 얼마나 많은 사람들이 그 수술을 받아들일까? 달랑베르는 자신을 개인으로 취급하는 반면 베르누이는 자신을 백성을 무리 속의 동물처럼 다루는 왕으로 취급했다. 그는 완전히 만족스러운 계산을 위해서는 접종 가설과 그 현상(現狀) 가설에 기초하여 동물 무리의 가치를 계산했어야 했다.[56]

18세기 기하학자들은 개별 사례에 훨씬 더 잘 적용할 수 있는 계산법을 추구했다. 라플라스[57]는 이른바 공평의 규칙에 따라 조절되는 게임은 불리하다는 것을 보여주고자 했다. 또한 그는 조금만 위험이 있어도 게임에 참여하지 않는 것이 좋으며, 보험업자가 이득을 얻더라도 보험에 가입하는 것이 유리하다는 것을 보여주고자 했다. 이러한 목적을 위해 그는 다니엘 베르누이가 제시하는 이

---

[56] 디드로에 따르면, 스파르타에서는 달랑베르의 조건이 받아들여졌을 것이며(*Oeuvres completes*, IX, 211), 그는 어떤 전투에서 1/5의 병사가 죽은 것을 목도한다.

[57] 라플라스(Pierre Simon Laplace, 1749~1827)는 프랑스의 수학자 겸 천문학자로 수리물리학의 창시자의 한 사람으로 만유인력의 이론과 이를 태양계에 응용한 『천체역학』(5권, 1799~1825)은 그 후 한 세기 동안 그 분야의 기초가 되었다. 나폴레옹 1세 하에서 내무 장관과 백작이 되었고, 또 왕정복고시기에 후작의 작위를 받았다. 해석학에 뛰어나, 이것을 천체역학이나 확률론에 응용하여 많은 성과를 얻었다. 명저 『천체역학』은 뉴턴 이래의 천체역학을 집대성하여, 태양 등 천체계의 많은 현상들을 해명하였다.—옮긴이

론을 이용했는데, 그 이론은 쉽게 옹호할 수는 없지만 **생산은 하지 않고 소비만 하는 사람**에게 보편적인 가정에 기초하고 있어서 크게 성공하였다. 생산자는 모든 것을 손익계산서에 근거한 가치 측면에서 생각하고, 비용을 따진다. 한편 소비자는 오로지 현금으로 편리하게 구입할 수 있는지에만 관심이 있다. 사용한 금액의 편차는 절대적 가치가 아니라 상대적 가치로 측정해야 한다. 이것이 다니엘 베르누이가 제시한 원리이다.[58]

오늘날에는 경제변동으로 인해 선조들이 가졌던 우수한 사고들이 우리에게서 멀어지고 있다. 베르트랑(J. Bertrand)은 뷔퐁이 '도덕적 희망' 원리를 채택한 것을 보고 놀랐다. 하지만 그런 입장은 이 대영주에게는 아주 자연스럽게 보였으나 오늘날에는 아무도 그것을 인정하지 않는다.[59] 개인은 개연성 개념을 함부로 받아들이는 경향이 있는데 그것은 애초에 아무런 수학적 의미를 가지지 않기 때문에 그것을 상대적 가치의 계산과 결합하면 비상식과 혼합되거나 과학을 상류층 사람들에게 친숙한 사고양식에 복종시키고 만다!

콩도르세는 관념을 과학에 도입했는데, 그때는 아직까지 아주 생소한 일이었다. 그때까지만 해도 개연성 계산은 재판에 적용되었다. 그는 자신의 이론들을 중등교육에 도입할 것을 의회에 제안했다. 그는 『역사 연보(*Tableau historique*)』에서 자신의 연구결과가 엄청난 이익을 가져다줄 것이라고 칭찬을 늘어놓았다.

"이러한 적용은 우리가 확실성에 도달할 수 있는 길이 다양하다고 가르쳐 주었다. 어떤 의견을 채택할 때 개연성을 따르면 우리의 사고는 이성의 규칙을 위반하지 않게 되고[60] 또 우리의 행동 규칙은 분별력을 잃지도 않으며 정의를 위

---

[58] 이 원리는 대수 공식을 이용한 도덕적 가치 측정에 적용되는데, 이 공식은 최근에 페흐너(Fechner)가 감각에 적용할 것을 제안한 바 있다.

[59] Laplace, *Theorie analytique des probabilites*(Analytical Theory of Probabilities), pp. 441~447; J. Bertrand, *Calcul des probabilites*, pp. 66~67.

반하지도 않게 된다. 이러한 적용은 선거 유형에 따라 각기 장점과 단점이 있으며, 여러 유형의 다수결 의사결정 방식에는 여러 유형이 있다는 것을 보여준다."[61]

특히 그는 합리적인 선고를 내리도록 공정한 재판소를 설치해야 한다고 주장했다. 개연성의 오류가 날씨가 좋을 때 도버와 칼레 사이의 해협을 배를 타고 건너갈 때의 위험보다 크지 않도록 하기 위해 재판소는 65명의 재판관으로 구성하여 아홉 표가 다수일 때 판결문을 선고하게 했다. 이때 개연성은 1에서 144,768에 이른다.[62]

프랑스혁명 후 살롱의 의견을 대변한 스탈 부인[63]은 새로운 과학의 장점에 대해 전혀 의심하지 않았다. 그는 콩도르세의 탁월한 발견을 칭송했으며, 정부는 콩도르세를 모범으로 삼아 개연성 계산이 대대적으로 적용될 것이라고 예측했다. "언젠가는 각 나라에서 모은 자료를 통계적 지식과 실증적 사실에 기초하여 모든 정치문제에 대한 해법을 담은 표를 작성하게 될 것이다. 일정한 수의 인구를 다스리기 위해서는 개인 자유를 일정 정도 희생할 필요가 있다. 즉 특정 나라에 적합한 일정한 법률과 정부가 요구된다. 일정한 부와 일정한 규모의 나라를 유지하기 위해서는 일정한 정도로 권력을 행사할 필요가 있다. 그래서 어떤

---

60 기하학자들은 해법의 유사성을 계산하는 관념을 오랫동안 유지해왔다. 그것은 개인이 내기를 할 때의 개연성이며, 결과적으로 상류층 사람들이 생각하는 터무니없는 개념이다. 라플라스는 토성의 질량에 대한 상대적 오차는 50분의 1을 넘어서지 않았다는 데 사람들은 백만 프랑을 걸 것이라고 예측했다. 그 이래로 그 오차는 더 커졌다(J. Bertrand, Calcul des probabilites, p. 305).

61 Condorcet, *Tableau historique*, 9th epoch. 나는 10절의 예측까지 고려할 생각이 없다.

62 J. Bertrand, *Probabilites*, p. xlvi.

63 스탈 부인(Madame de Staël, 1766~1817)은 프랑스 여류비평가 겸 소설가로 루이 16세 때 재무장관을 지낸 자크 네케르의 딸. 자유주의자로서 프랑스혁명 후 망명하여 유럽 각국을 여행하며 괴테 등 문호들과 교류하였다. '질풍노도' 시기의 독일 문학을 다룸으로써 프랑스의 문학 및 사상에 큰 영향을 미쳤으며, 낭만주의의 선구자 역할을 하였다.-옮긴이

나라는 어느 정도 권위가 필요하고, 또 어떤 나라는 전제정치가 필요하다. 그 권력을 보호하려면 권력들 사이에 일정한 균형이 필요하다. 때문에 어떤 헌법은 부적절하기도 하고, 또 어떤 헌법은 불가피하게 독재적이다."[64] 이 모든 것은 개연성 계산에 기초하는데, 개연성 계산을 "아주 많은 기회에 적용하게 되면" 도덕적 오류가 크게 줄어든다.[65]

오늘날에는 이 멋진 생각들을 기하학자들은 아주 우스꽝스럽게 여긴다. 베르트랑은 콩도르세의 책을 사람들이 어떻게 받아들일지 궁금해 한다. "그가 제시한 원리들은 어느 것도 받아들일 수 없고, 그가 내린 결론들은 어느 것도 진리에 다가가지 못한다.…라플라스는 콩도르세가 제시한 결과들을 거부했다. 푸아송(Poisson)은 라플라스가 제시한 원리를 받아들이지 않았다. 어느 누구도 본질을 벗어나는 것을 계산에 넣을 수 없다." 그럼에도 불구하고 일부 사람들은 그 같은 확신을 유지하는 전통에서 벗어나는 것이 매우 어렵다는 것을 발견했다. "아라고(Arago)는 배심제에 관한 논의에서 라플라스의 권위를 인용했다. 그는 사법의 오류는 7건 중 5건의 비율로 감소한다고 말했다. 한 대의원이 감히 의문을 표명하자 아라고는 그를 거칠게 대했다. 그가 과학의 이름으로 말하자 지식이 부족한 사람들은 반박할 엄두를 내지 못했다!"[66] 신중한 쿠르노는 재판관의 직업적 가치를 계산하는 방법을 제시했다.[67]

콩도르세의 관찰결과는 다른 시대에는 불합리하지 않은 것으로 나타났는데, 이는 다른 시대에는 종래의 법체계를 완성하려는 노력을 긍정적으로 포용할 수 있었기 때문이다. 종래의 법체계는 부분적으로 수학적 공리들에 기초하고 있었

---

[64] De Stael, *De la litterature consideree dans ses rapports avec les institutions sociales*(Literature Considered in Accordance with Social Institutions) in the *Oeuvres completes*(1820 ed.), IV, 522~523.

[65] ibid., p. 520.

[66] J. Bertrand, *Probabilites*, pp. 319~320.

[67] ibid., p. 325.

다. 예컨대 재판소는 주요한 처벌을 항고 없이 선고하도록 7명의 재판관으로 구성하고 두 표 이상이 찬성할 때 유죄 판결을 내리도록 했다.[68] 법적 증거의 규칙은 개연성을 바탕으로 하고 있었는데, 이에 대해 볼테르는 툴루즈(Toulouse: 프랑스 남부에 있는 도시-옮긴이) 고등법원이 확실성에 도달하기 위해 증거의 1/4과 1/8씩을 덧붙이는 불합리한 습관을 가졌다고 적은 바 있다.[69] 칼라스(Calas) 사건[70]의 경험은, 종래의 사법체계 절차가 바람직한 보증인을 제공하지 않았다는 것을 보여주었다. 그때 12명으로 구성된 영국의 배심원은 만장일치로 유죄 평결을 내려야 했다. 그러므로 재판관(또는 배심원) 수를 충분하게 고정시키거나 보다 많은 수가 유죄 평결을 내리도록 요건을 갖춘다고 형사행정 제도가 개선되는지에 대해 사람들은 의문을 가졌다. 과학에 대한 그 당시 사람들의 생각을 감안할 때, 수학자에게 해답은 아니더라도 제안을 요청하는 것은 당연했다.

당시의 과학자들은 거의 한결같이 개연성을 개인에게 노출된 기회를 판단하는 문제인 것처럼 생각했는데, 그렇다 하더라도 그들의 이론들을 개인의 사례에서 다수의 사례로 그리고 그에 따른 보상으로 약간 변형시키면 그 이론의 중요성을 때때로 발견할 수가 있다.

18세기의 개화된 사람들은 항상 이성의 이름으로 통치하는 과두세력의 위치에 있었다. 통치자는 상당한 창의성, 계몽, 사상을 가진 것으로 간주되었고 그들 권력의 대리인은 맹목적으로 일하고 기계적으로 행동하는 수동적 존재로 간

---

68 이러한 규칙은 전시(戰時)재판소에서 여전히 사용되고 있다.

69 *Jean Calas et sa famille*(Jean Calas and his Family); 2d ed., p. 169에서 아탄스 코크렐(Athanase Cocquerel)이 보도한 1763년 3월 22일자 편지. 이 저자는 구체제의 형법을 아예 모르는 것 같다.

70 1762년에 개신교도 청년의 칼라스가 자살하자 이를 두고 가톨릭교도들이 칼라스가 가톨릭으로 개종하는 것을 막기 위해 살해했다는 모함을 씌워 칼라스 가족들을 재판에 회부해 수레바퀴형으로 처형시킨 사건. 볼테르가 이 사건을 적극 변호하여 세상에 널리 알려졌다.-옮긴이

주되었다.[71] 하인들이 실수하면 그것은 순전히 기계적인 활동을 할 때 빈번하게 나타나는 일로 취급했고, 그것은 기업의 모든 관리자가 예측하고 고려해야 하는 '리스크' 같은 '기회의 현상'과 흡사한 것으로 간주했다. 이처럼 정의(正義) 문제를 상업과 연관시켜 고려하면 행정관의 실수에 대해 판단을 내리는 것이 물질적 난제에 대해 판단을 내리는 것만큼 쉬워진다.

모든 재난은 보험에 의해 처리될 수 있다고 생각했기 때문에 이러한 도덕적 재난에도 개연성 계산이 적용되어야 한다고 더 이상 탐구도 하지 않은 채 인정했다. 보험의 범위가 개연성 계산의 범위보다 더 방대하다는 것을 관찰하는 것은 별로 어렵지 않았다. 전시(戰時)에 계약하는 해상보험에 대해서는 당연히 조합 분석을 하지 않아도 된다! 그러나 18세기에는 과학의 위세가 상당하여 사람들은 오늘날처럼 제한적으로만 적용할 수 있는 지식의 산물로 생각하지 않았다.

콩도르세는 사법 오류를 난파선에 비유하는데, 이것이 의미하는 바는 다음과 같다. "나라가 번영하려면 영국과 자주 교류를 하는 것이 중요하다. 사람들은 이러한 상업의 이점은 아무도 통제할 수 없는 상황에서 일어나는 몇 개의 사건과 같은 가치를 가진다고 생각한다." 마찬가지로 질서 유지에서 형사 사법이 가지는 이점은 무고한 사람 몇 명의 사용을 용인한다는 것이다. 만약 사람을 동물에 비유한다면(사람과 동물이 겪는 재해 수준은 모두 동일하다), 무고한 사람에 대한 사형 선고는 운하를 건너다가 비명에 목숨을 잃은 상인에 비유할 수도 있다.

이런 식의 사법권이 낯설게 보이는 것은 우리의 국가관이 더 이상 선조들의

---

71 우리는 콩도르세가 페로네(Perronet)와 그의 기술자에 대해 비웃으며 말하는 것을 보게 될 것이다(Chap. IV, sec. 1). 그는 어느 편지에서 맥주 한 통을 측정하는 자신의 방법에 반대하는 징세 보유자를 '어중이떠중이'라 부른다. 이러한 어중이떠중이 가운데 라부아지에가 포함된 것 같다. *Correspondance inedite de Condorcet et de Turgot*, pp. 273~274.

국가관과 같지 않기 때문이다. 우리 시대 사람들 눈에는 '칼의 법'(jus gladii)이 더 이상 반(半)인간적 존재를 위협하지 않는다(예전의 행정관은 사회를 지키기 위해 이 반인간적 존재를 끔찍하게 처벌했다). 공포정치가 그토록 존경받는 많은 사람들을 교수대에 올리고 난 이래로 사람들의 생각은 크게 변했다. 이제부터는 형사법은 영리기업에 비교할 수 없을 만큼 너무 고결한 것이 되었다. 그것은 손익 계산의 범위를 넘어선다.

때때로 우리의 이성은 행정이 오로지 물질적 효용에만 기초하여 결정을 내리는 데 반대한다. 이와 달리, 18세기 사람들은 종래의 왕실로 하여금 (그 같은 결정이 과학에 기초해 있다면) 그 결정 앞에 개인의 이성은 굴복해야 한다는 것을 용인하게끔 만들었다.

개연성 계산의 궤변이 어떻게 생겨났는지는 이해하기 쉽지만, 그런 궤변이 어떻게 오랫동안 만연할 수 있었는지를 이해하기는 어렵다. 우선 우리 선조들이 과학에 대한 과학자의 의무를 어떻게 생각했는지를 고려해야 한다. 과학은 종종 의심스럽고 심지어 완전히 잘못된 가치를 추론하는 데서 나타났지만, 사람들은 실망하지 않았다. 선조들은 명백한 오류를 줄이려고 다방면으로 노력했다. 중요한 영역은 여러 번에 걸쳐 끈기를 가지고 터득해냈다. 그리하여 경험은 대담한 사람 편을 들었다. 조금이라도 퇴각하면 배신으로 간주되었다.

어떤 퇴각도 과학자의 이익에 반한다고 말하기도 하는데, 이는 상류층 사람들은 퇴각은 자신들의 위세를 심각하게 위협하는 것으로 생각했기 때문이다. 19세기 중반까지만 해도 상류층 사람들은 과학자들을 열렬히 칭찬해주는 청중에 머물러 있었다. 아라고는 과학적 명성으로 주요 세속적 지위를 얻게 된 최후의 위대한 과학자 중 한 사람이었다. 그는 콩도르세가 19세기 기하학자들에게 전수한 이론들을 옹호한 최후의 기하학자들 중 한 사람인데, 이는 놀랄 일이 아니다.[72] 그 유명한 성운 가설을 상기하면 이런 사실이 더욱 명확해진다. 라플라스가 지구형성 이론을 제시했을 때 문인들은 이 학설이 과학에서 중요한 위치를 점할 것이라고 생각했다. 그 때문에 천문학자들도 그 이론을 완전히 기각하기가 어렵다는 것을 인정했다.[73]

정치가들은 18세기의 백과전서파 이념이 지속되자 자신들의 계획이 낳게 될 근심을 불식시켜 주는 과학이 존재해야 한다고 생각했다. 앞서 살펴본 것처럼, 우리 시대 사람들이 사회학을 확신한 것처럼 스탈 부인은 개연성 계산을 확신했다. 두 가지 점에서 개연성 계산은 경험 많은 사람의 직관에 의지하는 것이 아니라 적어도 과학적인 환상을 부여해 줄 수 있는 추론에 의해 예측하는 것이다. 우리 시대와 콩도르세 시대에는 중대한 차이가 하나 있다. 사회학은 진정한 학자들에 의해 육성되지 않는다는 사실이다. 진정한 학자들은 각종 제도의 역사를 연구한다. 그런데 진정한 학자들은 상류층 사람들이 정해놓은 방향대로 연구해야 한다고 생각했다. 사회학자들은 18세기 사람들의 생활방식을 따르는 사람들에게만 감명을 주는 데 성공했다.

수학자들은 과두세력이 자신들에게 부과한 족쇄로부터 이전 사회를 해방시켰듯이 과학의 응용 문제를 진지하게 논의하면서 과학적 가치가 없는 것은 모두 기각할 수가 있었다. 이러한 과학의 해방은 19세기 이데올로기 역사 전체에서 매우 중요한, 어쩌면 매우 대단한 측면 중 하나이다. 과학의 해방은 대규모 공업이 고도로 발전하면서 성취되었다. 이와 동시에 과학과 생산은 귀족세력의

---

72 혹자는 베르텔로(Pierre Eugène Marcellin Berthelot, 1827~1907: 프랑스의 화학자로 유기화학 및 열화학 연구에 공적을 남겼으며, 아세틸렌과 지방(脂肪)의 합성으로 유명하다-옮긴이) 저작이 가진 몇 가지 약점을 지적하기도 하는데, 그 약점은 그가 약간 한물간 사고방식에 기초한 데서 비롯되었다.

73 라플라스는 창조적 지식의 개입으로 모든 태양계 행성의 궤도가 황도(黃道)에 가까워지고 또 모든 행성이 동일한 방향으로 움직이는 이유를 설명할 필요가 없게 되었다는 것을 보여주고자 했다. 오늘날에는 이 두 경험적 법칙에 예외가 있다. 성운 가설은 문학 작품 『지구체계 해설(Exposition du systeme du monde)』의 마지막 각주에 나타나 있다. 이 가설은 천체 역학에서는 사용되지 않고 있다.

변덕을 넘어섰다. 귀족세력은 오랫동안 과학에서 자신의 호기심을 충족시키는 수단을 찾았고 또 생산에서 자신의 사치를 충족시키는 수단을 찾았다.

18세기에 대해서는 많은 비난이 제기되었는데 그중에서 개연성 계산만큼 '물의'를 빚은 것은 없을 것이다.

제4장

대담한 제3신분

1 실천 문제에 대한 루소의 신중한 태도 / 튀르고의 대담성 / 이데올로그들에게 확신을 가져다준 미국혁명

근대 역사가들은 선조들이 급진적인 사회개혁을 대담하게도 가볍게 접근한 것을 발견하고는 매우 놀랐다. 예전에는 사회질서를 완전하게 무너뜨리는 변혁과 서서히 온순하게 교정을 하는 변혁을 명확하게 구분하지 않았다. 요즘 진화(evolution)에 대해 회자되고 있는데 이와 관련된 견해에 대해서는 다음 장에서 살펴볼 것이다.

토크빌은 1789년의 『의사록(*Cahiers*)』에 포함된 모든 요구사항을 검토하며 "프랑스에 존재하는 모든 법률과 관습을 동시에 그리고 철저하게 폐기하는 것이 당시 요구사항이었다"고 말했다. 이러한 요구사항들은 전적으로 당연하게 여겨졌다. 그런데 아무도 혁명의 위험성을 예견하지 못했다. "사람들은 내일의 희생자가 될지도 모를 자신들의 운명을 전혀 짐작하지 못했다. 복잡하고 낡은 사회가 갑작스럽게 완전하게 변화되더라도 이성의 힘에 의해 아무런 혼란이 일어나지 않을 것으로 그들은 믿고 있었던 것이다. 이 가련하고 어리석은 자들이여!"[1]

루소는 정치적 절대진리를 다룬 위대한 인물로 간주되고 있는데, 이러한 루소가 변혁을 이야기할 때 항상 매우 조심스럽게 접근했다는 점을 감안하면 그것이 얼마나 우둔한 일인지 알 수 있다. 리히텐베르제(Lichtenberger)에 따르면,[2] "루소가 입법자에게 해준 조언과 당시의 다양한 규약에 대해 표현한 것을 간략

---

[1] Alexis de Tocqueville, *L'Ancien Regime*, p. 144.
[2] Andre Lichtenberger, *Le Socialisme au XVIII[e] siecle*(Socialism in the 18th Century"), p. 166.

히 살펴보면, 그는 실천을 할 때는 매우 온건했고, 자신의 생각을 현실의 필요에 맞추려고 노력했으며, 자신의 초기의 급진적 이론은 약간만 사용했음을 알 수 있다." 리히텐베르제는 잔-자크[루소를 말함]가 프랑스에 관심을 가졌더라면 도덕적 개혁을 먼저 말했을 거라고 생각한다.[3]

루소는 코르시카 섬[4]을 위해 모종의 계획을 세웠는데 이 계획들은 경제적으로 매우 낙후한 지역이나 프랑스에 합병되지 않았다면 유럽의 거대한 변동의 영향을 받지 않았을 지역에나 적합한 것이었다. 루소는 스위스 산악민족을 관찰한 적이 있어서 당시 사람들에 비해 그 지역의 오랜 관습에 대해 아주 잘 알고 있었다. 그는 이러한 관습을 경제적으로 낙후한 지역으로 수출하려 했고 이러한 욕망을 전혀 이상하게 생각하지 않았다. 그는 코르시카 섬의 모든 가정에 재산을 충분히 보장해주고, 화폐경제를 쓸모없게 하려고 했다.[5] 그렇지만 결국 그는 그곳에 유토피아를 만들려고 한 것으로 생각하게 되었다.[6]

폴란드를 위해 세운 계획에 대해 루소는 설사 그것이 가능하더라도 많은 제약이 있음을 보여준다. 리히텐베르제는 당시 사람들은 순수한 사색과 실제 실천 사이에 엄청난 차이가 있다고 생각했다는 증거가 있다고 말한다.[7] 여기서 우리는 루소가 자신이 저술한 스위스에 대한 회고록에 의지하고 있다는 점에 또 한 번 놀란다. 그 회고록 제6장에는 몇 가지 놀라운 사실이 들어 있는데, 여기서 그는 폴란드가 즉각 농노해방을 하면 위험에 빠질 수 있다고 지적하고 있다. 또한 제8장에서는 "농노는 자유를 획득하고,[8] 부르주아계급은 고귀함을 획득

---

3 Lichtenberger, *Le Socialisme au XVIIIe siecle*, p. 173.
4 지중해에 위치한 프랑스의 섬으로 후일 루이 보나파르트가 태어난 곳이다.–옮긴이
5 루소는 국가를 부유하게 하고 개인을 가난하게 만들고자 했다. 이것은 마키아벨리가 공리로 간주한 적 있는 매우 낡은 관념이다(*Discourses on Titus Livy*, Bk. I, 37). 국가가 부유하면 세금을 징수할 필요가 없다.
6 Lichtenberger, *op. cit.*, pp. 168~170.
7 Lichtenberger, *op. cit.*, p. 170.

하는 문호개방"을 위한 계획을 제시한다. 식민지에서 갑자기 노예제가 폐지되었을 때 루소의 제자들이 곧바로 성취한 업적에서 우리는 멀리 벗어나게 된다!

프랑스혁명이 일어나기 전 반세기 동안 매우 빠른 속도로 무모하게 운동이 전개되었다. 튀르고의 저작들이 이를 명확하게 보여준다. 튀르고는 어떤 것이든 가능하다는 경향이 일상화되었다고 생각되는 시절에 소르본을 떠났는데, 그때 그는 문명사회에서는 입법이 어렵다는 사실에 좌절했다. 그는 이렇게 썼다. "리쿠르고스[9]처럼 '아주 평범한' 파라과이 예수회와 자신의 주요한 권력을 장점으로 여기는 윌리엄 펜[10]은 거의 아무런 어려움도 겪지 않았다." 그러나 솔론[11]은 "훨씬 지혜로운데도 불구하고 리쿠르고스만큼 성공하지 못했으며, 그의 민족이 보다 선진적이었고 더 많은 것을 요구한 탓에 그의 업적은 그리 오래가지 못했다. 현재 유럽에서는 입법자가 하는 일은 분별력 있는 사람을 위협하고 선량한 사람을 떨게 할 만큼 능수능란하였다. 이러한 의무들을 이행하려면 엄청난 노력을 요하고, 지속적으로 주의를 기울여야 하며, 항상 부지런해야 한다. 용감한 사람은 공적 의무를 수행하려는 기질이 있으며 공적 의무에 헌신한다."

---

8 이것은 루소가 검열관이라 부른 각종 위원회가 실행하게 되는데, 이 위원회에는 "선량한 행동, 양호한 농장경영, 선량한 도덕, 양호한 가족 돌봄 그리고 자기 위치에 주어진 의무의 충실한 이행 등에서 남다른 농민"을 선택하는 책임이 주어진다. 지주에게는 보상을 해야 하고 뿐만 아니라 "농노해방은 칭찬할 만하고 이익이 되는 일이지만 주인을 곤란하지 않게 하는 것이 절대적으로 필요하다."
9 리쿠르고스(Lycurgus)는 그리스 신화에 등장하는 트라키아의 왕이다. 디오니소스를 박해하였다가 광기에 빠져 자기 아들을 포도나무로 알고 도끼로 찍어 죽이게 된다. -옮긴이
10 윌리엄 펜(William Penn, 1644~1718)은 영국의 종교인으로 퀘이커이론 개척자이다. 퀘이커교 관련 설교 및 저술로 수차례 투옥되었으나 찰스 2세 때 북아메리카 델라웨어강 서안의 땅에 대한 지배권을 출원하여 허가를 받아 그 땅을 자기 이름을 따 펜실베이니아라 명명하고, 퀘이커교도의 신앙 중심지로 개척하였다. -옮긴이
11 솔론(Solon, BC 640?~BC 560?)은 아테네의 정치가이자 시인이며 집정관 겸 조정자로서 '솔론의 개혁'이라 일컫는 개혁을 단행하였다. -옮긴이

그렇지만 튀르고는 경제학원리를 연구하여 정치학을 단순화하여 평범한 사람들이 접근할 수 있도록 했다.[12]

튀르고는 세상사를 두루 경험하고 장관 자리에 오른 후 시민교육을 통해서 단 몇 년 만에 프랑스를 급진적으로 변화시킬 수 있다고 생각했다. "(왕이) 온 사방에서 발견한 것이 부패, 비겁, 계략, 탐욕이라면, 그 대신에 (그는) 미덕, 공정, 명예, 열망을 발견하려 했다. 정직한 사람이 되는 것은 평범한 일이다."[13]

이 같이 무작정 대담함을 추구하는 운동과 부르주아 과두세력의 지배를 추구하는 운동은 구분되지 않는다. 부르주아 과두세력은 자신의 독재 시간이 가까워졌음을 감지했다. 일상적 경험은 정치인들은 권력의 자리에 가까워지는 순간 얼마나 재빨리 변신하는지를 보여준다. 그들은 처음에는 의회에서 온건주의자로 출발하다가 신문에 자신들의 이름이 내각 각료로 하마평에 오르게 되면 자신의 보편적 역량을 더 이상 의심하지 않는다. 제3신분은 귀족의 명예를 획득하면 작위(爵位) 계급으로서 경솔함과 자기만족을 가지게 된다.

튀르고는 국왕에게 자치단체에 관해 설명하면서 부르주아 과두세력이 꿈꾸는 것은 사실상 독재라고 말한다. "폐하의 위엄이 정의의 길을 벗어나지 않는다면(즉 튀르고가 한 충고에서 빗겨가지 않는다면) 폐하는 스스로 절대적 입법자가 될 것이고, 폐하의 명령을 집행하는 데 선량한 국민에 의지할 것이다."[14] 국왕의 이름으로 잠정적으로 독재를 실행할 것이다.

헨리(Ch. Henry)는 1883년에 콩도르세와 튀르고가 서로 주고받은 편지를 발굴했는데, 이 미간행 서한에는 철학 세계의 자부심을 보여주는 진기한 사례들이 들어 있다. 콩도르세는 친구가 장관을 맡고 있을 동안 주요한 공무 감독직을 맡았는데, 이때 그는 저명한 페로네(Jean Rodolphe Perronet, 1708~1794: 프랑

---

[12] Turgot, II, 674~675.
[13] Turgot, II, 549. Taine, *Ancien Regime*, pp. 309~310 참조.
[14] Turgot, II, 503.

스의 토목기사-옮긴이)를 무지하고 무용하다고 일컫고 차라리 악당을 믿겠다고 한다.[15] 그는 기술자들이 단결하여 자신의 기획에 반대하자 분개했다. 그는 보르다[16]가 물리학에 관심을 가졌고, 앞으로 전혀 논의되지 않을 논문들을 썼다고 경멸했다.[17] 그는 라부아지에가 자신이 개발한 배럴 용량 측정 기술을 용인하지 않았다고 극렬하게 항의했다.[18] 이 철학자가 시키는 대로 살아가는 것은 쉬운 일이 아니었다. 공포정치가 이데올로기를 학습하고 그것에 몰입했다는 이유로 엄청나게 많은 사람들을 제거하자 그것은 프랑스에 기여한 바가 없다는 문제가 수시로 제기되었다. 나폴레옹은 이전 체계의 잔재를 완전히 청산하지 않고는 행정을 회복하기가 매우 어렵다는 것을 알게 되었다.

앞에서 18세기 백과전서파의 과학에 대해 살펴보았다. 일단의 지식들은 주로 대중 서적들에서 나온 것이며, 전문기술자들에게 일을 맡기는 주인들을 개화시키려고 의도한 것들이다. 모든 점에서 볼 때, 이것이 진정한 부르주아과학이라 할 수 있다. 몇 가지 사실들은 현 체계 옹호자들의 지위를 유지시키고, 사물들은 체계의 위계와 함께 평탄하게 전진되고 있음을 보여주었다. 최상층에는 어떤 주제에 대해서도 매력적으로 말하는 법을 알고 있는 상류층 사람들이 있었고, 최하층에는 철저하게 훈련을 받고 주인의 고귀한 제안을 실행할 태세를 갖춘 사람들이 있었다.

주인들의 목표는 어떤 원리를 통해 위로부터 문제에 접근하는 것이었다. 그 원리들은 학자들이 논문의 주제를 발전시키려고 사용하는 모호한 발언이었다. 각종 문제들이 일상적 경험에서 거리가 멀어질수록 그 원리들의 매력은 더욱 커

---

15 페로네는 뇌이(Neuilly)교(橋) 창건자로 오랫동안 토목공학의 거장으로 알려졌다.
16 보르다(Jean Charles de Borda, 1733~1799)는 프랑스 물리학자 겸 천문학자로 초기에는 유체역학을 연구하였다. 프랑스혁명 이후에는 미터법 제정에 종사하여 자오선 길이를 측정하였다.-옮긴이
17 그럼에도 불구하고 그의 논문들은 콩도르세의 논문에 비해 거의 논의되지 않고 있다.
18 *Correspondance inedite de Condorcet et de Turgot*, pp. 253, 263, 215, 273.

졌다. 그래서 공법(公法) 이론들에는 사실을 완전히 무시하는 경향이 있었다. 테느에 따르면, "데스튀트 드 트라시[19]는 몽테스키외에 대해 논평을 하면서 그 위대한 역사가는 역사에 맹목적으로 기초하고 있다는 것을 발견했다. 그리고 트라시는 사회를 있는 그대로 관찰하지 않고 몽테스키외의 저작을 개작하여 사회가 나아가야 할 길을 구성하려 했다."[20]

이로써 역사연구들은 완전히 무시되었다. 이미 18세기 말에 위에는 더 이상 학자는 존재하지 않는다고 한탄했다.[21] 상황은 점점 더 악화되었다. 르낭은 볼테르가 이러한 악화에 책임이 있다고 비난하는 오류를 범했다. "역사 연구에서 볼테르는 야만족이 전면적으로 침입하는 것보다 해롭다. 그[볼테르]는 재치 있는 경솔함과 사람을 속이는 재능을 발휘하여 베네딕트회 수도사들이 역사를 서술하지 못하도록 방해했다. 50년 동안 수도사 부케(Bouquet)의 모음집은 식료품가게에서 종이로 무게를 달아 팔렸고, 또 『프랑스 문학사(l'Histoire litteraire de la France)』는 독자가 없어서 출판을 중단했는데, 이는 사실 그[볼테르]의 잘못 때문이다."[22] 그러나 그렇지 않다! 그것은 프랑스 부르주아계급 전체의 잘

---

19 데스튀트 드 트라시(Antoine Louise Claude Destutt de Tracy, 1754~1836)는 프랑스의 철학자로 프랑스혁명 직전 삼부회에 귀족의 대표로 참가하였으며, 이후 철학, 수학, 자연과학을 연구하여 프랑스 철학계에 세력을 떨쳤으나 나폴레옹 정부에 비판적인 입장으로 탄압을 받았다. -옮긴이

20 Taine, *Ancien Regime*, p. 264. 드 트라시가 프랑스혁명을 겪은 후에 논평을 썼다는 사실은 더욱 이상하다. 라불레는 그것이 콩디야크(Étienne Bonnot de Condillac, 1715~1780: 프랑스의 철학자, 심리학자, 논리학자, 경제학자로 계몽 시대 감각론의 대표자이다. 백과전서파의 지지를 받고 퐁트넬, 디드로, 루소 등과 교제하며, 『감각론』(1754)을 저술하여 학계에 지배적인 위치에 올랐고, 혁명 시대와 제1제정 시대에 큰 영향을 미쳤다-옮긴이)와 콩도르세의 어느 제자가 쓴 저작이라고 말하는데, 그는 오로지 논리만 믿고 역사를 경멸했다. "만약 드 트라시가 몽테스키외가 말하고 행동한 단어를 자신이 이해하지 못했다는 것을 증명하고자 했다면, 다른 식으로 글을 썼을까?(Laboulaye in his edition of Montesquieu, III, lxii~lxiii).

21 Taine, *Ancien Regime*, p. 243.

22 Renan, *Nouvelles etudes d'histoire religieuse*(New Studies in Religious History), p. 462.

못 때문이다. 그들은 자신을 즐겁게 해주지도 않고 자신이 참견할 필요도 없는 것에는 아무런 관심도 가지지 않는다. 이 계급은 주요한 원리를 청취하는 데 관심을 가진다. 당시 존재하는 일단의 법률을 전복시키는 데 그런 원리들이 필요하다고 믿었기 때문이다.

구체제 말에 당시 이데올로그들의 입장을 정당화해주는 거대한 역사적 사건이 일어났다. "미국인들은 우리 작가들이 머릿속에 품고 있는 구상을 현실로 옮겨놓았다. 그들은 우리가 꿈만 꾸던 것에 진정한 실체를 부여했다."[23]

콩도르세는 미국독립에 대해 다음과 같이 말했다. "우리는 모든 구속에서 벗어난 위대한 민족을 처음 본다. 그들은 자신들의 행복에 가장 적합한 헌법과 법률을 평화롭게 채택했다." 13개 주의 헌법은 "인간의 자연권을 엄숙하게 인정했고, 이러한 권리의 보존을 최고 원리로 삼았다." 이리하여 마침내 제1원리에 기초한 실정법 체계가 존재하게 되었다. 그러나 미국인들의 업적은 아직 완벽하지 않았다. 입법가들이 프랑스 살롱의 고귀한 철학을 충분히 체득하지 않았기 때문이다. 콩도르세는 다음 같은 말을 덧붙인다. "우리는 이 헌법들이 정치학의 진전에 어떤 영향을 받았는지 그리고 (교육의 편견으로 인해) 그것들 안에 어떤 낡은 과오들이 남아 있는지를 보여줄 것이다. 이를테면 권력균형 체계가 이 헌법들의 단순성을 손상시키는 이유[24] 그리고 권리의 평등이 아닌 이익의 통일이 지도 원리가 된 이유를 보여줄 것이다. 이것을 강조하는 이유는 이 [마지막] 오류가 진정하게 개화된 사람들 속이는 유일하게 남아 있는 위험 요소이기 때문이다."[25]

미국인들은 재산에 따라 투표 자격을 부여해 왔는데, 이는 사람들이 긴밀하

---

[23] Alexis de Tocqueville, *L'Ancien Regime*, p. 146.
[24] 이것은 이데올로그들의 주장을 보여주는 훌륭한 본보기로서 오늘날에는 아주 불합리하게 보인다.
[25] Condorcet, *Tableau historique*, 9th epoch.

게 연대를 이루고 있어서 상층계급의 이익이 국민의 이익과 일치한다는 가정에 기초했기 때문이다. 콩도르세에 따르면, "영국 헌법은 부자를 위해 만들어졌고 미국 헌법은 중산층을 위해 만들어졌지만 프랑스 헌법은 모든 사람을 위해 만들어질 수밖에 없었다."[26]

프랑스는 진정하게 개화된 철학자들이 있었기에 다른 어느 나라보다도 정치 이론을 흠결 없이 적용할 준비가 잘 되어 있었다. 또한 현존하는 법률은 "충분히 공적 정신에 따르고" 어떤 민족적 자긍심이나 성향도 구시대 제도와 연계되지 않았다. 문인들은 살롱에서 진정하게 개화된 의견을 표현했고, 여성들은 독창적인 또는 놀라운 아이디어로 사람들을 사귀었다.…[27] 여기서 명성을 얻는 데는 법적, 역사적, 사회적 지식 같은 것은 필요하지 않았다. 시에예스가 뛰어난 명성을 얻은 것은 아주 짧은 지식을 가지고도 매우 추상적인 원리에 기초한 이해하기 힘든 헌법을 만들어내는 솜씨 덕분이었다.

콩도르세는 손수 이러한 솜씨를 발휘했으며, 그 결과 우리는 헌법 초안을 작성할 때 그에게 빚을 졌다. 그는 이 초안을 1793년 4월에 열린 정기총회에 제출했다. 테느가 이르기를,[28] 그것은 "최후의 단어이자 뛰어난 이론이었다…이보다 더 독창적이고 복잡한 메커니즘을 이론적으로 고안하는 것은 불가능하다." 몇 달 후에 콩도르세는 자코뱅당 독재의 박해를 받고 헌법의 영광을 찬양하도록 강요를 받았다. "우리는 프랑스의 헌법과 법률이 바탕으로 삼고 있는 원리들이

---

[26] Taine, *La Conquete jacobine*(The Jacobin Victory), p. 383.
[27] 조프루아(Geoffroy)는 구스타브 3세와 백작부인, 에그몬트 백작부인(마샬 드 리셸리외의 딸), 라 마렉 백작부인, 부피에 백작부인 사이에서 오간 서한에서 흥미로운 부분을 발췌하여 출간했다(*Gustave III et la cour de France*, Chap. IV). 이 세 여성 모두 치국(治國) 원리에 관한 남다른 지식을 보여주었다. 부피에 백작부인은 구스타프 3세에게 「스웨덴에서 독재 정치가 수립될 때 일어나는 영향(The Effects of Despotism if It is Established in Sweden)」이라는 제목의 글을 보냈다.
[28] Taine, *Ancien Regime*, p. 387.

미국 헌법과 법률을 이끈 원리들보다 왜 더 순수하고, 더 정확하고, 더 심오한 지를 보여주고…권력의 한계가 어떻게 해서 (오랫동안 칭송받던) 비효과적인 권력 균형으로 대체되었는지를 보여줄 것이다. 우리는 인민 주권의 권리를 가장 먼저 보존해 왔다. 그 법률들이 인민의 권리나 이익을 침해하면 인민은 주권 의지의 힘으로 언제든지 그것을 개혁할 수 있다."[29]

그런데도 이처럼 엉뚱한 결과가 엄청나게 누적된 것을 보고도[30] 여전히 우리는 모든 혁명이 독재로 귀결되는 것에 아연실색한다. 우리의 이론가들은 자유와 법을 지키는 데 필요한 조건에 대해 조금도 생각하지 않았다. 만약 그들이 진리에는 철학계가 갖다 붙인 멋있는 단순성을 부여해서는 안 된다는 것을 인정할 생각을 가졌다면 그들은 나름의 생각을 가질 수 있었을 것이다. 그 같은 헌법을 만드는 것은 쉬운 일이었다. 우리 선조들은 사회개혁은 아주 단순하고 일정한 원리들에 쉽게 적용할 수 있으므로 거대한 개혁을 두려워할 필요가 없다고 생각했다.

2 자연으로의 복귀 / 계몽의 중요성 / 교육 영향력의 변화

그러면 18세기 사람들은 제도를 쉽게 급격하게 변화시킬 수 있다고 생각했는데 그렇게 생각하게 된 몇 가지 주요한 요인에 대해 살펴보자. 그들은 인간의 본성에 대해 남다른 생각을 가졌는데 이에 대해 간략하게 설명할 필요가 있다. 그러한 생각은 무엇보다도 종교에서 비롯되었다.

---

29 Condorcet, *Tableau historique*, 9th epoch.
30 조레스는 『사회주의 역사—그 총회(*Histoire socialiste, La Convention*)』(p. 1792)에서 이것을 찬양한다. 그는 아주 자연스런 말투로 콩도르세를 찬양한다. 콩도르세는 '순수한', '정확한', '심오한' 같은 단어들에 매료되어 이를 무분별하게 사용하고 있다.

"인간의 권리는 인간의 역사에 기초하는 것이 아니라 인간의 본성에 기초한다. 하느님이 권위를 부여해준 사람들에게 가장 큰 힘은 순수하고 계몽된 도덕의식이다." 이것은 튀르고가 왕에게 한 말인데 이 말은 루소에서 영감을 얻은 것이 분명하다. 그런 말이 한 장관[튀르고를 말함]의 입에서 나왔다는 데 오늘날 놀라지 않을 수 없다.[31]

A. 루소의 자연관은 본래 성서의 자연관과 캘빈주의의 자연관에 입각하고 있다. 이 때문에 그 시대 사람들은 그의 자연관을 이해하는 데 어려움을 겪었다. 예술과 과학에 관한 루소의 담론에는 다소 역설적인 면이 있다. 이를 제대로 이해하려면 르낭이 창세기를 야훼(유대교에서 유일신의 고유한 이름-옮긴이)주의(Jehovist)에 입각하여 설명한 것을 살펴보는 것이 최선의 방법이다. "야훼주의자는 문명을 증오했다. 문명이 가부장제 국가를 몰락시킨다는 것이 그 이유였다. 야훼주의자는 우리가 진보라고 부르는 경로를 따라 전진하는 각 단계는 불가피하게 곧바로 처벌해야 하는 범죄라고 생각한다. 문명은 가혹한 벌은 받게 될 것이다. 현세적이고 세속적이고 기념비적인 예술 문화를 이루려는 바벨의 시도야말로 최고의 범죄이다. 니므롯(Nimrod)[32]은 역도(逆徒)이다. 여호와 앞에서 무엇이든 시도하는 자는 그 누구이든 여호와에 대항하는 자이다."[33] 야훼주의자는 음울한 사상가인 동시에 하르트만(Hartmann)[34] 같은 신독일학파 철학자

---

[31] Turgot, II, 503 참조. 헨리는 이 견해가 특히 신기하다고 지적한다(*Correspondance inedite de Condorcet et de Turgot*, p. xvii). 튀르고는 1773년에 콩도르세에게 다음과 같은 말을 남겼다. "나는 거의 모든 저작에 도움을 준 루소에게 감사한다"(*ibid.*, p. 146).

[32] 니므롯: 창세기 10장 8~9절에 나오는 인류 최초의 영웅 중 하나. 앗시리아왕국을 건설함(창세기 10장 10~11절). 바빌로니아 신화에서는 우루크(이라크 남부 우르의 북서쪽에 있는 수메르의 고대 도시)의 폭군 길가메시와 비견되는 인물로 나타난다.-옮긴이

[33] Renan, *Histoire du peuple d'Israïl*, II, 341.

[34] 하르트만(Eduard von Hartmann, 1842~1906)은 독일 철학자로 고정적인 기계론을 버리고

처럼 신앙심이 깊고 비관적이다.…죽음도 노고도 모르고 고통도 모르는 원시적인 독단주의자가 가진 이러한 관념은 그 대담성 때문에 우리를 놀라게 한다."[35]

루소는 멋진 수사적 어구들을 창안하여 자신의 궤변을 사람들 구미에 맞게 만들기보다는 여러 가지 자연 개념들을 가지고 사람들을 혼동스럽게 하는 데 심혈을 기울였다. 그는 때로는 미개인의 생활에 대한 여행객의 이야기를 떠올렸고, 때로는 고전 영웅의 설명에 영향을 받았으며, 또 때로는 아담이 지상의 낙원에서 겪었던 신기한 경험을 염두에 두었다.[36] 지금 우리가 알고 있듯이, 문명은 사람들을 자연 속으로 빠져들게 한다. 루소는 자신을 비방하는 사람에 대응하기 위해 인간의 타락을 생각해낸 것 같다. 루소는 폴란드 왕에게 보낸 편지 끝머리에서 이렇게 표현한다. "악의 근원을 파괴하려고 애쓰는 것은 헛된 일이다. 허영심, 게으름, 사치의 유혹을 물리치려는 것은 아무 소용이 없다. 결백을 보존하는 것, 사람들을 모든 미덕의 근원인 원시적 평등으로 되돌려놓으려는 것 역시 아무 소용이 없다. 심장은 한번 망가지면 항상 망가진 상태로 있게 된다. 그 상태에서는 어떤 치유책도 없다. 어떤 거대한 혁명을 일으켜도 소용이 없다(그것은 그것이 치유하려는 악만큼이나 무서운 것이다). 혁명은 바람직하지도 예견할 수도 없다.

루소는 이러한 모든 비관주의 문학에 엄청난 간계가 들어 있음을 명확하게 보여준다. 그가 예술과 과학을 비난하게 된 것은 그렇게 함으로써 파브리쿠스(Fabricus)를 인격화—그는 이것을 뱅센느 숲[37]에서 작성했다—할 수 있었기

    목적론적 활력론의 길을 열어 진보, 계몽, 실천적 활동을 주창하여 구체적인 일원론(一元論, Concrete Monism)으로 통합할 것을 주장하였다.-옮긴이

35 *ibid.*, II, 357.
36 Didiot, *Morale surnaturelle fondamentale*(Fundamental Supernatural Morality), p. 7 참조.
37 뱅센느 숲(Bois de Vincennes): 파리 동쪽에 있는 995ha에 이르는 아주 큰 규모의 숲. 이 숲은 원래 왕가의 사냥터였다가 프랑스혁명 후에는 군 훈련장이 되었고, 나폴레옹 3세

때문이다. 캘빈교의 죄악관은 루소의 심오한 사상에는 전혀 어울리지 않았다. 우리는 루소로부터 루소와 워렌스 부인(Madame de Warens)의 예수회 고해자인 교부 에메(Hemet)가 얀센주의자의 저작을 읽고 느낀 공포를 잠재워주었다는 것을 배우게 된다. 원죄를 믿지 않는 워렌스 부인도 그를 안심시켜 주었다.[38] 루소는 자신의 비관주의 문학작품을 마침내 폐기할 수밖에 없었는데 이는 지극히 당연한 일이었다.

18세기의 많은 문인들은 예수회 수도사들의 영향을 받았으며, 얀센주의(또는 캘빈주의)의 죄악 교리에 대해서는 겨우 이름만 알고 있었다. 상류층 사람들 중에서 그것을 제대로 이해하고 있는 이는 드물었다. 루소는 자신이 기독교에서 가치 있다고 간주한 것을 그 시대 사람들이 받아들일 수 있게 하고 싶어 했다. 그래서 그는 자신의 첫 담론에서 나타나는 것보다 더 활기 있는 태도를 취하게 되었다. 그는 인류의 행동만으로도 세상을 구제할 수 있다고 믿었다. 『에밀』은 자연상태의 복음을 회복시켜 주었다.[39]

자연상태로 회귀한다는 관념은 루소 시대 사람들에게 아주 생소한 것은 아니었다. 1744년에 교부 샤를부아[40]는 개종한 인디언들에게 다음과 같은 사실을

때 시민 공원으로 조성되었다. 13세기의 뱅센느 성을 비롯해 4개의 호수와 놀이 공원, 프랑스 최대 규모의 동물원, 경마장, 자전거 경기장 등이 있다.-옮긴이

[38] Rousseau, *Confessions*, Bk. VI. 그 시절에 캘빈교는 쇠퇴 단계에 접어들었고, 제네바 성직자들은 더 이상 어느 것도 믿지 않았다[*Deuxieme lettre ecrite de la Montagne*(Second Letter from the Mountain)]. 루소는 당시 유행하던 자유주의 프로테스탄티즘의 교의들을 거의 모두 탁월하게 보여주었다. 그는 그 교의들을 프로테스탄트 사상에서 끌어왔는데, 어느 누구도 당시에는 그것을 일관되게 표현하지 못했다.

[39] 가톨릭 신학자들에 따르면, 오늘날의 초자연적 상태는 성인들에서 예외적으로 나타난다. 개신교도들은 모든 기독교도들이 신비로운 승려의 은총을 받을 수 있다고 믿었다[*Refiexions sur la violence*, 4th ed., p. 399(*Refiections on Violence*, Collier Book ed., New York, 1961, p. 254)(이 책의 쪽번호는 미국 번역판에 따랐다)]. 루소는 구원 사상을 경시했는데, 이를 보편화하기 위해 그것을 다소 희석시켰다.

이해시키는 것이 매우 어렵다는 것을 목도했다. 자신들의 성향을 자유롭게 표현해서는 안 된다는 것 그리고 자연상태가 손상되어 더 이상 자유를 허용하지 않는다는 것이 그것이다. "우리를 속박하는 법률이 우리를 원래의 자유가 가깝게 하면서 실제로는 그 자유를 뺏어간다."[41] 튀르고는 1751년에 그라피니(Graffigny) 부인에게 보낸 편지에서 다음과 같이 썼다. "우리가 모든 방면에서 본능을 질식시키고 있는데 야만인은 그것을 인식하지 못한 채 따르고 있다. 야만인은 본능에서 벗어날 만큼 충분한 지능을 가지고 있지 않다. 그래서 야만인은 교육을 받을 필요가 있는데, 인디언을 교육하는 방법을 터득하기 전에 이러한 사실을 깨달았다. 왜냐하면, 규칙이란 것은 잘못된 가정에 기초하기 때문이다. 오랜 시간이 지난 연후에야 우리는 자연의 조언을 얻어 야만인을 도울 수 있게 되었고, 자연을 거스르는 단점을 줄이게 되었다."[42]

우리 선조들은 자연으로 복귀함으로써 근대 예술사를 구축했다. 자연으로의 복귀는 부알로가 제시한 최상의 테제였다.[43] 튀르고는 1750년의 담론에서 그것을 강력하게 옹호했다. 일관성이 없는 고딕 건축양식은 진정한 원시인들의 작품이 아니었다.[44] 처음에는 "지식을 획득하고 취향을 형성하는 것이 나란히 진행되었다. 사람들은 본능과 상상력의 안내를 받게 되면서 인간과 자연의 관계를 파악하게 되었고, 오직 그것만을 미의 기초로 여겼다." 나중에 중세 시대에

---

40 샤를부아(Pierre-François-Xavier de Charlevoix, 1682~1761)는 프랑스 예수회 회원으로 가장 먼저 북아메리카에 관한 보고서를 펴냈다. 1720년에는 오대호를 건너 미시시피강으로 연결되는 육로를 개척하였다. -옮긴이

41 Charlevoix, *Histoire et description generate de la Nouvelle France*(History and General Description of New France), V, 402.

42 Turgot, II, 788.

43 Brunetiere, *Evolution des genres*, pp. 96~102, 108~109.

44 튀르고는 고딕 건축술에서 진보와 취향 사이에 아무런 관계가 없다는 것을 확인했다. 그는 중세 건축의 기술적 가치는 인정했지만 그것을 좋아하지는 않았다(Turgot, II, 666).

제4장 대담한 제3신분

이르면서 기술이 크게 진보했지만, "자연과 감정은 시야에서 놓쳤다. 완성을 위해서는 무의식적 본능이 최초의 인간을 이끌던 지점으로 복귀할 필요가 있었다. 누가 그 안에 이성의 최상의 노력이 있다는 것을 알지 못하는가?"[45]

B. 교회는 백성의 허물과 근심을 신앙심 부족 탓으로 돌렸다. 이단이 득세하면 분명 도덕적, 지적, 정치적 타락이 만연하게 된다. 역대 왕들은 백성을 고결하게 하기 위해 독실한 신자들에 의지했는데, 그렇게 하자 번영이 마법처럼 회복되었다. 이러한 터무니없는 역사철학은 한물갔다. 종교 관련 정기간행물에는 아직도 이것을 주제로 한 많은 글들이 실려 있다. 철학자들은 세상의 허물과 근심을 군주들과 성직자들의 간악한 정치가 계몽의 확산을 방해하려고 만들어놓은 장애물 탓으로 돌리려고 이 학설의 단어 몇 개만 바꾸어놓았다.

튀르고는 소르본을 떠나면서 이러한 잘못된 생각은 심리적 원인에서 비롯되었다고 설명했다. "나태, 고집, 판에 박힌 정신—이 모든 것이 무위도식에서 비롯되었다."[46] 그러나 그는 이러한 성격 결함들의 기원을 찾으려 하지는 않았다. 철학자들은 교회가 모든 악의 근원이라고 비난하면서 자신들을 사물의 중심이라고 생각했다. 테느는 18세기 철학은 '무찌르자 비열함을'이라는 구호로 집약된다고 했는데 이는 온당한 지적이다.[47] 1774년에 콩도르세는 튀르고에게 이렇게 썼다. "거상(巨像)이 절반쯤 무너졌지만 우리는 그것을 깡그리 없애야 한다. 그것은 여전히 엄청나게 해롭다. 우리에게 해를 끼치는 질병은 대부분 요괴가 만든 것이며, 그것은 분쇄해야만 완전히 없앨 수 있다."[48] 당시의 작가들이 말하는 권위에 대한 투쟁은 거의 항상 교회에 대항하는 투쟁을 수반했다.

---

45 Turgot, II, 610.

46 Turgot, II, 672.

47 Taine, *Ancien Regime*, p. 302.

48 *Correspondance inedite de Condorcet et de Turgot*, pp. 205~206.

데카르트는 때때로 18세기를 엄청나게 경탄했는데 거기에는 별다른 이유가 없었다. 데카르트에 대한 당시 사람들의 생각은 다소 부정확했다. 그들은 데카르트를 백과전서의 열정을 발산한 인물로 묘사했다. 콩도르세는 자신의 글 제8장 끝부분에서 베이컨, 갈릴레오, 데카르트를 인류 정신을 자유롭게 한 세 위인으로 꼽으며 이들의 영예를 찬양했다.[49] 그는 데카르트에 대해서는 다음 같이 말했다. "그가 불러일으킨 정신은 그의 적수들의 지혜로는 도저히 불러낼 수 없다. 그는 사람들에게 권위의 굴레로부터 벗어나 지금부터는 이성이 확인해주는 것만 인정하라고 말했다. 사람들은 그의 대담함에 매료되었고 그의 열광에 압도되어 그를 조심스럽게 대했다." 이러한 묘사에는 다소 공상적인 면이 있다. 어떤 이는 콩도르세가 데카르트에 대해 말하는 것이 아니라 디드로에 대해 말하고 있다고 생각한다!

콩도르세는 폭군은 세련된 예술조차도 억압한다고 보았다. 콩도르세는 "철학과 과학의 범위를 제한하여 (철학과 과학에 의해 이미 무너진) 권위에 구속시켜야 한다는 편견을 분쇄하면" 철학과 과학의 영향 아래서 세련된 예술은 크게 부흥할 것이라고 확신했다.[50]

열 번째 단원에서 콩도르세는 한참동안 생각하면서 이렇게 외쳤다. "인간 능력의 역동성을 제약하는 구호들을 밀어내고 행동과 활력을 불어넣어주는 구호

---

49 콩도르세는 데카르트가 인류에게 "진리를 찾고 인식하는 방법"을 가르쳐주었다고 말했다. 불행하게도 우리는 그 방법을 잃어버렸다. 콩도르세는 베이컨의 원리들이 과학의 경로를 전혀 바꾸지 않았다는 점을 인정했다(*Tableau historique*, 8th epoch). 갈릴레오야말로 근대 과학의 진정한 아버지이다.

50 Condorcet, *Tableau historique*, 10th epoch. 그 저자가 말하는 바는 무엇을 의미하는가? 다른 많은 실례들처럼 여기서도 콩도르세를 이해하기 어렵다. 혹자는 계몽운동가들이 18세기 말엽에 예술에 중대한 영향을 미치지 않았다고 생각할 수도 있다. 그 영향은 전문직업의 전통을 파괴하고 철학적 환상을 표현하기 위해 예술을 인위적 방향으로 이끄는 데 일조했다.

들이 등장했을 때, 지구상에 계몽을 방해하는 여지가 여전히 남아 있는 것에 그리고 오만방자한 전제군주가 진리를 막는 난공불락의 장벽을 세우는 것에 더 이상 두려워할 필요가 없다. 이제는 태양이 이성 외의 어느 것도 인정하지 않는 자유인만 비추는 순간이 도래할 것이다. 폭군과 노예, 성직자와 어리석고 위선적인 아첨꾼들은 역사책과 무대 위에만 존재하게 될 것이다."

이제 우리는 왜 우리 선조들은 모든 해악이 각종 제도에서 비롯되었다고 생각했는지 그리고 왜 이들 제도를 쉽게 변화시킬 수 있다고 여겼는지 이해할 수가 있다. 우리 선조들은 과거의 세계 전체가 교회에 의존했다고 보았기 때문이다. 또 교회가 활력을 거의 잃어서 약간의 선의와 활력만 있어도 단기간에 급격한 변화를 이룰 수 있다고 생각했기 때문이다. 이제 우리는 더 이상 교회에 그 같은 중요성을 부여하지도 않고, 교회가 잔해에서 부흥하는 것을 본 적도 없다. 이로써 우리는 18세기의 극단적 낙관주의는 이해하기 어렵다는 것을 알게 된다.

C. 철학자들은 교육의 힘으로 사회를 변화시킬 수 있다고 생각했는데 이러한 생각은 교회에서 비롯되었다. 선교사들은 미개인들과 함께 지내면서 특별한 결과를 매우 신속하게 얻었다고 여러 차례 이야기했다. 선교사들은 미개인의 몇몇 부락이 사도 시대[51]의 공동체와 흡사하다는 것을 발견했다. 예수회 수도사들은 파라과이의 대규모 촌락을 수도원에 비교했는데, 그곳 사람들은 매우 순박하게 생활을 하고 매주 잔치를 열었다.[52] 콩도르세는 유럽의 물결에서 벗어나 있는 민족들이 신속하게 그 물결 속으로 들어올 것이라고 생각했다. 동양의 대

---

51 사도 시대(Apostolic Age): 원시 그리스도교 초창기의 한 시기. 성령강림절(오순절)에서 시작되어 예수의 직제자인 사도들이 활동하던 시대, 대략 30~33년, 또 33~100년경까지를 말한다. -옮긴이

52 *Andre Lichtenberger, Le Socialisme au XVIIIe siecle*, pp. 58~62.

형 종교들은 쇠퇴 단계에 접어들어서 "더 이상 인간 이성을 속박하여 가두어 영원히 유아 상태에 머물게 하겠다고 위협하지 못한다." 유럽인들은 오랜 기간에 걸쳐 힘들여 과실을 얻었는데 그 과실을 이들 민족에게 전해주면 이들은 엄청난 속도로 진보할 것이다.[53]

튀르고는 장관이 되고 난 후 국왕에게 공교육에 관한 마스터플랜을 제안했는데, 그것은 성직자 제안서를 그대로 모방한 것이었다. 지금까지는 "학문을 도야하는 학자들 그리고 지식과 취향을 가진 사람들"에만 관심을 가졌는데, 이제는 "모든 사회계급에 관심을 가지고 덕성을 지닌 유용한 사람들을 길러내고 또 올바른 정신, 순수한 마음, 열정 있는 시민을 길러내야" 한다. 왜냐하면, 국민의 유대는 도덕성에 의해 구성되며, 청년층에게 "사회 구성원으로서의 의무"를 교육함으로써 달성되기 때문이다. 그러므로 어린이에게는 "도덕교육과 사회교육"이 필요하다.[54] "교육위원회는 시민교육을 제공하고…모든 교사들이 사용하는 계몽 서적들을 저술하여 교육 받고 덕성을 갖춘 사람들을 길러내는 데 많은 기여를 하게 될 것이다. 계몽 서적들은 어린이들 마음속에 박애, 정의, 자비의 원리와 애국심을 심어줄 것이며, 어린이들이 성숙하여 이 원리들을 여러 분야에 적용하게 되면 그것은 더욱 발달할 것이다. 계몽 서적들은 구시대 민족들에서는 보기 힘든 높은 열의를 가지고 애국심을 심어줄 것이며, 이러한 열의는 진정한 행복에 기초하며 그 기초는 더욱 섬세해지고 더욱 견고해질 것이다."[55]

---

[53] Condorcet, *Tableau historique*, 10th epoch. 이 저자는 동양 민족들이 유럽의 물질문명을 받아들일 경우 어떤 일이 일어날지는 고려하지 않고 있다. 그의 환상은 대단하다. 그는 다른 곳에서는 이렇게 말한다. "폭약의 발명으로 인해 문명화된 민족들은 야만인의 몰지각한 용기를 더 이상 두려워하지 않게 되었다. 그 이후로 대규모 정복과 혁명이 거의 불가능해졌다"(7th epoch).

[54] Turgot, II, pp. 506~508. "기하학자, 물리학자, 화가를 훈련하는 방법과 제도는 있는데 시민을 훈련하는 방법이나 제도는 전혀 없다(*ibid.*, p. 506).

[55] *ibid.*, II, 549.

이러한 평신도 및 시민용 문답식 교과서의 결과는 신속하게 나타날 것이다. 튀르고는 국왕에게 이렇게 말했다. "감히 국왕께 답변하건대, 10년 안에 국민들은 왕을 인정하지 않게 될 것이다. 또한 그들은 계몽, 높은 도덕 수준 그리고 국왕과 나라에 봉사하려는 열의를 가지게 되어 다른 모든 민족들보다 월등히 우월해질 것이다. 이제 막 열 살이 된 어린이들이 10년 후에는 국가를 위한 준비된 성인이 되어 나라를 사랑하고, (두려움 때문이 아니라 이성에 의해) 권위에 순종하고,[56] 동료 시민들에게 자비를 베풀고,[57] 정의를 인정하고 존중하게 될 것이다. 이것이 사회의 주요한 토대이다."[58]

현재의 민주주의는 제3신분 과두세력이 가진 이러한 믿음들을 모두 담고 있으며, 또한 기초교육을 평신도, 애국자, 부르주아계급의 문답식 교과서를 가르치는 수단으로 생각했다. 현재의 민주주의는 기초교육을 하면 대중은 정치가들이 유포한 터무니없는 생각을 더 잘 수용할 것이라고 생각했다. 기초교육은 쉽게 속아 넘어가고 자주성이 없는 유년기 소년을 발달시키는 데 이미 성공했다. 우리의 경험을 겪지 못한 선조들은 평신도의 문답식 교과서가 '가르칠 수 있는 것'과 '가르칠 수 없는 것'을 구분하지 못했다. 그들은 이 문답식 교과서가 사기꾼의 지배를 효과적으로 조장한다는 사실을 인식하지 못했다.

---

[56] 테느는 이 구절을 튀르고의 저작(*Ancien Regime*, pp. 309~310)에서 인용했는데, 그는 문답식 교과서가 사람들을 자동적으로 순종하게 한다고 말하는 이 문장 때문에 경고를 받아야 했다. 튀르고는 교육을 나폴레옹 식으로 이해했다. 그는 국왕에게 "공동선을 위해 나라의 모든 힘과 자원을 왕이 쉽게 통제할 수 있도록 통일하여 질서와 연합의 정신"을 기를 필요가 있다고 말했다(Turgot, II, 506).

[57] 우리는 당시에 모든 경제학자와 국가관료가 많은 빈민들에게 관심을 기울인 것으로 알고 있다.

[58] Turgot, II, 508.

3 야만인에 관한 문헌 / 교부 샤를르부아의 묘사들 / 현존 질서에 대한 무관심

미개인을 소재로 한 문학은 18세기 사람들에게 지대한 영향을 미쳤다. 아메리카대륙은 두 번 발견되었다. 처음에는 약탈을 갈망하는 정복자들이 발견했고 나중에는 선교사들이 발견했는데, 선교사들은 새로운 유형의 인간의 존재를 알려주었다. 그들 앞에는 엄청난 미래가 펼쳐진 것 같았다. 프란시스칸 베르나르디노 데 사아군[59]은 고대 멕시코인에 큰 관심을 가지고 책을 저술한 적이 있는데(1569년), 그는 교회가 유럽에서 이교도에 의해 입은 손실을 인디언들이 보상해줄 것으로 기대했다.[60] 다수의 선교사들도 이와 유사한 견해를 가졌던 것 같다. 그들은 미개인들은 유럽인들보다 교회 질서에 더 순종적이라고 생각하고 그들에게 더 많은 덕행을 베풀어주려 했다.

대체로 선교사들은 억압받는 인디언들을 지켜주는 일을 맡았다. 그들은 문명이 피정복민에게 가져다주는 이점이 그들이 문명으로 인해 겪는 고통을 보상해줄 수 없다고 주장했다.[61] 베르나르디노 데 사아군의 번역가는 그가 멕시코 정복에 관한 정보 제공을 제한하고 있는 것을 보았다. 그 정보는 그가 원주민들 사이에서 직접 배운 것으로 "자기 동포에 비판적인 내용을 하나도 빼놓지 않고"

---

59 사아군(Bernardino de Sahagun, 1499 추정~1570)은 스페인의 프란시스코회 수도사이다. 1529년부터 멕시코에서 포교활동을 하면서 인디오문화에 관한 자료를 모으기 시작, 1570년『신 스페인 사물총기(事物總記)(*Historia General de las Casas de la Nueva Espana*)』를 편집 발간하였다. 그 외에 많은 자료를 제작했다. 이것은 중앙아메리카 고대 문화에 관한 가장 중요한 민족자료로 남아 있다. —옮긴이

60 Bernardino de Sahagun, *Histoire generate des cboses de la Nouvelle Espagne*(General History of New Spain), p. 10. 그는 멕시코가 정복된 다음 8년 후에 아메리카대륙으로 갔다.

61 베르나르디노 데 사아군이 말하기를 멕시코인들은 유태인들이 예전에 입은 것과 동일한 상처를 입었으며, 그들은 예전에 가졌던 모든 모습을 잃었다(*ibid*., p. 7).

제공했다.[62]

미개인을 소재로 한 모든 문헌들 가운데 뉴프랑스(New France)[63]에 관해 다룬 교부 샤를부아의 책을 봐야 한다고 생각한다. 그 이유는 이 책이 18세기에 널리 읽혀진데다가 1744년에 선보인 이래 루소와 튀르고에 지대한 영향을 미쳤기 때문이다. 이 책이 훨씬 많은 주목을 끌게 된 것은 리히텐베르제가 『18세기 사회주의(Socialisme au XVIIIe siecle)』를 저술할 때 이 책을 사용하지 않았기 때문인 것 같다.

샤를부아는 인디언 추장들의 평의회에 대해 다음과 같이 말했다. "우리는 그들이 회의를 지혜롭고, 성숙하고, 능숙하게 진행해나간다는 것을 인정해야 한다. 일반적으로 말해 그 회의 진행 방식은 아테네의 평의회나 로마의 공화국 상원 평의회에서 경의를 표했던 것만큼 완전무결했다. 성급하면 어떤 결론에도 도달하지 못한다…그들의 노력을 추동하는 주요 원동력은 민족의 영광과 명예에 대한 존중에 있다."[64] 외교에 관해 말하자면 "모든 것은 위엄, 즉 배려에 따라 움직인다. 과감하게 말하면 역량이 가장 중요하다."[65]

여기서 예수회 수사들이 미개인 생활을 평가하며 내린 판단을 왜곡한 주요한 이유가 명확하게 나타난다. 그들은 학교에서 바른 예절을 가르치는 것을 중시하여 예법의 발달을 최대의 지혜의 증거라고 생각했다. 우리 시대에 와서야 고대 의례가 마법에 의한 미신의 산물이라는 것을 알게 되었는데, 문화 수준이 아주 낮은 사람들의 생활에서는 그 같은 의례가 종종 중요한 역할을 했다.

이 구절 역시 그 어조 때문에 우리의 주의를 끄는데, 그 구절에서는 미개인 생

---

62 Bernardino de Sahagun, *Histoire generate*, p. xviii.
63 북아메리카 대륙에 있었던 프랑스 식민지(1534~1763). 초기에는 세인트로렌스 강, 뉴펀들랜드 주에 이르는 해안지역을 포함했으나 이후 오대호 연안지역, 애팔래치아 산맥 서부의 일부로 확장되었다.-옮긴이
64 Charlevoix, *Histoire de la Nouvelle France*, V, 397~398.
65 *ibid.*, v, 399.

활을 세련된 생활의 해악과 대비하여 옹호하고 있다. 이러한 묘사들은 부유층보다 덜 복잡한 생활을 하는 빈민층이 더 많은 덕행을 한다고 믿고 있다. 18세기 말에는 이러한 관념이 지배적 관념으로 자리 잡았다.

교부 샤를부아가 미개인 생활과 관련하여 제시한 몇 가지 특성을 인용해 보자. "그러한 특성에서 우리는 우리의 평온을 종종 방해하는 허물로부터 거의 벗어난 사회를 보게 된다…그들은 세상에서 가장 비참한 생활을 하는 것처럼 보이지만, 우리를 자극하고 유혹하는 사물의 지식이 그들에게서 무지에 의해 억제되었던 욕망을 일깨우기 전까지는 그들은 어쩌면 세상에서 유일하게 행복한 사람이었는지도 모른다.[66] 그들은 자유롭고 독립적인 생활을 하고 있어서 전제 권력의 조짐이 약간만 있어도 두려워하지만 그들은 상식에 기초한 원칙이나 관습을 벗어나는 일이 거의 없다. 그들에게는 이러한 원칙과 관습이 법률을 대신하고 한편으로는 제도화된 권위를 대체한다. 그들은 모든 속박에 항거한다. 그러나 그들은 자신들을 위해 설정한 목표에 도달하는 데 이성만을 따르는데, 그 효과는 상당하다.[67] 그러므로 미개인에게는 양심이 충분한 안내 역할을 한다. 이러한 원리들이 미개인에게 적용되면 상당한 성공을 거두는데 왜 문명사회는 그러한 노력을 하지 않는가?

"그들은 야망과 자기이익(이러한 열정은 자연의 창조자가 우리 가슴속에 각인시킨 친절의 정서를 약화시킨다)의 예속에서 벗어나 있어서 사회를 유지하는 데 '조건의 불평등'이 필요 없게 되었다.[68] 이 나라에서는 모든 사람을 평등하게 대우하

---

66 다른 곳에서 샤를부아는 정신에 대한 취향이 많은 무질서를 일으켰다는 것을 인정한다. "숙취가 그들을 이기적으로 만들고, 가정과 일상적 일의 평온을 교란시켰다"(ibid., VI, 31).
67 ibid., VI, 59~60.
68 튀르고는 1751년 그라피니 부인에게 보낸 편지에서 불평등은 분업을 확립하는 데 필요하다고 주장했다(Turgot, II, 786). 교부 샤를부아는 미개인은 내 것과 네 것을 구분하지 않는다는 점을 높이 평가했다. "이 냉정한 관용구들 — 요한 크리소스토모(St. John Chrysostom)는 그 구절들을 이렇게 불렀다 — 은 우리들 가슴 속에 자비의 불꽃을 꺼버리

며, 인간성을 보고 사람을 존중하지 출신 성분이나 신분에 기초한 특권 때문에 존중하지 않는다. 출신 성분과 신분은 개인의 권리를 묵살하고, 탁월한 공적을 이루지도 않는다. 그것은 자만심을 불어넣어주고 다른 사람을 열등하다고 느끼도록 만든다. 그들은 어쩌면 우리들보다 정서적으로는 덜 섬세하지만 더 정직하고 교묘함에 덜 물들어 있다. 이것이 그들을 더욱 알 수 없게 만든다."[69]

교부 샤를부아는 어느 한 경험에서 강한 인상을 받았다. 유럽식 양육을 받은 몇몇 인디언 청년들이 숲으로 도망을 간 것이다. 또한 어느 이로쿼이족은 프랑스군 장교가 되었지만 결국 자기 부족으로 되돌아갔다. 미개인과 함께 살고 있던 프랑스인들은 "도망친 인디언들이 프랑스식민지에서 매우 편안하게 살 수 있는데도 그들을 되돌아오라고 설득할 수가 없었다."[70] 이것이 인디언들은 문명에 의한 편안함보다 빈곤을 더 선호한다는 실질적 증거이다. "그들은 자신들이 누리는 자유가 빼앗긴 물질적 재화를 보상해준다고 생각한다. 가난한 가운데서도 행복할 수 있다는 명확한 증거를 우리는 빈곤층 주민이나 일부 농촌 주민에서 매일 보고 있다. 그런데 미개인이 정말로 행복한 것은 우선 그 자신들이 행복하다고 생각하기 때문이다. 둘째는 그들은 자연이 준 모든 재화를 소중히 여기며 평화롭게 소유하고 있기 때문이다. 마지막으로, 그들은 우리가 그토록 존경하는, 그리고 우리가 진짜 축복(real blessings)을 바쳐서 구입하는, 그러면서도 실제로는 조금밖에 누리지 못하는 그런 부정한 축복(fraudulent blessings)을 전혀 알지도 못하고 심지어 알려고 하지도 않기 때문이다."[71]

여기서 우리는 교부 샤를부아가 이 주제에서 설교 소재를 발견했고, 그의 관찰 재능이 그의 설교 능력보다 훨씬 뛰어나다는 것은 쉽게 알 수 있다. 18세기

고 욕망의 불꽃을 타오르게 한다"(*Histoire de la Nouvelle France*, VI, 11).

[69] Charlevoix, *Histoire de la Nouvelle France*, VI, 61~62.
[70] *ibid.*, VI, 32~33.
[71] *ibid.*, VI, 31~32.

는 이러한 보상(compensation) 이론를 열렬히 받아들였다. 리히텐베르제는 부갱빌 섬[72]의 역설적인 사례를 주시한다. 리히텐베르제는 티에라 델 푸에고[73]에 살고 있는 비참한 원주민에 대해 다음과 같이 묘사했다. 우리는 "의무와 근심이 없고 (더 나은 것을 모르기 때문에) 자신이 가진 것에 만족하고 스스로 주인임을 자처하는 자유인의 운명을 불쌍하게 여길" 수가 없다.[74] 뱃사람들은 선교사의 정서를 그대로 흉내 냈다. 그 시대 관찰자들은 동일한 교훈을 수없이 되풀이했다.

나는 그 시대 사람들이 이 문헌의 의의를 명확하게 이해하고 있다고 생각하지 않는다. 도덕개혁 옹호자들이 제시한 원리들은 항상 큰 감명을 주었다. 루소 역시 모유 수유와 친절함에 대해 생각한 것을 이 문헌에서 채택하여 교육에 이용했다. 나아가 미개인의 도덕에 대한 선교사들의 우호적인 생각들이 성적 구속을 유리하게 변경할 수 있다는 믿음을 가지게 할 수도 있다. 유럽에서는 완전한 자유가 이루어지면 인디언사회에서 선교사들이 감명을 받은 것과 동일한 냉정한 기질이 생겨날 수도 있다.[75]

이 문헌은 무엇보다도 성취된 문명에 대한 무관심한 태도를 유발했다. 미개

---

[72] 부갱빌(Bougainville) 섬: 파푸아뉴기니 동쪽에 있는 섬. 1768년 프랑스 항해사 부갱빌이 붙인 지명으로 하얀 모래 해변과 아름다운 산호초에 둘러싸여 있으며, 원시림이 울창하고 협곡으로 유명하다.-옮긴이

[73] 티에라 델 푸에고(Tierra del Fuego): 남미 대륙 남단의 마젤란 해협(북쪽)과 비글 해협(남쪽) 사이에 있는 아르헨티나의 준(準)주.-옮긴이

[74] Andre Lichtenberger, *Le Socialisme au XVIIIe siecle*, p. 360.

[75] Charlevoix, *Histoire*, VI, 37~38. Lafitau, *Moeurs des sauvages americains*(Customs of American Indians), I, 582~583, 593~603. 그런데 다른 곳에서는 교부 샤를부아는 여성들의 음탕함에 대해 이야기한다. 이러한 타락은 루이지애나에서 이로쿼이족 영토에 이르기까지 멀리 퍼졌다. 그는 인디언들의 동성애에 대해서도 보고하여 자연 찬미자들을 당혹스럽게 했다. 디드로는 이 주제를 대학의 보강에 어울릴 만하게 피상적으로 설명했다(Diderot, VI, 452~453).

인 생활은 많은 공상소설에 영감을 주었다. 이런 이야기들은 확실히 종종 사회 개혁보다는 비방을 유발했다. 우리는 그런 이야기는 비현실적인 유토피아에나 어울릴 법한 것으로 알고 있다. 그 같은 저술들에서 우리는 (그 저작들이 저자가 전달해주려 의도한 것과는 다른 계급이나 세대의 수중에 들어가기 전까지는) 개혁을 성취하려는 징후를 찾을 수 없다. 18세기 작가들은 진정한 열의를 가지고 앞뒤를 가리지 않고 새로운 사회의 꿈속으로 여러 차례 뛰어들었다. 우리 시대 역사가들은 그들의 논지를 쉽게 이해하지 못하고 있다. 리히텐베르제는 『부갱빌 섬 여행기(Supplement au voyage de Bougainville)』를 공상―디드로를 무모한 철학적 혼란을 도취시킨 변덕―으로 간주하여,[76] 그 저작의 의의를 상당히 감퇴시켰다.

푸리에는 대혁명 후에 문명에 반대하는 주장들을 다시 불러일으키려 했다. 그는 이전 세대가 구체제에 염증을 느꼈듯이 그 시대 사람들도 똑같이 신체제에 지치기를 바랐다. 그는 풍미를 완전히 결여하고 별로 성공하지 못한 탓에 보통사람들이나 괴짜 또는 정신 나간 여인 말고는 아무도 자신에게 갈채를 보내지 않는다는 것을 알게 되었다. 그는 사람들이 백과전서파는 진지하게 받아들였는데 왜 자신은 진지하게 받아들이지 않는지를 도저히 이해하지 못했다. 이러한 차이는 재능의 차이에만 있었던 것이 아니라 프랑스가 대혁명을 거치며 사회가 완전히 변모한 사실에 연유한다. 자유의 전쟁들이 새로운 체제를 크게 번영시켜 놓아서 어떤 종류의 문헌도 심각한 위협이 되지 못했다. 이것은 과거에 무관심했던 우리 선조들에게 처음 있는 일은 아니었다. 우리 시대의 처음 몇 세기 동안 대다수 사람들은 정치적인 일이나 가족의 일을 조금도 중요하게 여기지 않았다. 그들은 자신의 공적 책무를 방기하고 금욕을 옹호했다. 르낭은 이렇게 말한다. "로마제국을 파멸시킨 것은 그들이었다. 그들은 제국의 활력을

---

[76] Andre Lichtenberger, *Le Socialisme au XVIIIe siecle*, p. 257.

약화시켰고, 관청, 특히 군대에서 유능한 인재를 몰아냈다. 어떤 사람이 선량한 시민이 되는 것은 세금을 내기 때문이고, (실제로 천국의 시민이 되어 지상의 도시를 그저 비참한 사람들과 나란히 사슬에 묶여 있는 감옥이라고 생각할 때) 자비롭고 근면하다고 말하는 것은 온당하지 않다.[77]

르네상스시대 사람들이 고전 문명을 복원했다고 찬양하는 것은 지금으로서는 매우 순진해 보인다. 그러나 이것을 이해하려면 고대인들에 대한 열광이 중세시대에 대한 혐오를 표현하는 방편이었다는 점에 주목해야 한다. 16세기 사람들이 그리스인들을 찬양한 것과 18세기 사람들이 미개인에 호감을 갖는 것을 비교해 볼 수도 있다. 이 두 경우를 보면 거의 대부분의 사람들은 직전의 문명을 비난하지도 않고 옹호하지도 않는다는 것을 알 수 있다.[78]

4 경제 진보 / 새로운 행정 편견 / 물질적 진보와 혁명의 탄력성

그러면 대혁명 시절에 제3신분이 무모한 행동을 하게 된 세 번째 이유를 살펴보자. 그것은 경제적 이유인데 이것 역시 앞서 제기한 이유들만큼 결정적이다.

18세기 초는 경제적으로 매우 처참한 시기였다. 그러나 18세기 중반부터 농업이 전반적으로 회복되었다. 1772년에 튀르고는 콩도르세에게 보낸 서한에서 곡물교역을 허용한 1764년 법령은 매우 유익했으며, 덕분에 소작농들의 삶이 회복되었다고 썼다. 당시 진보는 이러한 요인만이 아니라 그 당시의 기술변화

---

[77] Renan, *Marc-Aurele*(Marcus Aurelius), p. 428.
[78] 1772년에 튀르고는 콩도르세에게 레날의 '일관성 없는 주장들'을 보고 놀랐다고 편지를 썼는데, 그 주장들은 자신이 조언해준 저작들에서 발견한 아주 기괴한 사실들을 혼합해 놓은 것이었다. 콩도르세는 튀르고가 너무 심했다고 답장을 보냈다(*Correspondance inedite de Condorcet et de Turgot*, pp. 93, 95). 레날의 주장들은 파리 지식인층에 충격을 주지 않았는데, 그때 튀르고는 시골에 살았다.

에 의한 바가 훨씬 더 크다. 튀르고는 토끼풀 목초지의 발달을 그 예로 들고 있다.[79] 다브넬(D'Avenel)에 따르면, 1786년에 오른[80]에서는 토끼풀이 26년 동안 자랐다고 발표하고, 1760년에 영국해협에서는 보라토끼풀 수확량이 수년 동안의 수확량에 해당한다고 공포했다.[81] 징세권 보유자들은 각 향상분에 대해 자신들이 징수하는 양을 올렸다. 네케르에 따르면, 1781년도 인구조사에서 "상품에서 거둔 세액 전체가 한 해에 약 2백만 프랑 정도 증가한 것으로 추산된다." 아서 영[82]은 1788년에는 보르도[83]가 리버풀[84]보다 더 큰 상업중심지가 되었다고 밝혔으며, 최근 몇 년 사이에 프랑스의 해상교역이 영국보다 더 급속하게 신장하여 10년 사이에 두 배로 늘었다고 덧붙였다.[85]

모든 사회계급이 이러한 진전의 혜택을 똑같이 받은 것은 아니다. 빈곤이 사라진 것 같지는 않다. 그렇지만 우리의 목적에 비추어볼 때 제3신분의 사고에 직접적이고 결정적인 영향을 미친 현상을 검토하는 것으로 충분하다. 이러한 견지에서 18세기의 경제변동을 가경작지의 가치, 특히 당시 급격하게 상승한

---

[79] *Correspondance inédite*, p. 81.
[80] 오른(Orne): 프랑스 북서부 바스노르망디 지방에 있는 주. ─옮긴이
[81] D'Avenel, *Histoire economique de la propribe, des salaires, des denrees, et de tous Jes prix depuis l'an 1200 jusqu'a l'an 1800*, I, z, 6.
[82] 아서 영(Arthur Young, 1741~1820)은 영국의 작가 겸 농학자이다. 농업, 정치, 경제에 관해 많은 저작을 남겼다. ─옮긴이
[83] 보르도(Bordeaux): 프랑스 파리 남서쪽 가론 강을 끼고 있는 하항(河港). 프랑스의 대표적인 농업지대로서 와인으로 유명하다. 목축과 어업이 성하고, 정유·철강·조선·화학·자동차·차량·선박 등의 중공업과 화학공업이 발달하고, 아프리카·서인도제도·남아메리카로의 무역으로 크게 번영하였다. ─옮긴이
[84] 리버풀(Liverpool): 아이리시해에 면하며, 머지강 하구부에 있는 영국의 해항. 18세기 미국 및 서인도제도와의 교역으로 급속히 발전하여 영국 제2의 항구가 되었다. 주로 서아프리카의 노예들을 상품과 교환하고, 노예들을 서인도제도의 설탕·당밀·양념 및 농작물과 교환하는 형태로 이루어졌다. ─옮긴이
[85] Tocqueville, *L'Ancien Regime*, pp. 173~174.

토지가치에 대해 살펴보자. 다브넬의 통계에 대한 비판에도 불구하고 우리의 목적은 매우 급속하게 진행된 경제발전을 검토하는 것이므로 그 통계를 매우 유용하게 활용할 수 있다.

17세기 처음 75년 동안 토지가격은 꾸준히 올랐다.[86] 당시에 시장은 급속하게 무너지기 시작했다. 다브넬은 1725년경 헨리 2세[87]의 치세 이래로 토지가격이 최저로 내려갔다고 지적한다. 1750년부터 시작하여 "우리 시대를 훨씬 능가할 정도로 토지가격이 급등했고,…그 결과 18세기 후반에 토지가격이 가장 급속하게 오른 것으로 기록되었다." 1700년에서 1790년 사이에 토지가격이 두 배로 뛰었는데 이런 일은 드문 일이었다. 평균적으로는 세 배로 올랐다. 이 저자는 가격이 네 배 반 정도 오른 사례를 인용한다. 수입은 그만큼 빠르게 증가하지 않았으며, 이자율은 5%에서 3.5%로 낮아졌다.[88] 그 결과는 상당했다. "1780년이 되면 더 이상 프랑스가 쇠락 상태에 있다고 주장할 수 없게 되었다. 오히려 그와 반대로 프랑스는 진보의 한계에 도달했다는 말이 돌았다.

그 당시에 인간은 지속적으로 무한하게 완전하게 된다는 학설이 등장했다. 20년 전에는 미래에 대한 믿음이 없었다. 1750년에는 미래에 대한 두려움이 없었다. 이러한 급박하고 전대미문의 행운이 앞으로 도약하자 사람들은 현재의

---

[86] 1625년부터 1650년까지는 번영이 잠시 중단되었다. 1641년에 베네치아에서 온 어느 대사는 프랑스는 의무를 충족할 수 없다고 생각했다(D'Avenel, *Histoire economique*, I, 379~380).

[87] 헨리 2세는 잉글랜드의 왕(재위 1154~1189)으로 프랑스 왕 루이 7세와 싸워 프랑스 국토의 서반부를 장악하고 아일랜드(1171), 웨일스(1172), 스코틀랜드(1173)를 차례로 정복하여 21세에 잉글랜드 왕이 되었다. 재정 정비, 순회재판소 확충, 배심제도 및 국왕 직속군대의 창설 등 국내 질서를 확립하고 왕권을 강화하고, 클라렌든 칙령(1166)을 제정하여 교회재판권의 박탈을 꾀하였다. -옮긴이

[88] D'Avenel, *Histoire economique*, I, 374, 384, 387~389, 394~396. 젤라(D. Zella)는 『농촌경제연구』[*Etudes d'economie rurale*(Studies in rural economics), pp. 415~417]에서 토지수입에 관한 몇 가지 표를 제시한다.

이익에 무관심해지고 대신에 새로운 사실로 급히 발길을 돌렸다."[89]

늘 그렇듯이 과거의 조건에 지속적으로 집착하는 사상가들이 있었다. 실제로 철학자들은 대중의 진전을 따라가지 못해서 공중에게 그 경로를 보여주지 못하고 거의 항상 공중에 뒤쳐져 있는 것이 경험적으로 밝혀졌다. 한 유명한 격언에 따르면, 철학은 미네르바의 부엉이[90]와 같다. 그것은 밤에 활동한다.

엘베시우스는 이러한 최근 사상가들 중 한 사람이다. 그는 『인간(*l'Homme*)』이라는 저서에서 이렇게 썼다. "나의 조국은 마침내 전제정치의 굴레 속에 들어가서 마음속의 사고를 억누르고 영혼의 미덕을 짓누른다…이 타락한 민족은 오늘날 유럽의 비웃음거리가 되고 있다. 어떤 유익한 위기도 이 나라에 자유를 가져다주지 못할 것이다. 이 나라는 소비 때문에 멸망할 것이다. 이 난관을 치유하는 유일한 처방은 정복이다." 1773년에 이 우울한 예언이 파리 사회를 몹시 혼란에 빠트렸다.[91] 튀르고는 콩도르세에게 보낸 한 편지에서 엘베시우스를 '유치한 연설가'라 칭하며 그의 진술을 반박했다. 튀르고는 프랑스는 "억압과 쇠퇴의 최종 단계에 도달하지" 않았다고 주장하며, 엘베시우스의 저작은 '공허함, 당파심, 성급함'으로 가득 차 있다고 말했다. 그는 유감스럽게도 그 저작이 당파심을 조장한다고 보았다. 그는 그 저작에서 "인류애도 철학도" 발견하지 못했다.[92]

---

89 Tocqueville, *L'Ancien Regime*, p. 177.
90 미네르바의 부엉이는 로마 신화에서 미네르바와 항상 함께 다니는 신조(神鳥)인 부엉이를 말하며 지혜의 상징이다. 헤겔이 『법철학』 서문에 "미네르바의 부엉이는 황혼이 되어서야 날개를 편다"라는 유명한 경구를 남겼는데, 이는 미네르바의 부엉이(즉, 지혜 또는 철학)가 낮이 지나고 밤에 그 날개를 펴는 것처럼, 철학은 앞날을 미리 예측하는 것이 아니라 이미 이루어진 역사적 조건이 지나간 이후에야 그 뜻이 분명해진다는 것을 의미한다.-옮긴이
91 Rocquain, *L'Esprit revolutionnaire*, p. 310.

행정부는 여론에 떠밀려 각종 절차를 변경했다. 예전에는 행정관은 질서 유지, 군대 육성, 세수 확보에만 관심을 가졌다. "1780년의 감독관은…그 밖의 문제에도 관심을 가졌다. 그의 머릿속은 공익 증대를 위한 수많은 방안들로 가득 찼다. 도로, 운하, 제조업, 상업 등이 행정관의 주요 관심사로 부각되었다.

행정관은 특히 농업에 주의를 기울였다. 행정관들 사이에서 설리(Sully)가 점점 인기를 끌었다. "이 감독관이 작성한 일부 회의록들은 농업기술에 관한 연구 논문이나 정부 사업보고서보다 대체로 더 많이 읽혔다."[93]

사회개혁 전문가에 따르면, 그 같은 체제는 정부를 공고화하는 데 탁월한 능력을 발휘했다. 제3신분은 번창해졌고, 행정부는 제3신분이 번창하도록 전력을 다해 도왔다. 그런데도 "프랑스는 번창할수록 전반적인 분위기는 불만과 불안으로 팽배해져 갔다. 공중의 불만은 더욱 심화되었다. 모든 구제도에 대한 증오는 커져갔다. 온 나라가 혁명으로 치닫고 있었다."[94] "[대혁명이 일어나기 전 40년 동안] 사회 모든 분야에서 지금까지 눈에 띄지 않았던 내부 혼란이 감지되었다…모든 사람은 동요 상태에 있었고, 자기 운명을 불안해하며 변화를 시도하고 있었다. 모두가 불안과 번민으로 가득 차 더 나은 삶을 추구하고 있었다. 사람들은 과거를 비난하며 현재와는 완전히 다른 세계를 마음속에 품고 있었다."[95]

토크빌은 이러한 사실을 보고 놀랐지만, 경제적 조건이 사상에 미치는 영향에 대해서는 크게 조명하지는 않았다. "나쁜 정부에게 가장 위험한 시기는 개혁을 착수했을 때이다." 사람들은 악이 필요하다고 생각되면 불평 없이 그 악을 지지했다. "모든 적폐를 치유하면 남아 있는 해악이 사람들의 주의를 끌고, 그들을 더욱 초조하게 한다. 해악이 완화되어도 그 해악에 대한 인식은 더 커진

---

92 *Correspondance inédite*.
93 Tocqueville, *L'Ancien Regime*, p. 172.
94 *ibid.*, p. 175.
95 *ibid.*, p. 171.

다."⁹⁶

이러한 사실에 본질적인 것은 필요성(necessity) 개념의 완전한 폐기이다. [사람들은] 미래를 "전혀 두려워하지 않는다. 상상력은 사람들을 현재의 혜택에 무관심하게 만들고, 새로운 것을 찾아 나서도록 몰고 간다."⁹⁷ 좀 더 기술적 언어를 사용하여 다음과 같이 말하고자 한다. 경제적 필요성이 사라져서 기술에서도 사회적 일에서도 과감한 실험을 할 때라고 생각될 때 개혁가와 혁신가는 자신들의 기획을 추진하고, 정치가와 산업가는 코앞의 미래에서 막대한 이익을 얻게 되어 실패를 두려워하지 않고 그 기획을 순순히 받아들인다.

일반적으로 경제적 필요성에 대한 믿음이 약화되면 그때마다 혁명 정신의 근거가 확보된다. 여기에는 명백한 역설들이 있다. 즉 사회주의 열기를 누그러뜨리기 위해 도입한 사회입법이 종종 사회주의를 촉진하는 결과를 가져오기도 한다. 또 파업 때문에 고용주가 양보를 한 것이 혁명적 생디칼리즘을 진전시키는 요인이 되기도 한다. 한마디로 사회평화는 거의 항상 계급투쟁을 유발한다.

지식인들이 현재의 사회에 대해 관찰한 것을 보면, 경제적 필요성을 잘 이해하지 못하고 있음이 드러난다. 바로 그 때문에 과거에는 대학교육이 부르주아 계급을 유토피아로 인도한다고 종종 비난을 받아 왔다. 요즘에는 매우 신기한 광경이 나타나고 있다. 많은 대학인들이 사회주의를 사회과학으로 바꾸어놓으려 하고 있는 것이다. 그러나 그들은 경제적 필요성의 효과를 폐기할 생각으로 이 과학을 창조할 것을 요구한다. 결국 그들이 생각하는 것은 진정한 반(反)과학적 과학으로, 그것으로는 사물들을 견고하게 연결할 수가 없다.⁹⁸ 이는 지식

---

96 *ibid.*, p. 177.

97 *ibid.*, p. 177.

98 라살이 사회세계를 관류하는 '철칙'을 이야기했을 때 그는 과학의 진정한 성격을 이해하고 있었다. 그는 모든 사회지식 분야에는 실제로 연역을 진행할 수 있는 과학이 존재한다는 데 전혀 의심하지 않았다. 그는 그 같은 과학이 분명하게 존재한다고 보았다. 그와 반대로 오늘날에는 양상이 매우 달라졌다. 그럼에도 불구하고 세계가 경제적 기초를 더 많

인이 경제를 잘 이해하지 못하고 있다는 명백한 증거이다.

왜 부유한 유태인은 유토피아 사상에 동조하고 때로는 사회주의적 성향에 심취하기까지 하는가 하는 질문이 종종 제기되고 있다. 나는 사회주의에 새로운 착취수단이 있다고 하는 사람들을 당연히 무시하는데, 그중에는 진실한 사람들이 일부 있기 때문이다. 윤리적 이유로는 이러한 현상을 설명할 수가 없다.[99] 이들은 생산에는 관심이 없다. 그들의 관심은 문학, 음악, 금융투기에 있다. 그들은 세상에 필요성이 있다는 것을 인식하지 못하며, 그들이 거리낌 없이 대담한 행동을 하게 된 동기는 그토록 많은 18세기 신사들이 대담하게 행동을 하게 된 이유와 같다.

더군다나 사회적 유토피아는 대지주들이 창안한 것으로 알려져 있다. 대농장 소유자들은 농학보다는 문학에 종종 더 많은 관심을 가졌던 것으로 알려져 있다. 그래서 그들은 토지 경작에 종종 실패했고 공상적인 계획을 위해 명백한 개량을 무시한다. 이들 가운데서 경제소설에 매료된 사람들을 드물지 않게 마주치게 된다. 이들은 가격이 소수의 사람들의 의지에 의해 조절된다고 생각하며, 거대한 협동조합을 꿈꾼다. 그들은 18세기 사람들처럼 상상력을 가지고 생각한다. 결국 그들도 역시 어리석게도 계몽된 의지에 얽매여 있다.

이 추구할수록 더 많은 필요성이 나타난다.

[99] 굴리엘모 페레로(Guglielmo Ferrero)는 1897년에 출간한 어느 책에서 이 주제와 관련하여 몇 가지 흥미로운 내용을 제시했다. 그는 독일의 여러 사회주의단체에 부유한 유태인들이 많이 있는 것을 보고 놀랐다. 이들은 부정의에 개인적인 불만을 표하지 않았다. 그들은 욕망 면에서는 다른 부르주아계급과 다를 바 없었다. 그럼에도 그들은 그들의 생활태도에 대한 통상적인 예상과 달리 자기 민족의 전통적 경로를 재발견하고, 인류의 허물에 대해서는 단호하게 저항했다. 그들은 마르크스주의 이론을 고대 예언서를 현시하는 것으로 간주했고 새로운 계시로 간주했다(*Europa giovane*, pp. 361~362). 유태인의 염세주의, 민족적 자긍심, 과장, 사명감 그리고 그들의 개종 욕구를 다룬 부분을 참고하라(pp. 363~371). 내가 보기에는 이 모든 것을 격세유전을 도입하지 않고도 대부분 설명할 수 있다.

18세기의 선조들은 역사적 필연성을 중시하지 않았듯이 경제적 필연성도 그리 중요하게 생각하지 않았다. 19세기에 와서야 전통의 역할을 이해했고, 나폴레옹전쟁의 종식에 의한 거대한 격변도 19세기에 일어났다. 18세기에는 진보가 몹시 빠른 속도로 이루어져서 인간 본성의 직관을 따르기만 하면 미래에는 모든 것이 가능하다는 믿음이 크게 증진되었다.

제5장

진보 이론들

1 튀르고의 담론 / 보쉬에와의 불화: 부르주아적 편견 / 생활환경 속의 예기치 않은 진보의 발전 / 중세 시대의 물질적 진보

18세기 중엽에 사람들은 프랑스가 급격한 변화 와중에 있다고 생각했다. 일찍이 1753년에 다르젱송은 혁명이 불가피하다고 생각했다.[1] 그는 장관직을 그만둔 후인 1774년에 공화국 수립을 예견했다. 엑스라샤펠(Aix-la-Chapelle) 평화 시절(1748년)[2]에 열린 각종 축제들은 불만이 극에 달했음을 보여주었다. 민중들은 더 이상 "국왕 만세"를 외치지 않았다.[3] 더 이상 전쟁비용이 들어가지 않았는데도 정부와 의회는 분쟁이 계속되자 이를 구실로 군대 유지에 필요한 세금을 걷었다. 1751년에 다르젱송은 민중의 환호가 혁명을 예고한다고 믿었다.[4] 1753년에 의회는 루이 15세에게 "왕은 법에 복종해야 하고, 법률을 개정하면 혁명이 일어날" 것이라고 다짐시켰다. 그 당시에 정의와 진리와 법을 상징하는 이미지가 나타나기 시작했는데, 이것들은 그 세기 말에야 성공할 수 있었다.[5] 대법원장은 권력이 왕이 아닌 국민에서 나오는 의회의 지도자 행세를 하는 것처럼 보였다.[6] 추방된 의원들은 공법을 열심히 연구했다. 그들은 예전에 학회에서 했던 것처럼 공법에 대해 토의했고, 일부 사람들은 프랑스 국민이 자신들을 신임

---

1 Rocquain, *L'Esprit revolutionnaire avant la Revolution*, p. 114.
2 엑스라샤펠은 독일의 아헨 지방으로, 영국과 프랑스를 주축으로 한 유럽 열강들이 오스트리아 왕위계승전쟁(1740~1748)을 매듭지은 조약을 서명한 때(1748.10.18)를 말한다.-옮긴이
3 *ibid.*, pp. 123~128.
4 *ibid.*, p. 146.
5 *ibid.*, pp. 171~172.
6 *ibid.*, p. 165.

하는 날이 오면 그들은 예전에 의회 의원이었다고 말했다.[7]

로켕(Roquain)은 1754년에 아무 일도 일어나지 않은 것이 어쩌면 다행스러웠다고 생각한다. "분명 의회가 그 운동을 주도할 것이다. 정치적 관점에서 볼 때, 다르젱송이 생각했던 것처럼, 그 추세가 규제 받는 민주주의 정부를 수립하는 방향으로 나아갈 것이라고 생각해서는 안 된다. 모든 가능성을 고려할 때 그것은 군주의 권위를 제한하는 것에 한정될 것이다."[8]

튀르고가 진보에 관한 글을 저술하던 시기에 프랑스 사회는 상당히 분란했다. 첫 번째 논고는 튀르고가 스무 세 살이던 1750년 12월 11일 소르본에서 연설한 것이다. 튀르고는 자신이 대단히 새로운 것을 소개하고 있다고 생각한 것 같지는 않은데, 이는 이 연설 원고가 튀르고가 죽은 지 한참이 지나서도 뒤퐁 드 느무르(Dupont de Nemours)가 출간하지 않았기 때문이다. 이 젊은 학생은 늘 경제문제에 많은 관심을 가졌다. 그는 신학 강의를 들으면서도 행정직에 입문할 준비를 했다.[9] 그의 지식의 폭은 광범위했으며, 모든 점에서 우리는 그가 부르주아사상을 지배하는 개념들을 성공적으로 구체화하려고 노력했다고 믿지 않을 수 없다. 그는 자신의 연설이 개인적인 학설을 표현한다고 생각했지만 사실 그보다 훨씬 큰 역사적 의의를 가진 것으로 보아야 한다.

이 연설은 약간 나중에 저술한 세 편의 단편과 따로 떼어놓고 보아서는 안 되며, 보다 중요한 저작을 준비한 것으로 보아야 한다. 뒤퐁 드 느무르는 자기 친구의 의도에 관한 몇 가지 귀중한 정보를 남겼다. "튀르고는 사상의 고귀함과 표현의 대담성으로 받을 존경을 보쉬에에게 돌렸다. 튀르고는 그의 스타

---

[7] *ibid.*, p. 177.

[8] *ibid.*, p. 180.

[9] 1749년 그는 화폐에 관한 논문을 썼다. 그리고 1751년 초에 소르본을 떠났다. 1752년 1월 5일에는 법무장관 보좌관이 되었고, 12월 30일에는 법률 고문이 되었으며, 1753년 3월 28일에는 의뢰의 대가가 되었다. 1755년에는 케네, 쿠르네(Cournay) 등과 친하게 지냈고, 1756년에는 백과전서 학파를 옹호하는 글을 썼다.

일이 멋지고 활기찬 예법, 풍부한 표현력, 웅장하고 조화로운 위엄을 가졌다고 극찬했다. 그러나 그는 그 뛰어난 저술가에게 경의를 표했지만 『보편사 강의(Discourse on Universal History)』는 관점, 근거, 진정한 지식이 풍부하지 못하다고 아쉬워했다… 그는 그 책을 다시 쓸 요량으로 그 책의 범위를 넓히고, 모(Meaux)[10] 지방의 저명한 주교가 은근슬쩍 건너뛴 원리들을 그 안에 포함시켰다."[11]

첫 번째 단편은 정부 형성 및 국가 간 관계에 대해 다루었고, 두 번째 단편은 (1750년 연설에서 나타난) 인간 정신의 진보에 대해 다루었다. 세 번째 단편에서는 진보 시대들 및 예술과 과학의 쇠퇴에 대해 다루었다. 이 마지막 단편은 (샤를마뉴 대제[12] 시절에 중단되었는데) 튀르고가 자신의 원래 계획을 실행할 수 없다고 생각했을 때 저술했다. 튀르고는 신정주의 교리를 (그 시대의 계몽 부르주아계급의 열망에 어울리게) 진보 이론으로 대체하여 보쉬에의 저작을 개작하려 했다.

황태자의 스승인 보쉬에의 주요한 목적은 제자에게 '영속적인 종교의 진로'를 가르치고 가톨릭의 정당성의 근원은 세계의 기원으로 거슬러 올라간다는 것을 보여줌으로써 왕의 의무를 이해하게 하는 것이었다. 군주는 전통을 지켜야 하고 불충한 자들에게는 국가권력을 사용해야 한다. "고귀한 왕조이자 온 세상에서 가장 위엄 있는 왕조여, 맨 먼저 하나님의 권리를 옹호하고, 당신에게 많은 영광을 내려 세상을 다스리게 해 준 예수 그리스도의 치세를 만방에 전파하

---

10 프랑스 북부에 있는 도시. 유명한 생테티엔 대성당(12~16세기)이 있으며, 종교개혁기에 개혁가들을 보호한 프랑스의 첫 교구로서 많은 싸움이 일어났으며, 보쉬에의 무덤과 동상 2개가 있다.-옮긴이

11 Turgot, II, 625~627.

12 샤를마뉴(Charlemagne) 대제는 프랑크 왕국의 왕·서로마 제국의 황제(768~814)로 게르만 민족을 통합하고, 스페인 일부와 이탈리아 남부, 잉글랜드를 제외한 서유럽 전역을 정복하여 통일유럽의 최고 통치자로서 800년에 교황 레오 3세로부터 황제 대관을 받으며 신성로마제국 황제로 등극하였다.-옮긴이

라."¹³

한편, 나중에 부르주아 과두세력(튀르고는 이들을 위해 글을 썼다)은 예술과 과학의 진보에 모든 관심을 집중했다. 튀르고가 자신의 저작을 이러한 연구에만 한정하여 마무리한 데는 그럴만한 이유가 있다.

보쉬에는 역사를 교훈이라고 생각했다. 그는 자신의 저작 서두에서 이렇게 썼다. "다른 사람들에게 역사가 쓸모없더라도 군주는 역사를 읽어야 한다. 군주에게 열정과 자기 이익, 역사적 환경과 상황, 좋은 충고와 나쁜 충고의 효과를 보여주는 데는 그 외에 다른 방법이 없다. 역사는 오직 역사 안에서 일어나는 행동에 의해서만 저술되며, 역사 안에 있는 모든 것은 그 용도를 위한 것이다."

튀르고도 그 시대 사람들에게 위대한 문명이 파멸한 원인에 관심을 끌게 했는데 그런 점을 보면 그 역시 [역사의] 교훈을 많이 염두에 둔 것 같다. 그는 정신을 타락시킨 폭군이 로마를 타락시키고, 무분별한 사치가 예술 작품을 부(富)의 징표로 변질시켰으며, 기호품에 대한 욕망이 창조적 재능이 부족한 사람을 현혹시키고, 고대 저자들의 결점을 모방하는 지방 작가들이 급증하며, 언어가 악화되고, 전통 철학이 공허한 우화 및 마술과 혼합된다고 설명한다. 이때 그는 분명 자신의 문명을 손상시키는 여러 과오를 염두에 두고 있었다.¹⁴ 그는 중세 시대를 미래의 왕실 행정관의 관점에서 판단한다. 당시에는 왕들은 아무런 권위가 없었고, 귀족은 아무런 제약도 받지 않았으며, 백성은 노예 상태에 있었고, 시골 사람들은 빈번히 약탈당했으며, 상업도 없고, 장인들은 경쟁 상태에 있지 않았으며, 귀족은 게을렀고, 무지가 만연했다. 그는 진보는 도시에서 시작되었다고 지적한다. 도시는 "모든 합법적인 나라에서는 상업의 중심이자 사회의 원동력이다."¹⁵ 세계의 미래를 이끄는 것은 부르주아계급이다.

---

13 Bossuet, *Discours sur l'histoire universellie*(Discourse on Universal History), 2d part ad finem.

14 Turgot, II, 606.

『보편사 강의』 말미에서 보쉬에는 자기 생각을 이렇게 제시한다. "제국을 형성하고 파괴하는 일련의 특수한 원인들은 신의 섭리라는 보이지 않는 질서에 의한 것이다. 하나님은 저 높은 천국에서 모든 영역을 지배한다. 모든 심장이 그의 손에 들어 있다. 하느님은 때로는 열정을 억제하고 때로는 풀어놓으며, 결국에는 인류 전체를 움직인다.…아주 멀리 있는 원인에 의한 결과를 결정하는 것도 하나님이요, 자신의 메아리가 어느 곳에서나 들리도록 자극을 가하는 것도 하나님이다. 그러므로 왕과 그 신하들의 행동만 고려해야 한다." 그러나 보쉬에 역시 이러한 행위는 개인의 동기만으로 설명해서는 안 되고 그 밖의 다른 동기를 통해 설명할 필요가 있다는 것을 알고 있다. 그래서 그는 일종의 초자연적 심리학을 도입한다. 인간의 모든 예상 밖에는 신성한 의지가 작동하고 있다는 것이다. "모든 통치자들은 자신들이 주요한 힘에 종속되어 있다고 느낀다. 그들은 자신이 생각한 것 이상 또는 이하로 행동하며, 그들의 결정은 어김없이 예상하지 않은 결과를 낳는다. 그들은 더 이상 과거의 여러 세기 동안 주입된 요인들을 통제하지도 못하고, 미래의 경로를 강요할 통제력을 가지고 있지도 않다. 오로지 신만이 모든 것을 수중에 넣고 있으며, 모든 것의 이름과 앞으로 이루어질 일을 알고 있으며, 모든 시대를 관장하고 모든 결정을 예견한다." 요컨대 역사는 인간이 침투해 들어갈 수 없는 신비의 세계이다.

　튀르고는 우리를 완전히 다른 방식으로 이동시킨다. 그는 앞으로 성취해야 할 과업을 다음과 같이 제시한다. "특수하고, 일반적이고, 필수적인 원인의 영향과 위인의 자유로운 행동을 밝혀내는 것, 이 모든 것과 인간의 성질 간의 관계를 보여주는 것, 도덕적 원인의 범위와 역학을 결과를 통해서 보여주는 것—철학자는 이 모든 것이 역사의 역할이라고 본다."[16] 우리는 군주가 의지를 실행하는 데 더 이상 신의 개입이 필요없다고 생각한다. 문제는 현실이 보쉬에

15　Turgot, II, 607~608.
16　Turgot, II, 628.

의 생각과는 반대로 전개된다는 데 있다. 보쉬에는 군주는 하늘이 내린 신성한 권리 하에서 행동해야 한다고 저술하면서 세상에 정말로 중요한 것은 왕의 결정과 하나님의 결단뿐이라고 본다. 튀르고는 정부에 많은 보좌진을 제공해주면서도 전혀 통치를 해보지 못한 계급을 위해 저술하면서 제3신분 밖에서 일어난 모든 일과 제3신분이 수동적으로 받아들인 모든 것을 우연으로 간주한다. 진정한 역사는 자신이 속한 사회계급 안에서 자신의 능동적인 원리를 발견하는 것이다. "제국은 흥하고 망한다. 법률과 정부 형태는 나타났다가 사라진다. 예술과 과학은 발달하면서 완성된다. 예술과 과학은 이 지역 저 지역으로 옮겨가면서 진보가 지체되기도 하고 가속되기도 한다. 자기이익과 야망과 허세는 세상의 운명을 영속적으로 변화시키며 대지를 피로 물들인다. 그것들을 분쇄하면 관습이 세련되고 인간의 심성이 개화되며, 고립된 민족들이 서로 가까워진다. 상업과 정치가 마침내 지구의 모든 부분들을 통일하고, 전 인류가 고요와 불안, 선과 악의 순환에 의해 서서히 그러나 확실하게 보다 큰 완성을 위해 전진한다."[17]

그리하여 보쉬에가 황태자와 논의하고자 했던 대사건들은 제3신분이 자신들과 개인적인 관계가 없는 일을 추구하는 와중에 우연하게 일어났다. 이것만으로도 철학자들의 주목을 끌기에 충분하다. 우리는 정치사에서 문명사로 넘어간다. 그런데 어떤 메커니즘에 의해 넘어가는가? 여기서 우리는 튀르고와 보쉬에의 견해가 완전히 대립된다는 점을 다시 발견한다.

신의 섭리에는 우연(chance)의 여지가 없다. 보쉬에가 이르기를 "더 이상 우연이나 행운에 대해 말하지 말자." "우리의 무지를 감출 때만 그런 단어를 말하자. 우리의 불확실한 계획에 대해 우리가 우연이라고 부르는 것은 보다 높은 계획에서 이루어지는 구체적인 설계, 즉 영원히 변치 않는 계획이다. 거기에는 단일

---

[17] Turgot, II, 598.

설계 내의 모든 원인과 모든 결과가 포함된다. 이렇게 하여 모든 것이 동일한 목적을 위해 작동한다. 우리는 전체를 이해하지 못하는 특수한 상황에서 우연과 불규칙성을 찾게 된다."

이와 반대로, 더 이상 (역사가들이 접근할 수 없는) '영원히 변하지 않는 계획'을 근거로 하여 추론하지 못할 경우 우연은 역사의 중대한 법칙 — 철학적 역사 연구를 허용하는 규칙성의 조건 — 으로 나타난다. 이렇게 되면 통치자 행동의 추동력은 힘을 잃게 된다. 그러나 제3신분의 추동력은 지속적으로 작동하고, 연속적으로 접근하여 명확하게 일을 수행한다. "이렇게 여러 사건들이 (때로는 우호적으로 때로는 부당하게) 다양하게 결합되면서 — 이에 대립하는 행동들은 궁극적으로 서로를 파괴한다 — 자연은 소수의 사람들에게 (전 인류에 거의 균등하게 분산되어 있는) 비범한 재능을 부여했다. 이 비범한 재능이 부단히 작동하면 그 결과는 점차 명백하게 나타난다.…사람들은 진리를 찾지 않으면 평온하지 않기 때문에 항상 불안해하고, 잡았다고 생각되면 바로 사라지는 진리의 이미지에 의해 항상 흥분한다. 이 때문에 인간의 호기심은 질문과 논쟁을 증폭시키고, 각종 개념과 사실들을 보다 정확하고 철저하게 분석하게끔 강요받는다.…그리하여 손으로 더듬고, 체계의 수를 늘리고, 실수를 해결하는 것으로 마침내 보다 많은 진리의 지식에 도달하게 된다."[18] 현재의 철학으로는 지식의 기원에 관한 이러한 진술을 거의 변화시키지 못한다.

튀르고의 논고들은 『역사 연보』보다 훨씬 우수해 보이는데, 거기에서 콩도르세는 친구의 질문과 동일한 질문을 제기한다. 콩도르세는 당시 상황 때문에 인간 정신의 진보를 단순히 개관하여 추적하는 데 한정할 수밖에 없었는데 그것이 오히려 그에게는 매우 큰 행운이었다. 왜냐하면, 그는 너무 많은 사실을 예고하여 자신이 한 약속 대부분을 지킬 수 없었기 때문이다. 그 저작은 대혁명이

---

[18] Turgot, II, 600~601.

완전한 승리를 거두었을 때 저술된 것으로 새로운 체제의 찬송가이자 미신에 대한 고발장이라 할 수 있다.[19]

튀르고는 자신이 선조들보다 훨씬 현대적임을 보여주었는데, 이는 그가 과거를 보다 진지하게 판단해서일 뿐만 아니라 경제현상의 중요성을 보다 정확하게 감지했기 때문이다. 이러한 설명은 너무 기묘하여 잠깐만 다루는 것이 좋을 것이다. 튀르고에 따르면, 야만인의 침략이 고대인의 미술 공예를 완전히 소멸시키지는 않은 것은 그 제품에 대한 수요가 끊임없이 지속되었기 때문이다. 중세시대 동안에 기계 공예, 상업, 시민생활 관습이 크게 완성되었다. "암흑시대의 그늘 속에서도 많은 업적이 쌓였고, 과학은 비록 숨어 있었지만 정말로 진보하여 언젠가 더욱 풍부한 모습으로 다시 모습을 드러낼 것이다."[20] 르네상스 이후에 사람들은 잘 준비되고 보다 치밀해져서 약간의 기회만 발견해도 많은 이익을 얻어냈다.[21]

콩도르세는 『역사 연보』 제7장에서 중세시대에 이루어진 각종 변화에 대해서도 언급한다. 그렇지만 그는 그러한 변화를 진정한 변화로 본 것 같지는 않다. 스콜라철학과 이탈리아 시(詩) 사이에서 그는 비단, 종이, 자석, 폭약에 대해 말한다.[22] 심지어 그는 제9장 말미에서 사물의 자연질서를 뒤집어서 최근의 기술

---

19 아랍민족의 급격한 쇠락은 "만약 자유로워지고 자유를 유지하고 싶으면, 즉 계몽이 가져다준 이점을 잃고 싶지 않으면, 계몽을 보존하고 증진된 자유를 유지하기 위해 어느 것 하나라도 무시해서는 안 된다고 우리 시대 사람들에게 경고해주었다"(*Tableau historique*, 6th epoch). 역사는 "만약 미신과 폭정 같은 최초의 병균들이 감히 다시 나타난다면 그것을 인식하고 억누를 수 있게 경각심을 가지도록 하는 데" 기여해야 한다(10th epoch).

20 Turgot, II, 608; cf. p. 666.

21 Turgot, II, 610.

22 콩도르세는 이러한 변화들이 모두 수입품에 의한 것이라고 주장하고 있어 이러한 진보의 중요성을 축소하고 있다. "[우리의] 기술 수준이 아시아에서 이루어진 완성도에 가까워지기 시작했다." 이 수입품들이 기여한 바가 지대하더라도 그것들만으로는 중세시대의 모든 기술 진보를 설명하지 못한다. 예를 들면 야금술은 독일에서 변형되었고, 고딕예술은

진보를 과거에 순수과학이 성취해놓은 결과로 보고자 한다. 여기서 자주 인용되는 문장이 발견된다. "경도를 정확하게 관찰하여 조난사고를 당한 선박을 구조한 선원은 자기 생명을 플라톤학파가 진리의 사슬을 통해서 창안한 이론에 맡긴다(그 이론은 전혀 쓸모없다고 스무 세기 동안 묻혀 있었다)." 어떤 이는 콩도르세가 튀르고와는 반대 입장을 취한 것으로 생각하기도 한다.

독자들이 가장 주목을 끈 것은 튀르고의 생각이다. "숙련된 능력은 오직 자연을 이용하는 것이며, 숙련된 능력을 발휘하면 연속적으로 물리실험을 실행하여 자연을 더욱 많이 밝혀낸다."[23] 나는 기술이 과학에 미치는 영향을 그토록 강력하게 표현하는 것은 없다고 생각한다.[24]

끝으로, 튀르고가 인쇄술에 대해 관찰한 것에 주목할 필요가 있다. 그 관찰 결과는 1750년의 강의에서 소개되었는데, 그것은 어느 한 미발간 논문에서 더욱 발전되었다. 이 논문에서 그는 기술 관련 서적들은 처음에는 기술공을 훈련할 목적으로 출간되었는데 나중에는 문인들이 그 책들을 읽었다고 한다. 그들은 "전에 알지 못했던 수많은 독창적인 기법들에 정통하게 되었고, 물리학에 풍부한 도움을 주는 무한한 아이디어에 이끌렸다. 새로운 세계 안에 있는 모든 것이 그들의 호기심을 자극했다. 그 결과 실험물리학을 애호하는 경향이 자꾸 늘어났으며, 역학의 발명과 절차의 도움 없이는 거대한 진보가 이루어질 수 없게 되었다."[25] 이 글을 쓰면서 튀르고는 프랑스 백과전서학파의 주장을 정당화하려 했던 것 같다. 그 안내 설명서는 1750년에 나왔다. 그는 기예의 묘사로부터 기

프랑스에서 탄생했다.

[23] Turgot, II, 608.

[24] 튀르고의 개념은 과학이 자연에 대한 완벽한 지식에 도달한다고 상정하기 때문에 아주 정확한 것은 아니다. 그런데 기술의 영향으로 만들어진 '인공적 자연'과 그것을 감싸는 '자연적 자연'의 차이를 이해하기 시작한 것은 그리 오래되지 않았다. 나는 이러한 구상을 실용주의에 관한 저작에서 많은 지면을 통해 발전시켰다.

[25] Turgot, II, 667; cf. p. 610.

대했던 결과들은 이미 성취했다고 말했다. 그 프랑스 『백과전서』는 어떤 예술에도 어떤 과학에도 아무런 새로운 진전을 가져오지 않았다.

2 스탈 부인의 새로운 질서 옹호 / 새로운 문학 비평 원리 / 상이한 문명들의 융합 / 기독교 / 폭력

스탈 부인의 유명한 저서 『문학과 사회제도의 관계(Literature Considered in its Relation to Social Institutions)』를 읽으면 지금 우리 자신이 19세기 초에 있는 듯한 느낌을 받는다. 이 책에는 콩도르세의 저작보다 진보 학설이 훨씬 생생하게 나타나 있다. 그녀가 이 책을 저술할 당시 프랑스 철학자들은 심하게 공격을 받고 있었다. 대혁명은 약속을 거의 이행하지 못했다. 그 주창자들을 매료시켰던 인도주의 이상은 여러 당파들 간의 피비린내 나는 투쟁을 야기했다. 최상의 문명에 도달하면 만인이 형제가 될 것으로 기대했지만 실제로는 지적 능력이 퇴화되었다. 덕이 지배하는 세상이 올 거라는 말이 엄청나게 회자되었지만 총재정부[26]로 인해 온 나라가 망신거리가 되었다. 어째서 그렇게 많은 사람들이 "계몽과 그것에서 파생된 모든 것 — 웅변술, 정치적 자유, 종교적 견해의 독립 — 이 인류의 평화와 행복을 깨트린다고" 주장했는지 충분히 이해할 수 있다.[27]

그렇지만 프랑스는 자유를 위한 전쟁에서 그렇게 많은 영예를 획득했다고 보기는 어렵다. 무력을 통해 근대체제를 수립하는 방향으로 문제를 해결했기에

---

[26] 총재정부(Directoire): 프랑스혁명 후 1795년부터 1799년까지 약 3년 동안 존속한 양원제 의회체제를 말한다. 1793~1794년 공포정치시대의 청교도 독재에 대한 반동으로 생겨났다. 이 정부의 목표는 정치·경제 권력자들의 이익을 옹호하고 증대시키는 것이었다. 이 시대는 사치스런 의상과 무절제한 오락, 느슨한 도덕관념 등으로 프랑스가 경험했던 가장 타락한 체제로 꼽힌다. -옮긴이

[27] Madame de Stael, *Oeuvres complétes*(1820 ed.), IV, 586.

그 이후로 왕당파에게는 아쉬움이 남아 있었을 수도 있었다. 그러나 프랑스는 더 이상 옛날만큼의 우아함과 쾌활함을 가지지 못했다. 스탈 부인이 말하기를 "공포정치가 생명, 정신, 감정, 이념을 잘라낸 이래로 문학은 많은 것을 잃었는데도 아무도 문제를 제기하지 않는다."[28] 어느 누구도 과거의 문학이 다시 부상하리라고 기대하지 않았다. 왜냐하면 그것은 근본적으로 다른 관습을 채택하기 위해 명백하게 사라진 귀족적 생활방식에 너무 많이 의존했기 때문이다. 그러면 어떻게 진보와 그 같은 사실들이 조화를 이룰 것인가?

스탈 부인은 페로와 유사한 상황에 처해 있었다. 그녀는 문학의 성격을 고찰함으로써 그 시대의 탁월함을 증명해야 했다. 17세기와 18세기 사람들은 민족의 위대함과 몰락은 주요 저작들을 구성하고 있는 취향을 통해 측정할 수 있다고 생각했기 때문이다. 중세시대는 취향을 완전히 결여한 탓에 문학 작품을 두려워했다. 샤토브리앙은 이교도 작품과 기독교 작품을 평행선 상에 놓고 후자의 우위를 보여줌으로써 그 시대 사람들을 가톨릭으로 개종하려 했다.

새로운 체제는 아직 그 시대의 위인을 왕정시대의 작가들과 대비시킬 만한 정도가 안 되었다. 그리하여 스탈 부인은 페로와 샤토브리앙처럼 평행선을 그어서 문제를 해결하려 하지 않았다. 그녀는 새로운 조건에서 문학이 부활하는 원인을 발견할 수 있다는 것을 보여주고, 또 극장과 철학, 웅변이 예견하지 못한 탁월함을 이룰 수 있다는 것을 보여주려 했다.[29]

---

[28] ibid., IV, 408.
[29] 스탈 부인의 의견과 조언이 항상 보답을 받는 것은 아니다. 그녀는 이렇게 쓴다. "프랑스의 헌법이 자유롭고 그 제도가 철학적이라 하더라도" 권력남용에 대한 풍자의 중요성을 잃었으며, 그리하여 유머가 쓸모가 없고 흥미를 잃었다(de Stael, IV, 480 ff.). 『캉디드』와 그 같은 유형의 작품들은 "삶의 고귀한 관심사들을 조롱하므로" 공화국에 해를 끼친다. 이제부터 희극은 "일반 선에 해로운 영혼의 악덕", 특히 "선량한 성질을 파괴하는 사람들"을 공격해야 한다. 공화국 정신은 긍정적 미덕을 필요로 하기 때문이다(p. 487). 무대 위에서는 유혹을 하고 조롱할 수도 있다(p. 489). 우리는 역사가 얼마나 몽상가들의 지시를 따

"내가 개관하고 있는 새로운 문학적 및 철학적 진보는 완성된 체계로 계속 발달해 나갈 것이다. 나는 그 기원을 그리스시대로 거슬러 올라가서 찾았다."[30] 만약 스탈 부인이 그 시대 사람들에게 확신을 심어주는 데 성공했다면, 그녀는 대혁명을 정당화하는 것이 된다. 대혁명이 17세기의 학파와 합류했다고 또 루이 14세 시대와 비교해서 판단되었다고 비난받은 것은 아니었다. 대혁명은 그 자체로 새로운 역사적 조건과 관련하여 평가를 받는 위대한 작품들을 낳는 새로운 시대를 열었다.

스탈 부인은 자신을 더 쉽게 방어하려고 이전의 모든 비판에 관류하고 있는 편견들과 싸웠다. 콩도르세는 이렇게 선언했다. "취향의 규칙은 동일한 일반성과 동일한 항구성을 가지지만 우주의 법칙과는 달리 도덕적 법칙이나 물리적 법칙처럼 쉽게 변화할 수도 있다."[31] 브뢴티에르는 다음과 같이 매우 올바르게 지적한다. 우리 저자에게는 "어떤 부분은 절대적으로 감소하고, 어떤 부분은 상대적으로 증가한다."[32] 그래서 사람들은 "문학적 경험에 기초한 종래의 비판의 규칙들을 의심하게 되는데, 그러한 문학적 경험은 그 부적절함 때문에 독자들을 어리둥절하게 만들기 때문이다."[33] 그러나 콩도르세는 이러한 새로운 비판이 스탈 부인이 자기 방어를 위해 꾸며낸 계획에서 비롯되었다는 것을 알지 못한다.

스탈 부인은 셰익스피어의 영국적 특성과 괴테의 독일적 특성을 뚜렷하게 대비시켰는데, 이는 비교 방법을 사용한 결과가 아니라 고전주의 규칙을 벗어나도 위대한 문학이 가능하다는 것을 증명하고자 했기 때문이다. 그녀의 저작은

르지 않는지에 대해 다시 한 번 주목해야 한다.

30 De Stael, IV, 410.
31 Condorcet, *Tableau historique*, 9th epoch.
32 Brunetiere, *Evolution des genres*, p. 179.
33 *ibid.*, p. 177.

자기주장의 편의성이 지배적인 방법으로 자리하고 있다. 스틸 부인은 영국 특유의 대저작들과 독일 특유의 대저작들의 존재를 뚜렷하게 대비시켜 새로운 프랑스에서도 공화국 특유의 걸작이 나오기를 기대하는 것은 전적으로 온당하다고 독자들이 인정해주기를 바라고 있다. 그 같은 세련된 주장을 보고 모든 진정한 합리주의자들은 공화국 정신이 담긴 이러한 훌륭한 저작의 존재를 (이미 오랫동안 서재 선반에 꽂혀 있었던 양) 확신하게 되었다. 이로써 새로운 체제를 완전하게 정당화하게 된다.

대혁명으로 탄생한 사회는 18세기의 모든 이념들에 대적하면서 생존했다. 프랑스 예절이 가졌던 전통적인 명성은 심한 공격을 받았다. 이를 두고 스탈 부인은 이렇게 말한다. "이 10년 동안 개화된 사람들은 무지한 사람들의 지배를 받았다. 그 무지한 자들의 어조의 방자함과 스타일의 무례함은 그들의 정신의 한계보다 훨씬 더 불쾌감을 조장했다."[34] "대혁명 이후 예절의 무례함은 권위를 행사할 때 가끔 같이 나타났다."[35] "장기적으로 보면 이 혁명은 수많은 사람들을 개화시킨다. 그러나 몇 년 동안은 이러한 언어, 예절, 의견의 무례함이 취향과 이성의 퇴보를 유발했다."[36]

이 책에서는 예법에 대한 충고에 상당히 많은 부분을 할애했다. 이 주제에 관해 스탈 부인이 표현한 개념들은 황제가 새로운 사회가 옛 궁정을 모방한 의례를 따르도록 강요한 시도와 비교할 필요가 있다. 스탈 부인이 이르기를 "무례할 대로 무례한 나쁜 취향이 얼마나 많이 문학적 영예, 도덕, 자유와 대립하고 또 선하고 고상한 인간관계에서 대립하는가!… 대담하게도 사람들은 자기 자신의 무례함과 악행을 비웃고, 그것을 부끄럼 없이 용인하고 품위 없는 화려함을 즐기는 소심한 영혼을 가진 사람들을 조롱한다."[37] "사람들을 함께 어울리는

---

34 De Stael, IV, 437.

35 De Stael, IV, 420.

36 De Stael, IV, 408.

데는" 품위 있는 예절이 효과적이다.[38]

논평가들은 대혁명을 고대 문명들의 몰락에 비교하는 것을 당연하게 여겼다. 귀족들은 로마인들만큼이나 쇠약해져서 "자신들보다 지식이 몇 세기나 뒤진 저속한 피정복민"에 의해 축출되었다.[39] 야만족의 침공은 진보 이론가들을 매우 난처하게 만들었다. 튀르고는 "이 명백한 파괴로 인해 사라졌다고 생각하던 지식의 씨앗이 수많은 민족으로 확산되었다고" 지적했다.[40] 스탈 부인은 훨씬 더 나아가 모든 인류의 이러한 완성을 정신의 진보와 구별하며 중세시대는 정신의 진보를 촉진시켰다고 주장한다.[41]

이러한 행운의 결과는 여러 인종들의 혼합과 기독교에서 비롯된 것이었다. 스탈 부인은 종교 주제에 관한 철학자들의 열정에서 완전히 자유로운 듯했다. 이것은 루소의 영향 때문만이 아니라[42] 자신이 그 시대를 방어해야겠다는 의무 때문이기도 했다. 스탈 부인은 여러 계급의 혼합과 여러 민족의 혼합이 유사한 효과를 가져오기를 바랐으며, 새로운 교의가 기독교 교의와 같은 역할을 하고 있는 것을 보고 실망하지 않았다. 그녀는 이렇게 말한다. "북방의 여러 민족들이 침입했을 때처럼 철학 체계와 고결한 열정, 강력하고 공정한 법률체계를 가지게 된다면 얼마나 멋지겠는가!"[43] 나폴레옹은 그 같은 철학 체계를 멀리서 찾는 것은 소용없다고 생각했다. 그는 가톨릭에 관용 정신을 부과하는 데 만족했다.[44]

---

[37] De Stael, IV, 420~421.

[38] De Stael, IV, 441.

[39] De Stael, IV, 199.

[40] Turgot, II, 672.

[41] 브륀티에르는 스탈 부인만이 지식의 전파에 의해 인류가 완성된다고 생각한 것으로 보았다(*Evolution des genres*, p. 176).

[42] 루소의 영향은 스탈 부인이 감히 "종교개혁이 일어난 나라에서는 오늘날에도 기독교가 도덕에 현저하게 긍정적인 영향을 미친다고" 쓸 정도로 막강했다(de Stael, IV, 206). 디드로는 신을 인정하는 모든 곳에서 도덕이 타락한다고 보았다(Reinach, *Diderot*, p. 170 참조).

[43] De Stael, IV, 200~201.

콩도르세는 다음과 같은 말을 쓸 수 있다고 들었다면 매우 놀랐을 것이다. "기독의 종교적 묵상은 어떤 대상에도 적용하더라도 과학과 형이상학과 윤리학을 위한 인간의 능력을 발전시켰을 것이다."[45] 스탈 부인은 일찍이 사람들이 종교적 열정에 이끌려 신학적 미묘함에 몰두하지 않았더라면 추상적 연구에 집중하지 않았을 거라고 생각했다.[46] 르네상스는 엄청난 진보를 가져다주었다. "베이컨, 마키아벨리, 몽테뉴, 갈릴레오―나라는 다르지만 거의 같은 시대에 활동한 이 네 사람은 이 암흑시대에 돌연 나타났다. 그럼에도 불구하고 그들은 수세기 동안 고대 문학의 마지막 작가들, 특히 고대의 마지막 철학자들이 전진하고 있었음을 보여주었다."[47]

스탈 부인은 논조의 긴박성 때문에 폭력을 옹호하는 인물로 비쳐졌다. 스탈 부인은 대혁명과 관련된 주제에 대해서는 감히 솔직하게 다루지는 못했지만 철학자들이 종교적 광신에 퍼부은 비난[48]을 열정이 역사에서 상당한 역할을 한다는 것을 보여주는 근거로 삼았다. 여기서 그녀의 답변에서 나타난 중요한 구절 하나를 제시하는 것이 (비록 대단히 불충분하긴 하나) 도움이 될 것이다. 이는 역사적 조건들이 어떻게 이데올로그들의 사상을 통제하는지를 다시 살펴보는 것은 흥미로운 일이기 때문이다.

"열정이 강하면 범죄를 일으킬 수도 있지만 역사에서는 이러한 열정이 사회의 주요 동기를 소생하는 데 필요한 경우가 있다. 이성은 이런 거대한 운동들과 동일한 효과를 낳는다. 그런데 열정이 밝혀내는 이념들이 있는가 하면 열정 없이

---

[44] 그것은 콩도르세의 주요한 목표이다. 그 황제는 주교를 선발하여 교회에 모태 성직자들에게 퍼부은 저주들을 잊게 하는 의무를 부과했다.

[45] De Stael, IV, 190.

[46] De Stael, IV, 209.

[47] De Stael, IV, 211.

[48] 그녀는 철학자들이 이교도를 칭송한 것은 그들이 무관용을 혐오했기 때문이라고 말했다 (de Stael, IV, 206).

는 밝혀낼 수가 없는 이념들이 존재한다. 인간 정신을 완전히 새로운 대상에 노출시키려면 맹렬한 격변이 필요하다. 이러한 격변은 풍요한 시대에는 나타나지 않는 지진이나 지하의 불 같은 것이다."[49]

스탈 부인이 여기서 합리주의의 기반을 포기한 것은 놀라운 일이다. 그 시대 사람들은 철학이 인정한 진리가 승리하기 위해서는 철학을 (때로는 잔인하더라도) 강제로 사용해도 된다는 것을 쉽게 용인했다. 그러나 우리의 저자[스탈 부인을 말함]는 창조는 폭력을 수반한다고 천명한다. 그녀는 분명 여전히 자연법사상을 고수하고 있다. 그녀의 눈에 폭력은 이성의 노력으로부터 감춰져 있는 이러한 법칙을 찾아내는 하나의 방식이다. 그럼에도 불구하고 그의 주장은 오히려 이 때문에 주목을 끈다.

스탈 부인은 이런 구절을 쓸 때 분명 종교개혁기의 투쟁들을 염두에 둔 것 같다. 그녀가 살던 시대 전에는 그리고 가끔은 그 시대 이래로 개신교 저술가들은 종교개혁 지도자들의 지지를 받아 상황을 완화하고자 했으며, 16세기의 폭력을 누그러뜨리려 했다. 스탈 부인은 자기 논점의 긴박성 때문에 자신의 종교를 연구하는 역사가들보다 훨씬 통찰력이 강하게 보였다. 현재는 그녀로 하여금 과거를 명확하게 이해할 수 있게 한다.[50]

이 책에서 보여준 새로운 이론들은 모두 역사적 조건들에 좌우되었는데, 그 조건들은 마르크스주의 관점에서 보면 매우 흥미로운 사실이다.

---

49 De Stael, IV, 206.
50 우리는 동일한 사실이 오귀스탱 티에리에게 유효하다는 것을 이전에 본 적이 있다.

3 민족독립 전쟁 종식과 함께 탄생한 진화이론 / 법과 사법적 양심의 역사적 형성 / 진화와 진보의 대립

진보 이념과는 대립되면서도 그것에 지대한 영향을 미친 학설에 대해 살펴보기 위해 이제 진보 이념의 역사에 대한 강의를 잠시 중단해야 할 것 같다. 그것은 바로 진화(evolution) 학설이다. 진화 학설은 여러 차례에 걸쳐 전개된 독립 전쟁들과 연관된다.

이 독립 전쟁들은 우리의 혁명군이 치른 전쟁과 자주 비교되어 왔는데, 사실 이 전쟁들은 이데올로기운동과는 대립한다고 할 수 있다. 프랑스군대가 통과할 때마다 사람들은 구제도를 철폐하고 자연법칙에 순응하는 원리에 따라 다른 제도를 창조하는 프랑스를 열렬히 모방하고 싶어 했다. 그런데 사람들이 이러한 진보 체계에 대항하여 손에 무기를 들고 우리가 그들에게 가져다준 행복을 거부하는 날이 온 것이다. 르낭이 말하기를, "민족성 이념은 18세기에는 그 발자취를 찾을 수 없고(일반철학만 유일하게 그것에 관심을 가졌다), 현 세기 초의 정복자들은 그것을 부정했다.[51] 민족성 이념은 대혁명기 때 통일된 여러 정파들과 (외세의 지배에 의해 자각한 민족들에서 생겨난) 제국이 일으킨 반란에서 비롯되었다."[52]

지금부터는 진화는 진보에 대립되고, 전통은 창조에 대립하고, 역사적 필연성은 보편적 이성에 대립하게 될 것이다. 그렇다고 18세기 찬양자들이 때때로 지지했듯이, 새로운 이념 옹호자들은 세계를 고정시키고 싶어 했던 것은 아니다. 그러나 그들은 지방마다 특유의 역사변화법칙이 존재한다는 것을 보여주려 하지는 않았다. 그들은 정부가 그 법칙을 존중하는 것이 필요하다고 생각했다. 이

---

[51] '애국자'라는 단어의 의미 변화에 유의하라. 독립전쟁 때 애국자는 자국 군주에 대항하기 위해 프랑스인을 도왔다. 나중에는 그 군주의 권력을 복귀시키려고 싸웠다.

[52] Renan, *Essais de morale et de critique*(Moral and Critical Essays), p. 117.

개념을 최초로 훌륭하게 표현한 것은 사비니[53]인데 이 개념은 법칙과 관련되었다.

오랫동안 정치인들은 중요한 포고문을 작성하여 궁정의 활동을 규제하려 했다. 나폴레옹은 자신이 작성한 시민법전이 대규모 전투의 승리보다 더 많은 영광을 가져다줄 것이라고 생각했다. 자유를 되찾은 독일이 의식을 주장하게 된 것은 당연한 일이었다(독일은 법체계를 수립함으로써 세력이 강해졌고 통일을 이루었다). 사비니는 1814년에 역사학파를 설립하여 이러한 의견에 반박했다.

이 학파의 임무는 근대 입법자들의 무한한 지혜를 전혀 의심하지 않고 지금부터는 법이 철학에 의해 계몽된 의지를 표현하게 될 것이라고 생각한 자들을 논박하는 것이었다. 사비니와 그 문하생들은 이처럼 법이 합리주의적으로, 즉 자동적으로 창조된다는 학설에 반대했다. 사람들의 법률적 양심이 보편적 이성을 대체했다. 여기서 「사부아 지방 보좌신부의 신앙고백(Profession de foi du vicaire savoyard)」의 잘 알려진 한 구절을 보면 도움이 될 것이다. "양심은 결코 우리를 속이지 않는다. 그것은 인간의 진정한 안내자이다. 본능이 신체를 안내한다면 양심은 영혼을 안내한다." 루소는 여기에 주석을 덧붙인다. "근대 철학은 그 자체가 설명하는 것만 인정하며 **직관** 같은 모호한 능력은 인정하지 않는다. 그것은 어떤 획득된 지식을 가지지 않은 채 동물을 일정한 목표로 안내한다. 우리 시대의 아주 현명한 어느 철학자에 따르면, 직관은 성찰을 결여한 습성이지만 성찰을 통해 획득된다." 이 이론은 루소가 보면 터무니없는 것이다. 사람들의 법적 양심 또한 확실한 직관이다. 그것은 '그 자체로 법'이다.[54]

---

53 사비니(Friedrich Karl von Savigny, 1779~1861)는 독일의 법학자로 베를린대학을 창립하고, 역사법학을 개척했으며, 로마법의 역사와 체계를 연구하여 현대 독일법학의 기초를 확립하였다. -옮긴이

54 Tanon, *L'Evolution du droit et la conscience social*(The Development of Law and Social Consciousness), p. 18.

사비니 문하생들은 처음에는 법이 관습으로부터 저절로 형성된다고 생각했다. 그런 다음에 입법이 출현한다. 이것은 "원시 법률을 낳게 한 보이지 않는 힘"보다 더 신속하고 더 확실하게 법 개정을 보장하여 유익한 효과가 나오게 한다. 마지막으로 법률 전문가가 개입하게 된다.[55]

그리하여 우리는 더욱더 지적인 인간 활동을 향해 본능을 규칙적으로 움직여 나가야 한다. 사람들은 여전히 정신은 표출하고 있으나 직접 표출하는 경향은 줄어들고 있다. 우리는 이러한 사다리 위로 한 단계씩 올라가고 있는데 그에 비례하여 (형이상학적 사색 또는 외래의 이데올로기 수입에 의한) 자의적인 해법이 진정한 국산품을 교란시킬까 우려한다. 그래서 관습법이 법률적 직관을 표현하며 일정한 우위를 누리고 있다. 이러한 견해를 표출하자 사비니와 푸흐타[56]는 "이 같은 법률 제정 방법을 숭배한다고" 비난을 받았다. 그들은 "관습이 지닌 필수적인 효과를 임의로 제한하는" 모든 조치들은 법률을 심각하게 위반한다고 간주했다. 그리하여 관습은 언제든지 법을 수정하거나 폐지할 수 있어야 한다.[57]

이러한 학설에 대해 많은 심각한 반론이 제기되었는데, 이에 대해 약간 언급할 필요가 있다.

많은 사람들은 법의 규칙과 종교적·도덕적 규칙이 구분되지 않은 원시시대에만 사비니와 푸흐타의 생각에 따라 법이 만들어진다고 생각했다.[58] 이와 반대로 예링[59]은 법이 정말로 관습에 의해 형성되는지 의문을 제기했다.[60] 나는 법은

---

55 ibid., pp. 13, 15~16.

56 푸흐타(Georg Friedrich Puchta, 1798~1846)는 독일의 법학자이다. 개념법학을 창시했으며, 독일 관습법으로 이어져 오던 로마법을 논리적으로 체계화하여 현대 법학을 확립하였다. ─옮긴이

57 ibid., pp. 17~18. 이것은 놀랍게도 "양심은 법 위에 있다"는 루소의 생각과 유사하다.

58 ibid., p. 32.

59 예링(Rudolf von Jhering, 1818~1892)은 독일의 법학자로 바젤 대학, 괴팅겐 대학 등의 교수를 역임하였으며, 로마법 연구를 단순한 역사적 연구에 그치지 않고 목적론적·법기술

무엇보다도 상업활동에서 자연스럽게 형성된다고 생각한다. 오늘날에도 그런 모습이 목격된다. 이러한 법체계는 규칙이나 이론보다는 관습에 훨씬 더 의존하며, 특정 개인들 사이의 협정의 결과에서 비롯된다. 상업이 가진 이 같은 역할을 인정한다면 관습법이란 것은 계속되는 성찰에 의해 예전부터 하나씩 추가된 결과임을 인정해야 한다. 왜냐하면, 사람들은 상업과 관련된 모든 것을 인간 활동의 성찰과 무관한 것으로 간주하는 경향이 있기 때문이다.

오랜 기간의 시간 범위에서 보면 사람들은 각자에게 필요한 법률을 만들고 있는 것처럼 보인다. "위에서 보거나 멀리서 보면, 입법자의 행위는 특정 시기의 우발적인 행위에 불과한 것으로 보이며, 법은 그 자체의 힘에 의해 그리고 입법자는 도구이자 운반자일 뿐이라는 관념에 의해 발생하는 것으로 보인다.…그런데 아주 가까이서 보면 다르게 보인다. 어떤 민족 역사의 특정 시점의 실정법을 살펴보면 많은 점에서 그 민족의 정신과 전혀 일치하지 않는 규칙이 있다는 것을 즉각 알 수 있다."[61]

그런데 현재의 변화를 연구할 때 그리고 역사 학설이 만족스럽게 설명하지 못하는 가까운 미래를 추측하고자 할 때 특히 그러하다. 이러한 문제의식에 맞게 그것을 개조하려고 노력하는 것은 모두 헛된 일이다.[62] "이 학파의 창시자들은 미래의 법을 고찰하려 하지 않았다." 나는 타농(Tanon)이 한 다음과 같은 말로는 이러한 태도를 설명할 수 없다고 생각한다. "그들은 개인적으로 보수적 성향 때문에 진화의 여러 측면들 중 하나를 선호하게 되었다."[63] 오히려 (과거의 의

적(法技術的)·문화적 견지에서 연구하여 역사법학파 입장을 취하였다. 후일 법의 사회적 실용성을 중시하는 목적법학을 설파하였다.-옮긴이

60 Ihering, *Histoire du developpement du droit romain*(History of the Development of Roman Law), p. 12.

61 Tanon, *L'Evolution du droit*, pp. 31~32.

62 일부 저자들이 그랬던 것처럼 법적 양심을 일치시키고 사람들의 의지를 투표에서 드러내려는 시도는 사리에 맞지 않다.

심스러운 경향들을 가지고 미래를 예측하려는 엉뚱한 생각에 빠지지 않고) 역사 학설을 받아들이는 사람은 미래를 조사하는 일이 불가능하다고 말해야 한다.

뉴먼[64]은 기독교 교리의 발달에 관한 연구에서 사비니 학파와 동일한 견해를 피력했다. 그는 오로지 존재한 것에만 관심을 가졌다. 그는 가톨릭교회가 중세시대에 신앙 저장소를 충실하게 보존하지 않았다고 비난한 영국 국교회의 논쟁가들의 반박에 대응하고자 했다. 영국 국교회는 초기 몇 세기 동안 평의회가 교리를 올바르게 규정했다고 인정했다. 뉴먼은 로마 신학에 관한 후속 저작에 반박할 수 없다는 것을 증명하기 위해 그 저작에서 나타난 발전(또는 개화) 유형들을 초기 교회 역사와 비교했다. 그는 이 연구들에서 신학이 진보를 허용한다는 이론을 이끌어낼 생각이 전혀 없었다. 그는 자신과 스스로 문하생이라 자처하는 이들을 혼동하는 것보다 그리고 오로지 근대주의 경향들과 교회의 일부 원로들이 취한 입장이 유사하다는 것을 보여주려고 교리의 역사에만 관심을 가진 자들과 혼동하는 것보다 더 큰 실수를 저지를 수는 없었다. 그들은 과거에 대해 저술하고 있지만 미래의 꿈에 지배받지 않는다.

다른 곳에서 나는 역사를 이해하는 두 가지 방식을 구분한 적이 있는데 여기서 그 구분을 적용할 필요가 있다.[65] 혹자는 미래를 주시하며, 모든 발달의 씨앗을 연구하면 각종 사건들을 완전하게 설명한다고 상정한다. 이러한 접근방식은 창조와 관련이 있다. 또 어떤 이는 적응(adaptations)이 어떻게 일어났는지를 알아보기 위해 과거를 주시한다. 이것이 진화 학설이다. 사비니는 이 새로운 방법을 도입하여 역사의 정신을 바꾸었다. 진보와 진화가 혼합되면 서로 뒤엉켜

---

63 Tanon, *L'Evolution du droit*, p. 40.

64 뉴먼(John Henry Newman, 1801~1890)은 영국의 가톨릭 신학자이자 추기경으로 영국국교회의 옥스퍼드 운동을 이끌었으며 나중에는 로마 가톨릭교회의 부제 추기경이 되었다.-옮긴이

65 Georges Sorel, *Systenze bistorique de Renan*(Paris: Marcel Rivière, 1906), pp. 5~23 참조.

풀 수 없는 난점들이 발생한다.

사비니의 견해와 다윈주의 사이에는 유사한 점이 엄청나게 많다는 것이 여러 차례 관찰되었다.[66] 요즘 많은 자연주의자들은 다윈이 알프레드 지아르[67]가 진화의 1차 요인이라 칭한 것—새로운 종(種)을 창조하는 요인—을 연구하지 않았다고 비난한다. 다윈은 이미 완성된 자연사를 연구하여, 특정 형태의 소멸이 어떻게 하여 식량과 교배를 추구하게 만드는(즉 생존과 성적 선택을 위한 투쟁을 일어나게 하는) 조건과 연결되는지를 보여주려 했다. 순수한 다윈주의에서 종의 변이는 결정된 것이 아니다. 알프레드 지아르는 다윈주의의 2차 요인과 라마르크주의[68]의 1차 요인을 결합하여 조화시키려 했는데 이는 철학화에 익숙하지 않은 자연주의자의 소박한 생각이다.[69] 두 체계 가운데 하나를 선택할 필요가 있다. 고등 과학을 만든다는 구실로 두 체계를 혼합해서는 안 된다.

법칙은 변화에도 순응하지 않고 특정 생명체에도 순응하지 않는다. 법을 변경할 수 있는 힘의 존재를 증명하는 하나의 큰 사건은 존재하지 않는다. 변호사, 재판관, 교수는 개인적 견해 때문에 각자의 변호, 판결, 논평에서 현존 체계

---

[66] Tanon, *L'Evolution du droit*, p. 22.
[67] 알프레드 지아르(Alfred Mathieu Giard. 1846~1908)는 프랑스의 동물학자로 여러 무척추동물의 분류, 비교해부, 발생 등을 연구하여 기생충 거세를 밝혔다.—옮긴이
[68] 라마르크주의(Lamarckism): 장 바티스트 라마르크(Jean-Baptiste Lamarck)가 제안한 진화 생물학 이론인 용불용설(用不用說)을 말한다. 라마르크는 생물이 환경에 적응한 결과로 획득한 형질이 다음 세대에 유전되어 진화가 일어난다고 주장한다.—옮긴이
[69] 우리는 감응유전(telegony) 이론(이런 이론은 실제로 있을 것 같지 않다)을 창안하도록 지아르에게 영감을 준 사회학적 사고를 사람들에게 반복해서 일러주어야 한다(이 이론에 따르면 암컷의 새끼는 첫 번째 수컷 짝의 성질을 간직한다). 그는 유럽의 하층계급은 귀족계급에게 부합하는 초야권 관행에 의해 순조롭게 변형되었다고 생각했다. 이러한 쓸모 없는 이야기가 알프레드 지아르를 자연주의자의 최고 반열에 올려놓았다. 그러나 학식이 높은 사람이라고 해서 자신이 겪은 경험에서 일반적인 결론을 이끌어내는 기술에 항상 능숙한 것은 아니다.

에 대해 항상 경미하게 언급하고 지나간다. 공중은 종종 개입하려 전문직 종사자들에게 크게 압력을 행사하기도 한다. 그 원인들을 모두 분석하려는 것은 어리석은 일인데, 그 원인들 가운데서 하나의 운동이 생겨난다. 이러한 운동이 역사의 근본 이념이다. 우리는 이것을 통해서 사람들의 법적 양심을 알게 된다.

법의 역사에서는, 법률상의 양심을 법에 따라 예견되는 효과로 규정하도록 요구할 필요가 없다. 법률상의 양심은 새로운 관계 체계를 수용(또는 거부)하게 하는 모든 조건들을 포괄해놓은 이미지이다. 오랫동안 프랑스 남부의 농민들은 민법의 상속법에 격렬하게 저항해왔다. 이것이 전통과 새로운 해법 간의 투쟁의 대표적인 본보기이다. 이 투쟁의 모든 요소들은 아주 쉽게 관찰할 수 있다. 그래서 법률상의 양심은 "전혀 결정되는 것이 아니라는" 말은 정확한 표현이 아니다.[70] 소극적 적응에서 전통이 하는 역할은 이미 결정되어 있다는 것은 모두가 알고 있는 사실이다.

이런 점에서 보면, 자연주의자들이라고 해서 모두 동일한 방식으로 적응을 해석하는 것은 아니라고 보는 것이 적절하다. 베르그송에 따르면, "일부 사람들은 외부 조건들이 생리화학적 변형(이것은 유기체가 생명을 유지할 때 결정한다)을 통해 일정한 방식으로 유기체를 직접 변화시킬 수 있다고 본다. 아이머[71]의 가설을 그 예로 들 수 있다. 그와 달리 다윈주의 정신에 보다 충실한 사람은, [외부] 조건은 생존투쟁에서 간접적으로만 영향을 미쳐 (환경에 더 잘 적응한) 종의 대표를 우선적으로 선택한다고 본다. 달리 말하면, 전자에서는 외부 조건이 적극적으로 영향을 미치고, 후자에서는 소극적으로 영향을 미친다. 첫 번째 가설에서는 이러한 원인이 변화를 유발하고, 두 번째 가설에서는 변화를 억제한다."[72] 다

---

70 Tanon, *L'Evolution du droit*, p. 28.
71 아이머(Theodor Eimer, 1843~1898)는 독일의 동물학자로 생물의 진화요인은 빛·공기·열·영양 등 외적 영향에 의해 일어나며 일정 방향으로 작용한다고 주장하며, 이를 '정향진화'로 명명하였다. 다윈의 자연선택도 이 위에서 가능하다고 주장하였다. -옮긴이

시 말하면, 다윈주의는 역사적 방법과 관련된다.

베르그송에 따르면, "다윈주의의 적응 개념은 적응 불가능한 것을 자동적으로 제거함으로써 얻어지는 단순명쾌한 개념이다." 나는 법의 역사를 단순명쾌하게 만드는 것과 동일한 방식으로 법률상의 양심 이론을 적용할 수 있다고 생각한다. 그러나 법률상의 양심이 선형적으로 진보, 발전한다고 설명해서는 안 된다. 다윈주의 생물학에는 베르그송이 말하는 것과 동일한 무능함이 나타난다.[73]

법률 역사 이론가들은 자신들의 학설을 항상 만족스럽게 제시하지 못했다. 정신을 소극적 적응에서 추론할 수 있다는 것을 이해하려면 매우 엄격한 과학적 훈련을 수없이 거쳐야 한다. 사비니 시대에는 모든 변화를 생물학이 제공한 것으로 이해했다. 사람들이 법률상의 양심을 생명력의 일종으로 여긴 것은 지극히 당연하다. 그래서 법철학은 예링으로부터 혹독한 비판을 받았다.

"법의 기원은 불가해한 미스터리이다. 어떻게 하면 더 많은 선을 추구할 수 있을까? 이 학설은 사물의 추론에 관한 어떤 질문도 막아낼 수 있는 장점이 있다. 그 질문에 대한 답변은 항상 동일하다: 민중의 영혼, 국민의 법 감정…그것은 법을 정교화하는 운명체이다.…유출설[74]은 과학을 쉽게 잠들게 하는 부드러운 베개이다. 과학이 깨어나도록, 즉 과학이 마침내 눈을 열고 사물을 실제로

---

72 Henri Bergson, *Evolution creatrice*, pp. 59~60[Creative Evolution(New York, Modern Library ed.), pp. 62~63]. 이하의 각주에서 기재된 베르그송 참고문헌 쪽번호는 미국판 영역본의 것이다.

73 *ibid*., p. 63.

74 유출설(Emanation theory, 流出說): 샘이 용솟음쳐 흐른다(emanare)라는 라틴어에서 온 말로서 세계가 본원적인 '하나'에서 출발하여 차례로 완전성이나 실재성이 적은 하급의 존재로 흘러내린다고 것을 의미한다. 유출설은 기독교 신학에서는 신으로부터 신의 아들과 성령이 나온다고 하는 주장에 이용되고, 신비주의적 사상에도 나타나며, 광체(光體)로부터 입자가 흘러나온다는 뉴턴의 입자설에도 나타난다. -옮긴이

있는 그대로 보도록 그 베개를 없애자."[75]

진화 학설은 다양하게 그리고 자의적으로 이해되어 왔다. 이는 그것을 옹호하는 대다수 사람들이 그것을 학문적 이유에서가 아니라 정치적 이유에서 받아들였기 때문이다. 유럽을 혼란으로 빠트린 온갖 투쟁으로 사람들은 지쳐 있었다. 그들은 투쟁을 수반하지 않은 이데올로기를 최우선으로 받아들이고 싶어 했다.[76] 그래서 그들은 관습법을 칭찬하고 그것을 언어 발달에 비유했다. 나중에 예링은 이렇게 법을 언어에 비유하는 것은 역사에 반하는 것이라고 했는데 이는 올바른 지적이다. 그에 따르면, 언어학은 (새로운 규칙이 누군가의 이익을 해칠 때마다 나타나는 것과 유사) 갈등을 보여주지 않는다.[77] 그런데 반대로 이러한 잘못된 유추가 사비니 시대 사람들을 매료시켰다.

역사학파는 다양하게 표출되는 민족정신들은 밀접하게 상호의존적이라는 점에 착안했다.[78] 그래서 역사학파는 민족을 모든 부분들이 서로 견고하게 결합되어 조화를 이루고 있는 살아 있는 유기체에 비유하여, 민중의 양심을 하나의 실재로 보았다… 역사를 살아 있는 존재에 비유하는 것은 19세기 상당 부분 동안 정치저술가의 사상에 많은 영향을 미쳤는데 이는 놀랄 일이 아니다. 내가 보기에는 이것이 역사주의의 가장 중요한 유산이다.

---

[75] Ihering, *Histoire*, p. 12.
[76] 우리는 프랑스에서는 비판적 시대와 유기적 시대의 구분을 얼마나 중요하게 여겼는지 알고 있다. 생시몽 일파는 프랑스어를 비판의 연옥에서 빠져나오게 하여 조직화할 것을 제안했다. 이러한 구상은 확실히 나폴레옹에서 비롯하는데, 그는 대혁명 시대를 마감하고 우리 언어 속에 기본 행정법의 의미를 지닌 유기적 법을 도입할 것을 천명했다.
[77] Ihering, *La Lutte pour le droit*(The Struggle for Law), pp. 6~11.
[78] Tanon, *L'Evolution du droit*, p. 13.

4 토크빌과 평등을 향한 필연적 행진 / 프루동과 마르크스의 반론 / 필연성 개념 폐기하는 프루동 ; 도덕적 진보

프랑스혁명 후 약 40년 동안 자유세계에서는 과거를 과학적으로 연구하는 데 크게 몰두했다. 계몽주의 시대의 경박함은 역사학과의 신중함과 대비된다. 진보 학설은 진화 개념으로부터 많은 착상을 흡수해야만 살아남을 수 있었다. 우리가 주목할 점은 역사를 유기체에 비교함으로써 수많은 중요한 학설들이 생겨났다는 사실이다.

첫째, 그때부터 역사는 서서히 그리고 규칙적으로 운동한다는 점을 매우 중요하게 여기게 되었다. 이따금 사람들은 혁명가들을 가엾게 보기까지 했다! 그들은 그 같은 진보가 과학에만 어울린다는 것을 이해하지 못했던 것이다. 그들은 예전에는 진보가 서서히 진행되는 것은 그저 신중함에서 비롯되는 것으로만 여겼는데 지금은 그런 진행에 대해 열렬하게 찬사를 보내고 있다.

둘째, 필연성 개념이 한층 강화되었다. 스탈 부인은 많은 해악들은 자체의 목표를 위해 계몽의 진보를 저지하는 책략에서 비롯된다는 사실에 주목했다. 그는 그 같은 시도는 필연적으로 무위로 끝난다고 보았다.[79] 그러나 이것은 다만 정치적 총명함을 가지고 내린 판단일 뿐이다. 이와 달리 오늘날에는 역사운동의 연속성은 생명체 진화의 연속성처럼 필연적이라고 간주한다.

셋째, 당시에는 정신의 진보 또는 지능의 발달에 대해서는 더 이상 고려하지 않았다. 각종 제도는 생명체의 기관으로 간주되었다. 지배적인 특성은 퀴비에[80]

---

[79] De Stael, IV, 586.

[80] 퀴비에(Georges Léopold Cuvier, 1769~1832)는 프랑스의 동물학자이자 고생물학자로 동물의 화석을 해부학적으로 비교 연구하는 새로운 길을 열고, 비교 해부학 및 고생물학을 확립하였다. 또한 동물 분류학을 발전시켰고 실증주의적 생물학의 기초를 확립하였다.-옮긴이

의 방법에 의해 선택되었고, 그 이후로 역사는 그 특성들의 변화에 따라 연구되었다.[81]

토크빌은 『미국 민주주의(*Democracy in America*)』에서 이 새로운 견해들을 매우 탁월하게 적용했다. 1835년에 출간된 이 책 초판은 19세기 사상에 커다란 영향을 미쳤다. 토크빌은 이 책 첫머리에서 조건의 평등을 미국의 각종 제도들의 지배적인 특성이라고 지적했다. 그에 따르면, "각각의 특수한 사실은 생성 요인으로부터 진화하며", "모든 관찰결과는 중심점으로 이어져야 한다." 또한 그에 따르면, 평등을 지향하는 움직임은 미국에서는 분명 특이한 일이 아니다. 그것은 어디서나 무의식적 원인에 의해 발생하는 평범한 일이다. "일상생활의 모든 곳에서 민주주의를 향한 움직임이 일고 있다. 모든 사람들이 합심하여 그것을 돕고 있다. 민주주의의 성공을 의식적으로 찬성하는 사람들도 있고, 그것을 도울 생각조차 하지 않는 사람들도 있다. 민주주의를 위해 싸운 사람들도 있고, 스스로 그 적이라고 공언한 사람들도 있다. 모든 사람들이 같은 방향으로 움직이고 있다. 모든 사람들이 합심하여 민주주의를 위해 노력하고 있는 가운데, 어떤 사람들은 최선을 다해 노력하고 있음에도 불구하고, 어떤 사람들은 그것을 모르는 듯이 하나님의 손 안에서 맹목적으로 움직이는 도구가 되었다."

토크빌은 이러한 필연성 개념을 사람들을 깜짝 놀라게 하는 언어로 표현했다. "당신이 읽을 이 책은 전부 일종의 종교적 경외심의 영향을 받고 쓴 것이다. 그 종교적 경외심은 이 저자의 영혼 속의 억누를 수 없는 혁명에서 우러나왔다. 그 혁명은 갖은 방해에도 불구하고 수많은 세기에 걸쳐 진전되었으며, 그것에 의한 파괴 속에서도 계속 진전하고 있다… 만약 우리 시대 사람들이 오랜 관찰과 진지한 고찰을 통해서 점진적이고 진보적인 평등의 발전이 역사의 과거이자 미래임을 인식할 수 있다면, 이러한 발견만으로도 그러한 발전이 신의 의지가

---

[81] Pierre Marcel, *Essni politique sur Alexis de Tocqueville*(Political Essay on Alexis de Tocqueville), p. 107 참조.

가진 신성한 특성임을 알게 될 것이다. 그러므로 민주주의에 대항하는 것은 하나님의 의지에 대항하는 것이 된다. 그리하여 인류는 신의 섭리가 부여한 사회의 운명에 순응하도록 강요받게 된다."

[민주주의로 나아가는] 그 운동은 일종의 유기적 운동으로 간주된다. 결론적으로 미래에는 민주주의가 필수적이다. 현명한 사람은 가장 발전된 민족의 경험에서 과거에서 미래로 나아가게 하려고 노력하는 입법자를 인도할 수 있는 새로운 길을 찾아야 한다.

토크빌은 그 시대 사람들에게 자신의 확신을 알리는 데 성공했다. 르플레는 이것을 보고 개탄했다. 그는 『미국 민주주의』는 "많은 해를 끼치는 위험한 책"이라고 여겼다.[82] "과거에 얽매여 있는 순수한 사람들이나 선과 악 사이에서 우유부단한 상태에 있는 사람들은 그의 예측을 점차 신뢰했다. 그 이래로 사람들은 평등과 민주주의의 원형인 미국 체제가 필연적으로 완전하게 성공할 것으로 믿었다."[83] 르플레는 토크빌이 명백하게 보여준 발전의 필연성을 인정하려 하지 않았다. 르플레는 세계는 가부장제 이념을 보존하는 몇몇 옛 가문의 모범에 의해 변화한다고 확신했다. 르플레는 역사의 필연성 개념에 대해 절대로 이상하게 생각하지는 않았다. 그는 여전히 18세기 사람들의 스타일 속에서 생각했다. 이는 그가 대체로 19세기의 법률사 및 경제사 관련 저작을 잘 알지 못했기 때문

---

[82] Le Play, *La Reforme sociale en France*(Social Reform in France), III, 327.

[83] Le Play, *Organisation du travail*(Organization of Labor), 3d ed., p. 367. 르플레에 따르면, 토크빌은 유럽 민족은 불가피하게 쇠락할 것이라고 생각했다. "더욱이 그는 이러한 쇠락은 미국 체제의 수입에 의해 가속화될 뿐이라고 생각했다(p. 377). 르플레는 제2제정[1852~1870: 루이 나폴레옹이 황제(나폴레옹 3세)로 즉위한 때부터 프로이센과의 전쟁에서 패배하여 루이 나폴레옹이 포로로 잡히면서 붕괴하기까지의 시기. 이 시기에 프랑스는 산업혁명이 진행되고 러시아의 남하를 저지하고 인도차이나와 중국으로 진출하는 등 번영을 이루었다-옮긴이] 시기에 토크빌을 접촉했다. 거의 모든 옛 자유주의자들과 마찬가지로 토크빌은 제국 체제를 쇠락의 결과로 간주했다.

이다.[84]

『미국 민주주의』는 프루동의 초기 저작들에 상당한, 어쩌면 결정적인 영향을 미쳤다. 1893년 말에 발표된 소논문 「안식일 의례(La Celebration du dimanche)」에는 공격적인 평등주의 진술들이 담겨 있는데, 이 진술들은 18세기 저술가들의 전통에서 유래한 것은 아니다. 그 저자는 "「조건의 불평등(Inequality of Conditions)」에 관한 유명한 담론들을 재탕하고 또 제네바 철학자의 잘못 설정된 테제를 지지하고" 싶지 않았다고 조심스럽게 경고했다.[85] 프루동이 프랑스 공산주의자들의 영향을 받았다고 말할 수는 없다. 그는 그들에 대해 다음과 같이 말한다. "조건의 평등과 운명의 평등 문제는 이미 제기된 바 있다. 그런데 그것은 원리 없이 이론으로서만 제기되었다. 그 문제는 다시 제기하여 모든 진리 속에서 면밀히 검토해야 한다…[86] 그런데 곧바로 한 가지 문제가 제기된다. 사회평등 상태는 공산주의도 전제주의도 아니고 토지몰수도 무정부상태도 아닌 통일 속에서 질서와 독립을 이룬 자유 상태에서 찾아야 한다. 첫 번째 문제는 해결되었지만 두 번째 문제는 그대로 남아 있다. 사회평등을 위한 최선의 수단을 찾아야 한다."[87]

이듬해 프루동은 재산에 관한 자신의 최초의 논문에서 평등주의 이념을 다시 제시했다. 그는 인류의 최종 조건이 존재한다는 것을 확신했는데 이는 토크빌이 [인류가] 평등으로 진전한다는 것을 확증했기 때문이다. 그는 형식적 증거를 제시했을 뿐이다. 이를 감안하여 그의 논문을 읽으면, 프루동은 우리 시대 사람들이 생각하는 것보다 훨씬 흥미롭게 느껴진다. 우리 시대 사람들은 그가 사실

---

84 르플레는 역사 관련 저작들에서 약간의 주석을 취했을 뿐 전혀 숙독을 한 것 같지 않다. 그 주석들조차도 어쩌면 동료들이 제공한 것이었다.

85 Proudhon, *Oeuvres completes*, II, 144.

86 프루동은 "조건의 평등은 이성에 따르고 법률상 논란이 없어야 한다는 것"을 확인했다 (*ibid.*, II, 49).

87 Proudhon, II, 151.

에 별 관심을 두지 않았다는 것을 알고 있다.

프루동 시대 사람들은 토크빌이 해외에서 설정한 이념에 널리 노출되어 있었으며, 특히 1840년의 논문에 깊은 감명을 받았다. 이와 관련해서는 마르크스와 엥겔스가 『신성가족(Holy Family)』에서 제시한 증언, 특히 비달(F. Vidal)의 증언을 들 수 있다. 비달은 1846년에 출간된 부의 재분배에 관한 저작에서 한 개의 장(章)을 프루동과 콩스탕탱 페쾨(Constantin Pecqueu)[88]를 다루는 데 할애했다. 프루동은 그들을 여타 사회주의자들(생시몽 일파, 푸리에 일파, 공산주의자)과 구분하여 평등주의자라 불렀다.

프루동은 동일한 평등주의 명제를 발전시키기 위해 『경제적 모순(Economic Contradictions)』을 저술했는데, 여기서 그는 평등은 숨은 법처럼 경제발전에서 나온다는 것을 보여주고 있다. 프루동은 이 저작에서 신의 섭리에 따른 언어를 매우 자주 사용했는데, 이는 그가 토크빌의 개념에 지대한 감화를 받았기 때문으로 보인다. 프루동은 외형상으로는 마르크스를 받아들였는데, 『철학의 빈곤(The Poverty of Philosophy)』에서 마르크스는 이러한 설명 방식의 근원을 아주 가까운데서 찾는 대신 프루동을 보쉬에의 현대판 제자로 간주했다. 마르크스가 이르기를 "무엇보다도, 프루동이 말하는 사회적 정신의 최종 목표는 모든 경제적 범주에서 악을 제거하여 오직 선(善)만을 남겨 두는 것이다. 프루동에게 최상의 축복은 선함이요, 진정한 실천적 목표는 평등이다… 이전의 가설들에 나타나있는 부당함을 제거하려면 모든 새로운 범주는 사회적 정신에 관한 가설이어야 한다. 요컨대 평등은 최고의 의지요 신비한 경향이며 신의 섭리의 목표이다. 사회적 정신은 우리 눈앞에 있는 경제적 모순들의 원환(圓環) 주위를 부단히 선회한다. 그리하여 신의 섭리는 경제 수화물을 프루동의 순수하고 경솔한 이성보다 나은 그의 이끄는 기관차이다. 그는 세금에 관한 다음 장 전체를

---

[88] 페퀴외는 1842년에 『새로운 정치·사회경제이론』[Theorie nouvelle d'economie politique et sociale(New Theory of Political and Social Economy)]을 출간했다.

신의 섭리를 다루는 데 할애했다."[89]

프루동이 신의 정부("이것이 존재하지 않는다는 것은 인류의 형이상학적 및 경제학적 망상에 의해, 한 마디로 우리 인류의 순교에 의해 충분히 입증되었다")를 거의 확실하게 제거했기 때문에, 마르크스는 분명 이 장을 (전부는 아니더라도) 대충은 읽었어야 했다.[90]

마르크스는 인류사를 특수한 특성의 발전에 종속시켜 종합하는 것을 인정하지 않았는데 이것은 옳은 일이었다. 그의 비판은 생시몽 일파가 널리 사용한 진보 체계를 허물어뜨릴 정도로 치밀했다. "평등을 지향하는 경향은 우리 세기에 일어난 일이다. 지금에 와서 전적으로 다른 욕구와 생산수단 등을 가진 이전의 모든 세기들이 신의 섭리에 의해 평등을 실현하려 했다고 말하는 것은 무엇보다도 우리 세기의 [생산]수단과 사람을 이전 세기들의 [생산]수단과 사람으로 대체하고 또 역사의 운동을 과소평가하는 것이다."[91] 역사는 가공의 이데올로기 통일물로 주조할 수 없다. 진화가 과학적으로 전개하려면 진정한 통일을 이룰 만큼 충분한 경제적 조건을 갖춘 시대에 도달해야 한다.

그러나 프루동은 역사의 운동은 조건의 평등을 지향한다는 것을 보여줄 의도가 없었다. 그는 이러한 사실을 토크빌로부터 받아들였고, 경제학에서 철학적 질서를 확립하고 그 속에서 형이상학을 찾으려 했다. 그는 세계를 하나의 통일체로 간주하고, 그것으로부터 토크빌이 법률로 설정한 질서를 구출하려 했다. 그가 제시한 개념은 매우 복잡하여 현재 우리의 사고 관행에서는 다소 생소

---

89 Marx, *Misere de la philosophie*, pp. 164~165[The Poverty of Philosophy(Moscow: Foreign Languages Publishing House), p. 133]. 참고문헌의 모든 쪽번호는 영역판을 따를 것이다. 잠시 후에 마르크스는 프루동을 빌뇌브–바르주몽(Villeneuve-Bargemont)의 저작 『정치경제학사(*Histoire de l'economie politique*)』에 맡기는데, 이 책은 역사를 가톨릭 옹호로 전환한다(p. 135).

90 Proudhon, *Contradictions economiques*(Economic Contradictions), I, 360~361.

91 Marx, *The Poverty of Philosophy*, p. 134.

해 보이지만,[92] 헤겔의 방대한 종합에 조금이라도 정통한 사람에게는 매우 당연하게 보였다. 프루동은 기계에 관한 장에서 이렇게 말했다. "우리는 역사를 시대의 질서에 따라서가 아니라 이념의 연속에 따라 만든다. 국면 또는 경제적 범주는 때로는 그 시대를 그대로 표현하고 때로는 거꾸로 표현한다. 경제학자들은 자신의 이념들을 체계화하는 데 항상 엄청난 어려움을 느낀다…그 이념 때문에 그들의 저작은 혼돈에 빠져든다. 그러나 경제학자들은 자신들 이론의 논리적 연속과 이해 범위를 좁히지 못했다. 우리가 밝혀내고자 하는 것 그리고 이 저작을 철학인 동시에 역사로 만드는 것은 바로 질서이다."[93]

프루동은 파리에 있을 때 교류를 했던 헤겔학파보다 자신의 이론이 훨씬 더 과학적임을 증명했다고 믿었다. 헤겔학파에 따르면, 인류는 (하나님이 선택한) 형이상학을 옹호하기 위해 천 년 동안 노력해왔다. 그 결과 그들은 실재의 성질을 바꾸어놓았다. 그러나 토크빌의 권위에 힘을 얻은 프루동은 자신이 실재를 무시한다고 사람들이 비난하리라고는 생각하지 않았다.

우리는 이 시점에서 프루동이 그 모순의 학설을 명료하게 해준다고 제시한 몇 가지 매우 진기한 테제들에 주목을 하고 있는데, 이때 우리는 우리의 주제에서 벗어나지 않고 있다. 프루동 시대 사람들은 철학을 완전히 다른 방향으로 생각하고 있어서 이 이론들은 그 시대 사람들에게 큰 감명을 주지 못했다. 이 이론들을 자세히 살펴보면, 왜 프루동이 자신의 저작들에서 모호한 언어를 자주 사용했는지를 이해할 수가 있다. 프루동같이 위대한 저자는 청중에 호흡을 맞추지 않으면 자신의 직관적인 통찰을 명확하게 전달할 수가 없다.

---

92 현대의 사실들이 토크빌의 역사 법과 대단히 상충되므로 우리는 프루동의 견해를 받아들이기는 더더욱 어렵다. 오늘날 미국을 찾는 방문자라면 그 누구도 1832년에 프랑스 저술가[토크빌]가 관찰한 조건의 평등을 칭송하지 않을 것이다. 당시 미국은 농업국가였다. 지금 미국은 산업국가가 되었으며, 투기로 인해 불평등이 매우 심화되었다.

93 Proudhon, *Contradictions economiques*, I, 148.

고대 그리스 형이상학은 절대적인 것을 고찰하는 것을 목표로 삼았다. 조각가와 건축가는 절대적인 것을 대리석에 새겨놓았고 그 시대 사람들은 그것이 영원할 것이라고 생각했다. 프루동은 고대인들과는 반대로 생각했다. "모든 사물에서 참된 것—즉 실재하는 것, 명확한 것, 실행가능한 것—은 변화한다. 또는 진보하고, 조정하고, 변형할 수가 있다. 반면에 거짓된 것, 허구적인 것, 불가능한 것, 추상적인 것은 모두 고정되고, 온전하고, 완벽하고, 변경할 수 없으며, 결함이 없고, 수정, 전환, 증감이 없다. 결과적으로 그러한 것은 더 높은 수준으로 배합, 종합할 수가 없다."[94]

경제적 모순은 우리의 추상적인 환상에서 비롯된다. 이러한 환상은 오로지 상대적 가치만을 가진 모든 판단 결과를 논리적으로 따르고자 한다. 프루동은 이렇게 말한다. "나는 다음과 같은 점을 증명했다. 즉 이 시대에 산업관행이 의지하고 있는 (따라서 근대사회의 경제 전체가 의지하고 있는) 우리의 관념들은 대부분…분석적 개념들이다. 그것들은 기업집단의 부분들, 이념들, 그 법칙으로 그것들은 각기 아무런 제약이나 제한 없이 별개로 발달해왔다. 그 결과 사회는 조화에 의지하는 대신에 모순으로 점철되었다. 사회는 부와 미덕을 확신하고 진보하는 대신에 비참함과 죄악이 나란히 체계적으로 발전하고 있다."[95]

프루동은 이 명석한 철학적 법칙을 체계적으로 발전시키는 노력을 더 이상 진지하게 전개하지 않았다. 그가 운동에 관한 개념에서 이끌어낸 결론은 원래 우리에게 약속한 것에서 아주 멀리 벗어나고 있다.

1851년에 일어난 쿠데타[96]는 프루동이 도덕주의자로서 자기 직분을 더 잘 이

---

[94] Proudhon, *Philosophie du progres*(Philosophy of Progress), p. 21. 그 시대 이론들과 유사한 몇 가지 테제를 지적해둘 필요가 있다. "운동은 가장 기본적인 사실이다"(p. 27). 출발점이나 원리를 말할 때나 도착점이나 목표를 말할 때 우리는 환상을 공식화한다. 두 번째 환상은 원리를 원인이나 목표로 간주하게 만든다. "운동이야말로 모든 것이다"(pp. 29~30).

[95] Proudhon, *Philomphie du progres*, p. 49.

해하는 계기가 되었다. 사회가 행운에 도취되어 아무도 성공, 진보, 쾌락 말고는 더 이상 어떤 것도 논의하려 하지 않는 상태에서 프루동은 [자신이 쓴] 『혁명 속의 정의와 교회 속의 정의(La Justice dans la Revolution et dans l'Eglise)』가 거대한 저항이라는 것을 알게 되었다. 그는 인간이 문명을 서로 이어가듯이 법이 존재하여 문명을 서로 이어간다는 것을 인정하려 하지 않았다. 그는 "예전에 생리정치학 노리개에" 속은 적이 있다. 그는 그 같은 운동에 관한 논문들은 아무런 쓸모가 없다고 생각했다. 그는 이렇게 말했다. "진보가 그 이상으로 아무것도 제공하지 않는다면 동요나 전복을 일으켜 혼란을 조장할 필요가 없다." 가장 좋은 일은 하나님을 즐겁게 하고 수도사의 충고를 따르는 것이라. "자기 일에만 신경 쓰라. 정부를 헐뜯지 마라. 세상을 그것이 원하는 대로 두라."[97] 당시에 진보 이론들이 번성하게 된 것은 프랑스 부르주아계급이 좋은 시절에 혜택을 받으면서 "하느님을 즐겁게 하며 살아가고 싶은" 욕망을 느꼈기 때문이다.

이미 17세기 말에 그랬듯이, 사회가 행운으로 넘쳐나면서 도덕주의자들에게 진보 이념을 추동했다. 도덕주의자들은 여전히 새로운 생활방식을 멀리했고, 사회의 경박함을 비난했으며, 사회에 위대한 철학자들의 원리를 심어주려 했다.

프루동에게 문제는 전적으로 도덕적인 문제였다. "인류는 스스로의 힘으로 회복 또는 완성될" 때 진보를 하게 된다. 인류는 자신의 능력, 자원, 힘을 발전시켜 갈 때 자유와 정의를 믿는다. "그렇게 하면 인류는 필연적으로 위로 상승한다." "인종은 용기와 신념이 감퇴하고 쇠약해져 전통적인 도덕성, 자유, 창조

---

96 1848년 2월 혁명으로 성립된 제2공화정에서 대통령으로 선출된 루이 보나파르트가 일으킨 쿠데타. 이듬해 황제를 선출하고 제2제정이 시작됨-옮긴이.

97 Proudhon, *La Justice dans la Revolution et dans l'Eglise*(Justice in the Revolution and in The Church), III, 255~256.

적 정신이 지속적으로 상실할 때 쇠퇴하는 것처럼 인류는 부패하거나 분해될 때 쇠퇴한다."[98] 프랑스가 제2제정 시절 처음 몇 년 동안 그 같은 양상을 어떻게 겪었는지에 대해 주목할 필요는 없다.

프루동에 따르면, 역사는 이중의 증거를 제시해야 한다. 역사는 진보는 "인류의 자연적인 조건"이며, 따라서 "정의는 그것에 대항하는 모든 세력보다 강하다"는 것을 보여주어야 한다.[99] 또한 역사는 심리적 환상으로 쇠퇴를 설명해야 한다. 인간은 정의가 불완전하다고 인식하게 되면 "정의에 대한 믿음을 상실하고, 행복을 가져다주는 것처럼 보이는 이상을 따르게 되며, 그 이상을 현세의 욕망에 봉사하게 만든다."[100] 프루동에게는 도덕적 감정의 쇠퇴가 가장 어려운 문제였는데, 프랑스에서는 쇄신에 대한 희망을 인지한 후에 그러한 쇠퇴가 명확하게 나타났다. 프루동은 이러한 체제가 오랫동안 지속될 것이라고 믿지 않았다. "이제부터 이상에 의한 모든 창조물은 노동과 법 두 원리에 의존해야 한다. 각종 우상들은 붕괴되었다. 현재의 방탕함이 그 우상들에 최종 일격을 가했다. 영구적인 법정과 청렴한 재판관이 곧 나타날 것이다."[101]

1851년에 패배한 정당들은 미래를 계속 걱정하면서 정의를 대대적으로 칭송했고, 보통사람들에게 (정의는 끝내 항상 승리를 한다는 확신을 심어줌으로써) 자신들의 희망을 유지했다. 오늘날 그 같은 구호는 매우 시대에 뒤떨어진 것으로 보

---

98 *ibid.*, III, 271.

99 *ibid.*, III, 277.

100 *ibid.*, III, 297~299. 프루동은 헤겔학파에서 이끌어낸 이론을 따라서 "오로지 기독교만이 신화―이것은 나중에 철학이 진리를 추출하여 설명해냈다―를 내놓았다고" 생각한다(p. 281). 인간은 정의를 따라 움직이는데, 이는 인간이 스스로 구축한 이상에 의해 유지되기 때문이다. 이것이 바로 신학자들이 자신들이 제시한 '은총 이론'에서 표현한 것이다(p. 280). 죄악은 인간이 자신에게서 최고의 것, 즉 정의와 이상에서 벗어날 때 나타난다(p. 296).

101 *ibid.*, III, 299.

인다. 승리한 민주주의자들은 정부에서 자신들이 하는 일을 비판하는 과거의 자유주의 문헌을 모두 전당포에 맡겼다.

5 민주주의 문헌에 나타난 진보 개념 / 라콩브 이론: 그 순진한 환상; 민주주의가 보여주고자 한 것은 무엇인가

민주주의는 먼 미래에나 다가올 것으로 생각되고, 보수 정당들은 실의에 빠져 있기 때문에, 민주주의는 역사 철학을 이용해서 권력을 정당화하기 전에 가졌던 것과 동일한 욕구를 더 이상 느끼지 않는다. 그래서 부르주아과학의 주요 인물들은 진보 개념을 별로 중요하게 다루지 않는다. 이를테면, 국민연합 소속의 탁월한 두 교수 랑글루아(Langlois)와 세뇨보(Seignobos)는 『역사연구 서설(Introduction aux etudes historiques)』에서 진보 문제에 대해 단 열다섯 줄만 할애한데다가 그것도 경멸적으로 다루었다. 그렇지만 민주주의 사전에서는 여전히 진보라는 단어가 삭제되지 않고 실려 있다.

민주주의는 강력한 위계의 존재에 기초한다. 완전한 성공을 추구하는 자들의 과두제는 지도자의 이익을 위해 중단 없이 일하는 충실한 부하들로 이루어진 부대를 가져야 한다. 그 부하들은 자신을 위한 물질적 이익을 많이 취해서는 안 된다. 이러한 유형의 소귀족은 그 부하들에게 아낌없이 우애를 베풀고 그들에게 이상주의적 언어로 명예감을 심어줌으로써 흥분상태 속에서도 고결함을 유지할 필요가 있다. 민족의 영광, 과학에 의한 자연 지배, 계몽을 향한 인류의 행진—이런 터무니없는 이야기가 민주주의 옹호자의 연설 속에서 지속적으로 들려오고 있다.

교육부장관은 1906년 앙제[102] 대회에서 교육연맹 앞에서 행한 연설에서 이렇게 말했다. "권력 행사는 직위를 이용하여 명예를 누리기 위한 것이 아니다. 그것은 자기 자신의 사고를 실현하고, 깊고 친밀한 만족을 느끼기 위한 것이다."
이 냉철한 언어는 금욕생활을 하는 아리스티드 브리앙[103]이 사용한 것이다! 조금 전에 그는 이렇게 말했다. "이 나라를 사랑하는 것은 우리다. 이 나라가 태어나고, 발달하고, 성장하고, 번성하는 것은 우리 때문이다. 즉 우리가 공화주의자이기 때문이다. 이런 말을 보수주의자들에게 하는 것은 소용이 없다. 그들은 당신의 말을 이해하지 못한다."[104]

그리하여 순진한 선구자는 자신이 이 나라의 만물의 으뜸가는 창조자인 듯이 말한다. 그는 자신의 허풍을 받아들이는 청중을 찾아다닌다. 그는 보수주의자들이 자신의 말에 감명을 받지 않는다고 개탄한다. 오늘날 정치가들은 더 이상 식자층에게 연설하지 않는데도 민주주의 창시자들은 그들을 위해 글을 쓰고 있다. 그들은 특수한 훈련을 받은 사람들에게 말하고 또 정치가들 입에서 나온 예언을 칭송하는 사람들에게 연설한다.

지난 30년간 공화주의 정부가 갖은 노력을 한 끝에 교사들을 소귀족 반열에 올려놓았다. 그 결과 우리 시대 민주주의 주역들은 부유해졌다. 이들은 과장된 단어들을 무조건 존경하도록 갖은 노력을 다해 가르쳤다. 사실 이 단어들은 별 의미가 없으며 부르주아철학에 봉사하는 기능을 한다. 레옹 도데(Leon Daudet)는 이를 '초등학교용 철학'이라 부른다. 그 표현은 정곡을 찌른다. 왜냐하면 이 뒤죽박죽한 단어들을 초등교육밖에 받지 않은 사람들이 무의식적으로 만들어낸 것이 아니라 그들의 선생들이 그들을 속이고 이용하며, 공적 기금에서 수익을 올릴 계획으로 의도적으로 정교하게 만든 것이기 때문이다. 이렇게 하여 그

---

102 앙제(Angers): 프랑스 서부, 멘느 에 루아르의 중심지. 옛날 앙주 공국의 수도.-옮긴이
103 아리스티드 브리앙(Aristide Briand, 1862~1932)은 프랑스의 정치가로 전후 국제연맹을 거점으로 국제협조주의와 집단안전보장체제의 노선을 추진하였으며, 독일의 배상문제를 평화적으로 해결할 것을 주장했다. 선진열강과 부전조약인 켈로그-브리앙조약을 체결하였고, 독일을 정식으로 국제연맹에 가입시켰다.-옮긴이
104 1906년 8월 7일자 『논쟁(Débats)』지(紙)에서 인용.

들은 정치가들에게 헌신한다.[105]

사물을 진실한 관점에서 보기를 거부하는 공손한 영혼을 가진 소수의 사람은 세상 어딘가에 항상 있기 마련인데, 그들은 그렇게 하는 것을 불쾌하게 여기기까지 한다. 그래서 그들은 자신들의 지혜를 민주주의를 비판하는 이론들을 제작하는 데 이용한다. 때문에 우리는 진보 이론들이 다시 등장하는 것에 놀라서는 안 된다. 그것들은 그 창안자가 스스로를 현혹하기 위한 매우 인위적인 이론이다. 이 연구를 마무리하면서 라콩브[106]가 12년 전에 내놓은 학설을 독자들에게 제시하는 것이 유용할 듯하다. 무엇보다도 라콩브가 오랫동안 공화주의자이면서 성실한 학자[107]라는 점에서 그것은 더욱 유익하다. 그의 저술에는 엄청나게 순진한 생각이 들어 있는데, 그것은 이러한 이중 조건에 잘 들어맞는다. 이 저자는 세상은 학술서적 수집가를 사로잡는 열정으로부터 살아간다고 생각한다. 그는 세상에서 자신의 공화주의를 인정하는 사람만 마주치기를 원했다.

라콩브에 따르면, 사람들은 진보에 대해 매우 상이한 두 개의 관념을 가지고 있다. 하나는 진보를 "부와 지식의 축적 같은 단순한 형태"로 간주하는 것이다. 다른 하나는 다양한 감정들의 "완전한 균형, 즉 성공적인 화해" 상태로 간주하는 것이다.[108] "현실적으로 문제가 되는 것은 사람들이 운명에 대해 어떤 태도를

---

[105] 오늘날 교사들은 스스로 해방되려고 노력하고 있다. 민주주의자들은 자신들의 위세를 유지하기 위해 대담하게 행동한다. 그러나 그들은 자신들 맘대로 고압적인 수단을 남용하여 오랫동안 자신들이 우롱한 사람들의 웃음거리가 되었다.

[106] 라콩브(Paul Lacombe, 1834~1919)는 프랑스 역사학자이자 역사철학자로 콩트와 밀의 영향을 받아 역사학적 실증주의를 철저히 견지하였으며, 신칸트주의적 역사관과 날카롭게 대립시켰다. - 옮긴이

[107] 랑글루아와 세뇨보는 진보 개념을 탐색하고 싶어 하는 독자들에게 라콩브의 저작 『역사연구 서설』[*Introduction aux études historiques*(Introduction to the Study of History), p. 249]을 참고하라고 소개했다.

[108] P. Lacombe, *De l'histoire consideree comme science*(On History as a Science), p. 276.

취하는가이다."¹⁰⁹

르플레는 종종 이러한 구분을 강조했다. 진보의 첫 번째 유형과 두 번째 유형이 동시에 존재하는 경우가 때때로 있을 수 있다. 그래서 르플레는 아서 영이 자기 토지를 종래의 조건에 그대로 둔 프랑스 대지주에게 퍼부은 저주에 대해 이야기하면서 다음과 같이 말했다. "그 저자[아서 영]는 이러한 비판을 완전하게 정당화하기 위해 미개간 토지에 살고 있는 사람들이 서퍽(Suffolk)의 자기 행정구역의 개간 토지에 살고 있는 사람보다 조금도 더 행복하지 않았다는 것을 증명해야 했다."¹¹⁰ 르플레는 아시아 대초원지대를 여행하면서 거기 사람들이 라콩브가 진정한 진보로 간주한 완전한 균형을 성취한 것으로 보았다. "'문명인들'과의 접촉에 의해 오염되지 않은 대초원지대 거주민들은 어느 인류 종족보다도 여행자들을 호의적으로 대하고 존중했다. 대초원지대에 머물렀던 모든 서구인들은 동일한 감명을 경험했다. 그들은 자신들이 정주민으로 돌아왔을 때 모두 후회와 환멸을 경험했다고 나에게 알려주었다."¹¹¹

라콩브가 제시한 행복 개념들은 실제의 역사적 집단에 대한 관찰에 기초한 것이 아니라 오로지 자기처럼 일생동안 도서관에서 낡은 책을 뒤척이곤 하는 사람에나 잘 어울리는 생활유형에 기초했다. 그가 말하기를 "지적 감정은 일반적으로 정서적 또는 육감적 감정보다 덜 강렬하지만…그런 감정의 지속과 반복이 지적 감정을 약화시키지는 않는다. 지적 감정에서 우러나오는 온화하고 평온한 행복은 지속적이며 어떤 순간에도 느낄 수 있다… 생활 기술과 행복 기술의 가장 확실한 규칙은 대체로 지적 감정에서 나온다."¹¹²

---

109 P. Lacombe, *ibid.*, p. 280.

110 Le Play, *La Reforme sociale en France*(Social Reform in France), I, 278.

111 *ibid.*, II, 513.

112 P. Lacombe, *De l'histoire*, pp. 281~282. 이 저자는 지식은 항상 확장된다고 생각하고 "사물의 진로는 만약 그것이 우리의 바람을 확증하지 않는다면 더 이상 그 사물을 반박하지 않으며," 또 "만약 우리의 운명을 인정하고 받아들인다면 그 운명을 한탄할 수 없다

이 저자는 이러한 유쾌한 학자의 철학에서 완전히 다른 방향의 고찰로 넘어간다. 그는 역사가는 세련된 행복 기술을 가장 잘 실행한 사람들이 통치하는 민족에게 지혜의 상을 주어야 한다고 생각한다.[113] "진보 도정에 있는 사회들 간의 상대적 거리를 측정하고자 하는 역사가는 지식, 예술, 과학이 각 사회에서 행하는 역할을 측정하는 척도에 비해 더 정확한 척도를 가지고 있지 않다."[114] 이때 두 가지 지적 척도가 존재하여 새로운 난관에 봉착하게 된다. 하나는 과학적 척도이고 다른 하나는 예술적 척도이다. 그러나 예전의 도서관 검열관은 큰 의심을 품지 않는다. 첫 번째 척도는 좋은 것이다. 그는 이렇게 결론을 내린다. "문명은 우선 각자가 개발한 과학적 척도를 가지고 비교하고 그런 다음 예술 또는 문학, 도덕의 우위를 고려하여(그중 하나는 다른 것보다 우위에 있다) 비교해야 한다고 요청한다."[115] 이를 두고 학술적 논쟁이 벌어진다!

이러한 개념이 민주주의 경향들과는 전혀 무관하다고 생각해서는 안 된다. 라콩브는 현대 세계의 몇 가지 비밀을 밝혀냈다.

무엇보다도 우리가 주목해야 할 것은 이 저자가 물질적 진보와 관련하여 주제에서 발견한 난관이다. 라콩브는 마르크스 제자가 부인하지 못하는 기술에 대해 종종 명확하게 말하고 있기 때문이다. 때문에 라콩브는 생산방법의 수준에 따라 문명을 배열하려 했다고 볼 수도 있다. 그러나 라콩브는 경제발전의 우위성을 경험적으로 타당하다고 보면서도 '문명의 상대적 장점'을 판단하는 데 경제학을 이용하지 않았다.[116] 이러한 태도는 현대 민주주의의 상황에 완전히 들어맞는다. 현대 민주주의는 점점 부유해지고 있는 나라들에서 나타나는데,

---

고" 판단한다(p. 282).
[113] 왜냐하면, 라콩브는 자신이 최상층의 생활조건에만 관심을 두려했다는 것을 인정했기 때문이다(*ibid.*, p. 283).
[114] *ibid.*, p. 283.
[115] *ibid.*, p. 288.
[116] *ibid.*, p. 283.

이들 나라가 부유해지는 것은 민주주의 지도자의 관심과는 관계없는, 심지어 민주주의 지도자의 활동에도 불구하고 나타나는 원인의 결과이다. 때문에 생산의 진보를 모든 근대 문명의 근본적인 조건으로 보는 것은 당연하며 경제학에서 이러한 문명을 필수적인 것으로 고려하는 것도 당연하다.

또한 라콩브가 도덕 문제에 대해서는 약간만 관심을 기울였다는 점도 중요하다. 그에게서 도덕의 진보는 자연적 감정을 고무시키는 역할만 한다.[117] 민주주의가 성공하려면 보다 긍정적인 감정이 요구된다. 현재의 현상을 조금만 관찰해 보아도 민주주의는 도덕이 사람들에게 부과하는 제약을 소생시키는 모든 것을 심하게 비꼬고 있다는 것을 알 수 있다.

그런데 라콩브는 지배계급에만 관심을 가지고 있다. 즉 모든 것이 이 엘리트를 유복하게 하는 데 집중되고 있다는 것이다. 여기서 우리는 다시 귀중한 입장을 발견한다. "민주주의의 열망보다 더 고귀한 것은 없다. 민주주의에서는 직업 지식인과 직업 정치인의 과두세력이 생산자 대중을 지속적으로 착취하려고 노력한다."

민주주의가 종래의 사회를 모방하여 추구하는 행복한 삶의 조건과 라콩브가 묘사하는 질서정연한 삶의 조건 사이에는 엄청나게 다른 점이 있다. 때문에 어떻게 해서 라콩브가 학문적 절제가 역사 진화를 조장했다고 보았는지는 이해하기 어렵다. 이 기묘한 역설을 이해하려면 민주주의는 스스로가 별로 중시하지 않는 아첨을 기꺼이 받아들인다는 점을 상기해야 한다. 현대 사회의 아주 저명한 어느 아첨꾼이 쓴 최근의 저작을 예로 들어보자.[118] 알프레드 푸이에(Alfred

---

117 *ibid.*, p. 281.

118 이러한 평가에 대해, 성직자들을 반대하는 사람들을 즐겁게 하기 위해 『투르 드 프랑스(*Tour de France*)』 최근호에 실린 이상한 글을 읽은 사람들은 전혀 심각하게 생각하지 않는다. 「파리 드 노트르담(Notre Dame de Paris)」은 프랑스예술의 걸작이기를 그만두었다. 생 베르나르(Saint Bernard)와 보쉬에는 그 잡지의 역사란을 보고 놀랐다[*Chambre des Députés*(Chamber of Deputies), Jan. 17, 1910, morning session 참조].

Fouillee)는 민주주의가 진보함에 따라 "인간 존엄, 자유, 독립의 의식도 진보한다"고 주장한다. 또 "민주주의는 일탈을 매우 자주 함에도 불구하고 스스로의 힘으로 교화된다"고 결론을 내린다.[119] 그 같이 심한 거짓말과 엄청난 대담함을 합성하기는 어렵다. 우리 주위만 둘러보아도 민주주의는 굴종, 비열한 고발, 타락의 학교임을 충분히 알 수 있다. 푸이에는 선행이야말로 우리 시대 사람들을 효과적으로 이끄는 도덕적 힘이라고 주장하며 자신의 독자들을 모욕하는 나쁜 행동을 하지 않는다.[120] 선이 세상에 널리 확산된 미덕이라는 데는 아무도 의문을 제기하지 않는다. 그런데 그것은 전혀 민주주의적 미덕이 아니라고 하는 사람도 있다.[121] 그렇지만 민주주의에서는 그것의 탁월함을 칭찬한다. 이러한 유형의 아첨은 구체제에서 물려받은 것이다.

라콩브는 지적 사물을 중요한 위치에 올려놓고는 스스로 민주주의의 심원한 바람을 표현했다고 생각했다. 민주주의는 진리를 향한 열망을 끊임없이 자랑한다. 아리스티드 브리앙은 앙제에서 한 연설에서 교사들에게 '진정한 사람'을 형성해 줄 것을 요청했다. "진정한 사람은 진정한 민주주의 시민이며, 신비와 도그마에 빠져 혼란을 겪지 않게 된다. 그런 사람은 자기 앞을 명확하게 바라보며, 삶을 있는 그대로 보고, 아름답고 가치 있는 삶을 실현한다." 장관인 그는 민주적 웅변을 과장하여 표현하며 놀라운 문장을 뿜어냈다. "신성은 그 같은 사람한테서 구현된다! 만약 신이 지금까지 자주 무기력하고 동요하며 삶의 무

---

119 Alfred Fouillee, *Morale des idees-forces*, p. 375.

120 *ibid.*, p. 360.

121 1907년 8월 4일자 『파리의 함성(*Le Cri de Paris*)』에서는 선행을 실행하는 민주적인 방법을 다음과 같이 지적한다: 많은 박애주의 활동은 선거 활동이다. "오늘날 정치인들은 이러한 활동을 위해 대형 상점, 은행 그리고 (특별한 재산을 가지고 있는) 유명 백만장자와 접촉한다. 이러한 활동은 정치인이 선거기간 동안 상업독점기업, 대형 은행, 재벌을 강력하게 비난하는 것을 방해하지 않는다. 알프레드 푸이에는 선행과 이러한 부정행위를 혼동한 것 같다.

거운 짐 아래로 굴복했다면 이는 거짓과 무지가 너무나 오랫동안 그의 노력을 묶어놓았기 때문이다. 우리가 해야 할 일은 그를 해방시키는 것이다."

내가 보기에는 정치인들은 대담한 행동을 계속해서 밀고나가기 어려워 보인다. 그들은 마침내 뜻밖의 상황에 도달한 것을 반기며, 자기 청중의 순박함을 부당하게 이용하려 하고, 성공한 벼락부자의 공허한 형이상학을 칭송하는 데 단련되어 있다.[122]

우리는 연구를 시작할 때 부를 즐겁게 누리는 사람들 그리고 자기 선조들에게 오랫동안 부과된 신중함을 더 이상 들으려 하지 않는 사람들의 편협한 철학을 발견한다. 루이 14세 시대 사람들은 그 세기의 경이로움을 자랑했고, 인류의 행복을 증진하기 위해 아름다운 사물이 자연스럽게 창조되고 있다는 사상에 열광했다. 후일 역사 철학이 출현하여 자유주의 부르주아계급 시대에 그 형태가 완성되었고, 근대국가가 승리하여 자기 목적을 위해 일으킨 변화들이 필연적임을 보여주어야 했다. 이제 우리는 선거 운동 구호가 난무하는 경기장으로 내려간다. 선동가들은 이 구호를 가지고 지지자들을 자신들이 원하는 방향으로 이끌어내면 선거에서 성공할 것이라고 확신한다. 때때로 공손한 공화주의자들은 이러한 정치체계의 공포를 철학적 외관 아래로 숨기려 하지만 그 베일은 항상 쉽게 찢어진다.

진보와 관련된 모든 이념들은 엉뚱하게 그리고 때로는 우스꽝스럽게 함께 결합된다. 이는 민주주의가 요청하는 적절한 이념들이 매우 적고 또 민주주의가 거의 전적으로 구체제의 유산 위에 터하고 있기 때문이다. 우리 시대의 사회주

---

[122] 아리스티드 브리앙의 전기문은 정치인의 민주주의와 사회주의에 관한 지식을 매우 유익하게 알려주는데, 그것의 다양성은 일반적으로 그렇게 추천할 만한 것은 아니다. 예전의 '노동기사단 회원들은 퐁투아스(Pontoise)에 있는 비정통 변호사협회 회원에게 변호사 자격을 주곤 했는데, 그 회원이 오늘날 법무장관이다. 그가 상고 대법원 대법원장이 되어 유종의 미를 거두기 바란다.

의가 해야 할 과업 중 하나는 이러한 잘못된 전통적인 관습의 상부구조를 철폐하고, 18세기 속류문화를 보급하는 사람들의 '형이상학'에 부합하는 위세를 타파하는 것이다. 바로 이 점이 이 책에서 내가 제시하고자 하는 바이다.

6 생산의 자연적 진보와 기술적 진보 / 기계 발달 / 현 시대의 이데올로기

근대사회에서는 많은 사람들에게 계급투쟁 원리와 모순되는 것처럼 보이는 매우 현저한 특성이 명백하게 나타난다. 이러한 특성을 언급하지 않고 그냥 지나칠 수는 없다.

자본주의세계에서 물질적 진보는 통치자들이 향유하지만 동시에 사회혁명의 필수적 조건이기도 하다. 생산의 기법에 영향을 주는 이 물질적 진보는 부르주아계급뿐 아니라 사회주의자도 적극 환영한다. 전자는 더 크고 더 나은 생활을 위해 그것을 환영하고, 후자는 그것을 소유자들을 억압할 수 있는 혁명의 보증수단으로 간주한다. 마르크스주의자들은 항상 박애주의자들을 위험한 반혁명주의자라고 비난했다. 박애주의자들은 사람들이 심대한 경제변화에 의해 겪는 고통을 줄여주기 위해 물질적 진보를 억제하려 했기 때문이다.

지식인들은 소유자들과 반혁명주의자들이 어떻게 물질적 진보의 가치에 대해 의견이 일치하는지에 대해 잘 이해하지 못한다. 그들은 전자에게 유리한 것은 후자에게 불쾌하기 마련이라고 본다. 왜냐하면 그들은 모든 역사적 갈등은 권력의 과실을 둘러싼 당파 싸움이라고 생각하기 때문이다. 즉 한쪽이 이득을 보면 다른 쪽은 손실을 본다는 것이다. 우리 시대의 사람들이 물질적 진보를 찬양하는 것을 두고 많은 사람들은 여러 이익들이 조화를 이루고 있는 징후라고 생각한다. 모든 사회철학은 각 집단이 각자의 능력에 따라 혜택을 받는지에 관심을 가진다. 혁명주의자들에게서 진정한 문제는 현재의 사실을 자신들이 준비하고 있는 미래와 관련하여 어떻게 판단하느냐 하는 것이다. 이러한 사고방식은 우리의 이상주의자들로서는 좀처럼 이해할 수 없다.

나는 어느 누구도 생산의 진보에 관한 조건들에 대한 일반 법칙을 세울 정도로 그것을 만족스럽게 면밀히 조사한 적이 없다고 생각한다. 나는 다만 내가 반드시 고려해야 한다고 여기는 견해만 지적하고자 한다.

기술자들이 필요로 하는 새로운 속성이 무엇인지를 결정하려면 우선 기계의 유형에 대해 살펴보아야 한다. 이것은 확실히 우리가 할 수 있는 과업 중에서 가장 쉬운 일이다. 여기에는 몇 가지 일반적 고찰이 있는데, 기계적 성향을 가진 사람이라면 누구나 그 중요성을 입증할 수 있다. 기술자들은 누구보다도 기하학 공식을 많이 사용한다.[123] 그들은 회전을 매우 빠르게 하려고 노력한다. 그렇게 하면 운동 속도가 거의 균일하게 된다.

그들은 전력을 절약하고 산발적 운동을 줄이기 위해 수동적 저항을 감소시키려 여러 가지 방법을 이용한다.[124] 어디서나 그들은 속도를 규칙적으로 맞추기 위해 생산수단 또는 소비재의 투입을 조절하려고 노력한다. 우발적인 외부의 힘이 기계의 운동을 교란시킬 경우에는 진동의 간격을 길게 유지하여 외부의 힘에 의한 동요의 영향을 최소화한다.[125]

기계를 베르그송처럼 생물체에 비교할 수도 있다. 베르그송에 따르면, 생명체

---

[123] 릴로(Reuleaux)가 제시한 법칙(*Cinematique*, p. 243)은 더욱 정확하다. 그러나 그의 진술은 이 위대한 기술자의 사고에 친숙한 독자들만이 완전하게 이해할 수 있다.

[124] 수동적 힘의 감소에 대해서는 아래의 분석에서 언급하고 있다. 마찰을 줄이면 그 변이도 역시 줄어든다.

[125] 근대 기관차 기관은 매우 높은 곳에 위치해 있으며, 이 때문에 대형 증기선이 가진 이점과 동일한 이점을 가진다. 예전에 생각했던 것과는 반대로 진동은 더 길고 기계 또한 더 안정적이다. 과학자들은 이것을 이해하는 데 매우 어려움을 겪었고, 그 결과 프랑스의 진보를 방해했다.

는 감각 동력 체계에 의해 소비되는 폭발성 물질을 만들어낸다. "이러한 폭발성 물질은 태양에너지 저장소가 아니다. 태양에너지의 감소는 그것이 소비되는 몇몇 지점에서 일시적으로 중단된다. 물론 폭발성 물질이 함유하고 있는 가용 에너지는 폭발 순간에 소비된다. 그러나 유기체가 그것을 보유, 저장하기 위해 그것의 낭비를 억제하더라도 그것은 곧바로 소비된다.[126] 수력 전동차는 강둑을 따라 에너지를 소모하는 물에 의해 작동한다. 물의 낙차에 의해 마찰이 절약된다. 마찬가지로 증기기관의 보일러도 석탄의 연소에 의해 생산된 열의 일부를 받아들이지만, 방열에 의해 또는 온실가스와 대기의 혼합에 의해 열을 잃을 수도 있다. 내연기관은 자연 에너지 또는 인공 에너지 유출 경로에 위치한 장치로서,[127] 에너지의 일부를 보유하고 그것들을 인간의 이익을 위해 나누어주기 위해 고안한 것이다.

근대 기술자들은 에너지를 사용하는 데 신중을 기한다. 근대 기술자는 매우 빠른 속도를 가진 강력한 동력기를 획득하려고 엄청나게 노력한다. 실제로 그런 동력기가 있으면 냉각 손실이 감소된다. 또한 일반적으로는 열을 사용하는 모든 산업은 대규모 차원으로 신속하게 산출하는 메커니즘을 가지는 것이 유리하다.

예전에는 야금 화덕을 사용할 때 손실한 가스를 가두어서 보일러를 가열하는 데 이용했는데 이것도 좋은 착상이다.

경제학자가 가장 우선적으로 관심을 갖는 문제는 에너지 낭비와 관련된 문제이다. 왜냐하면 이런 관점에서 보면 현재의 무수한 시설들이 이전 체계보다 훨씬 우월하기 때문이다. 강력한 증기기관의 이점은 대공업의 시작 때부터 많은 영향을 미쳤으며, 화학기술에서 성취된 모든 진보는 규모의 가치를 더욱 선명하게 보여주었다. 여러 저자들(특히 사회주의 저자들)은 이 규모의 가치가 가진

---
[126] Bergson, *Creative Evolution*(Modern Library ed.), pp. 268~269.
[127] 증기기관의 화실(火室)은 에너지를 유출하는 인공 통로이다.

기술적 기원을 종종 망각했다. 그리하여 그들은 자신들이 과학적으로 정당화하는 데 많은 어려움을 겪었음에도 확장된 기업의 우위성을 인정했다. 그토록 많은 소위 마르크스주의자들이 산업의 집중을 설명할 때 그 기술적 기초를 고려하지 않고 그러한 집중을 수집해 놓은 통계로부터 추론한 것은 매우 의아한 일이 아닐 수 없다.

끝으로, 기계와 노동자의 관계에 대해 살펴보기로 하자. 공학은 이 부분을 항상 매우 피상적으로 다루어왔다. 기계의 완성도가 향상되는 데 비례하여 육체 근력의 소비는 감소되었다. 어떤 사람들은 인건비가 많이 드는 고숙련 노동력이 소멸되는 것을 환영한다. 또 어떤 사람들은 물질에 대한 지능의 승리를 찬양하고 작업장에서 하는 일이 숙련게임을 닮아가기를 원한다. 이러한 생각들은 부르주아사상이며, 따라서 우리의 관심 밖에 있다. 우리는 다음과 같은 점들에 초점을 맞추어 연구해야 한다.

우선 지적해야 할 점은 모든 숙련노동자들 자신에게 맡겨진 생산력에 애착심을 가진다는 것이다. 이러한 애착심은 특히 농촌생활에서 관찰된다. 농민이 자신의 밭, 과수원, 헛간, 가축 등에 애착을 가지는 것을 보고 많은 사람들이 찬사를 보내왔다. 일반적으로 이러한 태도는 재산과 관련된다. 그렇지만 여기에는 보다 근본적인 점이 있다는 것을 쉽게 알 수 있다. 재산과 관련된 덕은 일을 통해서 얻어진 것이 아니면 모두 무의미하다.

일반적으로 농촌생활에 대해 잘못 이해되어 왔는데, 이는 철학자들은 거의 항상 도시에 거주하여 일의 위계에서 농업의 위상을 인식하지 못했기 때문이다. 또한 사람들이 경솔하게 재산과 관련된 덕을 찾으려 하는 농업과 유사한 형태가 있다. 그 외에도 수세기 동안 대다수의 도시 숙련노동자의 직업보다 우월했던 또다른 형태의 농업이 있다. 시인들은 후자 형태의 농업을 찬양한다. 여기서 그들은 미학, 즉 특색을 감지했기 때문이다. 재산을 최고의 장점으로 간주하는 것은 그것이 농민을 예술가의 위치에 올려놓았기 때문이다. 이 같은 고찰은 사회주의에 엄청나게 중요하다.

근대 작업장은 노동자로 하여금 끊임없이 과학적 연구를 하도록 자극하는 실험장이다. 방법이 서로 달라도 동일한 목표에 도달할 수 있어서, 그것은 항상 잠정적인 것으로 간주된다. 그러므로 현재의 생산방법이 노정하는 난관에 항상 눈을 열어놓고 있어야 한다. 여기서 다시 농업에 관한 예전의 관찰 결과에 주목해야 한다. 포도재배자는 관찰자, 즉 추론자이며, 새로운 현상에 많은 호기심을 가지고 있다. 그는 노동자보다는 선진 작업장의 일꾼을 훨씬 더 닮았다. 그는 해마다 새로운 난관에 부딪히기 때문에 틀에 박힌 관행에 안주할 수가 없다. 대규모 포도주생산지역의 포도재배자는 포도나무 하나하나의 생육 단계를 세심하게 관찰한다.

근대 기술교육은 산업노동자에게 이러한 정신을 함양시키는 것을 목표로 한다. 노동자가 기계의 결함을 인지할 수 있게 해주는 것은 기계의 작동방식을 가르치는 것보다 더 중요하다. 이러한 견해는 진보가 실현한 경이로움에 경탄하는 문인들의 견해와는 완전히 반대된다. 그들은 이러한 진보를 낳게 한 조건을 전혀 고려하지 않는다. 문인들의 관점은 교육 담당자들에게 큰 영향을 미쳤으며, 기술교육은 진정한 과학적 정신을 일깨우기보다는 틀에 박힌 관행을 가르치는 데 훨씬 더 몰두하였다.

그래서 우리는 발명을 하게 된다. 발명은 모든 근대공업의 중대한 활동이다. 나는 『폭력의 성찰(Reflections on Violence)』 말미에서 예술을 생산의 최고 형태로 간주해야 한다고 지적한 바 있다(이러한 경향은 우리 사회에서 더욱더 많이 나타나고 있다). 이러한 테제로부터 많은 중요한 결론을 이끌어낼 수 있는데, 이 테제는 모든 것을 발명의 정신으로 집약한다.[128]

과학은 문인들이 부과한 방향에서 거의 완전하게 해방되었다. 하지만 문인

---

[128] 내가 말하고 있는 예술은 장인의 관행에 기초한 것이지 근대 부르주아계급을 만족시키기 위해 학교에서 가르치는 기예가 아니다.

들은 여전히 자신들이 과학의 대의를 지키고 있다고 생각하고 있는데, 이는 그들이 근대적 발견결과에 경의를 표하며 맘대로 행진하고 있기 때문이다. 그러나 과학적 업적에 정통한 사람들 가운데서 실제로 그들의 허튼 소리를 듣는 청중은 없다. 과학은 자연적 물체 속에서 발생하고 있는 변화들을 매우 비슷하게 모방하기 위해, (수학적 엄격함을 가지고 작동하는 메커니즘으로 형성된) 이상적인 작업장을 가진다. 이러한 사실은 날마다 명백하게 나타나고 있다. 실험물리학이 단지 기계 건설자들의 경쟁 때문에 진보하듯이 수리물리학도 운동학에 필요한 가설을 위해 더 많은 공식을 요청받고 있다. 과학과 공예는 지난 여러 세기 동안 위대한 기하학자들이 생각했던 것보다 훨씬 가까워지고 있다.

앞서 말했듯이 노동자와 기계의 관계에 대해서는 그리 주목하지 않는 데 비해 부르주아계급과 그들의 업무와 그들의 쾌락 그리고 그들의 이익을 보호해주는 사회기관들 간의 관계에 대한 글들은 많이 쏟아져 나왔다. 요즘 집합심리학에 관한 책들이 넘쳐나고 있는데 이 책들은 아무것도 말해주는 바가 없다. 우리 시대의 사람들은 이런 문헌들이 공식적 도덕을 탁월하게 세련시켜 준다고 생각하며 매우 높이 평가하고 있다. 모든 범주의 지식인들이 인민의 정부를 확고하기 위해 이러한 도덕성을 학교에서 가르치고 있다.

우리 시대의 철학은 우리 선조들이 아주 심각하게 생각했던 문제들에는 별로 부합하지 않는 것을 보면 놀라지 않을 수 없다. [이 시대는] 종교에 대해서는 아주 피상적으로 다루고 있으며, 도덕은 질서를 유지하게끔 온순함을 훈련시키는 것으로 축소되고 있다.

이러한 문제들을 깊이 살펴볼수록, 나는 노동이 문화의 기초가 된다는 것을 더욱 확신하게 된다. 또한 부르주아문명으로 이행한 것을 전혀 후회하지 않게 된다. 프롤레타리아는 주인에 대항하는 전쟁을 치르면서 오늘날 부르주아계급에는 완전히 결여되어 있는 숭고한 정서를 발전시켜 나간다는 것을 우리는 알고 있다. 부르주아계급은 예전의 가장 부패한 귀족계급들에서 많은 것을 빌려왔다. 부르주아 도덕의 지도 원리는 루소가 돌바크[129] 일파라 일컬은 문인들 못지않게 냉소적이다. 우리는 부르주아 이념이 새로 부상하는 계급에 해를 끼치지 못하도록 만전을 기해야 한다. 이 때문에 우리는 일반 사람들과 18세기 문학 간의 어떤 관계도 완전히 분쇄할 수가 없다.[130]

---

[129] 돌바크(Paul Henri Thiry d'Holbach, 1723~1789)는 프랑스 계몽기의 유물론자로 본래 독일 태생이지만 생애를 프랑스에서 보냈으며, 『백과전서』 집필에 참여하였다. 그의 저서 『자연의 체계』는 유물론의 성서라고 불리고 있다.-옮긴이

[130] 내 책이 장 부르도(Jean Bourdeau, 1848~1928: 프랑스 작가로 사회주의 관련 저술로 잘 알려져 있다. 쇼펜하우어, 니체 저작을 번역하고, 요하네스 얀센, 막심 고리키, 레닌 관련 저작들을 펴냈다 -옮긴이)에게 제안했던 탁월한 관찰결과를 읽으라고 충분히 추천할 수는 없다[*Entre deux servitudes*(Between Two Servitudes), pp. 95~104]; 그 관찰결과는 이전의 결론들을 매우 잘 완성하고 있다. 그 결론들은 내가 (프루동처럼) 관습과 고전문화의 순수성에 부여한 가치를 보여주고 있다.

제6장

위대함과 몰락

1 그리스 철학의 주기적 발전 / 명백한 퇴보의 법칙 / 원시공산주의와 사회주의강령의 중요성

천체 관찰이 보여준 경이로움은 시와 수학이 그랬듯이 명석한 그리스인들을 매혹시켰다. 고대인은 정밀한 측정 도구가 없었기 때문에 (오늘날 과학의 긍지라 할 수 있는) 지구물리학의 중대한 문제들을 깊게 탐구할 수 없었다. 그런데도 그들은 천체의 운동을 충분히 추론할 수 있는 천문학 도구들을 만들어냈다. 그들은 인간의 사물은 신이 만든 사물을 본떠야 한다고 생각했다. 그 결과 그들에 따르면, 제도들을 자체의 힘에 맡겨두면 그것들은 천문학에서 확인된 법칙과 유사한 법칙을 따르게 될 것이다. 그래서 외부 원인에 의한 파국이 역사 질서를 전복시키지 않는다면, 변화는 폐쇄된 원환(圓環) 속에서 일어나게 된다. 오랜 모험 끝에 사회는 조화를 이루기 위해 처음에 설립한 체제와 동일한 공법 원리로 되돌아가게 된다.

『인간 불평등의 기원』에서 루소는 그리스철학의 관점을 따랐다. 그는 온갖 수사법을 이용하여 인류가 자연의 법칙을 거부한 이래 인류의 병폐를 심화시킨 온갖 분열을 묘사했다. 전제 정치는 마침내 이 파국의 시대를 마감한다. 그 저자는 다음과 같은 문장으로 결말을 맺는다. "지금은 불평등의 마지막 단계이며, 그 원환을 폐쇄하고 우리가 출발했던 지점으로 되돌아가는 맨 끝 지점이다." 루소는 전제 정치 때문에 매우 세련된 사람들이 아메리카대륙 숲에 사는 유목민의 야만 관습을 가지게 되었다고 주장한 적이 없다. 그는 운동의 시작과 끝은 유사하다는 것을 밝혀내려 한다. 그 유사성은 전적으로 윤리적인 질서와 관련된 것이다. 그는 이렇게 말한다. "선(善)과 정의가 또다시 사라지고 있다."

요즘 많은 사회학자들이 선진적인 이념을 내세우며 예전의 천체 순환 개념과 현대의 진보 개념을 결합시키려고 노력하고 있다. 그들은 인류가 자신의 전철을 되풀이한다고 비난해서는 안 된다고 주장한다. 즉 인류는 더 웅대한 영역을 향해 지속적으로 부상한다는 것이다. 시공간적으로 아주 멀리 떨어져 있는 두 문명 사이에도 동일한 포괄적인 명칭으로 규정할 수 있는 상당한 유사성이 존재했다. 그렇지만 여러 사회적 조건이 크게 개선되어 왔다. 때문에 더 이상 원환에 의해서만 운동을 도식적으로 표현할 수가 없다. 그것은 나선형으로 표현해야 한다.

이러한 사고는 고결한 지식을 증명하기를 바라던 사회주의 저술가들을 매우 만족시켜 주었다. 자본주의 옹호자들은 그들이 세상을 공산주의로 만들려고 어리석은 유토피아를 추구한다고 종종 비난했다. 공산주의는 가장 야만적인 유목민 무리들의 체계라는 것이 그 이유였다. 사회주의자들은 그러한 비교를 수용했지만, 새로운 공산주의는 보편적 역사상 오늘날의 자본주의질서보다 훨씬 더 향상된 것이라는 사실을 덧붙였다. 따라서 사회주의자들이 추구하는 목표는 이른바 명백한 퇴보의 법칙을 따르게 된다. 이 법칙은 모든 진화를 통괄한다. 부르주아경제 옹호자들은 무지에 의해 패배하게 된다.[1]

이 명백한 퇴보의 법칙은 그 법칙을 적용하는 문제들을 매우 혼란스럽게 한다. 이 법칙이 숨기고 있는 실제 의미를 충분히 이해하려면 무엇보다도 '공산주

---

1 엔리코 패리는 1892년에 자신이 이러한 법률에 명확한 형태를 부여할 자격이 있다고 생각했는데, 이는 오직 추측으로만 또는 개괄적인 형태로만 가능했다(*Socialisme et Science positive*, p. 94). 그런데 체르니셰프스키(Nikolay Gavrilovich Chernyshevsky, 1828~1889: 1860년대 러시아를 대표하는 사상가·문학자이자 혁명적 민주주의그룹의 대부로서 포이어바흐의 영향을 받아 유물론적 미학을 주장하며 문예비평·철학·경제·정치 등 폭넓은 분야에 걸쳐 많은 평론집을 펴냈다-옮긴이)는 1858년에 "토지 공동 소유에 대한 철학적 편견의 비판"["Critique des prejuges philosophiques contre la possession communale du sol(Critique of the Philosophical Prejudices Against Communal Land Ownership)"]이라는 글에서 이른바 이러한 법칙을 매우 역설적으로 그리고 심지어 유별난 방식으로 사용했다.

의'라는 단어가 가진 의미를 파악할 필요가 있다.

야만인 생활에 적용되는 법률적 명칭을 두고 뜨거운 논쟁이 전개되어 왔다. 지적 수준이 높은 문명인 지역의 개념들을 우리의 사고방식과는 전혀 다른 사람들에 적용하는 것은 온당하지 못하다. 그런데 지금은 그러한 법률을 매우 특별한 지역에 적용하고 있다. 어떤 대가를 무릅쓰고라도 사냥꾼 무리들의 삶과 근대 법률 사이에 모종의 유사성을 확립하고자 한다면, 플라흐(J. Flach) 교수가 했던 것처럼 그 유목민들이 사냥감을 찾아다니는 땅을 서로 다른 가족들이 관습의 규제를 받는 사용권을 행사하는 땅과 비교하는 것보다는 하나의 민족이 점유하고 있는 땅과 비교하는 것이 적합할 것이다.

나는 유목민의 삶에서 어떤 초보적인 원시적 법률도 발견하지 못했다. 그들은 예전에 야영생활을 하던 땅을 다시 찾을 날을 대비하여 비축해둘 열매가 달린 나무에 신비한 기호를 표시해 둔다. 미개인들은 아직 소유 정신을 가지지 못하고 있다. 그래서 그들에게서 법률적 사고를 발견할 수가 없다. 처음에는 사적 법률은 가장(家長)들이 (선조들이 개간한 땅을 물려받아) 열심히 일하여 후손들에게 더욱 향상된 땅을 물려주는 나라에서만 명백하게 나타난다. 하지만 이러한 경제적 조건은 법률을 완전하게 결정된 형태로 형성할 만큼 충분하지 않다.

진화론자들은 이처럼 법의 기원을 역사적으로 이해하는 것을 받아들일 수 없었다. 그들은 근대 법률과 미개인의 삶을 밀접하게 연계시킬 필요가 있었다. 그래서 그들은 미개인의 삶에 가공의 법률 체계를 만들어내야 했다. 뭐라도 더 향상된 것을 찾기를 바라던 그들은 미개인의 삶에 공산주의를 갖다붙이고 그러한 모호한 용어 외에 다른 어떤 용어도 찾으려 하지 않았다. 그래서 '원시공산주의'(primitive communism)라는 궤변적인 용어를 발명했다. 사회주의자들이 말하는 미래 공산주의 역시 궤변으로 조작해낸 것이다.

프루동은 그 시대에 엄청난 인기를 얻은 유토피아에 대항하여 열성적으로 싸웠다. 그는 법률을 통해 대중으로부터 모든 편견을 제거하려고 노력하는 사회

개혁가들을 두려워하며 그들과 종종 격렬한 논쟁을 벌였다. 그의 비판은 당대 사회주의자들에게 예전의 공상가들의 이념보다 더 명확한 이념을 제시하게끔 촉구했다. 예전에는 세상을 개조하려는 꿈을 소박하게 묘사했다. 지금 사회주의자들은 그저 정당이 공산주의사회를 실현하기를 열망한다고 말하면서 이를 명료하게 설명하지 않고 있다.

만약 이상적인 강령에 얽매이지 않는다면, 우리는 적어도 사회주의정당들이 요구하는 개혁을 즉각 추진할 수도 있고 또 사회주의이론가들에 따라 공산주의사회가 권력을 잡도록 개혁을 추진할 수도 있다. 프랑스에서는 오랫동안 수많은 분파들이 이러한 개혁들을 둘러싸고 격렬하게 다투어왔다. 그러나 오늘날 많은 사회주의 대의원들이 의회에 입성하면서 그 분파들은 합의에 이르렀다. 일부 저술가들, 특히 벨기에의 이념에 감화를 받은 저술가들은 자본주의에 의한 근대적 사업에 국가가 점진적으로 책임질 것을 요청했다.

그리하여 가장 선진적인 기업의 노동자들은 공무원이 될 것이다. 1883년에 게드주의자들(Guesdistes)[2]은 이처럼 "국가가 민간산업을 점진적으로 흡수하는 것"에 반대했다. 그들은 이것을 "위장한 가짜 공산주의자들의 사회주의 수하물"이라 불렀다. 게드주의자들은 광산 채굴권을 억제하고 프랑스은행 및 철도회사와의 계약을 취소할 것을 요구하는 데 그쳤다. 그들은 자신들의 강령에 따라 이러한 공공자원의 이용을 자신들 휘하의 노동자들에게 맡겨 달라고 했다.[3] 오늘날의 사회주의 대의원들은 1883년에 게드와 라파르그[4] 휘하의 노동자들의

---

[2] 게드(Jules Guesde, 1845~1922)는 프랑스 사회주의자로 게드주의라는 집산주의(集産主義)를 창시하였다. 마르크스의 협력을 얻어 노동당 기본강령을 작성하고 프랑스 노동당을 성립시켰다. 노동당 내 주류를 이루어 개량주의와 대립했으나 이후 민족주의 성향을 띠었다. —옮긴이

[3] Guesde and Lafargue, *Le Programme du parti ouvrier*(The Program of the Workers' Party), commentary on Article 11 of the economic section. 경제부문 제11항에 대한 논평.

경제적 역량을 확신하지 못했다. 의회사회주의는 국가의 경제적 역량의 무한한 팽창을 요구한다.[5]

우리는 그 같은 프로그램을 실행할 경우 미래의 세계는 어떻게 될지 자문해야 한다. 20년 전에 사베리오 메를리[6]는 사회주의자들은 국가에 위임된 대규모 기업 경영을 어떻게 보장하는지에 대해 충분히 고려하지 않았다고 비난했다. 그에 따르면, "행정을 할 때는 이러한 정의(正義)가 보증되어야 하는데 현재 우리는 그것에 대해 모호한 개념을 가지고 있다." 그에게는 많은 난관들로 가득 차 있다.[7]

많은 경험에 의하면, 사회는 사적 권리를 만족스럽게 다스릴 수 있는 법률상의 조직을 가질 때만 행정법이 일정한 효력을 발휘할 수 있다. 행정기구가 임의로 행동하는 것을 두려워하는 것은 법률기구가 가진 도덕적 권위이다. 현재의 의회사회주의 이론가들의 생각에 따르면, 사적 권리는 점차 권위를 잃게 된다. 이들에 따르면, 장기적으로 국가는 소규모 기업의 경영을 사적 개인에게 맡기게 된다. 소규모 농촌 자산가, 소규모 작업장, 소상공업은 재래식 경제형태는 큰 타격을 입고 서서히 몰락함에 따라 사라질 운명에 처해 있다. 사적 법률의 위세도 명백히 사적 생산의 위세와 동일한 몰락의 경로를 따를 것이다. 존중받는 법률기구의 모범을 따르려는 욕망이 행정기구를 더 이상 억제할 수 없다면, 사베

---

4 라파르그(Paul Lafargue, 1842~1911)는 프랑스 사회주의운동가로 파리코뮌시대에 큰 활약을 하였다. 마르크스·엥겔스의 저작을 프랑스어로 번역하는 등 마르크스주의를 프랑스에 보급하는 데 큰 역할을 하였다.─옮긴이

5 1910년 6월 1일 마틴(Matin)이 출간한 인터뷰에서 쥘 게드는 사회적 지출에 필요한 기금을 찾기 위해 이러한 독점기업들이 필요했더라면 그 독점기업에서 물러났을 것이라고 말했다.

6 사베리오 메를리노(Francesco Saverio Merlino, 1856~1930)는 이탈리아 법률가이며 무정부주의 활동가이자 자유주의적 사회주의 이론가이다.─옮긴이

7 Saverio Merlino, *Formes et essence du socialisme*(The Forms and Essential Nature of Socialism), p. 198.

리오 메를리노가 그토록 필요성을 강조한 '행정의 정의'가 이루질 수 있었을까? 국가가 새로운 생산형태를 흡수하는 데 비례하여 이러한 정의의 필요성은 더욱 커지는 반면 그것을 실현하는 수단은 더욱 약화된다.

내가 보기에는 벨기에 대표단 데스트레(Destree)와 반데르벨데(Vandervelde)는 공공행정의 무한한 확장에 따른 엄청난 문제들을 인식하지 못했던 것 같다. 그들이 다음 같이 쓴 것을 보면 자신들 프로그램의 결과에 대해 확신하지 못한 것이 분명하다. "이것은 확실히 우리의 이상이 아니다. 우리는 모든 노동자들이 협동을 하고, 또한 우애와 부가 넘쳐나는 무정부 공동체를 형성하는 도덕적 변화를 열렬히 열망하고 있다. 그곳에서는 (텔레마 사원[Abbey of Thélème][8]처럼) 모든 사람이 자신이 원하는 일을 하고 능력에 따라 주고 필요에 따라 받는다."[9] 이런 식으로 그들은 사회주의자들에게 몽상을 통해 스스로 위안하도록 간청한다. 사람들은 비록 '행정의 정의'는 없더라도 법이 필요 없는 이상적인 체제를 열렬히 바란다.

그리하여 우리는 사회주의자들이 은밀하고 명백한 퇴보를 말하고 있는 것을 마침내 발견한다. 그들은 원시세계에서 법률이 생소했던 것처럼 문명세계에서도 그것이 생소하게 되기를 바란다. 그들은 법이란 것은 암흑시대[10]에 만들어진 짐이라는 것을 솔직하게 인정하지 않는다. 그들은 법률사상에 대한 자신들의 반감을 표현하기 위해 (자신들의 생각이 철학자들의 비판에 쉽게 노출되지 않도록)

---

8   텔레마 사원: 이탈리아 시칠리아에 있는 사원으로 흑마술과 주술로 잘 알려져 있다.-옮긴이

9   1883년에 게드와 라파르그는 미래사회를 텔레마 사원과 비교하는 것은 불합리하며, 생산물의 풍요가 자유로운 소비를 가능하게 하는 것은 분명하지만 생산을 자유롭게 하지는 않는다고 주장했다(*Programme du parti ouvrier*, p. 35). 관찰결과는 이 책의 현재 판에서는 발견되지 않고 있다.

10 암흑시대(Dark Age): 예전의 지적 정체로 알려진 중세시대, 특히 476~1000년경을 말한다.-옮긴이

자기 동료들이 쉽게 이해할 수 있는 형식을 사용한다. 의회사회주의가 오늘날 제법 성공하게 된 것은 다른 어느 민주주의 이론보다도 법에 대한 현재 사회의 혐오감을 잘 표현하고 있기 때문이다. 실제로 현재 시대에는 관습은 새로운 방향으로 나가는 데 법은 확실히 전반적으로 퇴보하고 있다.

2 법의 퇴보 / 형법제도 / 이혼 / 상행위 및 유동자본의 영향력

우리는 추상적인 용어로는 이 현상을 명확하게 이야기할 수 없다. 만족스러운 결과를 얻으려면 다양한 유형의 법률을 예로 들어 서술해야 한다.

A. 루소는 사회는 오랫동안 당쟁으로 혼란을 겪은 후 모든 정의 원리를 말살하는 독재자에 복종할 때 평화가 찾아온다고 묘사하고 있는데, 이때 그가 염두에 두고 있는 것은 분명 로마제국의 비극적 운명이다. 당시 로마제국은 기괴하고 잔인한 폭군의 지배하에 있었다. 로마제국이 몰락하게 된 것은 두 가지 사실 때문이다. 하나는 부가 가져다준 위세가 엄청나게 커졌기 때문이고, 다른 하나는 정복자의 후손들을 피정복자의 후손들처럼 다루었기 때문이다.

우선 르낭이 제시한 몇 가지 관찰결과를 살펴보자. "로마제국은 귀족의 오만한 콧대를 꺾어놓고 혈통의 특권을 거의 고려하지 않는 한편 재산의 이점을 강화했다. 로마제국은 시민들의 평등을 효과적으로 수립하지 않고, 오히려 상류층(명사, 부유층)과 비상류층 또는 하류층(빈민) 간의 분할을 확대했다. 만인의 정치적 평등을 선언하면서 한편으로는 법—특히 형법—의 불평등을 확산시켰다."[11]

---

11 Renan, *Marc-Aurele*, pp. 598~599.

이러한 변화는 특히 근대 자본주의가 낳은 변화들과 비교할 때 부각된다. 경험적으로 볼 때, 금권정치에 의한 권력 남용은 세습 귀족의 이익을 위한 권력의 남용보다 법의 존중을 더 위험하게 한다. 정치가들을 매수할 만큼 충분한 부를 가진 협잡꾼이 궁정의 혼란을 틈타 저지른 비행만큼 법의 존중을 파괴하는 것은 없다. 미국 금융재벌의 대담함은 모든 주식시장 투기꾼들에게는 하나의 이상이다. 법 존중의 중요성을 믿는 사람들이 두려하는 것은 현재 부유층이 가진 성향이다.

법의 퇴락은 로마인이 정복한 옛 적대세력을 동화한 결과인데, 이러한 법의 퇴각을 보고 예링은 격분했다. 그는 이렇게 말했다. "변방은 제국의 실험실이었다. 범죄 소송절차의 변화를 재촉한 것은 변방이었다.…처음에 지방은 이러한 실험의 희생자로 멸시받았다. 나중에는 로마의 후속 세대들은 선조들이 저지른 범죄로부터 엄청난 대가를 치렀다. 공화국 시절에 변방은 로마의 전횡과 잔학성에 시달렸다. 제국은 변방으로부터 로마에 잔인성을 가져왔다."[12] 이러한 제국의 법의 역사에서 원인과 결과를 구분해야 한다. 동일한 결과가 분명 동일한 방식으로 다시 발견되지는 않겠지만, 이러한 퇴락의 근본적인 원인은 어느 시대에나 되풀이된다. 그 원인은 여러 계급을 최하층 계급 수준으로 하향평준화한 데 있다.

우리는 범죄 사건을 묵살시키는 재판관을 반동적이라고 비난하는 소리를 매우 자주 듣는데, 그들은 이러한 범죄가 늘 존경받던 가문을 불명예롭게 한다고 생각한다. 인권을 찬미하는 자를 만족시키려면 모든 비행자를 위험한 계급으로 취급해야 한다. 평등은 최하층 계급 수준에서 실현된다. 법률가들은 다른 식으로 추론하는데, 그들은 범인 체포가 법의 존중을 향상하는 데 기여한다고 생각한다. 그들은 만인이 도덕적 퇴락 상태가 될 때 이러한 태도에 도달한다고 생

---

[12] Ihering, *Histoire du dev eloppement du droit romain*, p. 37.

각한다. 실제로 각종 경험이 이러한 법률가들의 견해를 증명해준다. 신문은 신문 판매에 도움을 주는 추문을 다루지 못하도록 방해를 받을 때 권리를 박탈당한다고 느낀다. 그래서 신문은 평등의 이름으로 격렬하게 항의한다.[13] 일반적으로 신문의 이익은 법의 이익을 압도한다.

B. 일부일처제의 기원은 불명확하다. 엥겔스는 이 제도를 문명의 특성이라고 보았는데 이는 잘못된 생각이다.[14] 일부일처제는 역사에서 중요한 위치에 있던 사람들에게는 여전히 이국적인 제도였다. 유태인의 경우가 그러하다. 르낭에 따르면, "유태인에서 일부다처제가 사라진 것은 로마법에서 유래한 근대 법의 영향을 받은 때부터이다."[15] 알제리의 유태인이 프랑스인에 동화될 때까지 유태인들은 일부일처제 관행을 따르지 않았다.[16] 예링에 따르면, 로마의 혼인은 처음부터 일부일처제였으며 이혼도 불가능했다.[17] 예링은 기독교인의 결혼관습과 매우 유사한 결혼관습을 설명하는 이론들에서 어떤 근거도 발견하지 못하여 '선사시대 인도–유럽인'(lndo-europeens avant l'histoire)이라는 유명한 가설을 창안했다. 초기 로마인의 혼인관습은 무장한 아리아인들의 이주에 유래되었다. 현재의 사회주의자들은 미래의 이성 결합에 대해 말을 할 때 다소 당황해 한

---

13 1910년 7월 12일자 『게르 소시알(*Guerre Sociale*)』에서 여기서 지적해둘 만한 기사를 발견했는데, 지금까지 그와 유사한 기사를 진보 언론에서는 발견하지 못했다. 그 저자는 익명의 고소장에서 귀족 소녀를 유아살해범으로 기소한 재판관과 그녀에게 유죄평결을 내린 배심원들을 비난했다. 전날 동일한 죄목으로 기소된 농민여성은 동일한 법정에서 석방되었다. 무정부주의자임이 분명한 이 저자는 이 사건에서 정의를 고취시킨 사회적 분노를 저주받을 사실로 간주한다.

14 Frederich Engels, *The Origin of the Family, Private Property, and the State*, pp. 72, 95.

15 Renan, *Marc-Aurele*, p. 548.

16 *Eben Haezer*, I, 42~47.

17 Ihering, *Histoire*, p. 68.

다. 그들은 명백한 퇴보의 법칙을 경제발전에는 확실하게 적용하는데 이 문제와 관련해서는 적용하지 않는다. 엥겔스는 헨리 모건[18]의 저작들에서 종래의 형태가 재현하는 것을 발견했는데 이를 제대로 언급하지 않고 있다. 내가 보기에 그의 예측들은 독일 여성 독자들의 부드러운 감성을 만족시켜 주기 위해 제시한 것 같다. "일부일처제는 남성에게 불리하기보다는 유리하게 될 것이다." 남성 지배와 이혼 불허는 곧 소멸될 것이다. 사랑이 식어서 결합이 중단되면 "이혼 소송의 진흙탕 속에서 헤쳐 나올 수 없게 될 것이다."[19] 그리하여 사회주의에서는 결국 로마제국 쇠퇴기의 결혼제도와 매우 유사한 결혼제도가 수립될 것이다.

　이혼을 불허하는 규칙은 모든 나라의 법률에서 확실히 사라질 것이다. 그런데 이혼 방식에는 서로 다른 두 가지 방식이 있다. 하나는 배우자의 존엄성을 파괴하여 가정을 유지할 수 없게 하는 범죄 행위 또는 그에 준하는 행위를 하여 법정에서 이혼을 선고하는 경우이고, 다른 하나는 상대방에 싫증이 나서 서로의 결합이 무너져서 이혼을 허용하는 경우이다. 문명화된 나라에서는 두 번째 형태의 이혼 추세에 있는데, 이는 헤어지기를 원하는 당사자들에게 법정이 점점 더 쉽게 이혼 판결을 내린 데 따른 것이다. 앞으로 불과 몇 년 사이에 이러한 유형의 이혼이 일상화될 것이다.

　지금부터 모든 (이성 간의) 결합은 애정 욕망이 사라지는 날 정상적으로 해체될 것이다. 그런데도 결합이 지속된다면 이는 다만 금전적 이유 때문이거나 아니면 은밀한 불화가 있음에도 불구하고 [말 못할 사정이 있어서] 유지되는 것으로

18　헨리 모건(Lewis Henry Morgan, 1818~1881)은 미국의 법률가이자 인류학자로 아메리카 인디언 이로쿼이(Iroquois) 부족과 함께 살면서 자료를 수집하여 『이로코이족의 동맹』(1851)을 저술하였다. 이 저작은 인류 진보에 있어 과학기술적인 요인의 중요성을 강조한다. 그의 현장연구는 엥겔스(Engels)와 퇴니스(Tönnies)에 영향을 미쳤다.-옮긴이

19　Engels, *Origin of the Family*, pp. 97, 109~110.

의심받게 된다. 이제는 본능을 의무에 희생시켜 이성의 결합을 고귀하게 만드는 것이 사람의 운명이라고 더 이상 사람들을 설득할 수가 없다. 가문의 위엄을 중시하는 로마제국의 가설이 소멸될 때 법의 존중이 심하게 축소되지 않게 하는 것은 불가능하다.[20] 현재의 추세를 중단시킬 수 있는 방도는 없다.

C. 프루동은 상업 관행이 민법학에 갈수록 큰 영향을 미칠 것이라고 수차례 지적했다. 이러한 지적은 그 당시보다 오늘날 훨씬 더 잘 들어맞는다. 나는 이러한 사실에서 우리 시대 사람들이 법을 존중하지 않는 주요한 원인을 발견한다.

민법 정신과 상법 정신 사이에는 엄청난 차이가 있음을 아주 쉽게 간과할 수 있다. 우리는 그 둘의 판단 범위의 차이에 대해서만 고려해야 한다. 상인들은 자신들의 집정관 법정을 매우 선호하는데, 이 법정은 실제 재판관으로 구성되어 있는 것이 아니라 소송인이 어느 정도 충직한 상인인지를 결정하는 중재인으로 구성되어 있다.[21] 그러나 진정한 근본적인 차이는 경제적 근원에 있다.

민법은 역사적으로 농촌지역과 관련된다. 그것은 감독을 받지 않고 농장을 경영하는 가장(家長)의 존재를 상정한다. 그는 먼 친척 상속인에 의한 금전적 이익을 가장으로서 얻어낼 수 있는 쾌락보다 중시한다. 이 가장은 약정서에 계약을 하면서 그 저당권에 채권자들 각자의 고립된 권리를 부여한다. 이 권리에 의해 각 채권자는 (매각을 할 때) 계약 조건에 따라 자신의 재산 가치에 해당하는 총액을 청구할 수 있다. 사업가 경우에는 사정이 전혀 다르다. 그의 공급자와 대여자는 산뜻하게 분리되어 있지 않고 비밀결사체처럼 암암리에 결합되어 있

---

20 프루동은 이혼을 강력하게 반대한 것으로 알려져 있다.
21 오늘날에는 중재를 통해서 난관을 해결하는 것을 계약 조건으로 삼아야 한다는 견해가 지배적이다. 오늘날 법정에서는 민사소송법 제1006항에 의거하여 아직 존재하지 않는 분쟁을 중재를 통해 조정하는 것은 동의할 수 없다고 해석한다.

다. [프랑스]상법에서는 채권자들은 명백하게 연합을 이루어야 한다고 규정하고 있기 때문에 그 연합체는 실패하면 전모가 확연하게 알려지게 된다. 경제체계와 법률체계는 내가 방금 말한 체계들보다 더 대립적이지 않다.

이 비밀결사체가 규정한 조건들에는 파산 관련 규정이 포함되어 있다. 상인이 파산 신청을 할 때 "전혀 사기 칠 의도가 없었다"고 완전히 공명정대한 전말서를 제출하지 않으면 강제노역을 선고할 수도 있다. 이러한 형벌은 공무원이 위임받은 기록을 파기했을 때 받은 형벌과 동일하다(상법 586조 6항; 형법 402조, 173조). 이 법은 범죄를 저지른 비밀결사체 회원이 전말서를 작성하지 못하게 하면 엄벌에 처한다.[22] 이처럼 파산자와 기록을 파기한 공무원을 대등하게 취급한 것은 매우 정당하다. 왜냐하면 두 경우 모두 심하게 이익을 침해당한 사람이 그 범죄자를 감시할 수 없기 때문이다. 더욱 기이한 것은 아마도 다음과 같이 단순 파산으로 투옥되는 범죄이다. 이를테면 개인에게 과도한 지출을 하게 하는 행위, 도박 또는 주식시장의 속임수로 막대한 손실을 입히는 행위, 파산을 연기할 목적으로 자금을 획득하기 위해 재정을 파탄시키는 계약을 맺게 하는 행위, 지불 정지에도 불구하고 다른 채권자에게 손해를 입히는 행위(상법 제585조, 형법 제402조) 등이 그것이다. 이리하여 상인은 자기 사업과 관련하여 맺은 비밀결사체의 공동 이익을 배신한다. 사회개혁가들이 노동과 자본 간에 자연스러운 결사체가 존재한다고 진술할 때나 이윤 공유를 옹호할 때 또는 상호의존에 대해 장황하게 말할 때는 상업관행이 속류화되었다는 관념을 작업장에 적용하고 있는 것이다. 레옹 부르주아[23]가 조금이라도 법률 권위자였더라면, 그는 자신이 잘못 수립한 유사 계약을 상법에 적용할 때 그것에 특수한 의미를 부여할 수

---

22 여기서는 형법 제439조가 공공기록 파기를 "의무조항, 처분권, 환불 등을 담고 있거나 실행하는 협상도구"의 파기에 비견하고 있다는 점을 짚고 넘어갈 필요가 있다. 이 경우 독방에 감금하여 중노동을 시키는 형벌에 처한다. 파기한 문서가 특수한 문서가 아니면 투옥기간이 2년에서 5년까지 줄어든다.

있었을 것이다. 1856년 전까지는 상법 제51조는 분쟁 해결 시에 상업결사체 회원에게 중재에 의지하라는 의무조항을 부과했다. 그 법률은 종래의 규칙을 한 글자도 고치지 않고 그대로 사용했으며, 오늘날에도 여전히 그 같은 문제를 이런 식으로 판단하는 것이 좋다는 편견이 존재한다. 그러므로 고용주와 노동자 사이의 차이를 조정하기 위한 강제 중재를 옹호하는 소리가 자주 들린다고 놀라서는 안 된다. 이러한 중재는 사회개혁가들이 노동과 자본 사이의 비밀결사체에 대해 가지고 있는 생각에서 비롯된 것이다.

상업 관행에서 비롯된 이러한 모든 결사체 이론들은 경제적 고립을 전제로 하는 민법의 역사적 원리를 파괴하고 있다.

부유한 부르주아지는 매일 민법 원리를 존중하는 데서 더욱 멀어지고 있는데 그 이유는 매일 다르다. 부유한 부르주아지는 기업이 19세기에 이루어놓은 위대한 공적을 찬양한다. 그 이유는 19세기의 기업이 전통적 경제를 보존해온 농촌 가정의 간소한 노동보다 훨씬 더 강력하기 때문이다(전통적 경제는 본질적으로 민법에 상응한다). 부유한 부르주아지가 가장 고귀하게 여기는 새로운 경제에서는 가장에 의한 감독이 완전히 사라졌다. 그는 주식소유자가 되어 자신에게 유동적인 수입에 대한 권리를 부여해주는 증권을 소유하는 데에 만족한다.

오늘날에는 소유한 유동자산의 양이 많지 않으면 재산을 잘못 관리한 것으로 간주한다. 부유한 부르주아지는 정기적으로 가치가 증가되는 주식을 지갑 속에 집어넣는 데만 몰두한다. 그래서 선견지명 있는 가장은 더 이상 농장재산의 증식에 의해서 자손에게 재산을 물려줄 생각을 하지 않고 주식시장에서 주식을 운용하여 재산을 물려줄 궁리를 한다.

---

23 레옹 부르주아(Léon Victor Auguste Bourgeois, 1851~1925)는 프랑스의 정치가이자 사회 법학자로 1888년 이래 1차 대전까지 여러 장관직을 역임하였다. 연대주의의 사상을 가지고 전후 프랑스 대표로 국제연맹을 제창자하여 초대 총회 의장을 지냈다. 1920년에 노벨 평화상을 받았다.-옮긴이

오늘날에는 주식시장에서 투기하는 것이 유능한 산업 총수가 생산에 유익한 발명품을 도입하는 것보다 대규모 재산을 형성하는 데 훨씬 더 큰 기여를 하고 있다. 그리하여 갈수록 부의 축적은 생산의 진보에서 멀어지고 있으며, 그 결과 민법 원리와의 모든 접촉이 줄어든다.

법적 관념은 부르주아의 재산 형성의 변화에 따라 변화한다. 이러한 변화는 특히 상속세제에서 명확하게 나타난다. 예전에는 민법 이론가들이 농촌지역을 경제의 모델로 여겼는데 이 농촌지역에서는 모든 것이 상속인을 위해 조직되었다. 민법 이론가들은 이 상속인이 토지의 숨은 영주일 때만, 즉 오직 대리인일 때만 소유자라고 말했다. 오늘날에는 그와 반대로 주식소유자는 상속인과 도덕적으로 어떤 연계도 가지지 않는다. 그래서 그는 원하는 대로 모든 것을 소비할 수 있다. 부동산을 물려받을 사람들은 복권에 당첨된 사람들처럼 행운이 따를 것으로 기대하게 된다. 상속은 일종의 횡재에 해당되기 때문에 국가는 조금도 망설이지 않고 때로는 재산 몰수하듯이 중과세를 부과한다. 여론은 이러한 재정 조치를 저항 없이 받아들이는데, 이는 민법에 관한 모든 관념들을 얼마나 망각하고 있는지를 증명한다.

이와 관련하여 더 많은 사례들을 인용할 수도 있는데, 그렇게 하면 방금 서술한 사례들과 유사한 퇴보를 발견할 수 있다.

3 역사의 독특한 사건들 / 로마법의 근거 / 르네상스와 프랑스혁명 / 혁명에 관한 일반 견해들

우리가 이 시대에 법의 퇴보를 야기하는 데는 수많은 이질적이고 강력한 원인들이 존재한다는 것을 알게 되었을 때, 프루동이 우리의 본성은 우리를 정의로 이끈다고 가정한 것을 보면 그가 야릇한 환상의 희생자가 아니었을까 하는 생각이 든다. 그와 반대로 역사적 사건들이 인간에게 법을 부과하여 사람들은 인위적으로 삶의 고난을 가중시킨 멍에를 벗겨내려고 갖은 시도를 하게 된다. 우리는 법의 위대함을 역사적 위대함의 최고 징표로 간주하곤 한다. 그러므로 역사의 위대함은 인류가 투쟁하는 조건이다.

현대의 학문적 연구들은 고대의 각종 제도는 마법의 중요성을 강조했고, 법은 주변적이었다고 밝히고 있다. 마법은 신비한 공식의 소유자에게 급료를 줄 만큼 부유한 사람에 예외적인 힘을 부여하여 어떤 적도 물리칠 수 있게 하는 일단의 속임수로 구성되어 있다. 이에 반해 법은 투쟁에 참여한 개인이 자기 힘으로 자기주장을 굳게 지킬 수 있게 한다.

나는 그리스인이 법의 훌륭한 대가였다고 생각하지 않는다.[24] 글로츠[25] 교수에 따르면, "'우리의 기본적으로 세속적이고 민주적인 사회'는 자유롭고, 유동적이며 공감적인 법 안에서 활력을 되살리기 위해 이따금 (경직되고 형식적이며, 종교 가문과 귀족 가문의 형식과 규칙에 갇혀 있는) 로마법을 폐기하는 것이 엄청난 도움이 될 수도 있다."[26] 사소한 생각이 법에 대한 불신을 키울 수도 있다.[27] 공감적이고 유동적인 법은 큰 반향을 불러일으키지 않는다. 무익한 논문들 한가운데서 길을 잃지 않으려면 법의 모국인 옛 로마의 법률가들의 견해로 되돌아가야 한다.

이러한 관념은 그 시대의 많은 진화론 가정에 충격을 주었다. 그러한 관념은

---

[24] 르낭은 우리가 그리스인에 빚지고 있는 것을 모두 일일이 논의할 때 '국제법과 해양법'에 대해서는 말하고 있지만 민법에 대해서는 말하지 않는다(*Histoire du peuple d'Israël*, I, ii).

[25] 글로츠(Gustave Glotz, 1862~1935)는 프랑스의 역사가로 아카데미 회원을 지냈으며, 엄밀한 과학적 방법을 도입하여 그리스 역사 연구에 업적을 남겼다.—옮긴이

[26] Glotz, *Etudes sociales et juridiques sur l'antiquite grecque*(Social and Juridical Studies on Greek Antiquity), p. 299.

[27] 그는 학문적 연구는 그리스법을 재구성하는 데 관심을 가져야 한다고 생각한다(*ibid.*, p. 279).

역사의 독특한 창조물이라 할 수 있다. 그런데 동양학자들이 유대교를 셈족 종교의 주류에 동화시키려고 엄청난 노력을 했음에도 유대교야말로 가장 독특한 창조물이다. 르낭은 유대교의 존재는 "그리스민족이 인간 정신의 영예와 장식을 구성하는 모든 것으로 이루어놓은 '동시 출현'만큼 비범하지는 않다고 생각했다." 그는 로마의 정복을 유대교나 그리스문명과 동일한 반열에 올려놓았다.[28]

역사에서 독특한 것은 우연이 일상생활에서 엄청난 역할을 한 결과이다. 강력한 원인들이 결합하여 완전히 새로운 유형의 결과를 낳는 경우가 때때로 일어난다.[29] 역사가는 가장 중요한 원인들에 기초하여 새로운 유형을 결정하도록 노력해야 한다. 그러나 역사가가 이러한 원인들이 특정 장소와 특정 시간에 독특하게 결합되는 이유를 밝히고자 한다면 그는 불합리한 길로 들어서게 된다.

로마가 정복할 운명을 가지게 된 것은 귀족정치를 그리스의 군사제도, 재정제도, 피정복자에 대한 법적 착취 정책에서 물려받은 사실 때문이라고 생각할 수도 있다. 그리스 전제군주가 제정한 계획[30]에 따라 조직된 군대는 장기적으로 (베르베르족 촌락과 매우 흡사한) 무질서한 이탈리아 촌락을 절멸시켰다. 그러나 진정한 역사가들은 로마 집정관들이 어떻게 해서 이탈리아 풍습에 생소한 체제를 받아들이고 보존할 수 있었는지에 대해서는 전혀 문제를 제기하지 않는다. 그렇다고 해서 로마인의 정복이 지닌 독특한 특성에 놀랄 이유는 없다.

로마법의 형성 과정에서 어떤 원인들이 우세하게 작용했는지는 짐작할 수 있다. 그러나 이러한 원인들이 로마에서만 발견된다고 설명하는 것은 어리석은

---

28 Renan, *Israel*, l, iv~vi.
29 마르크스는 자본주의의 기원에 대해 다음과 같이 말했다. "이것은 헤겔이 『논리학(*Logic*)』에서 진술한 법칙을 따른다. 이 법칙에 따르면, 양(量)의 단순한 변화가 일정한 정도에 이르면 질(質)의 변화가 일어난다(*Capital*, I, 133).
30 세르비우스 툴리우스(Servius Tulius, 578~534: 로마의 군사, 행정 개혁을 단행한 전설적인 로마 제국의 제6대 왕-옮긴이) 전설은 이러한 수입의 흔적을 보존해놓았다.

일이다.

이러한 역사를 연구하는 사람들은 모두 옛 귀족들이 농업에 관해 상당한 지혜를 가졌다는 것을 보고 놀란다. 그들의 가내 기록 관행이 매우 이른 시기부터 시작되었다는 것은 쉽게 짐작할 수 있다.[31] 주인은 다른 것들보다 농업 경작에 대해 매일 정확하게 기록한다. 농업 경작이 다른 것들보다 훨씬 우월한 경제적 가치를 가진다는 것은 누구나 알고 있다.[32] 예링은 원시 로마인들이 좋은 경작에 필요한 재산이 아닌 다른 어떤 재산을 파손하는 것도 인정하지 않은 것에 대해 매우 칭송했다. 그리하여 이 영역의 미래는 각종 실책과 변덕으로부터 보호를 받았다.[33] 로마인들은 생산수단과 다른 형태의 부를 명확하게 구분했는데,[34] 이는 아주 일찍부터 정교한 경제관념을 가지고 있었음을 증명한다. 그들은 올바른 생산에 지속적으로 몰두하여 무엇보다도 (과학의 적이면서 진정한 민법에도 적인) 마법을 억제하게 되었다.

로마 가족의 조직화는 로마법을 매우 효과적으로 조직한 또 하나의 원인이었다. 예링은 자유 및 권력 개념이 로마의 법률체계 전체를 지배한다고 보았다. 또한 그는 시민의 의지가 위험 없이는 위반할 수 없는 관습에 강하게 통제받고 있었음을 보여준다.[35] 가장은 왕과 마찬가지로 법을 준수하는 모범을 보여야 했다. 이와 반대로 폭군은 자기 기분에 따라 통치한다. 로마인 가족은 법적 권

---

31 Ihering, *Esprit du droit romain*, II, 14~15.

32 소롤드 로저스(James Edwin Thorold Rogers, 1823~1890: 영국의 경제학자로 런던대학 경제학·통계학 교수를 거쳐 자유당 하원의원으로서 자유무역 이론가로서 경제정책을 입안하였다-옮긴이)는 18세기에 영국농업은 가끔 장부기록을 소홀히 하는 바람에 종종 잘못된 계산을 했다고 말하며 영(Young)과 함께 양호한 장부기록의 중요성을 강조했다[*Histoire du travail et des salaires en Angleterre*(History of English Labor and Wages), p. 415].

33 Ihering, *Esprit du droit romain*, II, 226~227: IV, 330.

34 *ibid.*, II, 160, and *Histoire*, pp. 77~82.

35 예링은 종종 이 중심 문제로 되돌아온다[*Esprit*, II, 136~139; *Histoire*, pp. 85~86; *Du role de la volonte dans la possession*(The Role of Free Will in Ownership), pp. 104~105].

위에 의해 유지되었는데, 이는 다른 고대 국가에서는 찾아보기 힘들다.

그러나 로마에서 법률이 특히 높은 우월성을 가진 원인을 이해하려면 무엇보다도 전쟁에서 그 원인을 살펴볼 필요가 있다. 로마는 적군 앞에서 후퇴한 적이 없다. 로마는 비겁한 타협을 통해서 평화를 이루지 않았다. 로마는 언제나 끝내 싸워 이겨야 했다.[36] 귀족은 상원에서 취한 불굴의 정신으로 법을 지키는 전쟁에 참여했다. 모든 사람은 전쟁이 로마의 힘을 영속적으로 키워줄 것으로 생각했다. 또한 로마법이 보호해준 유산은 지속적으로 풍부해졌다. 적수가 없다는 평판을 받은 군단들이 보호해준 로마의 기초는 영원을 위해 지어진 것처럼 보였다. 그리하여 법은 영속적인 성질을 가지게 되었고, 이러한 성질은 그리스사상이 과학에 부여한 것처럼 그 법에 위엄을 부여했다.

르네상스시대 사람들은 탁월한 로마법 저작들을 읽고 경탄했다. 중세 법률가들의 저작들은 『관례집(Digeste)』의 탁월한 단어들에 비하면 초라해 보였다. 라블레[37]는 『팡타그뤼엘(Pantagruel)』에서 다음과 같이 말한다. "『법규집(Pandectes)』 원문만큼 아름답고 우아한 어떤 책도 세상에 존재하지 않는다. 그러나 그 주변에는 아쿠르시오[38]의 광택에도 불구하고 불결하고 사악하기 그지없는 엄청난 먼지와 오물에다가 엄청나게 많은 빈대가 발견된다."[39] 교회법학자들의 저작들은 그 같은 문학적 열정을 가진 법률가들을 크게 만족시킬 수 없었고, 라블레는 『팡타그뤼엘』 제4권에서 '법령 제정자'를 장황하게 조롱한다. 이 밖

---

[36] "로마가 세계를 놀라게 한 군대를 보유할 것이라고는 어느 누구도 예견하지 못했다. 군대 파견 규모는 그리 크지 않았다. 놀라운 것은 그 군단과 그 특사―불굴의 군대 대표단―배후에서 감지되는 결의와 완고함과 열의였다"(Renan, *Israel*, IV, 267).

[37] 라블레(François Rabelais, 1483~1553)는 프랑스의 작가이자 의사, 인문주의 학자로 몽테뉴와 함께 16세기 프랑스 르네상스 문학의 대표적 작가로서 그가 쓴 『가르강튀아』와 『팡타그뤼엘』은 프랑스 르네상스의 최대 걸작으로 꼽힌다.―옮긴이

[38] 아쿠르시오(Accursius): 13세기 이탈리아 법학자.―옮긴이

[39] Rabelais, *Pantagruel*, II, 5.

에도 우리는 당시의 치안판사들이 로마법의 영감을 받은 해법을 대성공시키려고 노력한 것을 유감으로 생각할 수는 없다. 왜냐하면, 교회법학자들은 무엇보다도 교회의 이익을 지키려고 생산 관리에 대해서는 신경쓰지 않았기 때문이다. 그리하여 그들의 행동은 종종 옹졸한 탁상공론에 빠졌고, 그 결과 많은 자의적인 조치[40]를 내놓거나 때로는 아주 엉뚱한 해법[41]을 허용했다.

로마법의 대성공은 그 해법이 가진 장점만으로는 설명할 수가 없다. 거기에는 보다 명백한 이유들이 있다. 로마의 재산 이론은 영주들에게 미개간 토지에 존재한 혼란한 관습을 가장 유리하게 처리할 수 있게 했다. 군주의 고문들은 막대한 권력의 강화를 정당화하는 훌륭한 실천방안들을 제국의 전통에서 발견했다. 또한 당시의 모든 정치인들은 권력을 강화하는 것이 절대적으로 필요하다고 생각했다. 당시 로마에서는 군대가 교묘하게 동원되었고 장군의 권위가 모범이 되었다. 이 같이 군대관이 부활하면서 고대 세계의 정복자들이 창안한 법에 대한 관심이 한층 커졌다.

17세기는 르네상스시대의 법 관념을 물려받았다. 이 시대 사람들은 감수성을 결여했다고 종종 비난을 받았는데, 법은 감수성을 가르치는 학교가 아니다. 보쉬에의 신학은 대체로 법 이론처럼 다루어졌다. 나는 위대한 고전들이 가진 위엄을 표현할 때 그것은 주로 『관례집』을 따른 것으로 이해하고 있다.

18세기에 감성이 지배하는 동안 법 사상은 그 권위의 상당 부분을 잃었는데, 프랑스혁명은 법 사상의 헤게모니를 부활시켰다. 비귀족이 소유한 토지가 봉건 의무로부터 방면되어 민법에 의해 정당화될 수 없게 되자 주요 경작자들은 로

---

[40] 에스맹(Emmanuel Esmein, 1848~1913: 프랑스 법학자로 프랑스의 정통 헌법학을 확립한 법사학자이며 대표작으로 『프랑스 법사원론』이 있다-옮긴이) 교수의 지급약속 맹세에 관한 연구에는 교회법과 관련한 엄청나게 많은 황당한 논점이 발견된다.

[41] 한 예로, 교회법학자들은 도덕의 이름으로 소유자는 항상 올바른 신앙을 가졌다는 규정을 요구했다.

마에서 다시 독립했다. 수많은 시민들이 각자 소유권을 가지게 되면서 활발하게 법을 옹호하게 되었다. 알렉산더 이래로 세상에 알려진 가장 전설적인 장군이 새로운 질서를 규정하고 포고했다.[42] 이론적으로 보면 프랑스는 완전히 로마적이었다. 즉 각 가정의 가장은 농촌지역의 수장이자 주권행사에 참여하는 시민이었으며, 훌륭한 병사였다.[43] 나폴레옹 전통에서 비롯된 호전적 사고가 시들해지자 법에 대한 존중이 크게 약화되었다.

몇 년 전에 나는 내가 생디칼리즘과 관련하여 세운 가설들에 적용될 수 있는 것과 똑같은 인식 결과를 가지고 이러한 두 가지 대변화의 일반적 특성을 결정할 것을 제안한 적이 있다. 나는 이 세 경우에서 우리는 **의무** 체계에서 **권리** 체계로 이행한다고 말했다.

근대시대가 시작될 무렵, 조금이라도 가진 권위를 사람이라면 예전의 인습과 관습에서 그리고 기독교 도덕이 약자를 위해 당시까지 주인에게 부과했던 책임에서 해방되기를 열망했다. 새로운 법률가들은 이러한 전통적인 질서가 모두 법에 어울리지 않는다는 것을 인정했다. 그런데 이러한 책임들을 마음에 들지 않는데도 지켜야 하는 사람들 눈에는 그것들이 그저 사회적 의무로 간주되었다. 봉건영주들은 농민들이 이러한 사회적 의무를 실행하지 못하도록 억누르기 위해 무력을 사용했다. 농민들은 이러한 사회적 의무가 자신들을 자유롭게 하고 자신들의 권리를 존중해 주므로 가능한 한 그것을 확장하려 했다.

프랑스귀족은 18세기 말에 공동토지 소유자들의 혁명 정부에 의해 무너졌는데, 이들은 봉건시대에서 비롯된 책무를 더 이상 지지하고 싶어 하지 않았다. 제

---

[42] 역사가들은 민법전의 기원을 『나폴레옹법전(Code Napoleon)』에서 찾아야 한다. 이 법전은 근대 법을 수립하게 한 본질적인 이유들 중 하나를 상기시켜 주는 데 엄청난 이점을 제공한다.

[43] Georges Sorel, *Insegnamenti sociali della economia contemporanea*(Social Teachings of Contemporary Economics), p. 109.

3신분은 이러한 책무들이 어떤 법적 기원도 가지지 않는다고 주장했다. 그 결과 그들은 이러한 책무를 무력에 의해 자신들에게 부과된 사회적 의무로 간주했다. 새로운 세력은 이러한 의무들을 억제하고 민법을 통해서만 각종 관계를 조절해 나갔다.

오늘날에는 부르주아계급, 국가, 교회가 부유층이 빈민층을 위해 이행해야 할 사회적 의무를 서로 떠맡겠다고 선언하며 격렬하게 경쟁을 벌이고 있다. 주인들은 처음에는 인민의 후원자가 되기를 원한다. 그러나 민중들은 이 후원자들에 대항하여 폭동을 일으키고, 사회적 의무를 조롱하며, 법의 규칙을 획득하려 한다. 그 같은 폭동의 확대를 용인한 것이 프롤레타리아 폭력이다. 이 폭동은 얼핏 보면 역설적으로 보인다. 그러나 이러한 폭력의 역사적 가치는 매우 중요하다.[44]

위에서 제시한 법의 형성과정에서 전쟁의 역할에 관해 설명한 것들은 (현재의 생디칼리즘에 소중한) 전투 조직에서 새로운 법률체계의 단초를 이끌어낼 수 있다고 생각한다. 사회연대주의자들은 모든 것을 뒤죽박죽 섞어놓는 데 비해 폭력은 이를 분리하는 경향이 있다. 법의 주체들이 완전하게 분리될 때 법은 더욱 완벽하게 된다는 것을 우리는 보아왔다.

4 천재와 범인 / 예술과 오락 / 교육기술과 정치기술의 쇠퇴 / 종교: 범인(凡人)의 근대적 역할 / 철학

각종 이념은 각자 고유의 영역을 가지는데, 그 영역 안에는 각 이념의 기원과 기능 그리고 역사적 중요성을 이해하는 데 도움을 주는 여러 사례들이 들어 있

---

[44] Sorel, *Insegnamenti sociali*, pp. 42~44, 53~55.

다. 상식적인 견해에 따르면, 위대함(greatness)과 몰락(decline) 개념은 천재와 범인(凡人) 개념과 연계되어 있다. 각 고유 영역은 인간 활동이 개인의 가치에 민감하게 반응하는 영역이다. 경제학은 개인적인 일을 대중 속으로 섞어 놓는 경향이 있는데, 이때 대중의 변화는 자연주의자들이 연구한 변화와 흡사하다. 그러므로 위대함과 몰락 개념을 경제학에 직접 적용해서는 안 된다. 경제학에서 멀어질수록 우리가 찾고 있는 근거를 찾을 가능성은 더 커진다. 그래서 우리는 위대함과 몰락 개념을 자유로운 정신 활동, 즉 예술과 종교와 철학에 적용하게 된다.

기회(chance)는 우수한 사람들이 풍부하게 존재하는 일부 역사 시대에 주로 나타난다. 위대한 시기 앞뒤 시대를 비교해 보면 두 시대 사이에는 놀랄 정도로 몇 가지 유사한 점이 나타난다. 사물을 표현하는 방식이 비록 다르긴 하지만 양 시대 모두 그 시대를 움직이는 힘은 모두 범인(凡人)의 정신이다. 그러므로 명백한 퇴보 법칙은 근거 없는 것은 아니지만, 그 창안자들이 기대한 바와는 완전하게 다른 의미를 지닌다. 즉 인류는 때때로 일정한 구속으로부터 강하게 압박을 받고 있는 범인에서 출현하지만 인류는 결국 그 상태로 되돌아간다. 그러므로 순화되고 완전한 타락에 빠진 미래사회가 먼 옛날의 원시 사회를 닮아가는 것은 불가능한 일만은 아니다.

예술에는 흠결 없는 전문 용어가 존재하지 않는다. 우리는 당면 문제를 해결할 때, 예술가의 목적을 대체로 세 부류 오락, 교육, 권력으로 구분하여 해결한다. 어떤 집단이 통계적 평가에 기초하여 가치를 부여한다면, 첫 번째[오락예술]가 가장 중요하다. 오락은 미개인이 유일하게 알고 있는 예술이다. 미개인들은 자신들의 독특한 취향을 춤, 노래, 장식물에서 보여준다. 그러나 우리가 보기에는 그들의 마술 이미지는 아주 기괴하게 보인다. 인간은 문명화 과정에서 새로운 형태의 오락을 끊임없이 도입했다. 그 결과 오락 예술의 영향을 받아 교육 예술과 권력 예술이 종종 타락하기도 했다.

바그너[45]는 오페라가 연극 예술의 가장 발전된 형태라고 말했는데 이는 옳은 지적이다. 왜냐하면 오페라는 야만인 축전의 웅장함과 로마인 타락의 웅장함을 부활했기 때문이다. 오늘날 서정 드라마에서 사용되는 복잡한 음악을 따라가려면 오랜 연습기간이 필요한데, 이러한 복잡함 때문에 많은 사람들은 이 시대의 극장을 전통적인 오락보다 우수하다는 증거로 삼기도 한다. 그러나 예술을 표현하는 두 방식은 재능면에서는 별 차이가 없지만 기술면에서는 엄청난 차이가 있다. 현대 음악의 복잡성은 그저 관객들로 하여금 작품에 대한 관심을 증대시키는 역할만 한다.

19세기의 가톨릭은 예술적 가치가 세련되지 못하다고 사람들로부터 종종 비난을 받았다.[46] 여기서 기술적 차이에 대한 이러한 판단은 다툴 일이 아니다. 그런 차이는 성직자들이 교회에 수많은 장식적 요소들을 들여온 탓이기 때문이다. 성직자들에게는 행렬을 할 때 이러한 장식적 요소가 아주 매력적으로 보였다. '생 쉴피스[47] 예술'이라고도 불리는 이 무서운 물건들을 파는 상인들은 때때로 주물로 만든 멋진 고대 조각상을 팔기도 한다.[48] 고객들은 종교 행렬에서 자신들을 감동시킨 멋진 젊은이를 떠올리게 하는 형상을 보고 좋아한다.

교육 예술은 날이 갈수록 그 영역을 제한하고 있다. 오늘날에는 이해하기 어려운 면이 있지만 그리스철학자들은 음악을 교육 예술로 중시했다. 그들은 늘

---

45 바그너(Wilhelm Richard Wagner, 1813~1883)는 독일의 작곡가이자 지휘자로 문학과 음악, 춤, 무대 장치 등이 하나가 된 종합 예술 '악극'을 최초로 만들었다. 주요 작품으로 〈탄호이저〉, 〈트리스탄과 이졸데〉, 〈니벨룽겐의 반지〉가 있고, 저서로는 『독일 음악론』, 『독일 예술과 독일 정치』가 있다.—옮긴이

46 André Hallays, *Débats*, 1902.6.27 및 7.4 참조.

47 생 쉴피스(Saint Sulpice)는 파리의 예수회 성당 중에서 가장 크고 가장 장식이 아름다운 고딕 양식의 성당으로, 노트르담 대성당, 사크레 쾨르 성당과 더불어 파리의 3대 성당으로 꼽힌다.—옮긴이

48 André Hallays, *Débats*, 1902.7.18.

전쟁을 생각하며 살아야 했기에 도시 안에 오락의 정신이 들어오는 것을 원하지 않았다.⁴⁹ 바그너는 순진하게도 자신의 극장이 교육 예술이 될 거라고 생각했다. 베이루트로 가는 사람들은 결코 독일의 영웅이 될 꿈을 꾸지 않는다. 어느 누구도 자기 도덕을 바로잡을 생각으로 희극을 보러 가지는 않는다. 또한 덕을 쌓을 생각으로 비극을 보러 가지는 않는다. 프랑스에 종교 드라마를 소개하려는 시도는 실패했다. 우리는 무대 위의 모든 것을, 오직 오락으로만 여긴다.⁵⁰ 프랑스혁명 주역들은 공식적 장엄함이 선량한 시민을 형성하는 데 효과적이라고 생각했다. 우리가 알기로는 지금 그들은 주류 판매에만 열을 올리고 있다. 1907년에 마르셀 상바⁵¹는 가톨릭 의례와 경쟁하기 위해 프리메이슨⁵² 대회에서 평신도 의례를 창안할 것을 제안했다. 그는 모든 의례를 서로 경쟁하는 오락으로 간주했다.

가톨릭 성찬식은 사실 우리나라[프랑스]에서는 교육 예술의 유일한 본보기이다. 그러나 성직자들은 교황청이 추천하는 유서 깊은 그레고리안 태교음악⁵³을 썩 좋아하지는 않았다. 신도들이 고대의 고귀한 전통을 구현하는 예술을 잘 이

---

49 Aristotle, *Politics*, Bk. V, Chaps. V, VI, VII.
50 근대 페르시아는 페르시아 성인(聖人)의 불행을 다룬 신비극을 창안했는데 르낭은 이러한 창조물을 보고 격찬했다[*Les Téaziés de la Perse*, in the *Nouvelles études d'histoire religieuse*(New Studies of Religious History)]. 페르시아는 아주 세련된 문학과 잔인한 관습이 공존하는 나라이다. 그러한 관습이 종교 연극의 성공에 필요가 없는지 묻고 싶다.
51 마르셀 상바(Marcel Sembat, 1862~1922)는 프랑스 사회주의 정치가로 1893년에서 1922년까지 프랑스 의회 의원을 지냈으며, 1914년 8월에 쥘 게드와 함께 프랑스 정부에 합류하였고 6개월 후에 영국 노동당 정부 관직을 가졌다.-옮긴이
52 프리메이슨(Freemason)은 18세기 초 영국에서 시작된 세계시민주의적·인도주의적 우애를 목적으로 하는 비밀 단체이다.-옮긴이
53 천주교도를 위한 태교 음악으로 그레고리안 음악(GREGORIAN MUSIC)은 유럽 대부분의 지역에서 수 세기에 걸쳐 사용된 교회 음악으로 매우 엄격하고 금욕적이다. 반주가 없고 음성에만 의존하며 합창대는 제창만 할 수 있다. 악보는 오로지 성시에서만 취할 수 있고 리듬은 오직 한 가지만 인정되었다.-옮긴이

해하지 못한다는 것이 그 이유였다. 그들은 교회에서 자신들의 기분 전환을 해주는 연주회를 듣고 싶어 한다.

그리스 아크로폴리스, 로마의 공공 작품들, 중세시대의 요새, 공동건물, 성당, 베르사유궁전, 콩코르드광장, 파리 개선문 등은 예술사에서 권력을 표현하는 중요한 장소이다. 그러나 정말로 미적 권력 개념에 도달한 것은 단 몇 시기 뿐이다. 고대 이집트의 위대한 인물들을 그린 수많은 회화들이 우리에게 남긴 것을 보고 감탄하기는 어렵다. 그것들은 이집트 경제에 대한 정보를 제공해주는 기념비적인 통계이다. 아시아 왕들은 돌 위에 전쟁담과 승전 행군의 모습을 새겨서 자신의 승리를 영원히 남기고 싶어 했다. 이러한 표식은 대체로 학자들만 관심을 가졌다. 타락의 시대에도 야만의 시대처럼 많은 조각과 벽화들이 있는데 그것들은 자신들의 주군이 부유했다는 것을 보여줄 의도로 제작되었다.[54]

거대한 작품들은 평범한 사람들을 크게 만족시켜 주며 따라서 원시인은 물론 타락한 사람들도 만족시켜 준다. 1902년 7월 18일자 『논쟁(Débats)』에서 앙드레 할레(André Hallays)는 1860년 퓌(Puy)에 세워진 프랑스 노트르담 동상을 두고 "프랑스 성직자들의 나쁜 취향을 보여주는 매우 불길한 기념물 중 하나"라고 지적한다. 그는 중세시대의 에귀 바위(Rock of Aiguille) 부근에 건립된 것과 유사한 예배당을 코르네유 바위(Rock of Corneille) 위에 건립할 생각을 아무도 하지 않은 것에 놀랐다. 능숙한 비평은 성직자들의 생각을 이해하지 못했다. 그들은 자유주의를 명백하게 물리쳤다고 생각하고 승리 기념물을 세우고자 했다.[55] 거대한 구조물은 일반적으로 불쾌감을 조장한다. 근대 종교예술은 전적

---

54 Miintz, *Histoire de l'art pendant la Renaissance*(History of Art During the Renaissance), II, 79 참조.

55 1850년에 동상 건립을 추진한 인물은 콩발로(Combalot) 신부였다. 그는 7월 왕정(7월 혁명 결과 1830~1848년에 걸쳐 프랑스에 성립한 루이 필리프의 왕정-옮긴이) 시기에 성직자들이 벌인 대학과의 전투에서 큰 역할을 했다.

으로 보통사람들을 즐겁게 하는 데 목적을 두고 있어서 권력을 미적으로 표현할 수가 없었다.

테오듈 리보(Théodule Ribot, 1823~1891: 프랑스 현실주의 화가이자 판화가-옮긴이)는 원시인들의 종교적 감성을 조장하는 요소를 네 가지로 구분했다. 공포 감정, 신의 매력 약화, 기도와 제물로 인간에 대한 권력을 약화시키려는 욕망, 사회적 유대를 강화하려는 욕구가 그것이다.[56] 앞의 세 요소들은 하나의 범주로 묶을 수 있으므로, 결과적으로 고대 종교들은 두 범주로 분할되어 있다고 할 수 있다. 고대 종교는 의례를 통해서 끊임없이 인간을 위협하는 재해로부터 인간을 보호하고자 한다. 고대 종교는 법이 성공적으로 작용하도록 보완하기 위한 사회적 규율이다.

기독교 역사는 새로운 것을 추가했다. 수도원에서 영적인 삶을 터득한 성인들은 자신들이 결국에는 사람들을 신앙심이 풍부하게 할 수 있다는 것을 알게 되었다. 개신교는 신비한 지도자들이 누리는 특별한 은총을 모든 충실한 신도들도 접근할 수 있다고 가르쳤다.[57] 윌리엄 제임스[58]는 초자연적 경험이 종교의 본질이라고 주장하며 신학의 논리적 결과를 이끌어냈다. 신도들은 자기 자신 또는 자기 집단의 이익에만 관심을 가지지 때문에 첫 번째 원리는 이기적이다.[59]

---

56 Th. Ribot, *Psychologie des sentiments*(Psychology of Attitudes), pp. 301~303.

57 Georges Sorel, *Refiexions sur la violence*, 4th ed., pp. 399~400[Reflections on Violence(New York: Collier, 1961), p. 255].

58 윌리엄 제임스(William James, 1842~1910)는 미국의 심리학자이자 철학자로 아버지 헨리는 신비적 종교가, 동생 헨리는 고명한 문학자인 천재 가계 출신이다. 처음에는 하버드 대학에서 화학, 생리학, 의학을 공부했지만 이후 독일로 건너가 헬름홀츠와 분트로 대표되는 실험심리학에 심취하였다. 1875년 세계 최초의 심리학 실험실을 창설하였고 현상학적 심리학의 선구적 업적인 『심리학 원리(*Principles of Psychology*)』를 출판하였다.-옮긴이

59 리보는 내가 첫 번째 체계를 형성하기 위해 하나의 범주로 묶은 첫 번째 세 가지 요소들에 관하여 다음과 같이 말했다. "종교적 정서는 협애한 이기주의를 직접 표현한다"(*Psychologie des sentiments*, p. 302).

두 번째 원리는 정치적이다. 윌리엄 제임스의 원리는 개인주의적이면서 동시에 사회적이다. 그 미국 철학자는 인간은 자신의 갱생을 추구하는 것에서 시작하고 그런 다음 동시대 사람들의 도덕을 변화시키기 위한 거창한(초인적인) 활동을 펼친다고 상정한다.

윌리엄 제임스의 이론은 가톨릭 성인의 언행록과 미국의 특정 분파들에 대한 관찰에 기초했다. 그 이론은 예외적인 경우에만 적용된다. 그러나 이러한 예외적인 경우가 종교의 장엄함을 구성한다. 일반적으로 그리스 기독교는 로마 기독교에 비해 열등하다고 보는데, 이는 세속적 세계를 정복하고자 하는 사람들은 정신적인 삶에 봉사하지 않기 때문이다. 가톨릭이 가진 특별한 가치는 수도원들이 그 같은 영웅들을 지속적으로 준비하고 있다는 사실에 있다.

이스라엘 예언가들에 따르면, 성서 속의 유대교는 그 영광을 종교적 경험으로 돌리고 있다. 근대 유대인은 자기네 종교에는 더 이상 고대 마법 주술의 의례 같은 것이 없다고 본다. 그래서 그들은 교육을 받은 즉시 자신들의 전통적 관행을 경멸하고 폐기한다. 그들은 영적 삶이 거의 전무한 환경에서 자란 탓에 (오로지 영적 삶으로 길러진) 기독교에 대해 말할 때는 부끄러워할 정도로 무능하다.[60] 이슬람이 흑인 나라를 지속적으로 정복한 것은 물신주의에 속박된 주민들에게 고등 종교를 알려주기 위해서다. 불교 승려들은 확실히 종교적 경험을 알고 있었다.

윌리엄 제임스의 원리는 4대 보편 종교가 유능한 인물의 견해에 따라 각자의 종교적 이념을 표출하는 방식을 명확하게 밝혀주는 데 기여했다. 이교도 문명

---

60 살로몽 레나슈[Salomon Reinach, 1858~1932: 프랑스 고고학자이며 생 제르맹 앙 레 고대박물관장으로 많은 고대유물 발굴에 참가하였고, 주요 저작으로 『그리스 로마 조각도록』(1897~1924, 4권)이 있다-옮긴이]는 오르페우스(Orpheus, 그리스 신화에 나오는 음유시인으로 그의 노래와 리라 연주는 초목과 짐승들까지도 감동시켰다고 한다-옮긴이)에서 이러한 무능함을 보여주는 흥미 있는 사례를 제시했다.

에서는 종교의 역할이 극히 미미하다. 그래서 역사가들은 이를 대체로 무시한다.

윌리엄 제임스의 원리는 신비한 능력이 전혀 없는 평범한 사람들을 만족시키는 힘을 발휘하여 기독교는 물론이고 가톨릭까지 지속적으로 위협을 가했다. 오늘날 많은 가톨릭 식자층들은 가톨릭 전통에 활기를 불어넣은 신비한 원리에 관심을 두지 않고 교회를 평신도 정신 수준에 올려놓는 일에 몰두하고 있다. 의례는 영혼에 위안과 희망을 심어주고 슬픔을 달래주는 수단이며,[61] 믿음이 다소 부족한 성직자들은 전체 주민의 생활을 향상시키기 위해 공공행정에 협력함으로써 보통사람들을 매우 만족시켜 준다.

만약 『고백록(*Confessions*)』 제6권에서 루소가 바랑 부인(Madame de Warens: 루소와 연인관계에 있던 여인-옮긴이)에 대해 설명한 것을 믿는다면, 근대주의자들은 바랑 부인이 추론했던 것과 거의 유사하게 추론하게 된다. "그녀가 자신이 믿는 종교에 충실했다면 완전히 진지하게 신앙 고백을 했을 것이다. 그러나 여러 논문을 검토해보면 그녀가 기독교와는 전혀 다른 종교를 믿은 것 같은데도 그녀는 시종일관 기독교를 따르고 있다." 그녀는 이러한 불일치를 자신의 고백자에게 이렇게 설명했다. "나는 내 신앙의 여인이 아니라 내 의지의 여인이다. 나는 무조건 나의 의지를 따르고, 모든 것을 믿고 싶어 한다. 나에게 무엇을 더 묻고 싶은가?"

우리가 목도하고 있는 이 광경은 얼핏 보면 역설적으로 보인다. 교회가 신앙의 저장소를 형성한다고 간주하는 모든 것을 거부한 학자들이 자신들을 교회에 머물게 해달라고 요청하고 있는 것이다. 한때 수도원장이었던 루아시[62]는 실

---

61 아리스티드 브리앙은 1910년 4월 10일 생 샤몽(Saint-Chamond)에서 행한 연설에서 이렇게 말했다. "공화국은 충실한 신도들에게 종교적 원천으로부터 약간의 위안을 이끌어내도록 교회에 가는 것을 허용함으로써 가톨릭에 매우 관대한 태도를 취했다."

62 루아시(Alfred Firmin Loisy, 1857~1940)는 프랑스의 가톨릭 신학자로 호교론(護敎論)을 연

형 선고를 받는 그날까지 저명한 가톨릭 신자들에게 훌륭한 성직자로서의 인상을 남겼다. 이 근대주의자들은 정통 교리 속의 축약된 단어들을 반복하면서 정통 신학자들이 두려워서 거부한 그 단어들에 의미를 부여한다. 그들은 교회의 가르침이 제시한 성찬식 관련 이론들을 완전히 거부하거나 허용하더라도 많은 유보조건을 달면서도 성찬식을 열렬하게 거행한다. 그러면 그들의 가톨릭은 무엇을 의미하는가?

선진 근대주의자들은 종교를 천국에 들어가는 데 필요하다고 믿는 일련의 의례로 축소한다. 그리하여 우리들을 이교도의 신비로 되돌려놓는다. 사람들은 그 안으로 내세의 삶의 공포를 쫓아버린다. 근대주의자들의 지적 수준과 미신에 사로잡혀 타락한 로마인들의 지적 수준 사이에는 큰 차이가 있다. 하지만 모든 사람들의 감정적 기초는 동일하다.

오늘날 '사회적 가톨릭교도들'(Social Catholics)은 나폴레옹의 이념과 오귀스트 콩트의 이념을 받아들이고 싶어 하는 것 같다. 그 위대한 황제[나폴레옹]는 성직자들을 (교황과 황제 사이의) 협약의 지배하에 있는 자기 수하 장관의 일급 조수로 생각했다. 그 철학자[콩트]는 신(新)물신주의적 표현을 사용하여 대중정서를 통제하고자 했다. 오늘날 사회적 가톨릭교도들은 성직자들이 결사체를 조직하여 모든 계급이 각자의 사회적 의무를 교육적이고 경제적으로 이행해주기를 바란다. 그들은 자본주의의 과잉이 뒤엎어놓은 질서는 스스로 다시 확립된다고 소박하게 생각했다.

그들의 환상은 고대 그리스인의 숭배에 관한 르낭의 생각을 떠올리게 한다. "[그것은] 처음부터 본질적으로 지방자치적이고 정치적이다…아테네 종교는 처음에는 그저 애국주의를 종교적으로 신성화하고 폴리스를 제도화한 것에 불과했다. 그것은 아크폴리스를 숭배하는 것이었다. 아글라우로스[63] 그리고 아테네

구하였다. 성서연구에 근대의 역사적·비판적 방법의 적용을 주장하였다.-옮긴이
63 아글라우로스(Aglaure)는 그리스신화에 나오는 아테네 왕 케크롭스의 아내와 딸이다.-옮

청년들이 그의 재단 위에서 한 맹세는 아무런 의미가 없다. 이것은 곧 귀찮은 일이 될 것이다. 그것은 무한한 것, 즉 인간의 운명에서 인간을 감동시키는 것, 보편적인 것을 전혀 기지지 않았다."⁶⁴ 끝으로, 이러한 모든 사회적 종교는 종교적 가치를 결여했다. 사회적 가톨릭교도들은 기독교를 이처럼 평범한 것으로 후퇴시키려 했다.

가톨릭교가 회생할 수 있는 길은 수도원에서 정신적 삶에 길들여진 사람들이 만들어낸 위기가 그들 가슴 속에서 발생할 때뿐이다. 그래서 그것은 평범함에 반대한다. 수많은 역사적 경험들은 그 같은 위기가 위대함을 낳게 하는 데 엄청난 효과를 발휘한다는 것을 보여주고 있다. 그렇지만 오늘날 각종 난관들이 유달리 많다는 사실을 숨기려 해서는 안 된다. 헤겔이 주장하듯이, 예술, 종교, 철학이 자유정신의 3대 학문을 형성한다면, 이 세 요소 중 어느 하나가 다른 것들을 완전히 무능하게 타격을 줄 때 최고 상태에 올라갈 수 있다고 생각해서는 안 된다. 현재 가톨릭 미학에서 나타나고 있는 극도의 비천함은 현재 시대에 종교를 부활시키려는 어떤 시도도 심하게 방해하고 있다.

철학은 예술과 종교보다 개인의 개성에 훨씬 민감하다. 반면에 예술과 종교는 일반적으로 현재 추세의 영속성을 보장해주는 사회조직의 지지를 받고 있다.

위대한 신비주의자들의 종교적 경험이 비범할수록 그들의 생활방식을 열렬히 모방하고 싶어 하는 사람들이 늘어난다. 수도원은 그들의 경건한 생활방식을 영속화하기 위해 창안되었는데, 때로는 오랫 동안 때로는 잠시 동안만 보통 사람들 수준보다 높은 신앙을 유지한다. 사회가 타락하면 얼마 안 가서 혁신가들이 나타난다. 그리하여 가톨릭은 인간의 허약함에 의해 연속적으로 발생하는 모든 타격을 이겨낼 수 있었다.

긴이

64 Renan, *Saint-Paul*, p. 183.

고딕 양식이 유행하던 시기에 예술은 생산체계 조직만큼 견고하게 조직화되었다. 그와 동시에 예술은 상업과도 긴밀하게 결합되었다. 르네상스는 예술가의 지위를 완전히 바꾸어놓았다. 그들은 더 이상 장인들과 교류하지 않고, 지식인의 반열에 올라섰다. 현명한 저자들에 따르면, 새로운 질서가 예술의 운명을 비참하게 만들었다.[65] 예술은 이전보다 훨씬 특출한 인물에 의존했다. 대가들의 역사가 예술의 역사를 대체했다. 가장 높은 위치에 있는 사람들이 종종 가장 심하게 타락한 인물들이었다. 건축만이 규칙적인 결과물을 계속해서 만들어냈는데, 이는 건축가들이 전통적인 방법에 엄격하게 의존했기 때문이다.

철학에서 진정하게 본질적인 것은 가르침에 의한 전달을 완전히 벗어나는 것이다. 대가들은 그 시대 사람들에게 실재와 접촉하는 새로운 방식을 가르쳐준다. 제자들은 이러한 관행들을 '경직되고 죽은 형이상학'에 편입시켜서 그것으로부터 벗어난다. 원조 철학자의 진정한 위대함은 세계를 당파적으로 보지 않을 때 나타난다. 그러나 이러한 순간은 일생 동안 잘 나타나지 않는다. "대가는 자신의 생각을 공식화하고 발전시켜 추상적 이념으로 전환할 때만 그 자신의 제자가 된다."[66]

그러므로 위대함은 아주 저명한 대다수의 철학자들에서조차 어쩌다가 나타난다. 평범한 학자는 자신들의 이념을 왜곡하는 경향이 있다. 철학에 대해서는 다음과 같은 은유법을 이용하여 묘사할 수도 있다. "뛰어난 재능을 가진 사람이 계속 영감을 받으며 비춘 여러 개의 불빛이 자욱한 안개 속에서 깜박거린다." 이러한 불빛을 가지고 자신들만의 방식을 세울 생각하는 사람은 극소수이다. 평범한 대중들은 시종일관 소리만 지르며 아무렇게나 항해를 한다.

평범한 사람의 이론은 마르크스주의가 겪어온 변화과정에서 잘 나타난다. 사

---

65 Muntz, Zoe. cit., pp. 79, 194; Raphael, pp. 80~82.
66 Bergson, *Introduction á la méaphysique*(Introduction to Metaphysics), in *Cahiers de la Quinzaine*, 4th ser., bk. 12, pp. 22~23.

회민주주의 성향의 작가들 중에서 자신들이 상정한 대가의 학설을 설명하거나 적용, 확장하고자 하는 자는 상스러움이 뛰어난 사람들이다. 더욱이 마르크스는 마르크주의의 진정한 대표자로 여겨지는 사람들의 재능에 대해 어떤 환상도 가지지 않았다. 그들은 이미 근거가 없다고 판명된 그의 저작 일부를 대단하게 중요하게 다루었다. 그들은 마르크스의 영예를 보장해줄 이념들이 가진 가치를 이해하지 못했다.[67]

마르크스는 역사에서 평범한 사람이 가진 위대한 힘을 깨닫지 못하는 실수를 범했다. 그는 사회주의적 공감(socialist sympathies)이 매우 인위적이라는 것을 의심하지 않았다.[68] 지금 우리는 마르크스주의와 이데올로기적으로 연관된 모든 운동들을 파멸하겠다고 위협하는 위기를 목도하고 있다. 귀스타브 르봉[69]은 정치사회주의의 일반적 형태들을 관찰한 끝에 그것이 예전의 미신을 재생산한다고 주장한다. "사회주의 신앙은 신이 더 이상 주지 않는 희망을 보통사람들에게 심어주고 과학이 그들에게서 떼어놓은 환상을 심어준다."[70] 이처럼 사회주의 이념이 낡은 환상들로 퇴각하고 있다는 사실에서 평범한 사람들이 위인을 물리치고 승리하는 것을 다시 한 번 볼 수 있다.

---

67 혹자는 때때로 사회민주주의 학자들을 그들이 다룬 모든 것을 망가뜨린 탐욕꾼들에 비교하고 싶은 유혹을 받는다.

68 Georges Sorel, *Insegncrmenti socialf*, p. 342.

69 귀스타브 르봉(Gustave LeBon, 1841~1931)은 프랑스의 사상가이자 사회심리학자로 의사로 출발하였으나, 군중심리학 연구로 현대 사회심리학의 원류를 이루었다. 그는 개인의 합리성을 상실하고 맹목적 목적인 감정에 따라 행동하는 인간집합체를 군중으로 정의하고, 19세기 말의 상황을 '군중의 시대'로 보았다. —옮긴이

70 Gustave Le Bon, *Psychologie politique*(Political Psychology), p. 359.

5 민주주의에 관한 결론

사회주의자들은 이 연구가 민주주의를 과학적으로 정당화하는 데 유리한 결론을 끌어낸다고 아낌없이 주장할 것이다. 그들은 이런 식으로 추론할 것이다: 인간의 행복을 가장 잘 보장해주는 법칙, 기회를 가장 오래 지속시키는 법칙, 실재론 철학자들을 가장 만족시켜 주는 법칙 등을 확립하려면 사회적 사물의 성격이 역사 흐름 속의 수많은 사례들에서 어떻게 드러나는지를 관찰할 필요가 있다. 그 법칙들은 인간 정신의 아주 순탄하고, 아주 강력하며, 가장 일반적인 경향들에 순응해야 한다. 그런데 우리는 우리의 지력이 가장 자유롭게 드러나는 영역을 고려하는 데 비례하여 평범함이 더욱 완전하게 영향력을 발휘하고 있다는 사실을 보아 왔다. 이 연구에서는 평범함을 경멸적인 용어로 부르는데 정치 저술가들은 그것을 민주주의라 칭한다. 이로써 역사의 흐름은 민주주의의 도입을 요청하고 있음이 드러난다.

1848년에 임시정부는 순진하게도 평민의 권력을 복원시키기를 천명하고 있음이 드러난다. 프루동은 교육부 장관이 이 훌륭한 이론을 교장들에게 설명하기 위해 공문을 보내자 이에 격분하여 그를 비난했다. 1848년 3월 22일에 그는 다음과 같이 말했다. "그 장관은 초등학교 교사들이 의회 의원 후보로 나서기를 바란다. 그들이 충분히 개화되어서가 아니라 충분히 개화되었음에도 후보로 나서라는 것이다.…그 장관은 초등학교 교사가 질투심 많은 평범한 사람이라는 것을 알지 못했다. 또한 그들이 아무것도 발명하지 않았고, 아무것도 발명하지도 않을 자라는 것 그리고 그들은 부동표, 민주주의의 전횡, 부자와의 전쟁을 표방한다는 것을 알지 못했다. 이 때문에 나는 이들이 후보로 나서는 데 반대한다. 솔직히 말해서 이들이 타락하는 것에 반대한다. 입헌군주가 주위에 재능과 재산을 가진 귀족을 두고 싶어서 귀족계급에 호소하는 것과 똑같이 민주주의도 평범한 사람들로 이루어진 특권계급으로 구성된다."[71]

오늘날 많은 지식인들은 민주주의를 옹호하는 것이 자신들에게 유리하다고 알고 있다. 그들은 고전 교육을 받은 덕택에 역사를 일종의 서사시로 여기곤 한다. 그 결과 그들은 재치를 발휘하여 민주주의의 평범함이 사회를 웅장하게 한다는 궤변을 생각해낸다. 이 연구를 하면서 이러한 궤변들, 즉 명백한 퇴보 법칙이 매우 후안무치한 것임을 확인했다. 그 덕분에 타락으로 돌진하는 것이 사람들이 바라는 최정상으로 대담하게 비상하는 것으로 변형된다.

이런 식으로 민주주의를 옹호하게 되면 심각한 위험을 수반한다. 약 20년 전에 그러한 옹호 탓에 많은 젊은이들을 무정부주의 대열에 합류했다. 그들은 아주 과장된 스타일로 민주주의의 웅대함을 찬양하려 했다. 그런데 지적 관점에서도 도덕적 관점에서도 평범하고 어떤 예술관과도 완전히 동떨어진 민주주의자들을 만났을 뿐이다. 처음의 무정부주의 운동은 선견지명을 가진 덕택에 가치를 발휘했다. 그 운동은 프랑스 지식인들이 위대함을 찾고자 한다는 것을 보여주었다. 수많은 무정부주의자들이 혁명적 생디칼리즘에 투신한 것에 놀랄 필요는 없다. 그들은 혁명적 생디칼리즘에서 위대함을 실현하는 가능성을 보았던 것이다.

나는 1899년 3월에 『이탈리아 사회학(*Rivista italiana di sociologia*)』에 마르크스주의와 사회과학에 관한 논문을 게재한 적이 있다. 여기서 나는 사회주의가 도덕철학으로 전환되기를 바란다는 것으로 끝을 맺었다. 이렇게 전환하면 위대함을 결여한 운동에 당시의 민주주의가 가진 거의 같은 정도의 위대함을 불어넣어 줄 수도 있다. 몇 년 지나지 않아서 나는 내가 상정한 문제를 해결하는 해법의 윤곽을 그릴 수 있게 되었다. 『폭력의 성찰』은 혁명적 생디칼리즘에 대한 고찰을 기초로 한 도덕철학이다. 이 책은 민주주의자들에게 그리고 일반적으로는 위대함과 몰락의 법칙을 이해하지 못하는 모든 사람들에게는 여전히 난해

---

71 Proudhon, *Solution du probleme sociale*(Solution of the Social Problem), pp. 58~59.

한 상태로 남아 있다.

  현재 시대는 웅장함 이념에 우호적이지 않지만 그렇지 않은 시대가 올 것이다. 역사는 이렇게 가르쳐 주고 있다: 고전 문화[72]와 기독교 전통 같은 값진 보물을 소지하고 있는 인류에게 무한정 위대함이 부재한 상태에 있을 수만은 없다. 개화되고 마음을 단련하고 나아가 영혼의 고귀한 성질을 배양해 나가야 한다는 것을 인식하는 사람들은[73] 자각하는 날이 오기를 기다린다. 그 동안 그들은 민주주의의 평범함이 자신들을 어떻게 생각하는지 근심하지 않는다.[74]

---

[72] 우리는 프루동이 고전문화를 얼마나 중요하게 여기는지 알고 있다.

[73] 이 때문에 프루동을 갈수록 많은 영예를 부여받은 대가(大家)로 간주할 수밖에 없다.

[74] 이 책에 관한 증거들의 교정을 완성하는 동안 플로베르가 평범함을 보고 느낀 증오를 표현한 편지 하나가 떠올랐다. 1852년에 그는 일반적으로 수용된 개념들을 수록한 사전을 작성하고 싶다고 적었다. "특히 서문이 나를 강하게 자극한다. 그것은 승인받고 있는 모든 것을 역사적으로 찬양한다. 거기서 나는 다수가 항상 옳고 소수가 항상 잘못되었음을 보여줄 것이다.… 나는 모든 위인을 모든 바보천치에게 재물로 바칠 것이다.… 그리하여 문학에서 나는 모든 사람의 도달범위 안에 있는 평범함은 그 자체로 정당하며 모든 형태의 독창성을 위험하고 어리석다고 추방할 필요가 있음을 확실하게 보여줄 것이다.… 나는 이러한 논지로부터 근대 민주주의의 평등 이념에 도달하게 될 것이다(*Correspondance*, II, 157~158).

제7장

사회주의를 향한 전진

1 자본주의의 세 유형 / 고리대금업 / 상업 / 공업의 우위성 / 동시성 이냐 연속성이냐 / 마르크스의 헤겔주의 편향

마르크스가 사회주의를 향한 전진에서 표현한 개념들은 내가 역사 진화와 관련하여 제시한 고찰들과 밀접한 연관이 있다. 몇 년 전까지만 해도 그 개념들은 『자본론(*Capital*)』 논평가들의 관심사로만 여겨졌다. 오늘날 그 개념들은 볼셰비키 정책의 역사적 정당성에 관한 논의에서 중요한 역할을 하고 있다. 레닌은 마르크스가 확립한 법칙들을 무시하고 행동한다고 평범한 사회민주주의 이론가들로부터 맹렬한 공격을 받고 있다. 그러므로 사회주의를 향한 전진을 경제적 단계로 보는 것은 심오한 실천 문제이다.

마르크스는 자본주의를 세 가지 유형으로 구분한다. "고리대자본과 상업자본은 자본이 기본 형태를 확립하기 이전의 역사에서 존재하는 이차적 형태이며, 이러한 자본들이 근대사회의 경제조직을 결정한다."[1] 그는 다른 곳에서는 그 둘을 형제라 부른다.[2] 또 하나의 중요한 원문을 살펴보자. "전자본주의사회에서 고리대금업자는 그에게서 돈을 빌려간 사람이 생활하는 데 절실히 필요한 물품보다 훨씬 많은 모든 것을 소유한다.…고리대 자본가는 잉여가치 전체를 소유할 수 있다. 그 결과 고리대 자본은 생산력을 발달시키기는커녕 마비시키고, 자

---

1 Karl Marx, *Capital*, I, 70. 마르크스주의 이론에서는 과학적 설명이 기초로 삼고 있는 현상이 마지막에 나타나는 것이 일반적인 원칙이다(*ibid*., I, 30, col. 1). 동일한 개념 순서에 따라 마르크스는 다음 같이 서술한다. "문제점은 그것을 해결하는 수단과 동시에 나온다"(p. 36, col. 1). 이 원칙을 인정하게 되면, 영원히 변치 않는 철학은 아리스토텔레스와 성 토마스(St. Thomas)가 맘대로 구성한 작은 양의 자료에 기초할 수 있다는 네오스콜라철학의 주장이 매우 순진하다는 것을 알고 있어야 한다.

2 Marx, *Capital*, III, pt. ii, 164.

본주의적 생산과는 반대로 노동에 의한 사회적 생산성 발달을 불가능하게 하는 비참한 상황을 영속화한다."[3]

초기 철학자들은 마르크스와 달리 고리대 자본주의를 비난하지 않았다. 그들은 이자는 노동자나 장인들 또는 소상인들 단체들의 원리에 따라 정당화될 수 없는 경제적 역설을 낳는다고 생각했다. 고리대 이윤의 생산은 인간의 책임에 호소하지 않는다는 것이 그 이유였다.[4] 고리대금업자는 도박장 주인과 흡사하다. 도박장 주인은 고객들이 손실을 입고도 미래에는 손실을 만회할 것이라는 희망을 가지고 끝까지 운을 시험하는 어리석은 행동을 하도록 온갖 궁리를 한다. 고리대금업자는 가난한 사람들의 순진함을 이용할 여러 가지 방도를 궁리해내는데, 이들은 아주 궁핍해져서 자본가로부터 빌린 융자금에 추가적인 이자를 물리더라도 결국에는 융자금을 상환할 수 있을 거라고 생각한다. 고리대금업자의 가장 비열한 행동 중 하나는 채무자가 격심한 경제적 곤경에 빠졌을 때 채무 상환을 강요하는 것이다. 고리대금업자는 채무자로 하여금 불공정한 계약을 받아들이게 하기도 하고 임금을 압류하기도 한다.

대도시들(특히 해외 도시들)이 대상인에게 넘겨준 체면을 고리대금업자가 신속하게 되살릴 수 있는 길은 농민과 직공들을 억압하는 대신에 이들의 사업이 번창하도록 성심껏 돕는 방법뿐이다. 도덕주의자들은 때때로 고리대금업자의 행동을 크게 정당화하기도 한다.[5] 끝으로, 경제학자들에 의해 개화된 정치인들은 은행을 설립하여 사업에 자본을 투입하는 것이 사회적 효용을 최대화한다

---

3 Marx, *Capital*, III, pt. ii, 166~167. 산업자본주의는 끊임없이 설비를 증대하여 국가가 이윤을 증대시키고 종종 노동자를 더욱 완전하게 지배하게 한다.
4 인기 있는 어느 그리스인의 논문은 고리대금업에 의한 금의 생성과 태양에 의한 귀금속 생산을 연계시켰다. 그리하여 후기 스콜라철학 경향들과는 화해할 수 없는 유물론이 도입되었다.
5 Marx, *Capital*, III, ii; 165.

고 생각할 때가 올 것이다.[6]

경제활동이 약화되면 고리대 자본주의가 다시 유행하게 된다. 고리대 자본주의는 자기 나라 토착민보다 더 활발한 외국인 기업에 자금을 대준다. 프랑스는 모국 산업에 투자하기보다는 [외국기업에] 자금을 빌려주는 데 더 관심을 가진다고 종종 비난을 받아왔다. 이러한 관점에서 근대 역사를 연구하는 것은 좋은 일이다. 이와 대해 마르크스는 이렇게 말한다. "베네치아인들의 약탈과 폭력이 네덜란드의 자본 과잉을 초래한 원인 중 하나인데, 베네치아는 망하기 직전에 있으면서도 네덜란드에 상당한 자금을 빌려주었다. 그 후로 17세기 말 무렵에 네덜란드는 산업적 및 상업적 우위를 상실했을 때 막대한 자본을 해외에서 빌려와 생산에 투자할 수밖에 없었다. 특히 1701년부터 1776년까지 네덜란드는 경쟁상대국 영국에서 자금을 빌려올 수밖에 없었고 결국 영국에게 밀려나게 되었다. 지금은 영국과 미국이 그와 동일한 상황에 직면해 있다."[7]

오늘날 증권거래소에서 주식을 거래하는 사람은 예전의 고리대금업자와 다를 바가 없다. 그들은 부유한 부르주아계급이 가진 것과 동일한 환상(욕심 많은 부자들이 가난한 사람들을 마음대로 부리는 환상)을 이용한다. 이들 사업 사이에 막대한 차이가 있다고 해서 그것들의 심리적 유사성을 인식하지 못하게 하는 것은 아니다. 주식시장은 사실상 도박장이다. 그곳에서는 오직 투기꾼들은 이윤

---

[6] 1694년에 영국은행의 창설은 고리대금업자를 사양화로 몰고 가는 결정적 요인이 되었다 (Marx, *Capital*, III, ii, 176).

[7] Marx, *Capital*, I, 338, col. 1. 뉴욕의 어느 주식중개인이 폴 드 루시에르(Paul de Rousiers, 1857~1934: 프랑스 사회경제학자이자 산업 로비스트로 사회개혁가인 르플레 추종자였으며, 노동자와도 소유자와도 독립적이며 그들 산업의 진보에만 전념하는 산업 연합체를 신봉하였다—옮긴이)에게 말했다. "영국의 소자본 단체들이 이미 설립, 운영되고 있는 각종 공장, 양조장, 통조림공장 등을 매입하려고 여기에 왔는데, 그들이 가져온 자금은 미국인들이 민간회사 형태의 새로운 사업을 설립하기 위해 사용되고 있다. 창의적 재능은 여전히 개인적이다"[*La Vie américaine. Ranches, fermes etusines*(American Life: Ranches, Farms, and Factories), p. 350].

이 생길 것이라고 미혹한다. 하지만 그 투기꾼들은 그런 희망을 공유하지는 못한다. 주식 판매자는 액면 가치보다 훨씬 높은 가격으로 배당금을 챙기는 습관이 있으며, 일생 동안 저축만 하는 선량한 부르주아지는 이러한 현혹적인 약속의 덫에 걸려든다. 그는 현혹하는 전단지만 믿고 미래에 엄청난 이익이 생길 것이라는 상상에 빠진다.[8] 금융시장은 종종 급격하게 변동한다. 대형 투기꾼들은 이를 이용하여 우량 사업을 장악할 수 있는 배당금을 수중에 넣는 많은 기회를 가진다.

예전에 고리대금업을 금지하는 법률들이 많이 있었지만 대부분 성공하지 못했다. 주식시장을 규제하는 목적으로 성립된 근대 법률들은 지금까지 썩 좋은 결과를 거두지는 않았다. 그 법률들은 사기꾼들이 설명서를 교묘하게 작성하여 피해자들을 속이는 것을 막지 못했다. 지금까지 국가가 행한 것 중에서 유일하게 성공적인 효과를 거둔 것은 공황기에 대형은행들에게 재난을 줄이는 데 협조해 달라고 개입한 것뿐이다.[9]

---

8 수에즈운하의 배당에서 막대한 이득이 생기자 이에 일부 부르주아계급 수장들은 모험적인 사업에 진출하는 습관을 가지게 되었다. 레셉스(Ferdinand Marie de Lesseps, 1805~1894: 프랑스의 외교관으로 수에즈운하 건설로 유명하다. 이집트 외교관으로 근무하면서 수에즈운하의 개발을 착상, 이집트 부왕에게 운하 개발안을 제출, 1869년 완성하였다. 1879년 파나마 운하 개발계획이 입안되어 1881년 파나마운하회사 사장에 취임하였으나 자본 잠식 등으로 1889년 파산하였다. 당국의 조사를 받고 1893년 최고법정에서 무죄 판결이 났으나, 이 사건의 여파로 불우한 여생을 보냈다-옮긴이)가 모험적인 파나마 사업에 미친 듯이 돈을 쏟아 부은 것은 문제가 되지 않았다. 그는 항상 위대한 프랑스인, 즉 파나마 지협을 꿰뚫은 영예로운 인물이었다. 그는 모국의 이름을 전 세계에 빛나게 한 인물이다. 이러한 모험이 더욱 기이한 것은 그가 명성 높은 파리은행들로부터 미미한 후원만 받았기 때문이다.

9 일반적으로 막대한 자본을 보유한 대형은행들은 투기에 함부로 뛰어들지 않는다. 이러한 관행은 대형은행들에 대한 일반 대중들의 절대적인 확신을 위태롭게 할 수도 있다. 그래서 예전에 종래의 고래대금업자들의 요구를 조절한 것처럼 대형은행들이 주식시장에서 조절 역할을 한다. 사기꾼들은 우리의 막강한 은행들을 공격하기 위해 종종 정기간행물을 발행하여 그 은행들을 방해한다. 그래서 이러한 기관들을 반대 캠페인을 경계해야 한

이처럼 고리대금업은 피해자의 환상—가장 개화된 부르주아지의 환상이나 가장 우매한 사람의 환상은 기본적으로 동일하다—위에서 작동하는데 상업은 가격 인상의 예상을 뛰어넘어 작동한다. 가격은 장소의 차이(상품 배달 장소의 차이)나 계절 차이, 상품 판매 방식(도매냐 소매냐)의 차이에 따라 다르게 평가된다.

고리대금업과 상업에는 많은 공통점이 있는데, 그중 아주 명백한 몇 가지 공통점만 살펴보자. 일반적으로 그 둘은 내구 연한이 긴 시설을 설치하지 않는다. 고리대금업자와 상인의 자손은 냉철한 성격을 소유하거나 가능성을 제대로 예측하여 창업자가 확신을 가지고 성공시킨 사업을 지속적으로 운영하는 경우가 드물다. 그 자녀들은 귀족처럼 살기를 원하지만 거의 항상 파산한다. 한편, 공장은 항상 관료제 조직으로 설립되어 있어서 설립자가 떠난 뒤에도 지속적으로 번영을 누린다. 고리대금업자와 상인은 이윤을 늘리려면 가격을 높일 필요가 있다.[10] 이 때문에 저당권 설정자는 보호권을 요구하게 된다. 미국의 트러스트와 독일의 카르텔은 관세 인상에 큰 기여를 했다. 고리대금업자와 상인은 인위적으로 가격을 올리기 위해 종종 희소성을 유도한다.[11] 자본주의산업의 진정한 성격은 풍부한 이윤을 창출하는 것이다. 이 점에서 산업자본주의와 옛 자본주의는 명확하게 대립된다.

다.

[10] 19세기 중반에 프랑스에서 대형 은행들이 할인제도와 모든 사람에게 서비스를 제공하고 운임료를 인하하는 철도와 증기선 사업을 개시하자 종래의 많은 상업 점포들이 문을 닫았다. 예전에는 이와 반대로 원거리 운송 사업이 어려웠고, 수많은 예방책이 있어서 할인제도 실시를 제한했다.

[11] 킹(Gregory King, 1648~1712: 영국의 계량경제학자로 잉글랜드와 웨일스 지방의 인구 및 국민 소득을 최초로 과학적으로 추정하였으며, 곡물 수확량과 곡물 가격과의 변동 관계에 대한 '킹의 법칙'을 제창하였다-옮긴이)의 법칙에 따르면, 10%의 결손이 생기면 단위 가격이 30%까지 오르고 총 가치는 약 12%까지 오른다.

마르크스에 따르면, "자본주의적 생산 이전에는 상업이 지배적인 산업이었는데, 근대사회에서는 그 반대이다."[12] 그런데 이 글 약간 위에서는 다음과 같이 쓰고 있다. "상업자본의 자동적인 발전은 자본주의적 생산의 발전에 반비례한다는 법칙은 무역으로 상업을 수행하는 사람들에서 가장 명백하게 나타난다. 베네치아인들, 제네바인들, 네덜란드인들은 생산물 수출을 통해 이윤을 거둔 것이 아니라 상업적, 경제적으로 덜 발달된 민족들 또는 공동체들과의 교역을 통해서 이윤을 확보했다. 결과적으로 생산하는 나라들을 착취하여 이윤을 확보했다. 그들의 상업자본은 중개 역할을 하는 생산 지부들과는 독립적으로 그리고 명백하게 분리되어 존재했다. 이러한 중개 역할의 독점과 그에 따른 교역은 그것을 이용하여 살아가던 사람들이 경제적으로 발전함에 따라 쇠퇴했다. 일부 상업 거점이 몰락하고 순수 상업국가의 쇠락하는 것은 자본주의적 생산이 발달하면서 상업자본이 산업자본에 종속되고 있음을 여실히 증명해준다."[13]

이로써 자본주의는 고리대금업에서 시작하여 상업을 거쳐 발달하고 대규모 근대적 생산에서 정점에 이른다는 마르크스주의 견해가 확립된다. 그런데 우리는 정통 마르크스해석가들이 별로 관심을 가지지 않은 중요한 문제를 제기해야 한다. 이 세 단계를 연속적인 것으로 이해해야 하는가(또는 적어도 이전 단계를 역사적으로 무능한 지역으로 역행하도록 설계된 것으로 이해해야 하는가) 아니면 그

---

12 Marx, *Capital*, III, pt. i, 363.

13 *ibid*., III, pt. i, 361~362. 이러한 발전은 영국의 역사에서 다음과 같은 사실을 통해 표현된다. "상인계급과 상업도시는 정치적으로 반동적이며 산업자본에 대항하기 위해 토지귀족 및 금융귀족과 결탁했다. 리버풀의 정치적 역할과 맨체스터(Manchester: 19세기 중엽 영국에서 2번째로 큰 도시로 산업혁명의 상징적인 도시-옮긴이)와 버밍엄(Birmingham: 영국 제2의 도시로 잉글랜드의 중심부 가까이에 위치한 주요 상공업지대의 중심도시-옮긴이)의 정치적 역할을 비교해 보면 이를 이해할 수 있다. 상업자본가와 영국의 부유층(금융귀족)은 그런 사실에 굴복하기를 거부했고, 곡물법이 금지될 때까지 산업자본의 우위를 인정하지 않았다(p. 360).

세 단계를 각자의 존재 권리를 무기한 보존할 수 있는 것으로 이해해야 하는가?

유사한 하나의 문제를 둘러싸고 헤겔 해석가들 사이에 의견이 갈라지고 있다. 베를린의 현자에 따르면, 자유정신의 처음 두 형태(예술과 종교)는 철학이 완전히 발달하면 사라지게 마련이다.[14] 다른 이들은 예술과 종교와 철학은 공존할 수 있다고 주장한다. 『자본론』에서 마르크스는 첫 번째 해석을 받아들였다. "종교 세계는 현실 세계의 반영물일 따름이다… 종교의 현실 세계 반영은 노동조건과 실제 생활에서 인간이 동료 및 자연과 명확하고 합리적인 관계를 맺을 때만 사라진다."[15] 이처럼 확실히 마르크스는 헤겔이 인식한 바와 같이 정신철학과 자연철학은 종교가 완전히 희생될 때 모습을 드러낸다고 상정한다.

헤겔 사상을 이어받은 마르크스는 『고타 강령 비판(Critique of the Gotha Program)』(1875)에서 자본주의체제가 전복되고 나면 처음에는 집산주의 원리(collectivist principle)가 지배하는 질서가 나타나고 이어서 공산주의체제가 나타난다고 예측한다(집산주의 질서에서 생산자는 노동한 것만큼 보상을 받고, 공산주의체제에서는 각 시민은 원하는 만큼 욕구를 충족한다). 공산주의에서 개인은 자신의 의견을 끝없이 토론할 수 있다. 그런데 역사에서 마르크스의 자유정신 개념은 모두 반대로 발견된다. 모든 증거가 보여주듯이 예술과 종교는 사라지지 않

---

14 이 첫 번째 해석은 베네데토 크로체(Benedetto Croce, 1866~1952: 이탈리아 철학자로 나폴리 대학의 교수로서도 활약하였으나, 1910년 이후 상원의원, 1920~1921년 문화부 장관에 취임하고 무솔리니에 의한 파시즘 정권하에서 반(反)파시스트 언론활동을 계속하였다. 2차 대전 후에는 왕정에 반대하고 자유당을 지도했다. 크로체의 철학 체계는 헤겔주의의 전통을 살리면서도 현대의 생의 철학의 입장을 받아들여 이탈리아에서 지배적이었던 실증주의를 지배하려고 하였다-옮긴이)가 『헤겔 철학의 산 것과 죽은 것(Ce qui est vivant et ce qui est mort dans la philosophie de Hegel)』에서 채택한 것이다(What is Living and What is Dead in the Philosophy of Hegel), p. 106.

15 Marx, *Capital*, I, 31, col. 2.

고 있다. 사베리오 메를리노는 집산주의 원리와 공산주의 원리는 상호 배타적이 아니며 둘 다 자본주의사회에서 발견된다고 주장했는데 이는 올바른 지적이다. 왜냐하면 모든 나라가 사회개혁을 실행하고 있기 때문이다.[16]

마찬가지로 헤겔식 편향 때문에 마르크스는 근대적 생산의 기술이 발달하면서 소규모 기업들이 소멸한다고 생각하게 되었다. 즉 소규모 기업은 거대 기업에 의해 분쇄된다고 생각한 것이다. 많은 경우에서 나타나듯이 산업의 집중이 상위의 기술 단계임은 분명한 사실이다. 그런데 앞에서 말했듯이(239쪽) 마르크스주의자들은 이러한 우위의 근거를 검증하지 못했다.[17] 그들은 그 차원들의 막대한 영향력에 감명을 받고 그 우위성을 인정하며 추상적으로 추론했다. 오늘날 사회주의자들은 [산업의] 집중이 야금술에 영향을 준 것만큼 농업에는 영향을 주지 않는다는 데 의견이 일치한다. 그러나 그들은 소규모 농촌재산에 대해 이야기할 때는 그것이 번영하게 된 이유를 이해하지는 못하고 있다. 그들은 여전히 마르크스가 헤겔에서 빌려온 편견에 사로잡혀 있다. 그들은 사실 헤겔 철학의 진정한 성격을 이해하지 못하고 있다.

생물학적 사고는 낭만주의적 진화 개념에 기초하고 있어서 초기 사회형태로의 복귀가 불가능하다.[18] 마르크스에 따르면, 상업이 공업에 예속되는 생산단계

---

16 Saverio Merlino, *Formes et essence du socialisme*, 1898년 프랑스어 판. 마르크스의 파국 이론을 거부한 사회주의자들은 사베리노 메를리노의 학설을 받아들여야 했는데, '개혁주의자들'은 이탈리아 사회주의자의 이념을 이해할 만큼 영리하지 않았다.

17 232쪽에서 말했듯이, 이러한 우위는 사람들이 열기를 보존하려 할 때마다 현저하게 나타난다. 이 점이 내가 종종 주목하고 있는 요점이다.

18 카우츠키(Karl Kautsky, 1854~1938: 마르크스주의 이론가이자 경제학자이며 독일 사회민주당 지도자로 정통마르크스주의의 대표적인 이론가였으나 독일 사회민주당과 제2인터내셔널이 분열했을 당시에는 수정주의를 표방하였다. 이로 인해 레닌은 『프롤레타리아 혁명과 배신자 카우츠키』라는 저서에서 카우츠키를 '배신자', '종파주의'로 지칭하였다-옮긴이)가 프롤레타리아화 증대 법칙을 완강하게 지킨 것은 그가 사회조직의 후퇴를 인정하고 싶지 않았기 때문인데, 마르크스는 이를 사회주의로 나아가는 중요한 단계라고 지적했다. 『철학의 빈곤(*Poverty of*

에 도달했을 때는 한창 진보가 진행되고 있는 나라에서는 낡은 형태가 다시는 나타나지 않는다. 그런데 미국에서는 고리대금업이 트러스트[19]라는 이름으로 경제에서 상당한 위치를 차지하고 있다. 마르크스는 소규모 가내 작업장 노동이 대규모 공장들을 대체한다고는 생각하지 않았다. 그런데 지금 우리는 소형 전동자동차의 사용이 (적어도 일부 지역에서는) 이러한 전환을 이룰지도 모른다고 생각한다.[20] 이것은 마르크스의 자본주의 모델보다는 덜 경직된 자본주의 모델을 형성하는 데 유용하다.

Philosophy)』에서 마르크스는 이렇게 말한다: 면화가 양털과 아마를 밀어내고, 감자가 빵을, 알코올이 와인을 밀어냈으며, "면화, 감자, 알코올은 부르주아사회의 주축이다"(p. 82). 그는 성질이 낮은 이 세 제품의 사용을 부르주아적 진화의 불가역적 단계로 간주했다.

19 트러스트(Trust)는 시장지배를 목적으로 동일한 생산단계에 속한 기업들이 하나의 자본에 결합되는 일종의 기업합병이다. 트러스트는 1879년 석유재벌 록펠러의 스탠더드 오일 트러스트에서 유래되었다. 그는 트러스트 증권(신탁증권)을 교부해주는 조건으로 40여 개 석유회사의 주식이 소수의 수탁자에게 위탁되도록 하여 수탁자가 독점적 지배를 행사할 수 있게 되었다. 이를 계기로 미국에서는 많은 트러스트가 출현하여 약육강식 경쟁자본주의가 실현되었다. 이러한 독점의 폐해로 미국에서 이후 독점금지법을 제정되었다.-옮긴이

20 오래 전에 룃로(Franz Reuleaux, 1829~1905: 독일의 공학기술자로 앙페르가 창시한 운동학의 개념에 따라 기계의 본질이 기계를 구성하고 있는 각 부분의 운동을 제어하고 있는 점을 역사적으로 밝혀, 기계에 관한 최초의 기술학을 수립하였다-옮긴이)는 증기나 폭포수, 가솔린을 사용하는 엔진과 1~3마력을 응용하여 쉽게 이용할 수 있는 엔진을 "가장 중요한 근대 기계에 포함시키고는 이를 (장인 체제로 복귀하는) 일부 산업의 완전한 전환을 위한 씨앗으로 간주해야 한다"고 주장했다(Cinbnatique, pp. 559~561).

2 제조업 / 곤충 역할로 전락한 노동자 / 마르크스의 자유로운 협업 / 직업교육

지금 우리는 마르크스가 근대시대의 작업조직의 발전을 어떻게 이해했는지를 살펴보고 있다.

처음 단계에서는 상인들은 원료를 사서 가내 작업장에 맡겼다.[21] 그 다음 단계에서는 상인들은 그것을 때로는 지방의 개방 시장에 팔고, 때로는 상업중심지의 도매상에 팔았다. 르플레는 이러한 체제를 '집합적 매뉴팩처'라 불렀다. 이러한 재래식 산업에서는 상업의 역할이 조야한 형태로 나타난다. 상인(이들은 아무것도 제조하지 않는데도 대체로 제조업자로 불린다)은 생산자 집단 전체를 고려하는데, 이들의 활동은 육체 작업을 실행하는 데 한정된다.

집합적 매뉴팩처 기업가들이 여러 곳으로 흩어져 있던 예전의 작업장들을 하나의 공장으로 통합하면서 거대한 사회혁명이 일어났다. 옛 장인들은 쉽게 정복되지 않았다. "1794년 말에 리즈[22]의 소규모 섬유 생산자들은 의회에 모든 상인이 제조업자가 되는 것을 금하는 법률을 요구하는 탄원서를 제출했다. 이로 인해 신규 제조업체는 항구나 수출 중심지 또는 시 정부 및 그 교역 길드의 통제를 벗어난 장소에 설립되었다. 그 이후로 영국에서는 기존의 특권 도시들(연합 도시들)과 새로운 공업육성 지역 사이에 필사적인 전투가 벌어졌다.[23] 기존의 도제 법에 따라 노동할 권리를 획득한 생산자들은 아무런 기술 능력도 없는 사람들과 경쟁을 해야 하는 현실을 참을 수 없었다.

---

21 고의적인 피륙 측정 오류와 자의적인 결함 평가가 수차례의 노동자 폭동을 일으킨 원인이다.
22 리즈(Leeds)는 영국 잉글랜드 웨스트요크셔카운티에 있는 도시이다. 예로부터 교통의 요지로서 산업혁명기에 영국 최대의 양모공업 도시가 되어 상업·행정의 중심지로 성장하였다.―옮긴이
23 Marx, *Capital*, I, 336, col. 1.

아주 오랫동안 산업 지도자들이 철석 같은 규율을 실행하는 데 관심을 쏟자 노동자계급은 이에 반대하며 완강하게 저항했다. 그런 규율 때문에 아무런 기술 지식이 없으면서도 지휘권을 부여받은 사람들이 종종 이들 기업의 높은 자리를 차지했다. 규칙을 위반할 때마다 무거운 벌금형에 처하는 강력한 규칙이 제정되었다. 이러한 민간 기업에서 제정된 입법의 세부 사항을 적용하는 권한은 십장에게 위임되어 그들은 훈련부대 현장에서 실질적 명령권이 없는 장교처럼 권력을 남용한다. 한 세기 동안 공업을 다룬 모든 문헌에는 인도주의자들의 한탄으로 가득 찼는데, 이들은 헌법에서 모든 시민의 자유보장을 최우선으로 삼는 국가들을 존중하지 않는 체계를 보고 놀랐다. 널리 보급되고 있는 이러한 체계를 나는 '강요된 협동'(forced cooperation)이라 부른다. 이것은 마르크스가 꿈꾼 '자유로운 협동(free cooperation)과 명백하게 대립된다.

아담 스미스의 스승 아담 퍼거슨[24]에 따르면 "무지는 미신의 어머니인 동시에 근면의 어머니이다." "생각이나 상상은 잠시 잊을 수 있지만 손이나 발을 움직이는 습관은 어느 것에도 의존하지 않는다. 그래서 우리는 제조의 완성은 작업장을 기계(인간은 그것의 부분이다)로 간주하지 않고서도, 즉 지적 노력이 없어도 이루어질 수 있다고 말할 수 있다."[25] 강요된 협동의 지도자들의 이상은 노동자를 아무런 생각 없이 일하게 하는 것이다. 노동자가 획득하는 숙련은 장기적으로 보면 곤충의 본능에 비교된다.[26] 근대시대에는 사람들의 혼수상태는 당연히 정상적인 것이라고 간주하고 있어서 아담 스미스의 프랑스 최초 번역가는 아담 스미스가 교육을 통해서 분업이 초래한 손실에 대항하고 있는 것을 보고

---

24 아담 퍼거슨(Adam Ferguson, 1723~1816)은 영국의 도덕철학자이자 사회학자, 역사학자로 스코틀랜드학파의 일원으로서 사회의 본질과 기원의 탐구를 철학의 중심 과제로 생각하고, 인간 천성의 사회적 성격을 도덕적 행동의 원천으로 보았다. —옮긴이

25 Marx, *ibid*., I, 157, col. 1.

26 마르크스는 인도의 직공을 거미에 비교한다(*ibid*., I, 148, col. 1).

처량하게 여겼다.²⁷

제조업에서 분업이 성공한 이유에 대해서는 여러 번 설명한 바 있다. 아직 신속하고 정확하게 기계를 만들 수 없기 때문에 기계 장치가 못하는 일을 위해 인력을 매우 높은 자동화 수준으로 훈련시킬 필요가 있다. 손이나 발의 작은 움직임으로 작업을 하게 되면, 습관이 모든 사고를 능가할 때 신속하고 정확하게 작업을 성공적으로 수행할 수 있다. 인간은 본능의 영역에서 지능의 영역으로 이행했는데 아직까지도 자연주의자들은 곤충이 본능에 의해 일을 완벽하게 실행하는 것을 보고 여전히 놀라고 있다. 이러한 생산 체계는 지능 및 본능에 관한 베르그송의 이론을 놀라울 정도로 예증하고 있다.²⁸

마르크스가 『자본론』에서 종교의 소멸에 관해 말한 곳에서 묘사한 자유로운 협동에 대해 다시 살펴보도록 하자. "사회적 삶은 물질 생산과 그것이 수반하는 여러 관계들이 그 기초를 형성한다.²⁹ 그런 사회적 삶은 자유롭게 결합한 사람들이 의식적으로 행동하고 그 자신의 사회운동의 주인이 되는 날까지 그 모습을 가리고 있는 신비한 구름에서 벗어나지 못할 것이다.³⁰ 법률을 공포하는 것만으로는 그러한 단계에 도달할 수가 없다. 그것은 사람들의 일시적인 기분에 따라 결사의 힘을 부여할 수 있는 문제가 아니다.³¹ 그러나 생산자를 추론이

---

27 Marx, *Capital*, I, 157, col. 2.
28 스포츠 훈련에서도 사람을 기계처럼 신속하고 정확하게 움직이게 하는 것을 목표로 한다. 스포츠는 개인을 기계화하고, 지적 능력이 다소 소멸되어야만 성공할 수 있다. 나는 스포츠가 지능에 친화적이지는 않다고 지적했지만, 이러한 해악의 원인은 주어진 것이 아니라고 생각한다.
29 마르크스는 여기서 명백히 법적 및 정치적 관계를 언급하고 있다.
30 Marx, *Capital*, I, 31, col. 2.
31 마르크스는 프루동이 『재산소유자에 대한 경고(*L'Avertissement aux proprietaires*)』 제1부 말미에서 밝힌 르드뤼-롤랭(Ledru-Rolin)의 다음 선언을 분명 인정하지 않았을 것이다 (Notice To Property Owners): "사람들이 선거개혁 후에도 여전히 불행하다면 그들은 더 이상 불평할 권리를 가지지 않을 것이다."

나 편견이나 본능의 오류에 빠지지 말도록 이끌 필요가 있다.[32] 마르크스의 원문을 글자 그대로 받아들여서는 안 된다. 다른 많은 경우와 마찬가지로 이 경우에도 마르크스는 헤겔 사상의 영향을 받았다. 마르크스의 단어들을 유용하게 적용하려면 해석을 해야 한다. 사회주의 작업장은 생산자들을 함께 일하게 하는 곳으로 이해해야 하고, 배우고 있는 기법들을 비판하는 자세를 갖추어야 하며, 화학교수 조교를 닮은 현장 감독자의 지도를 받으며, (선생이 학생들에게 말하듯이) 자기 부하 직원들에게 말하는 기술자의 감독을 받는다.

이러한 경제 단계에 도달하려면 자본주의체계 하에서 선진적인 작업장이 발달시킨 생산 능력을 갖추어야 한다. 이러한 과학적 협업은 양질의 직업교육을 받은 노동자를 요구하고, 현장 감독관은 생산 향상을 위해 노동자들의 아주 작은 아이디어까지도 포착하며, 또 그런 아이디어를 저숙련 노동자에게 전달하여 진보의 경험을 약간씩 쌓아간다. 또한 과학적 협업은 모든 사람이 능력을 인정하는 기술자를 공장 선두에 앉힌다. 마르크스는 이러한 협업과 공업에서 창안한 협업을 강한 어조로 대비했다. "대공업은 죽음의 고통 속에 있는 사회에 (세부적인 생산적 기능에 의해 괴로워하는) 파편화된 개인을 종합적인 개인으로 대체하도록 강요하고 있다. 종합적인 개인은 일의 다양한 필수적인 부분을 다루는 법을 알고 있으며, 또 다양한 기능 속에서 자신의 타고난 능력 또는 획득한 능력의 다양성의 범위를 자유롭게 넓힐 수 있다." 이제 본능에서 지능으로 눈을 돌려 보자.

마르크스는 부르주아계급은 자신들 자녀를 위해서는 공예기술학교, 농업학교 등은 설립하면서도 프롤레타리아계급에게는 별로 전망이 없는 직업교육만 시켰다고 비난했다. 그는 노동자계급의 정치적 영향력이 커지면 "이론과 실천

---

[32] 마르크스에서 자유는 합리성과 항상 동의어가 아니다. 엥겔스는 사회혁명에 의해 세계가 숙명의 지배에서 자유의 지배로 이행할 것이라고 보았다. 요컨대 합리성이 비합리성을 대신할 것이다.

양면에서 기술 교육이 대중학교에 도입될 것으로 기대하며[33] 다음과 같은 중요한 말을 덧붙였다. "(종래의 분업 철폐를 목적으로 하는[34]) 그 같은 변화의 효소들은 분명 자본주의 공업체계 및 경제조건과 심히 모순된다. 그러나 생산양식과 그에 상응하는 사회조직을 해소, 변형하여 진전시키는 유일한 진정한 방법은 그것들 간에 내재한 갈등을 역사적으로 발전시키는 것이다."[35] 사회주의로 전진하는 최선의 방법은 직업교육 역할의 중요성을 강조하는 것이다.

나는 『프롤레타리아 이론(*Matériaux d'une théorie du prolétariat*)』에서 대중교육이 근대적 욕구에 부합한다는 것을 보여주고자 했다. 가장 어려운 문제는 감독 권한을 맡길 사람들을 육성하는 것이었다. 감독관은 최상의 실험실에서 노동자를 관찰하는 능력을 키워야 한다. 한 번의 시도로는 훌륭한 감독을 육성할 수가 없다. 그 결과 학교는 이러한 산업 '하사관들'에게 좋은 결과를 낳지 않는다는 것이 확인되었다. 그들에게 평생 일을 하게 하는 것이 더 나을 것이다.[36]

요즘에는 일반적으로 기술자를 훈련시키는 것이 경제향상에 크게 필요하다.[37] 프랑스에서는 기술학교 역사의 경험이 일천하여 아직 중대한 결과에 도달하지 못한 것 같다. 18세기 말에, 혁명의 기운을 타고 국민공회 독재에 참여했

---

33 마르크스는 각주에서 생산적 일과 교육은 분리되어서는 안 된다고 말한다.

34 여기서는 곤충의 역할로 축소된 소외된 노동자들의 노예상태가 소멸된 것으로 이해해야 한다(본능은 예전에는 소유자가 독점했던 지능에 길을 터 주었다).

35 Marx, *Capital*, I, 211.

36 다른 곳에서 나는 진보하는 공업에서는 감독과 노동자 모두 영속적으로 도제 생활을 해야 한다고 말했다[Georges Sorel, Matériaux d'une théorie du prolétariat(Materials of a Theory of the Proletariat; Paris: Marcel Riviere, 1919), p. 137]. 감독은 기술자와 노동자보다 이러한 조건을 받아들이는 데 더 많은 어려움이 있다.

37 내가 알기로 아주 신중한 성격을 가진 어느 화학제품공장 기술자가 1919년 말에 나에게 보낸 편지에서 이렇게 썼다. "생산 감독자들(나도 그중 한 사람이다)은 상당히 무지하여 실제로 그들은 명의상 대표일 뿐이며, 대부분의 일은 틀에 박힌 관행에 맡기거나 때때로 공장의 대들보인 중견 노동자의 탁월한 방법에 맡긴다."

던 군사기술자들은 도제 시절에 자신들이 배우고 익힌 이념을 가르치는 기관을 설립하기를 원했다. 그러나 그들의 전통을 내세우는 사람들은 순수 학자들로부터 박해를 받았다. 이들의 눈에는 복잡한 수학 함수를 다루는 기예보다 우월한 것은 아무것도 없었다. 오늘날에는 카르노[38]가 세운 기관은 이름만 존재한다. 어느 잘 알려진 대중화 추진자는 우리나라[프랑스]가 기술 수준을 독일 수준으로 상승시키는 것을 단념하고는 자포자기한 사람에게는 과학학습시설을 이전과 동일한 수준으로 발전시키지 못하도록 요청했다(*Effort*, 1919. 4. 5). 내가 알기로는 만약 우리가 15년 동안 라인강 좌안을 점유하기를 원했더라면, 군대 보장보다는 독일로부터 제조 비법을 몰래 빼내기를 바랐을 것이다.[39]

종래의 협업 체계에서는 모든 사고를 독점한 지도자 감독 하에서 노동을 수행했다. 그렇지만 산업에서 상업적 특성이 사라지면서 이러한 상황은 틀에 박힌 관행에 의해서 유지되었다. 예전에 생산에서 상인-주인이 하던 역할은 종종 중요한 인물이 그 역할을 잘 수행할 때만 유지되었다. 생시몽의 유명한 우화를 현재에 적용하여 말하면, 우리의 철도, 유리제조, 탄광 분야의 행정가들을 모두 상품생산비용을 한 푼도 올리지 않고 해고할 수 있다. 프랑스의 이러한 거만한 관료들은 프랑스학술원 회원들, 사회학자들, 국방 영웅들만큼이나 쓸모가 없다.

부르주아 의원들 중에는 러시아혁명은 지식인 없이도 나라를 운영할 수 있다는 것을 증명했다고 주장하는 이들이 드물지 않게 있다. 그들은 레닌은 자신이 되살리고 싶어 했던 기업 설립자 그리고 모든 방면의 기술자와 외국인 전문가

---

[38] 카르노(Nicolas Léonard Sadi Carnot, 1796~1832)는 물리학자, 수학자, 정치가로 1814~1828년 공병 장교로 근무하고, 이후 수학, 화학, 자연과학사, 공예, 정치, 경제를 연구하였다. 근세 기하학의 기초를 확립하였고 '카르노 기관 원리'를 수립하였다. -옮긴이

[39] 1920년 10월 31일자 『논쟁(*Débat*)』에서는 영국인 총 지배인이 프랑스 장교들이 독일 비행기 제조자가 비밀 공정을 응용 또는 연구하는 작업장에 접근하는 것을 허락하지 않았다고 불만을 제기했다.

에게 상당한 급료를 지급해야 했다고 말한다. 그러나 나는 그가 두마[40] 의원들의 지적 능력이나 예전에 파리에서 러시아 재무부와 금융계 간 연계를 수립한 금융업자들 또는 유럽경제를 되살리기 위해 모든 곳에서 후한 아량을 베푼 무수한 주오(Jouhaux) 등에 호소할 필요를 느꼈다는 말은 듣지 못했다.[41] 그래서 나는 「노동조합주의자의 사회주의 미래(Avenir socialiste des syndicats)」라는 글에서 사회주의는 지식인에게 큰 재난이 될 것이라고 주장한 것은 옳았다고 생각한다.

3 카우츠키의 자본주의 단계론 / 루시에의 트러스트 및 카르텔 개념 / 미국인의 고립 성향 / 트러스트의 환상 / 트러스트와 사회주의

1912년에 카우츠키는 자기 스승[마르크스]과는 완전히 배치되는 자본주의 발전관을 제시했다. 마르크스는 영국은 근대경제의 고전적인 국가이며, 따라서 영국으로부터 발전이론과 관련한 유용한 사실들을 발견할 수 있다고 가르쳤다. 더 나아가 마르크스는 과감히 다음과 같이 지적했다. "산업이 가장 발전한 나라는 그 나라의 산업경로를 따르는 사람들에게 그들의 미래상을 보여준다."[42] 그 결과 마르크스가 19세기 중엽 직후에 영국의 사례에서 관찰한 그대로 모든 곳에서 산업자본이 확산되었다. 반면에 카우츠키는 영국은 더 이상 고전

---

[40] 두마(Duma): 1906~1917년에 존속한 제정 러시아 의회. 니콜라이 2세(재위 1894~1917)의 약속으로 개설되었으나 제정 러시아의 붕괴와 함께 소멸되었다. -옮긴이

[41] 이 노동총연맹 위원장은 참관인 역할을 신중하게 수행하여 뛰어난 모범을 보여준다. 그의 적들은 그를 배반자라고 비난했는데 이는 분명 잘못된 것이다. 수많은 부르주아지들이 그에게 프랑스의 구세주가 되라고 요청했을 때 한때 노동자였던 그가 평정심을 유지하는 것은 쉽지 않다.

[42] Marx, *Capital*, I, 10.

적인 자본주의 국가가 아니며, 지금은 독일과 미국이 활기 있게 발전하고 있으므로 이 두 나라를 본보기로 삼아 영국의 미래를 연구해야 한다고 주장한다.[43] 트러스트 경험에서 보듯이 이제는 거대 금융이 산업의 주역이 되고 있다.[44] 거대 금융은 군국주의, 본국 및 해외의 폭력 정치, 반(反)노동자계급 투쟁을 후원한다. 그래서 우리는 영국의 글래드스턴[45] 시절에 일어난 것과 유사한 사회갈등들이 점차 줄어들 것으로 기대하는 오류를 범할 수도 있다.[46]

카우츠키의 학설에는 역설적인 면이 있다는 것을 금방 알 수 있다. 그는 프로이센 봉건제의 잔재에서 공업이 현저하게 발전한 나라의 미래를 상정한다. "오늘날 대토지소유자들은 강력한 권력을—가능하다면 군주제를—열렬히 지지한다. 궁정 귀족인 그들은 군주에게 개인적 영향력을 행사하고 군주를 통해 정부에게 영향력을 행사할 수 있다고 생각한다. 그들이 군국주의를 열렬하게 지지하는 것은 군국주의가 자신들 자녀에게 장교 경력을 쌓는 길을 열어주기 때문이다. 그리하여 그들은 본국, 해외를 가리지 않고 폭력 정책을 지속적으로 권장한다.

---

[43] Kautsky, *La Revolution sociale*(The Social Revolution), pp. 79, 81.

[44] *ibid*., pp. 76~78.

[45] 글래드스턴(William Ewart Gladstone, 1809~1898)은 영국 정치가로 자유당 당수를 지냈고, 네 차례 수상직을 맡았다. 장관직 시절에 자유무역을 위한 관세개혁 단행, 곡물법 철폐 찬성, 상속세 설치 등을 제안한 자유주의자로 유명해졌다. 1868년 총리 시절에 아일랜드 교회의 국교 폐지, 무기명 투표제 제정 등 여러 개혁을 추진하였다.-옮긴이

[46] Kautsky, *La Revolution sociale*, p. 82. 여기서 카우츠키는 체임벌린(Joseph Austin Chamberlain, 1863~1937: 영국의 정치가로 보수당 의원으로서 장상, 인도 사무국장, 외무상 등의 중요한 자리를 지냈다. 1925년 로카르노 조약을 맺는 데 크게 이바지한 공로로 노벨 평화상을 받았다-옮긴이)과 글래드스턴을 대비한다. 그런데 체임벌린은 금속산업가 대표라기보다는 금융산업가 대표가 아닌가? 영국 금속산업가들은 일본이 1904년에 돌연 러시아와의 전쟁에 돌입을 결정한 데 막대한 책임이 있다고 하는 것은 매우 설득력 있는 것 같다. 반대로 면화제조업자들은 평화주의자였다.

마찬가지로 거대금융도 군국주의, 강한 정부, 전쟁 정책을 옹호하는 경향이 있다. 거대금융은 의회나 국민으로부터 독립된 강한 권력은 전혀 두려워하지 않는다. 거대금융은 궁중에서 사적 권력을 행사하여 이러한 권력을 장악한다. 또한 그러한 권력은 거대금융의 채무자이다. 부자들은 군국주의를 무관심한 시선으로 보지 않는다. 그들은 공공부채를 국가의 채권자로 보기도 하고 국가의 공급자로서 보기도 한다."[47] 미국을, 심지어 영국을 카우츠키가 그린 모습을 닮았다고 보기는 참으로 어렵다.[48] 여기서는 그가 말한 새로운 자본주의경제 형태에 한정하여 검토할 것이다.

이 사회민주주의 전문가[카우츠키]에 따르면, 독일의 카르텔과 미국의 트러스트를 동일한 경제 유형에 속한다. 이것은 루시에르의 견해가 아니다. 그는 탁월한 관찰자이다. 그의 견해에 따르면, 카르텔은 상업적 성격을 띠고 탄생했다. 즉 카르텔은 공장의 심한 과잉생산에 의한 가격 인하를 피하기 위해서, 그리고 더 이상 각자의 영토에 한정하지 않는 운송시스템의 효용성을 제고하기 위해서, 또 공동으로 새로운 교역 판로를 개척하기 위해서 설립되었다.[49] "여러 생산자들은 공동 이익을 실현하기 위해 불가피하게 고도의 규율을 갖춘 결사체를 형성했고, 그 규율을 정확하게 준수하는 대가로 공동의 이익을 확실하게 보장해준다."[50] 루시에르는 자신의 저작에서 카르텔의 근본적인 원리에 대해 여러 차

---

47 Kautsky, *La Revolution sociale*, pp. 74~75.

48 카우츠키는 미국이 독일을 모방할 것이라고는 감히 예상하지 않았지만, 영국이 아일랜드에서 프로이센 정책을 모방하고 있다고 잘못 생각하고 있다. 나는 영국의 사회정책이 독일의 사회정책과 동일한 이유에서 발생했다고 생각하지 않는다. 카우츠키가 말하기를. "단 하나의 성질이 이러한 묘사를 손상시킨다: 영국군대는 아직 프로이센 식으로 조직되지 않았다(*ibid.*, p. 81). 이러한 유추는 매우 부차적이다.

49 Paul de Rousiers, *Les Syndicats industriels*(Industrial Unions), pp. 272~276. 이 저자는 대중소비재를 제조하지 않은 점포는 구매자의 변덕에 의존하기 때문에 카르텔을 설립하기가 어렵다고 지적한다.

50 Paul de Rousiers, *Les Syndicats*, p. 279.

례 언급한다. "독일인은 타협을 좋아하는 이러한 보수적인 성격 때문에 승리보다는 안전을 중시한다."[51] "독일인은 온건한 성격 때문에 규율(소심하고 정밀한 규율) 정신이 회원들 사이에서 확고하게 뿌리내리지 못하면 이러한 생산자연맹의 생존을 보장하지 못할 수도 있다. 여기서 우리는 한 민족이 가진 사회적 습성의 효과를 다시 발견한다."[52]

루시에르는 카르텔과 트러스트를 명확하게 대비한다. 그에 따르면, "카르텔은 각 구성원에게는 행동의 자유를 보장해주지만 타자에 대해 무기를 사용하는 것을 금하는 연맹체이다. 카르텔은 경제투쟁에서 생겨난 성질을 표출한 것이다. 이에 반해 트러스트는 서로 사력을 다해 싸운 결과이다. 전자는 독일의 산업체계가 노정한 문제점에 대한 독일식 해법이고, 후자는 미국의 산업체계가 노정한 문제점에 대한 미국식 해법이다…독일제국의 경제적, 사회적, 정치적 조건과 미국공화국의 경제적, 사회적, 정치적 조건이 다르듯이 이 두 해법도 서로 다르다. 그 둘은 성격도 다르다."[53] "[트러스트는] 한편에서는 공동이익을 지켜주고, 다른 한편으로는 트러스트 회원에게는 우선권을 주고 비회원에 대해서는 영업활동을 방해한다. 독일인은 여전히 온순하다. 독일인은 승리를 자축하는 꿈을 꾸지 않는다…미국인은 야망을 가진다. 돈보다 훨씬 더 많은 권력을 가지려는 야망을 가지고 있다. 정복자가 군대와 대포를 애호하는 것처럼 미국인은 야망을 애호한다. 야망이 권력을 보장해주기 때문이다. 미국인에게 트러스트는 지배 도구이다. 카르텔과 트러스트는 정도의 차이가 아니라 종종 말하듯이 종류의 차이이다."[54] 내가 보기에 트러스트는 고리대 자본주의와 연관되고,[55] 카르

---

[51] *ibid.*, p. 136.
[52] *ibid.*, p. 160.
[53] *ibid.*, p. 125.
[54] *ibid.*, p. 108.
[55] 카우츠키는 "금융자본가는 종래의 고리대금업자의 근대적 형태"라고 말하는데 이는 올바른 지적이다(*La Revolution sociale*, p. 74).

텔은 상업자본주의와 연관된다.

미국인들이 일을 처리하는 절차를 충분히 이해하려면 그들이 독립성을 중시한다는 점을 염두에 두어야 한다. 루시에르에 따르면, "앵글로색슨계 미국인은 자족적이며, 그가 좋아하는 대상은 자기 가정, 즉 자기 자녀와 아내뿐이다…그에게는 형제자매도 없을 뿐 아니라 사촌도 없으며, 이웃 외에는 아무도 없다.[56] 그는 유럽인들에게서 특징적으로 나타나는 당파적 정신을 가지지 않는다. 그는 자기 친족에게 특별한 애착을 느끼지 않는다."[57] 더군다나 그는 자녀에게 아주 어릴 적부터 자립하는 습관을 기르게 하고, 자녀들에게 운을 시험하게 한다. 이 때문에 미국에 정착한 많은 프랑스인들은 미국인 아버지를 이기적이라고 비난한다.[58] 미국인은 미국에서 농촌생활을 오랫동안 유지해온 탓에 고립 정신을 권장했다. "예전에는 거의 온 국민이 농업에 종사해서 거의 대부분 독립 토지소유자로 구성되었다. 차지농과 대자산가는 드물었고 대부분 농장주들이었다. 이것이 바로 당시 뉴잉글랜드[59]의 현실이다.[60] 서부의 몇몇 주들의 양상도 이와

---

[56] 루시에르는 익살스럽게 말한다. "사람들은 이웃을 자신처럼 사랑해야 하지만, 인간본성이 허약하기 때문에 항상 자신보다 [이웃을] 훨씬 덜 생각하게 된다"(*La Vie americaine. Ranches, fermes et usines*, p. 137).

[57] *ibid*. p. 145에서 그는 미국의 관용구 "즐거운 나의 집"("Home, sweet home")이 나의 표현을 설명해준다고 말한다. "다른 사람 집에 있으면 편하지 않다."

[58] *ibid.*, p. 139; *La Vie americaine. L'Education et la sociite*(American Life: Education and Society), pp. 9~10.

[59] 뉴잉글랜드(New England): 미국 북동부의 대서양 연안에 있는 매사추세츠, 코네티컷, 로드아일랜드, 버몬트, 메인, 뉴햄프셔 6개 주로 이루어진 지역. 영국계의 이주민이 많이 살아온 곳으로 북부 식민의 중심을 이루고 있다. 청교도가 처음 건너온 곳이라 경건주의 풍습이 강하고, 산지와 구릉이 많고, 일찍부터 농업지대로 발달하였다. 석탄산지와 거리가 멀어 중공업보다는 경공업이 발달하였다.-옮긴이

[60] 이 오래된 주들에 사는 많은 미국인들은 오늘날에도 여전히 농장경영을 좋아한다(Paul de Rousiers, *La Vie americaine. Ranches, fermes et wines*, p. 265).

아주 유사했다. 그들에게는 자립이 정상적인 상태였다.[61] 새로운 주들은 미국인 지도 하에서 정착했기 때문에 예전의 특성이 여전히 존재한다. "서부의 대토지 소유주 열 명 중 아홉 명은 동부 출신이다. 미국인은 스스로 (다만 일시적이지만) 농장주가 되었다…미국인은 미국 전통을 유지하여 그 전통을 신참 집단에 부과한다."[62] 온갖 역경을 겪은 이러한 모험 속에서 미국인들을 지탱시켜 준 것은 그들의 타고난 자립심이다. 그들은 스스로 주인이 되어 자기 집에서 사는 데 성공하기 위해 외로움, 가장 초보적인 위안의 부재, 무인 지대에서 방황하는 인생 위험 등 모든 것을 받아들인다."[63] 미국 주민은 농민의 호전성과 지배의 욕구를 유달리 강하게 유지하고 있는데, 이는 옛날의 마술(馬術) 대열과 다소 유사한 면이 있다. 남북전쟁 당시 한 대령이 루시에르에게 "우리는 오만한 인종"이라고 말했는데,[64] 이 말은 우리 견해와 같다.

독일에서는 아주 오래 전부터 결사의 본능을 가졌는데, 이는 미국인의 준-봉건 정서와는 정면으로 배치된다. 결사의 본능은 역사적으로 농노제 관습과 연관이 있다.[65] 독일은 항상 엄격한 규율을 실행했는데, 이러한 규율은 루시에르가 카르텔의 특성이라고 지적한 개인의 나약함, 순종, 온순한 야망 이념의 발전을 조장한다. 앤드류 카네기[66]의 이력은 트러스트의 봉건적 특성을 뚜렷하게 보

---

61 Paul de Rousiers, *La Vie americaine. Ranches, fermes et usines*, p. 281.

62 *ibid*., pp. 111, 121 참조.

63 *ibid*., p. 144.

64 다른 곳에서는 그는 미국을 "강렬한 투쟁, 불굴의 열정, 과도한 야망의 나라"라고 표현한다(*Les Syndicats industriels*, p. 278). 민족 배타성 정신을 무시해서는 안 되는데, 이것은 청교도에서 유래하며, 루시에르에 따르면 이것이 보호주의를 그토록 쉽게 받아들이게 한 환상뿐 아니라 북부가 남부를 거칠게 다룬 이유를 설명해준다(*La Vie americaine. Ranches, fermes et usines*, p. 318).

65 결사의 정신은 비록 미국에서는 고도로 발전했으나 농노제나 수도원 생활, 군대 관습과는 관계가 없다. 미국의 결사체에서는 아무도 그의 개성을 포기하지 않으며, 그것은 공공선을 추구할 때 크게 성공한다.

여준다. 그와 협정을 맺기를 원하는 미국 생산업자들은 "그와 이윤을 공유하지 않은 채 자신들이 그의 계획을 추진했다는 것을 때때로 지각했다."[67] 지배를 위해 태어난 그 같은 사람하고는 어떤 공정한 결사체로 맺을 가능성이 없다. 앞의 설명들만으로도 트러스트와 카르텔이 각 민족의 역사적 조건을 근간으로 하고 있음을 충분히 알 수 있다. 그러므로 굳이 그것들을 추상적인 용어를 가지고 경제체계에 보편적으로 적용할 필요는 없다.

미국의 대형은행들은 확실히 고객들로 하여금 트러스트가 최상의 산업 유형을 대표한다고 믿게 하는 데 관심이 있다. 그리하여 대형은행들은 주식을 대량으로 살포할 수 있게 된다. 대형은행들은 필요 이상으로 주식을 발행하여 소규모 자본가들의 환상을 이용한다. 대형은행들은 두 가지 유형의 주식을 발행한다. 우선주(株)는 일반적으로 다른 주식의 배당금보다 7%가 많다. 보상이 이에 미치지 않는 해가 있으면 주식 보유자는 다음해의 이윤에 대한 권리를 행사한다. 보통주(株)는 트러스트 주인이 공중들을 이 어음에 투기하도록 유인하는 것이 유익하다고 생각할 때 일정한 이익을 얻는다. 우선주는 회사 설립자에게 이익을 가져다주고, 보통주는 "합병의 절약"을 가져온다.[68] 그래서 투기꾼들은 홍보원들에게 이러한 불확실한 저축에 공중을 끌어들일 것을 촉구한다.

이 문헌이 대성공을 거둔 것은 미국인은 웅장함에 쉽게 현혹되기 때문이다. 루시에르가 미국에 처음 방문했을 때 밀을 거대한 농장에서 대공업 방법으로

---

66 앤드류 카네기(Andrew Carnegie, 1835~1919)는 미국의 실업가로 제철 분야에서 효과적 경영관리를 발명품과 접목시켜 거대한 부를 일구어낸 미국 최초의 근대 자본가. 최초로 기업의 인수 합병을 통해 US 철강 회사를 설립하여 '철강왕'이라 불리고 있다. 이후에는 사회사업가로 변신하여 많은 공헌을 하였다. - 옮긴이

67 Paul de Rousiers, *Les Syndicats*, p. 80.

68 Paul de Rousiers, *Les Syndicats*, pp. 85~87. 행정가들은 생산 역량 증대를 위한 비용을 위해 총액을 보통주로 되돌리는 경향이 종종 있다. 1900년 7월 현재 금속그룹의 최상 보통주는 $32로 평가되었는데, 2년 전에는 $100로 발행됐다(pp. 87~88).

경작하는 것을 보고 경탄을 금치 못했다. 그는 많은 곳을 여행하다가 22,000헥타르의 농장과 16,000헥타르의 농장을 발견하고는 여행을 그만두었다. 이 농장들은 철도회사의 양보에 의해 얻은 것인데, 소유주들은 정착민들을 유인하는 광고를 위해 그중 일부만 경작했다. 가장 넓은 농장에서는 겨우 6,000헥타르만 말이 끄는 간소한 쟁기를 이용하여 경작했는데, 지표면은 5개의 경작지로 분할되었다.[69]

미국인들은 스탠더드 오일과 설탕 트러스트의 성공을 보고 감명을 받았다. 그들은 소박하게도 독점기업은 모두 막대한 이익을 낳는다고 생각했다. 루시에르는 그들에게 위스키 트러스트와 로프 트러스트는 잠시만 이익을 낳는다고 말해주었다.[70] 설탕 트러스트가 성공한 것은 거의 전적으로 외국과의 경쟁을 금지한 관세 때문이고, 기업 대표가 정치인에게 거액의 뇌물을 바친 덕분이다.[71] 이 독점체의 주인인 해브메어어(Havemeyer)는 심문 위원회 앞에서 모든 트러스트는 관세 보호에서 비롯된 것임을 확인했다.[72] 그런데 스탠더드 오일의 경우는 전혀 그렇지 않다. 이 회사는 철도회사들과 어떤 식으로 협정을 맺으면 유리한지를 알고 있었다. 그리하여 철도회사들은 경쟁기업의 석유를 높은 가격으로 운송하거나 매우 지체하여 운송하려 했으며, 송유관이 자기 회사의 선로를 가로질러가는 것을 허용하지 않았다(당시 경쟁기업들은 선로를 건설하고 싶어 했다).[73]

마르크스의 역사철학에 동의하더라도, 카우츠키가 한 말이나 피어폰트 모건[74]

---

[69] Paul de Rousiers, *La Vie americaine. Ranches, fermes et usines*, pp. 104~110.

[70] Paul de Rousiers, *Les Industries monopolisees aux Etats-Unis*(Industrial Monopolies in the United States), pp. 218~223, 230~239. 로프 트러스트는 거액의 기금을 횡령했다.

[71] Paul de Rousiers, *La Vie americaine. Ranches, fermes et usines*, pp. 324~325.

[72] Paul de Rousiers, *Les Syndicats*, p. 41.

[73] Paul de Rousiers, *Les Industries monopolisees aux Etats-Unis*, pp. 39~54.

[74] 피어폰트 모건(John Pierpont Morgan, 1837~1913)은 미국의 금융자본가로 모건 회사를 설립하였으며, 12개의 철도회사를 거느렸다. 카네기회사에 융자하여 US 철강 회사를 설립

칭송자들이 한 모든 말에도 불구하고 트러스트(유감스럽게도 그것은 고리대금업이다)가 생산수단을 명백하게 발전시킨다는 것을 입증하지 않으면 그것은 자본주의 상위 시대에 나타나는 특징적인 현상이 아니라고 말해야 한다. 그러면 매사추세츠 기술연구원 원장 워커(Walker)의 의견을 들어보자. "트러스트는 경쟁과 '발명 능력'을 파괴한다. 나는 그것이 매우 해롭다고 생각한다. 그것은 진정한 폭정이며, 모든 폭정을 몰아내는 방법을 알고 있는 미국은 그것을 몰아낼 것이다. 나는 그것을 몰아내는 방법을 알지 못하지만, 이 나라의 여론이 가진 엄청난 힘을 굳게 믿는다."[75] 그처럼 권위 있는 의견에 대해 트러스트 찬미자들은 견고한 증거를 제시해야 하는데 그렇게 하지 못하고 있다. 모든 원유 정제 부산물을 활용하려면 대규모 시설이 필요하다. 그러나 스탠더드 오일은 독점을 통한 그 같은 집중과는 아주 거리가 멀다. '대양 트러스트'가 해군 기술에 어떤 선진적인 기술을 도입할지는 아직 알 수 없다.

수많은 미국사회주의자들은 트러스트가 대공업의 국유화로 나아가는 길을 열어주었다고 보고 트러스트의 성공을 열광적으로 환영했다.[76] 사람들은 역사 문제를 추상적 공식을 이용하여 간단하게 해결할 수 있다고 생각한다. 그러나 사실들과 사람들을 현실에서 보이는 그대로 고려하면 트러스트가 가져다주는 사회주의적 혜택은 더 이상 카우츠키가 본 것처럼 명확하게 나타나지 않는다. 마르크스의 가설에 따르면, 부르주아지는 진정한 과학적 방향을 따르는 공장들로 가득 찬 산업혁명을 가져온다. 현재의 과학적 노동에서는 개인의 교체가 불가능하다고 말하기도 한다. 그리하여 사회주의체제는 신중한 과학적 교육을 받은 구성원들로 이루어진 집단의 협업 덕분에 생산을 양호하게 관리하기가 쉬

하였다. 공황기(1895~1907)를 통하여 광업, 해운, 통신, 은행, 보험 등 여러 부문에 광범한 지배망을 확립하였다. 만년에는 공공사업, 자선사업 등에 거액을 기부하였다. - 옮긴이

[75] ibid., p. 5.
[76] ibid., p. 327.

워진다(이러한 관리 체제에서는 학교에서 배운 양질의 방법을 지속적으로 적용하고, 단체정신은 비능률적 노동자를 없앤다). 그래서 경제적 가교에 의해 [사회주의로의] 이행이 일어나며, 사회주의를 준비하는 동안에 그 연대가 손상되지 않도록 주의해야 한다. 카우츠키에 따르면, 그런 경제적 가교는 존재하지 않는다. 산업자본주의는 소멸하는 날까지 공장에서 과학에 우위권을 내주려 하지 않기 때문이다. 오만한 주인의 의지가 명백한 체계에서는 국가사회주의만이 성공할 수 있다.[77] 국가사회주의에서는 금융자본가 대신에 정치가가 통치한다. 그러나 금융자본가가 지원군으로 선택한 사람들을 관료가 맘대로 대체할 수는 없다. 왜냐하면 평범한 봉건영주가 술책을 부리고 아첨을 하며 명예를 더럽히는 사람들로 대체될 수도 있기 때문이다. 이것은 예전에 왕의 보호를 받던 귀족들에서 나타난 성질이다.

4 마르크스의 예견이 적용되는 조건들 / 사회민주주의의 비효율성 / 프루동의 해체 개념 / 볼셰비키 이념의 영향과 사회주의 부활

앞에서 지적한 고찰들을 보면, 사회주의로 나아가는 길은 간단하지도 필연적이지도 않다. 따라서 마르크스가 상정한 것처럼 [사회주의는] 사전(事前)에 쉽게 모습을 그릴 수 있는 것도 아니다. 마르크스는 헤겔철학에 기댄 탓에 역사는 (적어도 상위문명의 축복을 받았다고 생각하는 사람들에게는) 신비스러운 시대정신(Weltgeist)의 힘에 의해 진전한다는 것을 시인하게 되었다. 이러한 이상적인 대

---

[77] 1차 대전 중에 부르주아정부는 사람들에게 국가사회주의 이념에 친숙하게 만든 다량의 기관들은 무턱대고 설립하도록 두었다. 진정한 마르크스주의자들이 싸울 대상은 당연히 자본주의이지만 국가사회주의와도 싸워야 한다. 그 싸움이 필요한 이유는 무엇보다도 국가사회주의가 프롤레타리아사회주의로 이행한다고 볼 수 없기 때문이다.

행기관[시대정신]이 목표를 실현하는 의무를 부과한다(그 목표의 논리적 순서는 최종적으로 위인이 발견한다). 모든 낭만주의자들과 마찬가지로 마르크스도 시대정신은 동료들의 머리 속에서 움직인다고 생각했다. 이러한 학설에는 일말의 진실이 들어 있다. 오히려 행운의 사건들(이것은 종종 천운이라고 불리었다)이 시대를 명확하게 구분해 놓았다.[78] 각 시대는 논리적 순서로 배열할 특성들에 의해서 정의할 수 있었다. 그 같은 배열이 일군의 과거 사건들에 실체를 부여한다. 그러나 우리는 그 같은 현학적인 생각을 미래에나 효력이 있을 법한 법칙과 혼동하는 실수를 하지 않도록 주의해야 한다.[79]

부르주아체제(이것이 지속되면 엄청난 사회악을 초래한다)에 종지부를 찍을 파국의 전야에 있다는 것을 인정하면 마르크스가 사회주의를 향한 전진을 과학적으로 제시한 주장을 옹호할 수 있다. 1847년 이후에 마르크스는 자본주의가 새로운 경제발전 단계에 이를 수 없을 정도로 완전히 고갈된 것으로 보았다. 그리하여 혁명의 시간까지 일어날 수 있는 모든 것은 과거에 대한 연구에서 인정한 마지막 단계에 속해야 한다. 이상주의자들은 열렬한 설교가 선량한 시민들의 의지를 배양하여 그들 마음 속에 품고 있는 환상을 실현하게 해준다고 생각했다. 그런데 마르크스는 이러한 이상주의자들을 자신들 주위에서 움직이는 힘을 자각하지 못하는 무지한 자들이라고 보았다. 혁명의 순간 그리고 혁명 직후

---

[78] 프루동은 1860년 1월 23일에 미슐레에게 보낸 편지에서 이렇게 썼다. "우리는 제2기 혁명을 시작하고 있다. 나는 제1기는 볼테르, 루소, 튀르고 시대에 시작하여 1848년에 마감했다고, 즉 데카르트에서 시작하여 헤겔에서 마감했다고 생각한다(*Correspondance*, XIV, 192). 1848년의 새로운 성질은 헤겔의 영향에서 나오게 될 것이다. 확실히 프루동은 여기서 이러한 혁명 이념의 부활에서 자기 몫을 요청한 것 같다. 이것은 애국적 사회주의자들에게는 매우 괘씸하게 들릴 것이다. 그들은 1914년 이래로 헤겔철학을 지속적으로 비난해 왔다.

[79] 213~214쪽과 특히 다음을 참조하라. *the Materiaux d'une theorie du proletariat*, pp. 23~24.

에 활동을 개시한 사회 메커니즘들[80]이 마르크스 시절에는 중요한 역할을 하게 되었다. 그 메커니즘들의 법칙은 마르크스 시대의 여러 운동들에 의해 결정되었다. 마르크스는 그 메커니즘들의 효과에 대해 결론내리는 것이 명백히 진정한 과학을 구성한다고 보았다.

『공산당선언(Communist Manifesto)』이 출간된 지 35년 후에(1848년에 출간됨. 35년 후는 마르크스가 사망하던 해인 1883년이다-옮긴이) 마르크스는 유럽 사회경제의 실질적 변화를 지각하지 못했다. 미국의 트러스트가 설립되기 훨씬 전에 거대 금융자본가들은 광산회사나 철도를 합병하여 수백만 달러의 이득을 취했다. 이는 고리대 자본주의가 종언을 고하지 않았음을 보여준다. 수많은 사업들에 창업자들이 엄청난 액수의 금액을 투자함으로써 엄청나게 번성했다. 마르크스는 독일에서는 라살의 이념을 자신의 이념보다 중시하는 이유를 인식하지 못했다. 그는 1870년 전쟁[프로이센-프랑스 전쟁(보불전쟁)을 말함-옮긴이] 이후에 나타난 많은 결과를 이해하지 못했다. 그 전쟁이 종식되면서 프리드리히 대제의 원리가 독일 문화권의 모든 나라에 확대되었다. 마르크스가 시대정신 원리를 따르기 위해 역사유물론 철학을 쉽게 포기했다는 것을 인정하지 않으면 이러한 환상들을 설명하기가 어렵다. 사회 메커니즘들은 더 이상 경험적 데이터가 아니라 역사의 신비스러운 원동력이었다. 이제는 더 이상 역사를 검증할 필요가 없다. 왜냐하면, 과거에 대한 학문적 연구가 그러한 근대적 행위 방법을 발견했기 때문이다.

1914년의 전쟁(1차 세계대전을 말함-옮긴이)은 사회민주주의의 미래에 관련된 모든 관념을 무너뜨렸다. 독일군의 패배는 협상국 장군들의 전략에 의해서라기보다는 어쩌면 노스클리프 경[81]이 독립 사회민주당원들에게 독일에 반민족주의

---

80 On social mechanisms, G. Sorel, *ibid*., p. 80 참조.
81 노스클리프(Alfred Charles William Harmsworth Northcliffe, 1865~1922) 경은 영국의 저널리스트로 보수당의 기관지 *Daily Mail*을 창간(1896)하였고, 신문의 대중화를 실현하였다.

선전을 성공적으로 퍼뜨리게 한 결과였다.[82] 황제(독일제국을 세우고 1차대전을 일으킨 빌헬름 2세-옮긴이)는 호엔촐레른 왕가[83]보다는 서구민주주의가 사회민주주의를 더 잘 운영할 것이라고 생각하고 내전에 개입하지 않고 싸움을 포기했다. 사회민주주의자들은 막대한 영토 손실, 끊임없는 굴욕, 군대의 폐지를 받아들임으로써 독일의 행복권을 얻는 데 너무 큰 대가를 치른 것으로 생각했다.[84] 노동자계급의 입장에서 볼 때 사회당 정부의 성적이 뛰어난 편은 아니었다. 사회당 정부는 1848년에 카베냐크[85]와 1871년(노동자가 봉기하여 노동자정부가 들어선 파리코뮌 당시-옮긴이)에 티에르[86]가 한 것처럼 노동자를 대량학살했다. 사회당 정부는 프랑스와 영국 부르주아지를 부유하게 하기 위해 독일 프롤레타리아에게 강제노동을 선고한 조약에 서명했다. 사회당 정부는 러시아와 가까워지는 것을 협상국이 허용하지 않아 소련과 친선관계를 맺는 것을 엄두내지 못하고 있다. 협상국이 보기에, 러시아는 대담하게도 민주주의 원리에 도전하고 있다. 국

1차 대전 때 수상 로이드 조지를 도와 홍보부 장관을 지냈다.-옮긴이

82 나는 독일에 수감된 어느 프랑스인에게서 더 이상 당국을 존중하지 않았기 때문에 1917년 말부터 군사격변이 일어날 조짐이 있다는 말을 들었다.

83 프로이센 왕 빌헬름 1세가 독일 제국을 선포한 해(1871년)부터 1차 대전 패전으로 제국이 몰락한 해(1918년)까지 독일을 지배한 왕가.-옮긴이

84 1814년과 1815년에 부르봉가는 가혹한 조건들을 겪지 않아도 됐다. 그런데도 국민들은 부르봉가가 왕위에 계속 눌러앉아서 파리조약을 맺는 데 대해 비난을 그치지 않았다. 우리 정치인들의 이러한 두려움이 오늘날 무방비 상태의 적을 치욕스럽게 하는 것에 분개하는 이유이다.

85 카베냐크(Louis-Eugène Cavaignac, 1802~1857)는 프랑스의 장군이자 최고행정관으로 1848년 6월 파리 노동자봉기 때 가혹한 탄압을 가한 것으로 악명이 높다.-옮긴이

86 티에르(Louis Adolphe Thiers, 1797~1877)는 프랑스의 정치가이자 역사가로 왕정복고 시절 샤를 10세에 반대하여 부르주아 자유주의파를 지지하였고, 2월 혁명(1848) 때 보나파르트 반대 진영에 가담했다가 루이 나폴레옹(나폴레옹 3세)가 집권하면서(1851) 추방되었다. 1852년에 귀국, 나폴레옹 3세 몰락 후(1871) 행정 장관에 임명되었다. 파리 코뮌 때 노동자정부를 강경 탄압(1871)하고, 제3공화국 초대 대통령이 되었다(1871~1873).-옮긴이

제회의에서 탁월한 결정을 내리는 데 능숙했던 카우츠키는 스스로 최고의 평화 중재자라고 자처했지만 삼류 기자 수준으로 전락했다. 그는 자국의 적과 프롤레타리아의 적을 어울리게 하는 미심쩍은 과업을 실행하는 데 만족해야 했다. 어느 누구도 볼셰비키에 대해 맹렬하게 비난하지 않는데, 우리의 외교관들은 어느 날 라인강 위에 그들이 나타날까봐 두려워한다.[87]

세상에 새로운 사실들이 너무 많이 도입되었다. 때문에 마르크스에 따르면 혁명이 일어나기 전에 변하지 않는 채로 있을 범주들에 더 이상 대단한 가치를 부여할 수가 없게 되었다. 이제부터는 모든 것이 무질서 상태가 된다. 더 이상 어떤 것도 필요하지 않고 어떤 예측도 할 수 없다. 프루동이 1860년 10월 29일에 그 지역 의사에게 보낸 편지에 중요한 구절이 있는데 독자들은 주의를 기울일 필요가 있다. "루이 필리프[88] 치하에서 사회는 이미 와해되기 시작했고, 이성적인 사람이라면 대혁명이 일어날 것을 의심하지 않았다…정말로 오늘날 문명은 유사 이래 오직 하나밖에 없었던 위기에 빠져들고 있다. 그 위기로 인해 기독교가 부흥하게 되었다. 모든 전통이 허물어지고 모든 신앙이 전멸했다. 아직 새로운 프로그램은 나타나지 않고 있다. 즉 대중의 의식 속에는 아직 새로운 프로그램이 자리하고 있지 않다. 나는 이것을 무질서라고 부른다. 이는 지금까지 존

---

87 독립사회당(Independent Socialists)은 카우츠키와 동일한 길을 따르고 있다. 노동자들은 협상국에 의해 무기와 탄약이 폴란드로 넘어가는 것을 막고 싶어 했는데, 독립당원들은 소비에트 러시아를 배신했다(*Humanite*, Sept. 2, 1920). 나는 이 원고를 수정하면서 『인포메이션(*Information*)』에 실린 1921년 1월 27일자 기사를 읽었는데 거기에는 이렇게 적혀 있었다: 세라티(Serrati)는 레닌이 복수 전쟁의 유격대를 이롭게 하기 위해 독일 독립당원을 압살한다고 비난하고, 모스크바는 "독립당원들이 프랑스 장군의 군화를 핥는 시종이라고 비난을 멈추지 않고 있다." 이탈리아 대형 신문들에서 독립당원들이 놀레(Nollet) 장군에 정보제공자 역할을 한다는 기사를 보는 것은 신기한 일이 아니다.

88 루이 필리프 1세(Louis-Philip I)는 부르봉 왕조 방계인 오를레앙 가문 출신으로 1830년 7월 혁명으로 샤를 10세가 퇴임한 이후 그의 뒤를 이어 왕위에 올랐다. 부르주아들을 중심으로 정치를 이끌고 갔으나 1848년 2월 혁명으로 폐위되었다.-옮긴이

재한 사회에서 가장 잔학한 시대이다. 모든 요인들이 어우러져 선량한 사람들을 괴롭히고 있다: 양심이 타락하고, 평범함이 판을 치고, 진실과 거짓이 뒤섞이고, 각종 원리들이 타협하고, 열정이 저하되고, 관습이 비열해지고, 진리가 은폐되고, 거짓행위가 보상을 받고, 비열한 아첨, 협잡, 부도덕이 만연해진다. 나는 환상에 빠지지 않는다. 나는 내일 우리나라에서 자유, 법 존중, 대중의 정직, 솔직한 여론, 신문에 대한 우호적인 생각, 정부의 도덕성, 부르주아계급의 이성, 평민층의 상식 등이 (마법의 지팡이처럼) 부활하리하고 기대하지 않는다.[89] 절대로 그런 일은 없을 것이다. 타락, 그것은 우리의 운명이다. 내가 살아 있는 동안은 그 종말을 볼 수 없을 것이다. 내가 보는 것은 해악뿐이다. 나는 어둠 속에서 죽음을 맞이할 것이다. 그 속에서 나의 인생은 비난을 부패한 사회에 봉인한 채로 기록될 것이다."[90]

1860년보다 상황이 훨씬 심각하다. 왜냐하면 우리는 지금 막 모든 해악의 근

---

[89] 프루동은 『시에클(*Siecle*)』과 『오피니옹 나쇼날(*Opinion nationale*)』에 실린 광신적 애국주의의 허튼 기사를 노동자들이 받아들인 것을 보고 크게 개탄했다. 그는 10월 27일에 쇼데(Chaudey)에게 보낸 편지에서 이렇게 썼다. "내가 애국심이라고 부르게 될 것"(*the Courrier du dimanche* "Sunday Courier")은 실제로 애국주의를 허물어뜨리는 것인데 그것에 현혹되지 않도록 매우 조심하기를 당부합니다. 제국을 이롭게 하는 모든 행동 또는 제국과 동일한 방향에서 제국을 돕는 모든 행동은 프랑스에 해롭고, 문명에도 해를 끼칩니다. 침묵하시오, 항상 침묵하시오!"(*Correspondance*, X, 187). 프루동에 따르면 진정한 애국주의는 나폴레옹 3세와 싸우는 것이다. 8월 4일에 그는 황제의 합병 조치에 반대하며 벨기에에서 일어난 시위에 대해 들하스(Delhasse)에게 이렇게 썼다. "내가 그 시위에 가담하게 된 것은 보나파르트에 반대하는 것이라면 모두 대단히 자유롭고, 공정하고, 인도주의적이고 공화주의적이며 심지어 프랑스적이라고 여기기 때문이다"(p. 124). '신성 연맹' 구상은 프루동에게는 분명 매우 생소하게 보였을 것이다.

[90] Proudhon, *Correspondance*, X, 205~206. 1864년에 그는 『노동자계급의 정치 역량(*Capacite politique des classes ouvrieres*)』을 저술하면서 마음속에 희망이 되살아나는 것을 느꼈다. 10월 9일에 그는 들하스에게 부르주아계급의 몰락을 보고 싶다고 밝혔다(*Correspondance*, XIV, 65).

원인 전쟁에서 벗어나고 있기 때문이다. 프루동은 나폴레옹 3세가 프랑스를 다시 한 번 모험으로 몰고갈 것 같다고 생각하며 1860년 10월 27일에 쇼데에게 다음과 같이 말했다. "나는 분란과 혼란의 시대로 자꾸 빠져들고 있다고 확신합니다…대량학살이 다가오고, 욕조를 피로 물들이는 참혹한 일이 벌어질 것입니다. 우리는 새로운 시대의 노동을 보지 못할 것입니다. 우리는 어둠 속에서 싸우게 될 것입니다. 너무 많이 슬퍼하지 말고 우리의 의무를 수행하면서 이러한 삶을 지속하도록 버텨야 합니다. 서로 도웁시다. 어둠 속에서 서로 의지하고, 기회가 주어질 때마다 공정하게 평가합시다. 그래야 억압받은 미덕이 위안을 받게 될 것입니다."[91] 그러므로 현재 모든 곳에서 모든 것이 움츠러들더라도 놀라지 말자. 이러한 현상은 사물의 본성이다.

프루동이 1860년 1월 23일에 미슐레에게 한 말은 우리 시대에도 적용할 수 있다. "우리는 이념과 사람들 가슴속의 철저한 혁명 말고는 이러한 사태에서 벗어나지 못할 것이다. 당신과 나는 혁명을 향해 가고 있다. 만약 후대가 우리를 기억한다면 후대의 눈에 그것은 명예로 남을 것이다."[92] 사회민주주의는 사람들의 마음과 가슴속에서 혁명을 일으키게 한 무정부주의자들과 완강하게 싸웠다는 이유로 오늘날 잔혹한 벌을 받고 있다.

오늘날 혁명가들의 용기를 재확인해주는 거스를 수 없는 역사적 사실이 존재하고 있음에 주목해야 한다. 모든 곳에서 노동자들은 소비에트 공화국과 연대하려고 하고 있다. 이에 반해 부르주아계급은 반(反)볼셰비키 세력과 친근해지려 하고 있다. 교황은 전쟁 중에 모든 가톨릭교도의 아버지로서의 위치가 요구하는 중립성을 벗어나는 비난을 받지 않으려고 극도로 조심했다. 그런데 폴

---

91 Proudhon, *Correspondance*, X, 187~188.

92 *ibid.*, XIV, 192. 3월 3일에 그는 옛 친구에게 이렇게 썼다. "우리의 모든 사고를 주자. 그것을 고요하고 태연하게 주자. 그리고는 사물을 홀로 두어야 한다. 우리가 할 수 있는 것은 아무것도 없다"(*ibid.*, X, 47).

란드가 적군(1918년부터 1946년까지의 소련 육군의 명칭-옮긴이)에 심각한 위협을 받자 마침내 개입을 하게 되었다. 그의 눈에 그것은 일시적인 이해관계에 따른 두 공화국 간의 불화 문제가 아니었다. 중세시대의 정통 현인들이 알비파(Albigenses)[93]를 본 것처럼 그에게 볼셰비키는 교회가 이룩해놓은 모든 문명의 파괴자로 보였다. 성직자 지도자들은 새로운 이교도에 반대하는 개혁운동을 전파할 용기가 없었다. 그리하여 그들은 충실한 신도들에게 하느님이 폴란드 편에 서도록 기도하라고 요청할 뿐이었다.[94] 수많은 부르주아 위인들은 용감한 브뤼셀 시장이나 그 밖의 다수의 영웅들이 바르샤바에 무기나 탄약을 보낸 것처럼 노동자들에게도 노동력을 제공하는 것을 요구했다. 그런데 노동자들이 이를 거부하자 심한 불쾌함을 표출했다. 더 나아가 레닌의 제3인터내셔널 영향을 별로 받지 않는 영국에서조차 프롤레타리아계급은 소비에트 공화국과 연대하려 했다. 그들은 러시아-폴란드의 갈등에서 폴란드 편에 정의가 있다는 것을 보여주고자 한 '유능한' 사람들의 말에 귀를 기울이지 않았다. 그들에게는 교황처럼 그것은 국제정치 문제가 아니라 모든 유럽에 경제갈등의 발달에 의한 사회문제였다.

그 당시까지 많은 노동자들은 절대적 사회주의 명제를 허위 문학으로 표현

---

[93] 알비파: 12~13세기에 발칸반도, 북부 이탈리아, 남부 프랑스 등지에서 전파된 기독교 이단 분파로 마니교적 이원론에 바탕을 두고 기독교와 대립함. 금욕주의 계율을 엄격히 지켰으며 통과의례를 중시하였다.-옮긴이

[94] 프랑스 성직자들은 하느님이 이 전쟁 동안 자신의 전략을 명확히 보여줄 것을 확신했다. 첫째는 포슈(Ferdinand Foch, 1851~1929: 프랑스의 군인으로 1차 세계대전 때 마른의 회전에서 승리했고 대전 말기 연합군 총사령관으로 최후의 반격을 지휘했다. 독일과의 휴전조약 체결 때 연합군 대표로 서명하였다-옮긴이)가 군대를 사크레-쾨르(Sacré-Coeur) 대성당(파리 몽마르트 언덕에 있는 교회당-옮긴이)에 헌납한 후인 1918년 7월 말이고, 두 번째는 바르샤바 입구에서 폴란드인이 승리를 거둔 1920년 8월이다. 하느님이 독일인과 볼셰비키를 싫어한다는 것이 경험적으로 입증된 것이다. 우리의 반동적 정치평론가들은 독일의 극단 세력과 소비에트 공화국이 반문명적 책동을 그만두지 않을 것을 믿어 의심치 않았다.

한 문인들이 얼마나 올바른지 의심을 했다. 그런데 거의 3년 동안 볼셰비키는 우리가 국민공회 시절에 겪었던 것보다 훨씬 더 어려운 조건 속에서 유럽에 저항해왔다. 그래서 정상적인 조건이라면 사회주의를 큰 어려움 없이 적용할 수 있다는 점을 인정해야 한다.

1858년 5월 21일에 프루동은 주치의 크레탕(Crétin)에게 자신의 저서 『정의론(De La Justice)』이 대중화되기는 어렵지만 상당한 영향을 미칠 것이라고 말했다. "지금부터는 과학의 심오함이 그 확실성을 보장할 것이며, 그 확실성이 전진 속도를 보장할 것이다. 그런데 확실성이 이론을 벗어나 대중화되려면 얼마나 많은 독자들이 필요할까? 수십 명이면 될까? 턱도 없다. 나머지 사람들은 과학에서 배울 수 있는 것을 받아들이게 되고, 그들이 과학에서 배운 것이 그들에게 나머지 것을 보장해줄 것이다."[95] 프루동은 사회주의 미래에 대한 이러한 확신의 중요성을 보여준 적이 있는데, 오늘날에는 사람들이 한 권의 책이 가지는 직접적인 효과보다 훨씬 견고하게 그 중요성을 간직하고 있다. 그 효과는 소비에트 공화국의 사례에서 나타난다. 대중의 정신 속에서 결코 소멸되지 않는 숭고함의 감정이[96] 볼셰비키의 막대한 자발적 희생에 의해 움직였다. 그런 숭고함의 감정이 사회주의의 확실성을 신성화한다.

소비에트 공화국 사례는 개량주의자들에 힘겹게 맞서 싸우는 외골수 사회주의 열성당원에게 남다른 확실성을 부여하는 효과를 가진다. 개량주의자들은 우리들 영혼에서 아주 자주 발견되는 품위 없는 정서에 입각하고 있으며,[97] 부

---

[95] Proudhon, *Correspondance*, VIII, 46. 프루동은 대혁명의 철학이 아리스토텔레스나 칸트의 학설을 전파하지 않는다는 것을 간파한다. 그가 말하기를 "사람들은 나를 읽지 않으며, 그들은 나를 읽지 않고서 나를 듣는다. 그들의 가슴은 대혁명으로 맹세한다." 여기서 프루동은 자신의 학설이 노동자계급의 정서와 완전히 일치한다고 확신한다. 어떤 저자가 그 같은 판단을 할 자격이 없다면 그를 위대한 사회주의자라고 부를 수 없다.

[96] 부르주아적 비판이 간과해온 시인들의 노래를 대중이 때로는 서투르지만 강력한 느낌으로 항상 받아들이는 이유가 여기에 있다.

르주아 정치지도자들로부터 다각도로 후원을 받고 있다. 프루동은 1860년 6월 24일 쇼데에게 「안식일 우편(Courrier du dimanche)」의 출판에 대해 조언을 해주었다. 이 조언은 오늘날 상황을 살펴보는 데도 여전히 유용하다. "작은 반대도 조심하시오. 독재정치와 의논하지 마시오. 독재정치의 합법성을 진지하게 받아들일 생각을 하지 마시고, 제국의 법으로 그것을 극복하려는 생각을 하지 마시오. 당신은 겸손해질 것이고, 당신은 어느 좋은 날 덫에 걸려 창피를 당하고 있는 것을 발견하게 될 것이요."[98] 프랑스가 현재 수준의 무기를 가지고 제국에 대항하는 본격적인 공격을 개시한다면, 백 년 동안 전쟁을 치러야 할 것이다. 어느 이야기꾼이 말하듯이 그러는 사이에 모두 전멸하고 국토는 황폐해질 것이다. 지금 필요한 것은 활기찬 전쟁, 비밀 언론, 공개적인 비난이다. 필요하다면[99] 음모도 필요하고 달리 방도가 없다면, 침묵이 필요하다. 그래, 침묵이 필요하다. 침묵은 올리비에[100]와 쥘 파브르[101]의 열변보다 백배나 무게가 있지 않을까?[102]

여기서 「현대경제의 사회적 교리(Insegnamenti sociali delta economia contem-

---

[97] 1860년 10월 27일에 프루동은 브슬레(Beslay)에게 이렇게 썼다. "나는 「안식일 우편」에 기고하지 않는다. 나는 그것이 제국주의 프랑스에 대항할 만큼 강력하지 못하고 본다"(*Correspondance*, X, 196).

[98] 1860년 10월 27일 편지에서 그는 쇼데에게 이렇게 말했다. "전제정치에 대해서는 비난해서는 안 되고 오로지 침묵해야 한다고 말하는 것보다 쉬운 것은 없다는 것을 당신은 알고 있다. 사람들은 의견, 심지어 반대 의견을 표현하고 싶어 한다. 사람들은 독립을 유지할 때 기뻐한다. 사람들은 수천 개의 책략, 즉 수천 개의 작은 규정에 의지한다. 사람들은 수사적인 예방책을 강구한다. 사람들은 양보한다. 사람들은 처음에는 비열하게 호되게 말하다가 끝에는 항상 상대를 이롭게 한다"(*ibid.*, x, 183~184).

[99] 프루동은 1920년 7월 26일 모스크바 당국이 발표한 제3인터내셔널에 대한 충성 조건, 즉 프랑스사회당에 대한 충성 조건 제1항과 제8항을 보고 분개하지 않았을 것이다. 선전의 성격을 솔직한 혁명적 음조로 바꾸어라. 합법적 행동과 비합법적 행동을 병행하라.

[100] 올리비에(Émile Ollivier, 1825~1913)는 프랑스의 정치가이자 작가이자 연설가로 나폴레옹 3세 때 법무장관을 지내면서 나폴레옹의 독재정치와 프랑스의 의회정치 사이에 타협점을 만들기 위해 노력하였다. – 옮긴이

poranea)」의 마지막 줄을 인용할 가치가 있다. "초기 기독교는 유대교가 그랬 듯이[103] 여타의 외래 종파들처럼 관용을 베풀 수도 있었지만, 스스로 고립을 추구했다. 그리하여 초기 기독교는 불신을 받았고 심지어 박해를 받았다. 로마에서는 비타협적인 이론을 가르치는 교사들이 새로운 종교가 정상적인 자리를 잡지 못하도록 방해했다. 테르툴리아누스[104]를 치료한 지혜로운 사람들 그리고 (미친 사람처럼) 어떤 회유라도 받아들이기를 거부하는 사람들이 없었던 것은 아니었다. 기독교가 그때가 왔을 때 자신의 이념을 형성하고 세계의 주인이 될 수 있게 된 것은 이러한 가상의 미친 사람들 덕분이었다."[105]

---

101 쥘 파브르(Jules Favre, 1809~1880)는 프랑스 정치가로 나폴레옹 3세 반대편에서 프랑스-프로이센 전쟁을 종결시킨 프랑크푸르트 조약 협상에 참가하여 휴전조약을 이끌어냈으며, 1858년 나폴레옹 3세를 암살하려고 시도한 자를 변호하기도 하였다.-옮긴이

102 *Correspondance* X, 85~86.

103 이런 일이 쉽게 일어나게 된 것은 기독교가 로마의 보호를 받았고, 일찍부터 상류사회에 신봉자들을 확보했기 때문인 것 같다. 만약 유베날리스(Decimus Junius Juvenal, 55~140: 1세기 후반에서 2세기 초반에 활동한 고대 로마의 시인으로 도미티아누스 황제를 비롯해 수많은 황제들과 로마의 귀족들, 당시의 사회상에 대한 통렬하지만 유쾌한 풍자시로 유명하며 당시의 라틴문학은 물론 후대의 풍자작가들에 많은 영향을 끼쳤다.-옮긴이) 같은 위대한 저자들이 기독교도들에 대해 말하지 않거나 타키투스[Cornelius Tacitus, 55년경~117년경: 로마시대의 역사가이자 정치가로 도미티아누스 황제의 공포 시대에 원로원 의원이 되었으며, 97년 네르바 황제 밑에서 콘술(Consul: 최고 행정기관)이 되었다. 만년에는 저술에 종사하여『게르마니아』를 저술하였다. 이 저작은 원시 게르만의 풍속·습관을 기록한 귀중한 역사 자료이다.-옮긴이]처럼 그들에 대해 간결하고 당혹스럽게 말한다면, 그들이 집단 감수성을 매우 아끼고 싶어 했기 때문이라고 생각한다—이 집단 감수성으로 독자들을 끌어들이고 그 안에서 새로운 종교의 아군을 발견한다.

104 테르툴리아누스(Tertullian: Quintus Septimius Florens Tertullianus, 약 A.D. 160~230)는 북아프리카 카르타고의 신학자이다. 최초의 라틴 교부로서 그 뒤 1,000년 동안 서방 그리스도교의 어휘 및 사상 형성의 기초를 이룩했다.-옮긴이

105 나는『사회주의로의 행진(*La Marche au socialisme*)』을 저술할 때『근대 경제 입문(*l'economie moderne: "Introduction to Modern Economy"*)』과 실용주의에 관한 책 원고에는 손도

대지 않았다. 내가 현재의 책과 이 두 권의 책을 반복해서 비교하는 것에 대해 독자들에게 양해를 구한다.

찾아보기

ㄱ

가브리엘 드빌(Gabriel Deville) 67
가브리엘 아노토(Gabriel Hanotaux) 74
가우스[Gauss] 146
갈리아니(Galiani) 107, 108, 121
공고라(Gongora) 35
공포정치 113, 114, 154, 163, 203
국민공회(Convention) 51, 62, 296, 315
국민제헌의회(Constituent Assembly) 104
귀스타브 르봉(Gustave Le Bon) 276
그라피니(Graffigny) 171, 179
그레고리안 태교음악 268
그림(Grimm) 40, 88, 107, 115, 133
글래드스턴(Gladstone) 299
글로츠(Glotz) 259

ㄴ

낭트 칙령 47
네케르 88, 108, 184
노스클리프(Northcliffe) 경 309
뉴먼(Newman) 213
뉴잉글랜드 302
니콜라스 드 소쉬르(Nicolas de Saussure) 142

ㄷ

다르세(Darcet) 141, 142
다미앙(Damien) 81
다브넬(D'Avenel) 184, 185
다윈주의(Darwinism) 124, 213~216
달랑베르(d'Alembert) 41, 50, 87, 117, 118, 131, 133, 134, 148
달레카를리아(Dalecarlia) 144
데스튀트 드 트라시(Destutt de Tracy) 164
데스트레(Destree) 250
도방통(Daubenton) 143
독립사회당(Independent Socialists) 311
독립 전쟁 209
돌바크(Paul Henri Thiry d'Holbach) 242
두마(Duma) 298
뒤 베르네(du Verney) 132
뒤보스(Dubos) 43, 44
뒤엠(Duhem) 105
뒤퐁 드 느무르(Dupont de Nemours) 64, 106, 194
드랑시(Dransy) 144
들하스(Delhasse) 312
『등불』(*Lanterne*) 41

ㄹ

라그랑주(Lagrange) 134
라마르크주의(Lamarckism) 214
라부아지에(Lavoisier) 141, 153, 163
라불레(Laboulaye) 86, 95, 117, 120, 164
라블레(Rabelais) 262
라살(Lassalle) 111, 188, 309
라신(Racine) 31
라퐁텐(La Fontaine) 31, 34

라플라스(Laplace) 73, 146, 148, 151, 154, 155
랄리(Lally) 35, 105
랑글루아(Langlois) 228, 230
랑베르(Lambert) 38, 41, 50, 87, 88, 117, 118, 131, 133, 134, 148
랑부예(Rambouillet) 143
레날(Raynal) 88, 183
레셉스(Lesseps) 286
레옹 도데(Leon Daudet) 229
레옹 부르주아(Léon Bourgeois) 256, 257
로베스피에르(Robespierre) 110, 113
로캥(Rocquain) 90
로켕(Roquain) 194
로크(Locke) 60, 61, 75, 94, 95, 99, 111, 121
로트루(Rotrous) 37
롱사르(Ronsard) 33, 35, 39
뢸로(Reuleaux) 237, 291
루부아(Louvois) 75
루소(Rousseau) 22, 23, 39, 41, 66, 75, 80, 81, 86, 91, 92, 94~97, 100~105, 110, 111, 121, 125, 159~161, 164, 168~170, 178, 206, 210, 211, 242, 245, 251, 272, 308
루시에르(Paul de Rousiers) 285, 300~305
루시요네(Roussillonnais) 143
루엘(Rouelle) 135
루이 11세 75
루이 14세 36, 37, 42, 45, 73, 74, 79, 204, 235
루이 15세 77, 79, 80, 82, 87, 193
루이-필리프(Louis-Philippe) 311
르낭 40, 41, 43, 57, 58, 68, 75, 126, 127, 164, 168, 182, 209, 251, 253, 259, 268, 273
르메리(Lemery) 132
르브룅(Lebrun) 29
르트론(Le Trosne) 108
리버풀 184, 288
리셰(Richet) 67
리슐리외(Richelieu) 74, 75, 79
리즈(Leeds) 292
리쿠르고스(Lycurgus) 111, 161
리히텐베르제(Lichtenberger) 159, 160, 178, 181, 182

ㅁ

마랭(Marin) 35
마르몽텔(Marmontel) 118
마르셀 상바(Marcel Sembat) 268
마블리(Mably) 75
마샬 드 뮈(Marshall de Muy) 82
마실롱(Massillon) 42
마틴(Matin) 249
말레 뒤 팡(Mallet du Pan) 110
말레르브(Malherbe) 39
말셰르브 87, 120
맨체스터 288
메스메르(Mesmer) 66
메치니코프(Metschnikoff) 13
모르파(Maurepas) 108
모를레(Morellet) 106, 107, 119
모페뤼스(Mauperruis) 134
모페르튀이(Maupertuis) 122, 134
모포(Maupeou) 80

몰리에르(Moliere) 31, 34, 37
몽바르(Montbard) 143
몽소 카르테(Monceau Quarter) 116
미네르바의 부엉이 186
미슐레 102, 308, 313

ㅂ

바그너(Wagner) 267, 268
바쇼몽(Bachaumont) 90, 95
바젤(Basel) 조약 143, 211
반데르벨데(Vandervelde) 250
발자크(Balzacs) 38
뱅상 드 르랭(Vincent de Lerins) 103
버밍엄 288
버클(Buckle) 13
베네데토 크로체(Benedetto Croce) 289
베랑제(Beranger) 40, 41
베르그송 59, 215, 216, 237, 294
베르누이(Bernoulli) 134, 148, 149
베르텔로(Berthelot) 155
베르트랑(J. Bertrand) 149, 151
벤틀리(Bentley) 53
벨(Bayle) 36, 44, 61
벵자맹 콩스탕(Benjamin Constant) 85
보르다(Borda) 163
보르도(Bordeaux) 184
보일(Boyle) 29, 46, 52, 53, 238
볼링(Boling) 61
부르달루[Bourdaloue] 31, 34, 35
부르주아정부 307
부아시에(G. Boissier) 86
부아튀르(Voitures) 37, 38, 40
부케(Bouquet) 164
뷔조(Buzot) 105
뷔퐁(Buffon) 62, 66, 133, 142, 146

뷔프(Buff) 50
브누아 말롱(Benoit Malon) 67
브슬레(Beslay) 316
비달(F. Vidal) 222
비코(Vico) 102
빅토르 위고(Victor Hugo) 39

ㅅ

사도 시대 174
사베리오 메를리노(Saverio Merlino) 249, 290
사비니 210, 211, 213, 214, 216, 217
사회당 정부 310
사회민주당 309
살로몽 레나슈 271
살로몽 레나슈(Salomon Reinach) 271
생디칼리슴(syndicalism) 264, 265, 278
생 샤몽(Saint-Chamond) 272
생시몽 95, 140, 217, 222, 223, 297
생트 뵈브(Sainte-Beuve) 35
샤를부아(Charlevoix) 170, 171, 178~181
샤토브리앙 39, 104, 203
샤플랭(Chapelain) 31, 32, 35, 36
섬너 메인(Sumner Maine) 85, 101, 104
성 아우구스티누스(St. Augustine) 34, 35
성 토마스(St. Thomas) 283
세(J. B. Say) 106
세뇨보(Seignobos) 228, 230
세르비우스 툴리우스(Servius Tullius) 260
세비녜(Sevigne) 37
소롤드 로저스(Thorold Rogers) 261
솔론(Solon) 161
쇼데(Chaudey) 312, 313, 316

수평파(Levelers) 98
슈아쥘(Choiseul) 79
스탈(Stael) 24, 85, 150, 155, 202~208, 218
스파리틴(Spartine) 115
시에예스(Sieyes) 104, 166

ㅇ

아글라우로스(Aglaure) 273
아담 퍼거슨(Adam Ferguson) 293
아라고(Arago) 151, 154
아르노(Arnauld) 37, 44, 49
아리스티드 브리앙(Aristide Briand) 229, 234, 235, 272
아서 영(Arthur Young) 184, 231
알프레드 지아르(Alfred Giard) 214
알프레드 푸이에(Alfred Fouillee) 233, 234
앙드레 할레(André Hallays) 269
앙제(Angers) 228, 229, 234
앤드류 카네기(Andrew Carnegie) 303, 304
앤(Anne) 여왕 79
야훼주의(Jehovist) 168
에메(Hemet) 170
『에밀』(*Emile*) 86, 87, 111, 170
에스맹(Esmein) 263
에페소스 공의회(Council of Ephesus) 103
엔리코 페리(Enrico Ferri) 246
『엘도라도』(*l'Eldorado*) 41
엘베시우스(Helvetius) 121, 186
예카테리나 120, 121, 123, 135
오귀스트 콩트(Auguste Comte) 19, 90, 273

오르페우스(Orpheus) 271
오일러(Euler) 53, 134
올리비에(Olliviers) 316
워렌스 부인(Madame de Warens) 170
워커(Walker) 306
월폴(Walpole) 121
위에(Huet) 49, 164
윌리엄 제임스(William James) 270~272
유베날리스(Juvenal) 317
유어(Ure) 138
유출설(the theory of emanation) 216

ㅈ

장 부르도(Jean Bourdeau) 242
적군 98, 314
제2제정 15, 220
조레스(Jaures) 8, 9, 89, 140, 142, 167
조셉 레나슈(Joseph Reinach) 123, 136
존 스튜어트 밀(John Stuart Mill) 140, 145
졸라(Zola) 116, 124
중앙학교(écoles centrales) 62, 63
쥘 파브르(Jules Favres) 316, 317
지로 드랭(Girod de I'Ain) 143

ㅊ

체르니셰프스키(Tchernichewsky) 246
체임벌린(Chamberlain) 299
총재정부(Directory) 110, 202
최고재판소(Grand Chambre) 81
7월 왕정 269

ㅋ

카글리오스트로(Cagliostro) 66
카르노(Carnot) 297, 299

카우츠키(Kautsky) 25, 290, 298~301, 305~307, 311
칼라스(Calas) 152
『캉디드』(Candide) 135, 203
케네(Quesnay) 106~109, 112, 140, 144, 194
케틀레(Quetelet) 146
코르시카 섬 160
콜린스(Collins) 61
콩디야크 75, 121, 164
콩스탕탱 페쾨(Constantin Pecqueu) 222
콩페르(Compayre) 62, 63
쿠르네(Cournay) 194
퀴비에(Cuvier) 218
크레비용(Crebillon) 124
크룩스(Crookes) 67
킹(King) 287

ㅌ

타농(Tanon) 212
타키투스(Tacitus) 317
토마스 디아푸아뤼(Thomas Diafoirus) 132
툴루즈(Toulouse) 152
트러스트(trust) 25, 287, 291, 298~301, 303~306, 309
트롱셰(Tronchet) 110
티에르(Thiers) 310
틸레(Tillet) 144

ㅍ

파르니(Parny) 40
파르망티에(Parmentier) 144, 145
파스칼 34, 37, 42, 44, 49~~54, 56, 59
팔리소(Palissot) 115

『팡타그뤼엘』(Pantagruel) 262
페로(Perrault) 29, 30, 35, 36, 37, 45, 203
페로네(Perronet) 153, 162, 163
페르디난드 75, 76
포르루아얄(Port-Royal) 34, 35, 37, 43
포슈(Foch) 314
폴 드 루시에르(Paul de Rousiers) 285
폴 뷔로(Paul Bureau) 100
퐁텐 31, 34, 134
퐁투아스(Pontoise) 235
푸아송(Poisson) 151
퓌(Puy) 8, 116, 117, 124, 269
프루동 15, 16, 39, 218, 221~227, 242, 247, 255, 277, 279, 294, 307, 308, 311~313, 315, 316
프르롱(Freron) 87, 88
프리드리히 95, 120, 121, 122, 309
프리메이슨(Freemason) 67, 268
플레시에[Flechier] 31
플로베르(Flaubert) 125, 279
피어폰트 모건(Pierpont Morgan) 305
피코 드 라 미란돌라(Pico de la Mirandola) 52

ㅎ

해브메어어(Havemeyer) 305
헨리 75, 138, 162, 168, 185, 254, 270
헨리(Ch. Henry) 162
홀바흐(Holbach) 119, 123